Nuestro Ejemplo

NUESTRO Señor Jesucristo vino a este mundo como siervo para suplir incansablemente la necesidad del hombre. "El mismo tomó nuestras enfermedades y llevó nuestras dolencias" (Mateo 8:17), para atender a todo menester humano. Vino para quitar la carga de enfermedad, miseria y pecado. Era su misión ofrecer a los hombres completa restauración; vino para darles salud, paz y perfección de carácter.

Variadas eran las circunstancias y necesidades de los que suplicaban su ayuda, y ninguno de los que a él acudían quedaba sin socorro. De él fluía un caudal de poder curativo que sanaba de cuerpo, espíritu y alma a los hombres.

La obra del Salvador no se limitaba a tiempo ni lugar determinado. Su compasión no conocía límites. En tan grande escala realizaba su obra de curación y de enseñanza, que no había en Palestina edificio bastante grande para dar cabida a las muchedumbres que a él acudían. Encontrábase su hospital en los verdes collados de Galilea, en los caminos reales, junto a la ribera del lago, en las sinagogas, y doquiera podían llevarle enfermos. En toda ciudad, villa y aldea por donde pasaba, ponía las manos sobre los pacientes y los sanaba. Doquiera hubiese corazones dispuestos a recibir su mensaje, los consolaba con la seguridad de que su Padre celestial los amaba. Todo el día servía a los que acudían a él; y al anochecer atendía a los que habían tenido que trabajar penosamente durante el día para ganar el escaso sustento de sus familias.

Jesús cargaba con el tremendo peso de la responsabilidad de la salvación de los hombres. Sabía que sin un cambio decisivo en los principios y propósitos de la raza humana, todo se perdería. Esto acongojaba su alma, y nadie podía darse cuenta del peso que le abrumaba. En su niñez, juventud y edad viril, anduvo solo. No obstante, estar con él era estar en el cielo. Día tras día sufría pruebas y tentaciones; día tras día estaba en contacto con el mal y notaba el poder que éste ejercía en aquellos a quienes él procuraba bendecir y salvar. Pero con todo, no flaqueó ni se desalentó.

En todas las cosas, sujetaba sus deseos estrictamente a su misión. Glorificaba su vida subordinándola en todo a la voluntad de su Padre. Cuando, en su juventud, su madre, al encontrarle en la escuela de los rabinos, le dijo: "Hijo, ¿por qué nos has hecho así?", respondió, dando la nota fundamental de la obra de su vida: "¿Por qué me buscabais? ¿No sabíais que en los negocios de mi Padre me conviene estar?" (Lucas 2:48, 49.)

Era su vida una continua abnegación. No tuvo hogar en este mundo, a no ser cuando la bondad de sus amigos proveía a sus necesidades de sencillo caminante. Llevó en favor nuestro la vida de los más pobres; anduvo y trabajó entre los menesterosos y dolientes. Entraba y salía entre aquellos por quienes tanto hiciera sin que le reconocieran ni le honraran.

Siempre se le veía paciente y alegre, y los afligidos le aclamaban como mensajero de vida y paz. Veía las necesidades de hombres y mujeres, de niños y jóvenes, y a todos invitaba diciéndoles: "Venid a mí". (Mateo 11:28.)

En el curso de su ministerio, dedicó Jesús más tiempo a la curación de los enfermos que a la predicación. Sus milagros atestiguaban la verdad de lo que dijera, a saber que no había venido a destruir, sino a salvar. Doquiera iba, las nuevas de su misericordia le precedían. Donde había pasado se alegraban en plena salud los que habían sido objeto de su compasión y usaban sus recuperadas facultades. Muchedumbres los rodeaban para oírlos hablar de las obras que había hecho el Señor. Su voz era para muchos el primer sonido que oyeran, su nombre la primera palabra que jamás pronunciaran, su semblante el primero que jamás contemplaran. ¿Cómo no habrían de amar a Jesús y darle gloria? Cuando pasaba por pueblos y ciudades, era como corriente vital que derramara vida y gozo por todas partes.

"La tierra de Zabulón y la tierra de Neftalí, hacia la mar, más allá del Jordán, Galilea de las naciones; el pueblo que estaba sentado en tinieblas ha visto gran luz, y a los sentados en la región y sombra de muerte, luz les ha resplandecido". (Mateo 4:15, 16, V.M.)

El Salvador aprovechaba cada curación que hacía para sentar principios divinos en la mente y en el alma. Tal era el objeto de su obra. Prodigaba bendiciones terrenales para inclinar los corazones de los hombres a recibir el Evangelio de su gracia.

Cristo hubiera podido ocupar el más alto puesto entre los maestros de la nación judaica; pero prefirió llevar el Evangelio a los pobres. Iba de lugar en lugar, para que los que se encontraban en los caminos reales y en los atajos oyeran las palabras de verdad. A orillas del mar, en las laderas de los montes, en las calles de la ciudad, en la sinagoga, se oía su voz explicando las Sagradas Escrituras. Muchas veces enseñaba en el atrio exterior del templo para que los gentiles oyeran sus palabras.

Las explicaciones que de las Escrituras daban los escribas y fariseos discrepaban tanto de las de Cristo que esto llamaba la atención del pueblo. Los rabinos hacían hincapié en la tradición, en teorías y especulaciones humanas. Muchas veces, en lugar de la Escritura misma daban lo que los hombres habían enseñado y escrito acerca de ella. El tema de lo que enseñaba Cristo era la Palabra de Dios. A los que le interrogaban les respondía sencillamente: "Escrito está", "¿Qué dice la Escritura?" "¿Cómo lees?" Cada vez que un amigo o un enemigo manifestaba interés, Cristo le presentaba la Palabra. Proclamaba con claridad y potencia el mensaje del Evangelio. Sus palabras derramaban raudales de luz sobre las enseñanzas de patriarcas y profetas, y las Escrituras llegaban así a los hombres como una nueva revelación. Nunca hasta entonces habían percibido sus oyentes tan profundo significado en la Palabra de Dios.

Jamás hubo evangelista como Cristo. El era la Majestad del cielo; pero se humilló hasta tomar nuestra naturaleza para ponerse al nivel de los hombres. A todos, ricos y pobres, libres y esclavos, ofrecía Cristo, el Mensajero del pacto, las nuevas de la salvación. Su fama de médico incomparable cundía por toda Palestina. A fin de pedirle auxilio, los enfermos acudían a los sitios por donde iba a pasar. Allí también acudían muchos que anhelaban oír sus palabras y sentir el toque de su mano. Así iba de ciudad en ciudad, de pueblo en pueblo, predicando el Evangelio y sanando a los enfermos, el que era Rey de gloria revestido del humilde ropaje de la humanidad.

Asistía a las grandes fiestas de la nación, y a la multitud absorta en las ceremonias externas hablaba de las cosas del cielo y ponía la eternidad a su alcance. A todos les traía tesoros sacados del depósito de la sabiduría. Les hablaba en lenguaje tan sencillo que no podían dejar de entenderlo. Valiéndose de métodos peculiares, lograba aliviar a los tristes y afligidos. Con gracia tierna y cortés, atendía a las almas enfermas de pecado y les ofrecía salud y fuerza.

El Príncipe de los maestros procuraba llegar al pueblo por medio de las cosas que le resultaban más familiares. Presentaba la verdad de un modo que la dejaba para siempre entretejida con los más santos recuerdos y simpatías de sus oyentes. Enseñaba de tal manera que les hacía sentir cuán completamente se identificaba con los intereses y la felicidad de ellos. Tan directa era su enseñanza, tan

adecuadas sus ilustraciones, y sus palabras tan impregnadas de simpatía y alegría, que sus oyentes se quedaban embelesados. La sencillez y el fervor con que se dirigía a los necesitados santificaban cada una de sus palabras.

¡Qué vida atareada era la suya! Día tras día se le podía ver entrando en las humildes viviendas de los menesterosos y afligidos para dar esperanza al abatido y paz al angustiado. Henchido de misericordia, ternura y compasión, levantaba al agobiado y consolaba al afligido. Por doquiera iba, llevaba la bendición.

Mientras atendía al pobre, Jesús buscaba el modo de interesar también al rico. Buscaba el trato con el acaudalado y culto fariseo, con el judío de noble estirpe y con el gobernante romano. Aceptaba las invitaciones de unos y otros, asistía a sus banquetes, se familiarizaba con sus intereses y ocupaciones para abrirse camino a sus corazones y darles a conocer las riquezas imperecederas.

Cristo vino al mundo para enseñar que si el hombre recibe poder de lo alto, puede llevar una vida intachable. Con incansable paciencia y con simpática prontitud para ayudar, hacía frente a las necesidades de los hombres. Mediante el suave toque de su gracia desterraba de las almas las luchas y dudas; cambiaba la enemistad en amor y la incredulidad en confianza.

Decía a quien quería: "Sígueme", y el que oía la invitación se levantaba y le seguía. Roto quedaba el hechizo del mundo. A su voz el espíritu de avaricia y ambición huía del corazón, y los hombres se levantaban, libertados, para seguir al Salvador.

El amor fraternal

Cristo no admitía distinción alguna de nacionalidad, jerarquía social, ni credo. Los escribas y fariseos deseaban hacer de los dones del cielo un beneficio local y nacional, y excluir de Dios al resto de la familia humana. Pero Cristo vino para derribar toda valla divisoria. Vino para manifestar que su don de misericordia y amor es tan ilimitado como el aire, la luz o las lluvias que refrigeran la tierra.

La vida de Cristo fundó una religión sin castas; en la que judíos y gentiles, libres y esclavos, unidos por los lazos de fraternidad, son iguales ante Dios. Nada hubo de artificioso en sus procedimientos. Ninguna diferencia hacía entre vecinos y extraños, amigos y enemigos. Lo que conmovía el corazón de Jesús era el alma sedienta del agua de vida.

Nunca despreció a nadie por inútil, sino que procuraba aplicar a toda alma su remedio curativo. Cualesquiera que fueran las personas con quienes se encontrase, siempre sabía darles alguna lección adecuada al tiempo y a las circunstancias. Cada descuido o insulto del hombre para con el hombre le hacía sentir tanto más la necesidad que la humanidad tenía de su simpatía divina y humana. Procuraba infundir esperanza en los más rudos y en los que menos prometían, presentándoles la seguridad de que podían llegar a ser sin tacha y sencillos, poseedores de un carácter que los diera a conocer como hijos de Dios.

Muchas veces se encontraba con los que habían caído bajo la influencia de Satanás y no tenían fuerza para desasirse de sus lazos. A cualquiera de ellos, desanimado, enfermo, tentado, caído, Jesús le dirigía palabras de la más tierna compasión, las palabras que necesitaba y que podía entender. A otros, que sostenían combate a brazo partido con el enemigo de las almas, los animaba a que perseveraran, asegurándoles que vencerían, pues los ángeles de Dios estaban de su parte y les darían la victoria.

A la mesa de los publicanos se sentaba como distinguido huésped, demostrando por su simpatía y la bondad de su trato social que reconocía la dignidad humana; y anhelaban hacerse dignos de su confianza los hombres en cuyos sedientos corazones caían sus palabras con poder bendito y vivificador. Despertábanse nuevos impulsos, y a estos parias de la sociedad se les abría la posibilidad de una vida nueva.

Aunque judío, Jesús trataba libremente con los samaritanos, y despreciando las costumbres y los prejuicios fariseos de su nación, aceptaba la hospitalidad de aquel pueblo despreciado. Dormía bajo sus techos, comía a su mesa, compartiendo los manjares preparados y servidos por sus manos, enseñaba en sus calles, y los trataba con la mayor bondad y cortesía. Y al par que se ganaba sus corazones por su humana simpatía, su gracia divina les llevaba la salvación que los judíos rechazaban.

El ministerio personal

Cristo no despreciaba oportunidad alguna para proclamar el Evangelio de salvación. Escuchad las admirables palabras que dirigiera a la samaritana. Estaba sentado junto al pozo de

Jacob, cuando vino la mujer a sacar agua. Con sorpresa de ella, Jesús le pidió un favor. "Dame de beber", le dijo. Deseaba él beber algo refrescante, y al mismo tiempo ofrecerle a ella el agua de vida. Dijo la mujer: "¿Cómo tú, siendo Judío, me pides a mí de beber, que soy mujer Samaritana? porque los Judíos no se tratan con los Samaritanos". Respondió Jesús: "Si conocieses el don de Dios, y quién es el que te dice: Dame de beber: tú pedirías de él, y él te daría agua viva... Cualquiera que bebiere de esta agua, volverá a tener sed; mas el que bebiere del agua que yo le daré, para siempre no tendrá sed: mas el agua que yo le daré, será en él una fuente de agua que salte para vida eterna". (Juan 4:6-14.)

¡Cuán vivo interés manifestó Cristo en esta sola mujer! ¡Cuán fervorosas y elocuentes fueron sus palabras! Al oírlas la mujer dejó el cántaro y se fue a la ciudad para decir a sus amigos: "Venid, ved un hombre que me ha dicho todo lo que he hecho: ¿si quizás es éste el Cristo?" Leemos que "muchos de los Samaritanos de aquella ciudad creyeron en él". (Vers. 29, 39.) ¿Quién puede apreciar la influencia que semejantes palabras ejercieron para la salvación de las almas desde entonces hasta hoy?

Doquiera haya corazones abiertos para recibir la verdad, Cristo está dispuesto a enseñársela, revelándoles al Padre y el servicio que agrada a Aquel que lee en los corazones. Con los tales no se vale de parábolas, sino que, como a la mujer junto al pozo, les dice claramente: "Yo soy, que hablo contigo". (Vers. 26.)

Días de Ministerio Activo

EN LA vivienda del pescador en Capernaúm, la suegra de Pedro yacía enferma de "grande fiebre; y le rogaron por ella". Jesús la tomó de la mano "y la fiebre la dejó". (Lucas 4:38, 39; Marcos 1:30.) Entonces ella se levantó y sirvió al Salvador y a sus discípulos.

Con rapidez cundió la noticia. Hizo Jesús este milagro en sábado, y por temor a los rabinos el pueblo no se atrevió a acudir en busca de curación hasta después de puesto el sol. Entonces, de sus casas, talleres y mercados, los vecinos de la población se dirigieron presurosos a la humilde morada que albergaba a Jesús. Los enfermos eran traídos en camillas, otros venían apoyándose en bordones, o sostenidos por brazos amigos llegaban tambaleantes a la presencia del Salvador.

Hora tras hora venían y se iban, pues nadie sabía si el día siguiente hallaría aún entre ellos al divino Médico. Nunca hasta entonces había presenciado Capernaúm día semejante. Por todo el ambiente repercutían las voces de triunfo y de liberación.

No cesó Jesús su obra hasta que hubo aliviado al último enfermo. Muy entrada era la noche cuando la muchedumbre se alejó, y la morada de Simón quedó sumida en el silencio. Pasado tan largo y laborioso día, Jesús procuró descansar; pero mientras la ciudad dormía, el Salvador, "levantándose muy de mañana,... salió y se fue a un lugar desierto, y allí oraba". (Marcos 1:35.)

Por la mañana temprano, Pedro y sus compañeros fueron a Jesús, para decirle que le buscaba todo el pueblo de Capernaúm. Con sorpresa oyeron estas palabras de Cristo: "También a otras ciudades es necesario que anuncie el evangelio del reino de Dios; porque para esto soy enviado". (Lucas 4:43.)

En la agitación de que era presa Capernaúm había peligro de que se perdiera de vista el objeto de su misión. Jesús no se daba por satisfecho con llamar la atención sobre sí mismo como mero taumaturgo, o sanador de dolencias físicas. Quería atraer a los hombres como su Salvador. Mientras que las muchedumbres anhelaban creer que Jesús había venido como rey para establecer un reino terrenal, él se esforzaba para invertir sus pensamientos de lo terrenal a lo espiritual. El mero éxito mundano hubiera impedido su obra.

Y la admiración de la frívola muchedumbre discordaba con su temperamento. No había egoísmo en su vida. El homenaje que el mundo tributa a la posición social, a la fortuna o al talento era extraño al Hijo del hombre. Jesús no se valió de ninguno de los medios que emplean los hombres para granjearse la lealtad y el homenaje. Siglos antes de su nacimiento había dicho de él un profeta: "No clamará, ni alzará, ni hará oír su voz en las plazas. No quebrará la caña cascada, ni apagará el pábilo que humeare: sacará el juicio a verdad". (Isaías 42:2, 3.)

Los fariseos buscaban la distinción por medio de su escrupuloso formalismo ceremonial, y por la ostentación de sus actos religiosos y sus limosnas. Probaban su celo religioso haciendo de la religión el tema de sus discusiones. Largas y ruidosas eran las disputas entre sectas opuestas, y no era raro oír en las calles la voz airada de sabios doctores de la ley empeñados en acaloradas controversias.

Todo esto contrastaba con la vida de Jesús, en la que jamás se vieron ruidosas disputas, ni actos de adoración ostentosa, ni esfuerzo por cosechar aplausos. Cristo estaba escondido en Dios, y Dios se revelaba en el carácter de su Hijo. A esta revelación deseaba Jesús encaminar el pensamiento del pueblo.

El Sol de justicia no apareció a la vista del mundo para deslumbrar los sentidos con su gloria. Escrito está de Cristo: "Como el alba está aparejada su salida". (Oseas 6:3.) Suave y gradualmente raya el alba, disipando las tinieblas y despertando el mundo a la vida. Así también nacía el Sol de justicia, trayendo "en sus alas... salud". (Malaquías 4:2.) "He aquí mi siervo, yo le sostendré; mi escogido, en quien mi alma toma contentamiento". (Isaías 25:1.) "Fuiste fortaleza al pobre, fortaleza al menesteroso en su aflicción, amparo contra el turbión, sombra contra el calor". (Isaías 25:4.) "Así dice el Dios Jehová, el Criador de los cielos, y el que los extiende; el que extiende la tierra y sus verduras; el que da respiración al pueblo que mora sobre ella, y espíritu a los que por ella andan: Yo Jehová, te he llamado en justicia, y te tendré por la mano; te guardaré y te pondré por alianza del pueblo, por luz de las gentes; para que abras ojos de ciegos, para que saques de la cárcel a los presos, y de casas de prisión a los que están de asiento en tinieblas". (Isaías 42:5-7.) "Guiaré los ciegos por camino que no sabían, haréles pisar por las sendas que no habían conocido; delante de ellos tornaré las tinieblas en luz, y los rodeos en llanura. Estas cosas les haré, y no los desampararé". (Vers. 16.) "Cantad a Jehová un nuevo cántico, su alabanza desde el fin de la tierra; los que descendéis a la mar, y lo que la hinche, las islas y los moradores de ellas. Alcen la voz el desierto y sus ciudades, las aldeas donde habita Cedar: canten los moradores de la Piedra, y desde la cumbre de los montes den voces de júbilo. Den gloria a Jehová, y prediquen sus loores en las islas". (Vers.10-12.) "Cantad loores, .oh cielos, porque Jehová lo hizo; gritad con júbilo, lugares bajos de la tierra; prorrumpid, montes, en alabanza; bosque, y todo árbol que en él está: porque Jehová redimió a Jacob, y en Israel será glorificado". (Isaías 44:23.)

Desde la cárcel de Herodes, donde, defraudadas sus esperanzas, Juan el Bautista velaba y aguardaba, mandó dos de sus discípulos a Jesús con el mensaje: "¿Eres tú aquél que había de venir, o esperaremos a otro?" (Mateo 11:3.)

El Salvador no respondió en el acto a la pregunta de estos discípulos. Mientras ellos esperaban, extrañando su silencio, los afligidos acudían a Jesús. La voz del poderoso Médico penetraba en el oído del sordo. Una palabra, el toque de su mano, abría los ojos ciegos para que contemplasen la luz del día, las escenas de la naturaleza, los rostros amigos, y el semblante del Libertador. Su voz llegaba a los oídos de los moribundos, y éstos se levantaban sanos y vigorosos. Los endemoniados paralíticos obedecían su palabra, les dejaba la locura, y le adoraban a él. Los campesinos y jornaleros pobres, de quienes se apartaban los rabinos por creerlos impuros, se reunían en torno suyo, y él les hablaba palabras de vida eterna.

Así transcurrió el día, viéndolo y oyéndolo todo los discípulos de Juan. Finalmente, Jesús los llamó y les mandó que volvieran a Juan y le dijeran lo que habían visto y oído, añadiendo: "Bienaventurado es el que no fuere escandalizado en mí". (Vers. 6.) Los discípulos llevaron el mensaje, y esto bastó.

Juan recordó la profecía concerniente al Mesías: "Jehová me ha ungido para anunciar buenas nuevas a los mansos; me ha enviado para vendar a los quebrantados de corazón, para proclamar a los cautivos libertad, y a los aprisionados abertura de la cárcel; para proclamar el año de la buena voluntad de Jehová,... para consolar a todos los que lloran". (Isaías 61:1, 2, V.M.) Jesús de Nazaret era el Prometido. Demostraba su divinidad al satisfacer las necesidades de la humanidad doliente. Su gloria resaltaba por su condescendencia al colocarse a nuestro humilde nivel.

Las obras de Cristo no sólo declaraban que era el Mesías, sino que manifestaban cómo iba a establecerse su reino. Juan percibió en revelación la misma verdad que fue comunicada a Elías en el desierto cuando "un viento grande e impetuoso rompía los montes, y hacía pedazos las peñas delante de Jehová; mas Jehová no estaba en el viento: y después del viento hubo un terremoto; mas Jehová no estaba en el terremoto: y después del terremoto, un fuego; mas Jehová no estaba en el fuego", pero después del fuego Dios habló al profeta en voz apacible y suave. (1 Reyes 19:11, 12, V.M.) Así también iba Jesús a cumplir su obra, no trastornando tronos y reinos, ni con pompa ni ostentación, sino hablando a los corazones de los hombres mediante una vida de misericordia y desprendimiento.

El reino de Dios no viene con manifestaciones externas. Viene mediante la dulzura de la inspiración de su Palabra, la obra interior de su Espíritu, y la comunión del alma con Aquel que es su vida. La mayor demostración de su poder se advierte en la naturaleza humana llevada a la perfección del carácter de Cristo.

Los discípulos de Cristo han de ser la luz del mundo, pero Dios no les pide que hagan esfuerzo alguno para brillar. No aprueba los intentos llenos de satisfacción propia para ostentar una bondad superior. Desea que las almas sean impregnadas de los principios del cielo, pues entonces, al relacionarse con el mundo, manifestarán la luz que hay en ellos. Su inquebrantable fidelidad en cada acto de la vida será un medio de iluminación.

Ni las riquezas, ni la alta posición social, ni el costoso atavío, ni suntuosos edificios ni mobiliarios se necesitan para el adelanto de la obra de Dios; ni tampoco hazañas que reciban aplauso de los hombres y fomenten la vanidad. La ostentación

mundana, por imponente que sea, carece enteramente de valor a los ojos de Dios. Sobre lo visible y temporal, aprecia lo invisible y eterno. Lo primero tiene valor tan sólo cuando expresa lo segundo. Las obras de arte más exquisitas no tienen belleza comparable con la del carácter, que es el fruto de la obra del Espíritu Santo en el alma.

Cuando Dios dio a su Hijo a nuestro mundo, dotó a los seres humanos de riquezas imperecederas, en cuya comparación nada valen los tesoros humanos acumulados desde que el mundo es mundo. Cristo vino a la tierra, y se presentó ante los hijos de los hombres con el atesorado amor de la eternidad, y tal es el caudal que, por medio de nuestra unión con él, hemos de recibir para manifestarlo y distribuirlo.

La eficacia del esfuerzo humano en la obra de Dios corresponderá a la consagración del obrero al revelar el poder de la gracia de Dios para transformar la vida. Hemos de distinguirnos del mundo porque Dios imprimió su sello en nosotros y porque manifiesta en nosotros su carácter de amor. Nuestro Redentor nos ampara con su justicia.

"En su brazo cogerá los corderos"

Al escoger a hombres y mujeres para su servicio, Dios no pregunta si tienen bienes terrenales, cultura o elocuencia. Su pregunta es: ¿Andan ellos en tal humildad que yo pueda enseñarles mi camino? ¿Puedo poner mis palabras en sus labios? Me representarán a mí?

Dios puede emplear a cada cual en la medida en que pueda poner su Espíritu en el templo del alma. Aceptará la obra que refleje su imagen. Sus discípulos han de llevar, como credenciales ante el mundo, las indelebles características de sus principios inmortales.

Mientras Jesús desempeñaba su ministerio en las calles de las ciudades, las madres con sus pequeñuelos enfermos o moribundos en brazos, se abrían paso por entre la muchedumbre para ponerse al alcance de la mirada de él.

Ved a estas madres, pálidas, cansadas, casi desesperadas, y no obstante, resueltas y perseverantes. Con su carga de sufrimientos buscan al Salvador. Cuando la agitada muchedumbre las empuja hacia atrás, Cristo se abre paso poco a poco hasta llegar junto a ellas. Brota la esperanza en sus corazones. Derraman lágrimas de gozo cuando consiguen llamarle la atención y se fijan en los ojos que expresan tanta compasión y tanto amor.

Dirigiéndose a una de las que formaban el grupo, el Salvador alienta su confianza diciéndole: "¿Qué puedo hacer por ti?" Entre sollozos ella le expone su gran necesidad: "Maestro, que sanes a mi hijo". Cristo toma al niño, y a su toque se desvanece la enfermedad. Huye la mortal palidez; vuelve a fluir por las venas la corriente de vida, y se fortalecen los músculos. La madre oye palabras de consuelo y paz. Luego se presenta otro caso igualmente urgente. De nuevo hace Cristo uso de su poder vivificador, y todos loan y honran al que hace maravillas.

Hacemos mucho hincapié en la grandeza de la vida de Cristo. Hablamos de las maravillas que realizó, de los milagros que hizo. Pero su cuidado por las cosas que se suelen estimar insignificantes, es prueba aún mayor de su grandeza.

Acostumbraban los judíos llevar a los niños a algún rabino para que pusiese las manos sobre ellos y los bendijera; pero los discípulos consideraban que la obra del Salvador era demasiado importante para interrumpirla así. Cuando las madres acudían deseosas de que Cristo bendijera a sus pequeñuelos los discípulos las miraban con desagrado. Creían que los niños no iban a obtener provecho de una visita a Jesús, y que a él no le agradaría verlos. Pero el Salvador comprendía el solícito cuidado y la responsabilidad de las madres que procuraban educar a sus hijos conforme a la Palabra de Dios. El había oído los ruegos de ellas y las había atraído a su presencia.

Una madre había salido de su casa con su hijo para encontrar a Jesús. En el camino dio a conocer su propósito a una vecina, y ésta a su vez deseaba también que Cristo bendijese a sus hijos. Así que fueron unas cuantas madres con sus hijos, algunos de los cuales habían pasado ya de la primera infancia a la niñez y juventud. Al exponer las madres sus deseos, Jesús escuchó con simpatía su tímida y lagrimosa petición. Pero aguardó para ver cómo las tratarían los discípulos, y al notar que éstos las reprendían y apartaban, creyendo así prestarle servicio a él, les demostró el error en que estaban, diciendo: "Dejad a los niños venir a mí, y no se lo estorbéis; porque de los tales es el reino de Dios". (Marcos 10:14, V.M.) Tomó entonces a los niños en brazos, les puso las manos encima, y les dio las bendiciones que buscaban.

Las madres quedaron consoladas. Volvieron a sus casas fortalecidas y bendecidas por las palabras de Cristo. Se sentían animadas para reasumir sus responsabilidades con alegría renovada y para trabajar con esperanza por sus hijos.

Si pudiéramos conocer la conducta ulterior de aquellas madres, las veríamos recordando a sus hijos la escena de aquel día, y repitiéndoles las amantes palabras del Salvador. Veríamos también cuán a menudo, en el curso de los años, el recuerdo de aquellas palabras impidió que los niños se apartaran del camino trazado para los redimidos del Señor.

Cristo es hoy el mismo Salvador compasivo que anduvo entre los hombres. Es hoy tan verdaderamente el auxiliador de las madres como cuando en Judea tomó a los niños en sus brazos. Los niños de nuestros hogares fueron comprados por su sangre tanto como los de antaño.

Jesús conoce la carga del corazón de toda madre. Aquel cuya madre luchó con la pobreza y las privaciones simpatiza con toda madre apenada. El que hiciera un largo viaje para aliviar el corazón angustiado de una cananea, hará otro tanto por las madres de hoy. El que devolvió a la viuda de Naín su único hijo, y en su agonía de la cruz se acordó de su propia madre, se conmueve hoy por el pesar de las madres. El las consolará y auxiliará en toda aflicción y necesidad.

Acudan, pues, a Jesús las madres con sus perplejidades. Encontrarán

bastante gracia para ayudarlas en el cuidado de sus hijos. Abiertas están las puertas para toda madre que quiera depositar su carga a los pies del Salvador. Aquel que dijo: "Dejad los niños venir, y no se lo estorbéis" (Marcos 10:14), sigue invitando a las madres a que le traigan a sus pequeñuelos para que los bendiga.

Responsabilidad de los padres

En los niños allegados a él, veía el Salvador a hombres y mujeres que serían un día herederos de su gracia y súbditos de su reino, y algunos, mártires por su causa. Sabía que aquellos niños le escucharían y le aceptarían por Redentor con mejor voluntad que los adultos, muchos de los cuales eran sabios según el mundo, pero duros de corazón. Al enseñarles, se colocaba al nivel de ellos. El, la Majestad de los cielos, respondía a sus preguntas y simplificaba sus importantes lecciones para que las comprendiera su inteligencia infantil. Plantaba en la mente de ellos la semilla de la verdad, que años después brotaría y llevaría fruto para vida eterna.

Al decir Jesús a sus discípulos que no impidieran a los niños el acercarse a él, hablaba a sus seguidores de todos los siglos, es decir, a los dirigentes de la iglesia: ministros, ancianos, diáconos, y todo cristiano. Jesús atrae a los niños, y nos manda que los dejemos venir; como se nos dijera: Vendrán si no se lo impedís.

Guardaos de dar una idea torcida de Jesús con vuestro carácter falto de cristianismo. No mantengáis a los pequeñuelos alejados de él con vuestra frialdad y aspereza. No seáis causa de que los niños se figuren que el cielo no sería lugar placentero si estuvieseis vosotros en él. No habléis de la religión como de algo que los niños no pueden entender, ni obréis como si no fuera de esperar que aceptaran a Cristo en su niñez. No les deis la falsa impresión de que la religión de Cristo es triste y lóbrega, y de que al acudir al Salvador hayan de renunciar a cuanto llena la vida de gozo.

Mientras el Espíritu Santo influye en los corazones de los niños, colaborad en su obra. Enseñadles que el Salvador los llama, y que nada le alegra tanto como verlos entregarse a él en la flor y lozanía de su edad.

El Salvador mira con infinita ternura las almas que compró con su sangre. Pertenecen a su amor. Las mira con indecible cariño. Su corazón anhela alcanzar, no sólo a los mejor educados y atractivos, sino también a los que por herencia y descuido presentan rasgos de carácter poco lisonjeros. Muchos padres no comprenden cuán responsables son de estos rasgos en sus hijos. Carecen de la ternura y la sagacidad necesarias para tratar a los que yerran por su culpa. Pero Jesús mira a estos niños con compasión. Sabe seguir el rastro desde la causa al efecto.

El obrero cristiano puede ser instrumento de Cristo para atraer al Salvador a estas criaturas imperfectas y extraviadas. Con prudencia y tacto puede granjearse su cariño, puede infundirles ánimo y esperanza, y mediante la gracia de Cristo puede ver cómo su carácter se transforma, de modo que resulte posible decir con respecto a ellos: "De los tales es el reino de Dios".

Durante todo el día la gente se había apiñado en derredor de Jesús y sus discípulos, mientras él enseñaba a orillas del mar. Habían escuchado sus palabras de gracia, tan sencillas y claras que para sus almas eran como bálsamo de Galaad. El poder curativo de su divina mano había suministrado salud al enfermo y vida al moribundo. Aquel día les había parecido como el cielo en la tierra, y no se daban cuenta del tiempo transcurrido desde que comieran.

Cinco panecillos alimentan a una muchedumbre

Hundíase el sol en el poniente, y sin embargo el pueblo tardaba en irse. Finalmente, los discípulos se acercaron a Cristo, para instarle a que, por consideración de ellas mismas, despidiera a las gentes. Muchos habían venido de lejos, y no habían comido desde la mañana. Podían obtener alimentos en las aldeas y ciudades cercanas, pero Jesús dijo: "Dadles vosotros de comer". (Mateo 14:16.) Luego, volviéndose hacia Felipe, le preguntó: "¿De dónde compraremos pan para que coman éstos?" (Juan 6:5.)

Felipe echó una mirada sobre el mar de cabezas, y pensó cuán imposible sería alimentar a tanta gente. Respondió que doscientos denarios de pan no bastarían para que cada uno comiese un poco.

Preguntó Jesús cuánto alimento había disponible entre la gente. "Un muchacho está aquí —dijo Andrés— que tiene cinco panes de cebada y dos pececillos; ¿mas qué es esto entre tantos?" (Vers. 9.) Jesús mandó que se los trajeran. Luego dispuso que los discípulos hicieran sentar a la gente sobre la hierba. Hecho esto, tomó aquel alimento y, "alzando los ojos al cielo, bendijo, y partió y dio los panes a los discípulos, y los discípulos a las gentes. Y comieron todos, y se hartaron; y alzaron lo que sobró de los pedazos, doce cestas llenas". (Mateo 14:19, 20.)

Merced a un milagro del poder divino dio Cristo de comer a la muchedumbre; y sin embargo, ¡cuán modesto era el manjar provisto! Sólo unos peces y unos panes que constituían el alimento diario de los pescadores de Galilea.

Cristo hubiera podido darle al pueblo una suntuosa comida; pero un manjar preparado únicamente para halago del paladar no les hubiera servido de enseñanza para su bien. Mediante este milagro, Cristo deseaba dar una lección de sobriedad. Si los hombres fueran hoy de hábitos sencillos, y si viviesen en armonía con las leyes de la naturaleza, como Adán y Eva en un principio, habría abundantes provisiones para satisfacer las necesidades de la familia humana. Pero el egoísmo y la gratificación de los apetitos trajeron el pecado y la miseria, a causa del exceso por una parte, y de la necesidad por otra.

Jesús no procuraba atraerse al pueblo satisfaciendo sus apetitos. Para aquella gran muchedumbre, cansada y hambrienta después de tan largo día lleno de emociones, una comida sencilla era prenda segura de su poder y de su solícito afán de atender a las necesidades comunes de la vida. No ha prometido el Salvador a sus discípulos el lujo mundano; el destino de ellos puede hallarse limitado por la pobreza; pero ha empeñado su palabra al asegurarles que sus necesidades serán suplidas, y les ha prometido lo que vale más que los bienes terrenales; el permanente consuelo de su propia presencia.

Después que la gente hubo comido, sobraba abundante alimento. Jesús mandó a sus discípulos: "Recoged los pedazos que han quedado, porque no se pierda nada". (Juan 6:12) Estas palabras significaban más que recoger las sobras en cestas. La lección era doble. Nada debe ser malgastado. No hemos de perder ninguna ventaja temporal. No debemos descuidar cosa alguna que pueda beneficiar a un ser humano. Recojamos todo cuanto pueda aliviar la penuria de los hambrientos del mundo. Con el mismo cuidado debemos atesorar el pan del cielo para satisfacer las necesidades del alma. Hemos de vivir de toda palabra de Dios. Nada de cuanto Dios ha dicho debe perderse. No debemos desoír una sola palabra de las referentes a nuestra eterna salvación. Ni una sola debe caer al suelo como inútil.

El milagro de los panes enseña que dependemos de Dios. Cuando Cristo dio de comer a los cinco mil, el alimento no estaba a la mano. A simple vista no disponía de recurso alguno. Estaba en el desierto, con cinco mil hombres, sin contar a las mujeres y los niños. El no había invitado a la muchedumbre a que le siguiese hasta allí. Afanosa de estar en su presencia, había acudido sin invitación ni orden; pero él sabía que después de escuchar sus enseñanzas durante el día entero, todos tenían hambre y desfallecían. Estaban lejos de sus casas, y ya anochecía. Muchos estaban sin recursos para comprar qué comer. El que por causa de ellos había ayunado cuarenta días en el desierto, no quiso consentir que volvieran en ayuno a sus casas.

La providencia de Dios había puesto a Jesús donde estaba, y dependía de su Padre celestial para disponer de medios con que suplir la necesidad. Cuando nos vemos en estrecheces, debemos confiar en Dios. En todo trance debemos buscar ayuda en Aquel que tiene recursos infinitos.

En este milagro, Cristo recibió del Padre; lo dio a sus discípulos, los discípulos al pueblo, y el pueblo se lo repartió entre sí. Así también todos los que están unidos con Cristo recibirán de él el pan de vida y lo distribuirán a otros. Los discípulos de Cristo son los medios señalados de comunicación entre él y la gente.

Cuando los discípulos oyeron la orden del Salvador: "Dadles vosotros de comer", surgieron en sus mentes todas las dificultades. Se preguntaron: "¿Iremos a las aldeas a comprar alimento?" Pero ¿qué dijo Cristo? "Dadles vosotros de comer". Los discípulos trajeron a Jesús todo cuanto tenían; pero él no los invitó a comer. Les mandó que sirvieran al pueblo. El alimento se multiplicó en sus manos, y las de los discípulos, al tenderse hacia Cristo, nunca quedaban vacías. La escasa reserva alcanzó para todos. Satisfecha ya la gente, los discípulos comieron con Jesús del precioso alimento venido del cielo.

Cuando vemos las necesidades de los pobres, ignorantes y afligidos, ¡cuántas veces flaquean nuestros corazones! Preguntamos: "¿Qué pueden nuestra débil fuerza y nuestros escasos recursos para satisfacer tan terrible necesidad? ¿No deberíamos esperar que alguien más competente que nosotros dirija la obra, o que alguna organización se encargue de ella?" Cristo dice: "Dadles vosotros de comer". Valeos del tiempo, de los medios, de la capacidad de que disponéis. Llevad a Jesús vuestros panes de cebada.

Aunque vuestros recursos sean insignificantes para alimentar a millares de personas, pueden bastar para dar de comer a una sola. En manos de Cristo pueden hartar a muchos. A imitación de los discípulos, dad lo que tenéis. Cristo multiplicará la ofrenda y recompensará la sencilla confianza y la buena fe que en él se haya depositado. Lo que parecía escasa provisión resultará abundante festín.

"El que siembra con mezquindad, con mezquindad también segará; y el que siembra generosamente, generosamente también segará... Puede Dios hacer que toda gracia abunde en vosotros; a fin de que, teniendo siempre toda suficiencia en todo, tengáis abundancia para toda buena obra; según está escrito:

"Ha esparcido, ha dado a los pobres; su justicia permanece para siempre".

"Y el que suministra simiente al sembrador, y pan para manutención, suministrará y multiplicará vuestra simiente para sembrar, y aumentará los productos de vuestra justicia". (2 Corintios 9:6-10, V. M.)

Con la Naturaleza y con Dios

L A VIDA terrenal del Salvador fue una vida de comunión con la naturaleza y con Dios. En esta comunión nos reveló el secreto de una vida llena de poder.

Jesús obró con fervor y constancia. Nunca vivió en el mundo nadie tan abrumado de responsabilidades, ni llevó tan pesada carga de las tristezas y los pecados del mundo. Nadie trabajó con celo tan agobiador por el bien de los hombres. No obstante, era la suya una vida de salud. En lo físico como en lo espiritual fue su símbolo el cordero, víctima expiatoria, "sin mancha y sin contaminación". (1 Pedro 1:19.) Tanto en su cuerpo como en su alma fue ejemplo de lo que Dios se había propuesto que fuera toda la humanidad mediante la obediencia a sus leyes.

Cuando el pueblo miraba a Jesús, veía un rostro en el cual la compasión divina se armonizaba con un poder consciente. Parecía rodeado por un ambiente de vida espiritual. Aunque de modales suaves y modestos, hacía sentir a los hombres un poder que si bien permanecía latente, no podía quedar del todo oculto.

Durante su ministerio, persiguiéronle siempre hombres astutos e hipócritas que procuraban su muerte. Seguíanle espías que acechaban sus palabras, para encontrar algo contra él. Los intelectos más sutiles e ilustrados de la nación procuraban derrotarle en controversias. Pero nunca pudieron aventajarle. Tuvieron que dejar la lid, confundidos y avergonzados por el humilde Maestro de Galilea. La enseñanza de Cristo tenía una lozanía y un poder como nunca hasta entonces conocieron los hombres. Hasta sus mismos enemigos hubieron de confesar: "Nunca ha hablado hombre así como este hombre". (Juan 7:46.)

La niñez de Jesús, pasada en la pobreza, no había quedado contaminada por los hábitos artificiosos de un siglo corrompido. Mientras trabajaba en el banco del carpintero y llevaba las cargas de la vida doméstica, mientras aprendía las lecciones de la obediencia y del sufrimiento, hallaba solaz en las escenas de la naturaleza, de cuyos misterios adquiría conocimiento al procurar comprenderlos. Estudiaba la Palabra de Dios, y sus horas más felices eran las que, terminado el trabajo, podía pasar en el campo, meditando en tranquilos valles y en comunión con Dios, ora en la falda del monte, ora entre los árboles de la selva. El alba le encontraba a menudo en algún retiro, sumido en la meditación, escudriñando las Escrituras o en oración. Con su canto daba la bienvenida a la luz del día. Con himnos de acción de gracias amenizaba las horas de labor, y llevaba la alegría del cielo a los rendidos por el trabajo y a los descorazonados.

En el curso de su ministerio, Jesús vivió mucho al aire libre. Allí dio buena parte de sus enseñanzas mientras viajaba a pie de poblado en poblado. Para instruir a sus discípulos, huía frecuentemente del tumulto de la ciudad a la tranquilidad del campo, que estaba más en armonía con las lecciones de sencillez, fe y abnegación que quería darles. Bajo los árboles de la falda del monte, a poca distancia del mar de Galilea, llamó a los doce al apostolado, y pronunció el Sermón del Monte.

Agradaba a Cristo reunir el pueblo en torno suyo, al raso, en un verde collado, o a orillas del lago. Allí, rodeado de las obras de su propia creación, podía desviar los pensamientos de la gente de lo artificioso a lo natural. En el crecimiento y desarrollo de la naturaleza se revelaban los principios de su reino. Al alzar la vista hacia los montes de Dios y al contemplar las maravillosas obras de su mano, los hombres podían aprender valiosas lecciones de verdad divina. En días venideros las lecciones del divino Maestro les serían repetidas por las cosas de la naturaleza. La mente se elevaría y el corazón hallaría descanso.

A los discípulos asociados con él en su obra les permitía a menudo que visitaran sus casas y descansaran; pero en vano se empeñaban en distraerle de sus trabajos. Sin cesar atendía a las muchedumbres que a él acudían, y por la tarde, o muy de madrugada, se encaminaba hacia el santuario de las montañas en busca de comunión con su Padre.

Muchas veces sus trabajos incesantes y el conflicto con la hostilidad y las falsas enseñanzas de los rabinos le dejaban tan exhausto que su madre y sus hermanos, y aun sus discípulos, temían por su vida. Pero siempre que volvía de las horas de oración que ponían término al día de trabajo, notaban en su semblante la expresión de paz, la frescura, la vida y el poder de que parecía compenetrado todo su ser. De las horas pasadas a solas con Dios, salía cada mañana para llevar a los hombres la luz del cielo.

Al regresar los discípulos de su primera gira de evangelización, Jesús les dio la invitación: Venid aparte, y reposad un poco. Los discípulos habían vuelto llenos de gozo por su éxito como pregoneros del Evangelio, cuando tuvieron noticia de la muerte de Juan el Bautista a manos de Herodes. Esto les causó amarga tristeza y desengaño. Jesús sabía que al dejar que el Bautista muriera en la cárcel había sometido a una dura prueba la fe de los discípulos. Con compasiva ternura contemplaba sus semblantes entristecidos y surcados de lágrimas. Con lágrimas en los ojos y emoción en la voz les dijo: "Venid vosotros aparte al lugar desierto, y reposad un poco". (Marcos 6:31.)

Cerca de Betsaida, al extremo norte del mar de Galilea, extendíase una región aislada que, hermoseada por el fresco verdor de la primavera, ofrecía agradable retiro a Jesús y sus discípulos. Allá se dirigieron, cruzando el lago en su barco. Allí podían descansar lejos del bullicio de la muchedumbre. Allí podían oír los discípulos las palabras de Cristo, sin que los molestaran las argucias y acusaciones de los fariseos. Allí esperaban

gozar una corta temporada de intimidad con su Señor.

Corto fue efectivamente el tiempo que Jesús pasó con sus queridos discípulos; pero ¡cuán valioso fue para ellos! Juntos hablaron de la obra del Evangelio y de la posibilidad de hacer más eficaz su labor al acercarse al pueblo. Al abrirles Jesús los tesoros de la verdad, sentíanse vivificados por el poder divino y llenos de esperanza y valor.

Pero pronto volvieron las muchedumbres en busca de Jesús. Suponiendo que se habría dirigido a su retiro predilecto, allá se encaminó la gente. Frustrada quedó la esperanza de Jesús de gozar siquiera de una hora de descanso. Pero en lo profundo de su corazón puro y compasivo, el buen Pastor de las ovejas sólo sentía amor y lástima por aquellas almas inquietas y sedientas. Durante todo el día atendió sus necesidades, y al anochecer despidió a la gente para que volviera a sus casas a descansar.

En una vida dedicada por completo a hacer bien a los demás, el salvador creía necesario dejar a veces su incesante actividad y el contacto con las necesidades humanas, para buscar retiro y comunión no interrumpida con su Padre. Al marcharse la muchedumbre que le había seguido, se fue él al monte, y allí a solas con Dios, derramó su alma en oración por aquellos dolientes, pecaminosos y necesitados.

Al decir Jesús a sus discípulos que la mies era mucha y pocos los obreros, no insistió en que trabajaran sin descanso, sino que les mandó: "Rogad, pues, al Señor de la mies, que envíe obreros a su mies". (Mateo 9:38.) Y hoy también el Señor dice a sus obreros fatigados lo que dijera a sus primeros discípulos: "Venid vosotros aparte,... y reposad un poco".

Todos los que están en la escuela de Dios necesitan de una hora tranquila para la meditación, a solas consigo mismos, con la naturaleza y con Dios. En ellos tiene que manifestarse una vida que en nada se armoniza con el mundo, sus costumbres o sus prácticas; necesitan, pues, experiencia personal para adquirir el conocimiento de la voluntad de Dios. Cada uno de nosotros ha de oír la voz de Dios hablar a su corazón. Cuando toda otra voz calla, y tranquilos en su presencia esperamos, el silencio del alma hace más perceptible la voz de Dios. El nos dice: "Estad quietos, y conoced que yo soy Dios". (Salmo 46:10.) Esta es la preparación eficaz para toda labor para Dios. En medio de la presurosa muchedumbre y de las intensas actividades de la vida, el que así se refrigera se verá envuelto en un ambiente de luz y paz. Recibirá nuevo caudal de fuerza física y mental. Su vida exhalará fragancia y dará prueba de un poder divino que alcanzará a los corazones de los hombres.

El Toque de la Fe

"Sᴵ TOCARE solamente su vestido, seré salva". (Mateo 9:21.) Era una pobre mujer la que pronunció estas palabras, una mujer que por espacio de doce años venía padeciendo una enfermedad que le amargaba la vida. Había gastado ya todos sus recursos en médicos y medicinas, y estaba desahuciada. Pero al oír hablar del gran Médico, renacióle la esperanza. Decía entre sí: Si pudiera acercarme a él para hablarle, podría quedar sana.

Cristo iba a la casa de Jairo, el rabino judío que le había instado para que fuera a sanar a su hija. La petición hecha con corazón quebrantado: "Mi hija está a la muerte: ven y pondrás las manos sobre ella para que sea salva" (Marcos 5:23), había conmovido el tierno y compasivo corazón de Cristo, y en el acto fue con el príncipe a su casa.

Caminaban despacio, pues la muchedumbre apremiaba a Cristo por todos lados. Al abrirse paso por entre el gentío, llegó el Salvador cerca de donde estaba la mujer enferma. Ella había procurado en vano una y otra vez acercarse a él. Ahora había llegado su oportunidad, pero no veía cómo hablar con él. No quería detener su lento avance. Pero había oído decir que con sólo tocar su vestidura se obtenía curación, y temerosa de perder su única oportunidad de alivio, se adelantó diciendo entre sí: "Si tocare tan solamente su vestido, seré salva". (Vers. 28.)

Cristo conocía todos los pensamientos de ella, y se dirigía hacia ella. Comprendía él la gran necesidad de la mujer, y le ayudaba a ejercitar su fe.

Al pasar él, se le adelantó la mujer, y logró tocar apenas el borde de su vestido. En el acto notó que había sanado. En aquel único toque habíase concentrado la fe de su vida, e inmediatamente desaparecieron su dolor y debilidad. Al instante sintió una conmoción como de una corriente eléctrica que pasara por todas las fibras de su ser. La embargó una sensación de perfecta salud. "Y sintió en el cuerpo que estaba sana de aquel azote". (Vers. 29.)

La mujer agradecida deseaba expresar su gratitud al poderoso Médico que con su solo toque acababa de hacer por ella lo que no habían logrado los médicos en doce largos años; pero no se atrevía. Con corazón agradecido procuró alejarse de la muchedumbre. De pronto Jesús se detuvo, y mirando en torno suyo preguntó: "¿Quién es el que me ha tocado?"

Mirándole asombrado, Pedro respondió: "Maestro, la compañía te aprieta y oprime, y dices: ¿Quién es el que me ha tocado?" (Lucas 8:45.)

Jesús dijo: "Me ha tocado alguien; porque yo he conocido que ha salido virtud de mí". (Vers. 46.) El podía distinguir entre el toque de la fe y el contacto con la muchedumbre indiferente. Alguien le había tocado con un propósito bien definido, y había recibido respuesta.

Cristo no hizo la pregunta para obtener información. Quería dar una lección al pueblo, a sus discípulos y a la mujer, infundir esperanza al afligido y mostrar que la fe había hecho intervenir el poder curativo. La confianza de la mujer no debía ser pasada por alto sin comentario. Dios tenía que ser glorificado por la confesión agradecida de ella. Cristo deseaba que ella comprendiera que él aprobaba su acto de fe. No quería dejarla ir con una bendición incompleta. Ella no debía ignorar que él conocía sus padecimientos. Tampoco debía desconocer el amor compasivo que le tenía ni la aprobación que diera a la fe de ella en el poder que había en él para salvar hasta lo sumo a cuantos se allegasen a él.

Mirando a la mujer, Cristo insistió en saber quién le había tocado. Viendo que no podía ocultarse, la mujer se adelantó temblando, y se postró a sus pies. Con lágrimas de gratitud, le dijo, en presencia de todo el pueblo, por qué había tocado su vestido y cómo había quedado sana en el acto. Temía que al tocar su manto hubiera cometido un acto de presunción; pero ninguna palabra de censura salió de los labios de Cristo. Sólo dijo palabras de aprobación, procedentes de un corazón amoroso, lleno de simpatía por el infortunio humano. Con dulzura le dijo: "Hija, tu fe te ha salvado: ve en paz". (Vers. 48.) ¡Cuán alentadoras le resultaron esas palabras! El temor de que hubiera cometido algún agravio ya no amargaría su gozo.

La turba de curiosos que se apiñaban alrededor de Jesús no recibió fuerza vital alguna. Pero la enferma que le tocó con fe, quedó curada. Así también en las cosas espirituales, el contacto casual difiere del contacto de la fe. La mera creencia en Cristo como Salvador del mundo no imparte sanidad al alma. La fe salvadora no es un simple asentimiento a la verdad del Evangelio. La verdadera fe es la que recibe a Cristo como un Salvador personal. Dios dio a su Hijo unigénito, para que yo, mediante la fe en él, "no perezca, mas tenga vida eterna". (Juan 3:16, V.M.) Al acudir a Cristo, conforme a su palabra, he de creer que recibo su gracia salvadora. La vida que ahora vivo, la debo vivir "en la fe del Hijo de Dios, el cual *me* amó, y se entregó a sí mismo por *mí*". (Gálatas 2:20.)

Muchos consideran la fe como una opinión. La fe salvadora es una transacción, por la cual los que reciben a Cristo se unen en un pacto con Dios. Una fe viva entraña un aumento de vigor y una confianza implícita que, por medio de la gracia de Cristo, dan al alma un poder vencedor.

La fe es más poderosa que la muerte para vencer. Si logramos que los enfermos fijen sus miradas con fe en el poderoso Médico, veremos resultados maravillosos. Esto vivificará tanto al cuerpo como al alma.

Al trabajar en pro de las víctimas de los malos hábitos, en vez de señalarles la desesperación y ruina hacia las cuales se precipitan, dirigid sus miradas hacia Jesús. Haced que se fijen en las glorias de lo celestial. Esto será más eficaz para la salvación del cuerpo y del alma que todos los terrores del sepulcro puestos delante del que carece de fuerza y aparentemente de esperanza.

"Por su misericordia nos salvó"

El siervo de cierto centurión yacía enfermo de parálisis. Entre los romanos los siervos eran esclavos, comprados y vendidos en los mercados, y muchas veces eran tratados con crueldad; pero este centurión quería entrañablemente a su siervo y anhelaba que se restableciese. Creía que Jesús podía sanarlo. No había visto al Salvador, pero las noticias que acerca de él había recibido le inspiraron fe en él. A pesar del formalismo de los judíos, este romano estaba convencido de que la religión de éstos era superior a la suya. Ya había cruzado las vallas del prejuicio y odio nacionales que separaban a conquistadores y conquistados. Había manifestado respeto por el servicio de Dios, y había usado de bondad con los judíos adoradores de él. En la enseñanza de Cristo, tal como se la habían presentado, había encontrado algo que satisfacía la necesidad de su alma. Todo lo que en él había de espiritual respondía a las palabras del Salvador. Pero se sentía indigno de acercarse a Jesús y acudió a los ancianos de los judíos

para que intercedieran por la curación de su siervo.

Los ancianos, al presentar el caso a Jesús, dijeron: "Es digno de concederle esto; que ama a nuestra nación, y él nos edificó una sinagoga". (Lucas 7:4, 5.)

Pero estando camino de la casa del centurión, Jesús recibió de éste el mensaje: "Señor, no te incomodes, que no soy digno que entres debajo de mi tejado". (Vers. 6.)

Sin embargo, el Salvador siguió adelante y el centurión acudió en persona a completar el mensaje, diciendo: "Ni aun me tuve por digno de venir a ti", "mas solamente di la palabra, y mi mozo sanará. Porque también yo soy hombre bajo de potestad, y tengo bajo de mí soldados: y digo a éste: Ve, y va; y al otro: Ven, y viene; y a mi siervo: Haz esto, y lo hace". (Vers. 7; Mateo 8:8, 9.)

"Yo represento el poder de Roma, y mis soldados reconocen mi autoridad como suprema. Así tú también representas el poder del Dios infinito, y todas las cosas creadas obedecen tu palabra. Tú puedes mandar a la enfermedad que se vaya, y te obedecerá. Di solamente la palabra, y mi siervo sanará".

Cristo dijo: "Como creíste te sea hecho. Y su mozo fue sano en el mismo momento". (Vers. 13.)

Los ancianos habían recomendado al centurión a Cristo por causa del favor que él había hecho a la "nación" de ellos. "Es digno", decían, porque "nos edificó una sinagoga". Pero el centurión decía de sí mismo: "No soy digno". Sin embargo, no temió pedir auxilio a Jesús. No confiaba en su propio mérito, sino en la misericordia del Salvador. Su único argumento era su gran necesidad.

Asimismo, todo ser humano puede acudir a Cristo. "No por obras de justicia que nosotros habíamos hecho, mas por su misericordia nos salvó". (Tito 3:5.) ¿Piensas que, por ser pecador, no puedes esperar recibir bendición de Dios? Recuerda que Cristo vino al mundo para salvar a los pecadores. Nada tenemos que nos recomiende a Dios; el alegato que podemos presentar ahora y siempre es nuestro absoluto desamparo, que hace de su poder redentor una necesidad. Renunciando a toda dependencia de nosotros mismos, podemos mirar a la cruz del Calvario y decir:

"Ningún otro auxilio hay, indefenso acudo a ti".

"Si puedes creer, al que cree todo es posible". (Marcos 9:23.) La fe nos une con el cielo y nos da fuerza para contender con las potestades de las tinieblas. Dios ha provisto en Cristo los medios para contrarrestar toda malicia y resistir toda tentación, por fuerte que sea. Pero muchos sienten que les falta la fe, y por eso permanecen apartados de Cristo. Arrójense estas almas, conscientes de su desesperada indignidad, en los brazos misericordiosos de su compasivo Salvador. No miren a sí mismas, sino a Cristo. El que sanó a los enfermos y echó fuera los demonios cuando andaba con los hombres, sigue siendo el mismo poderoso Redentor. Echad mano, pues, de sus promesas como de las hojas del árbol de la vida: "Al que a mí viene, no le echo fuera". (Juan 6:37.) Al acudir a él, creed que os acepta, pues así lo prometió. Nunca pereceréis si así lo hacéis, nunca.

"Dios encarece su caridad para con nosotros, porque siendo aún pecadores, Cristo murió por nosotros". (Romanos 5:8.)

"Si Dios está por nosotros, ¿quién puede estar contra nosotros? El que ni a su propio Hijo perdonó, sino que le entregó por todos nosotros, ¿cómo no nos ha de dar también de pura gracia, todas las cosas juntamente con él?" (Romanos 8:31, 32, V.M.)

"Por lo cual estoy cierto que ni la muerte, ni la vida, ni ángeles, ni principados, ni potestades, ni lo presente, ni lo por venir, ni lo alto, ni lo bajo, ni ninguna criatura nos podrá apartar del amor de Dios, que es en Cristo Jesús Señor nuestro". (Vers. 38, 39.)

"Si quieres, puedes limpiarme"

De todas las enfermedades conocidas en Oriente, la más temible era la lepra. Su carácter incurable y contagioso, y sus horrorosos efectos, llenaban de terror aun al más valeroso. Los judíos la consideraban como castigo del pecado, y por eso la llamaban "el azote", "el dedo de Dios". De hondas raíces, inextirpable, mortal, la miraban como símbolo del pecado.

Según la ley ritual, el leproso era declarado inmundo, y así también quedaba todo lo que llegase a tocar. El aire se contaminaba con el aliento del enfermo. Este, como si ya estuviera muerto, era excluido de las moradas de los hombres. El sospechoso de lepra tenía que presentarse a los sacerdotes para que le examinasen y dictaminasen sobre su caso. Si era declarado leproso, quedaba aislado de su familia, separado de la congregación de Israel y condenado a no tratar sino con los que adolecían de la misma enfermedad. Ni los reyes ni los gobernantes quedaban exentos de esta regla. El monarca atacado por esta terrible enfermedad tenía que abdicar y huir de la sociedad.

Lejos de sus amigos y parientes, el leproso cargaba con la maldición de su enfermedad, y había de pregonarla, desgarrar sus vestiduras y dar el grito de alarma, avisando a todos que huyesen de su presencia contaminadora. El grito: "¡Inmundo! ¡Inmundo!" proferido en tono lúgubre por el solitario proscrito, era una señal oída con temor y aversión.

En la región donde ejercía Cristo su ministerio, había muchos leprosos, y cuando llegaron a ellos las nuevas de su obra, hubo uno en cuyo corazón empezó a brotar la fe. Si pudiera acudir a Jesús, podría sanar. Pero, ¿cómo encontrar a Jesús? Condenado como estaba a perpetuo aislamiento, ¿cómo podía presentarse al Médico? ¿Le sanaría Cristo? ¿No pronunciaría más bien, como los fariseos y aun los médicos, una maldición contra él y le mandaría que huyera de las moradas de los hombres?

Piensa en todo lo que se le ha dicho de Jesús. Nadie que haya implorado su auxilio ha sido rechazado. El pobre hombre resuelve ir en busca del Salvador. Aunque excluido de las ciudades, puede ser que dé con él en alguna senda apartada en las montañas, o lo encuentre mientras enseña fuera de las poblaciones. Las dificultades son grandes, pero no hay otra esperanza.

Desde lejos, el leproso percibe algunas palabras del Salvador. Le ve poner las manos sobre los enfermos. Ve a los cojos, a los paralíticos, y a los que están muriéndose de diversas enfermedades levantarse sanos y alabar a Dios por su salvación. Su fe se fortalece. Se acerca más y más a la gente que está escuchando. Las restricciones que se le han impuesto, la seguridad del pueblo, el miedo con que todos le miran, todo lo olvida. No piensa más que en la bendita esperanza de curación.

Es un espectáculo repulsivo. La enfermedad ha hecho en él horrorosos estragos y da miedo mirar su cuerpo en descomposición. Al verle, la gente retrocede. Aterrorizados, se atropellan unos a otros para rehuir su contacto. Algunos procuran evitar que se acerque a Jesús, mas en vano. El no los ve ni los oye, ni advierte sus expresiones de repulsión. No ve más que al Hijo de Dios ni oye otra voz sino la que da vida a los moribundos.

Abriéndose paso hasta Jesús, se arroja a sus pies, clamando: "Señor, si quieres, puedes limpiarme".

Jesús le contesta: "Quiero; sé limpio", y pone su mano sobre él. (Mateo 8:2, 3.)

Al instante se produce un cambio en el leproso. Su sangre se purifica, sus nervios recuperan la sensibilidad perdida, sus músculos se fortalecen. La pálida tez, propia del leproso, desaparece, caen las escamas de la piel, y su carne se vuelve como la de un niño.

Si los sacerdotes se hubiesen enterado de cómo se produjo la curación del leproso, podrían haberse dejado inducir por el odio que profesaban a Cristo al punto de dar una sentencia injusta acerca de dicha curación. Jesús deseaba obtener una decisión imparcial. Por lo tanto, encargó al hombre que no contara a nadie su curación, sino que se presentara sin demora en el templo con una ofrenda, antes que se divulgara cualquier rumor acerca del milagro. Antes que pudieran los sacerdotes aceptar la ofrenda, debían examinar al que la traía y certificar su completo restablecimiento.

El examen se hizo. Los sacerdotes que habían condenado al leproso al destierro certificaron su curación. El hombre sanado fue devuelto a su familia y a la sociedad. Tenía por preciosísimo el don de la salud. Se alegraba en el vigor de la virilidad, y por haber sido restituido a los suyos. A pesar del encargo que le hiciera Jesús, no pudo callar su curación y, lleno de gozo, divulgó el poder de Aquel que le había sanado.

Al acercarse a Jesús, este hombre estaba lleno de lepra. La ponzoña mortal había penetrado todo su cuerpo. Los discípulos querían evitar que su Maestro le tocara, pues el que tocaba a un leproso quedaba también inmundo. Pero al poner la mano sobre él, Jesús no se contaminó. La lepra fue limpiada. Así sucede con la lepra del pecado, tan profundamente arraigada, tan mortífera, tan imposible de curar por el poder humano. "Toda cabeza está enferma, y todo corazón doliente. Desde la planta del pie hasta la cabeza no hay en él cosa ilesa, sino herida, hinchazón y podrida llaga". (Isaías 1:5, 6.) Pero Jesús, al humanarse, no se contamina. Su presencia es virtud curativa para el pecador. Cualquiera que se postre a sus pies, diciéndole con fe: "Señor, si quieres, puedes limpiarme", oirá esta respuesta: "Quiero: sé limpio".

En algunos casos de curación, no concedía Jesús en el acto el beneficio pedido. Pero en este caso de lepra, apenas oyó la petición la atendió. Cuando oramos para pedir bendiciones terrenales, la respuesta a nuestra oración puede tardar, o puede ser que Dios nos dé algo diferente de lo pedido; pero no sucede así cuando le pedimos que nos libre del pecado. Es su voluntad limpiarnos de pecado, hacernos sus hijos y ayudarnos a llevar una vida santa. Cristo "se dio a sí mismo por nuestros pecados para librarnos de este presente siglo malo, conforme a la voluntad de Dios y Padre nuestro". (Gálatas 1:4.) "Y esta es la confianza que tenemos en él, que si demandáremos alguna cosa conforme a su voluntad, él nos oye. Y si sabemos que él nos oye en cualquiera cosa que demandáremos, sabemos que tenemos las peticiones que le hubiéramos demandado". (1 Juan 5:14, 15.)

Jesús miraba a los acongojados y de corazón quebrantado, a aquellos cuyas esperanzas habían sido defraudadas, y que procuraban satisfacer los anhelos del alma con goces terrenales, y los invitaba a todos a buscar y encontrar descanso en él.

"Hallaréis descanso"

Con toda ternura decía a los cansados: "Llevad mi yugo sobre vosotros, y aprended de mí, que soy manso y humilde de corazón; y hallaréis descanso para vuestras almas". (Mateo 11:29.)

Con estas palabras, Cristo se dirigía a todo ser humano. Sabiéndolo o sin saberlo, todos están trabajados y cargados. Todos gimen bajo el peso de cargas que sólo Cristo puede quitar. La carga más pesada que llevamos es la del pecado. Si tuviéramos que llevarla solos nos aplastaría. Pero el que no cometió pecado se ha hecho nuestro sustituto. "Jehová cargó en él el pecado de todos nosotros". (Isaías 53:6.)

El llevó el peso de nuestra culpa. También quitará la carga de nuestros hombros cansados. Nos dará descanso. Llevará por nosotros la carga de nuestros cuidados y penas. Nos invita a echar sobre él todos nuestros afanes; pues nos lleva en su corazón.

El Hermano mayor de nuestra familia humana está junto al trono eterno. Mira a toda alma que vuelve su rostro hacia él como al Salvador. Sabe por experiencia lo que es la flaqueza humana, lo que son nuestras necesidades, y en qué consiste la fuerza de nuestras tentaciones, porque fue "tentado en todo según nuestra semejanza, pero sin pecado". (Hebreos 4:15.) Está velando sobre ti, tembloroso hijo de Dios. ¿Estás tentado? Te librará. ¿Eres débil? Te fortalecerá. ¿Eres ignorante? Te iluminará. ¿Estás herido? Te curará. Jehová "cuenta el número de las estrellas"; y, no obstante, es también el que "sana a los quebrantados de corazón, y liga sus heridas". (Salmo 147:4, 3.)

Cualesquiera que sean tus angustias y pruebas, expónlas al Señor. Tu espíritu encontrará sostén para sufrirlo todo. Se te despejará el camino para que puedas librarte de todo enredo y aprieto. Cuanto más débil y desamparado te sientas, más fuerte serás con su ayuda. Cuanto más pesadas sean tus cargas, más dulce y benéfico será tu descanso al echarlas sobre Aquel que se ofrece a llevarlas por ti.

Las circunstancias pueden separar a los amigos; las aguas intranquilas del dilatado mar pueden agitarse entre nosotros y ellos. Pero ninguna circunstancia ni distancia alguna puede separarnos del Salvador. Doquiera estemos, él está siempre a nuestra diestra, para sostenernos y alentarnos. Más grande que el amor de una madre por su hijo es el amor de Cristo por sus rescatados. Es nuestro privilegio descansar en su amor y decir: "En él confiaré; pues dio su vida por mí".

El amor humano puede cambiar; el de Cristo no conoce mudanza. Cuando clamamos a él por ayuda su mano se extiende para salvarnos. "Los montes se moverán, y los collados temblarán; mas no se apartará de ti mi misericordia, ni el pacto de mi paz vacilará, dijo Jehová, el que tiene misericordia de ti". (Isaías 54:10.)

La Curación del Alma

MUCHOS de los que acudían a Cristo en busca de ayuda habían atraído la enfermedad sobre sí, y sin embargo él no rehusaba sanarlos. Y cuando estas almas recibían la virtud de Cristo, reconocían su pecado, y muchos se curaban de su enfermedad espiritual al par que de sus males físicos.

Entre tales personas se hallaba el paralítico de Capernaúm. Como el leproso, este paralítico había perdido toda esperanza de restablecimiento. Su dolencia era resultado de una vida pecaminosa, y el remordimiento amargaba su padecer. En vano había acudido a los fariseos y a los médicos en busca de alivio; le habían declarado incurable, y condenándole por pecador, habían afirmado que moriría bajo la ira de Dios.

El paralítico había caído en la desesperación. Pero después oyó hablar de las obras de Jesús. Otros, tan pecadores y desamparados como él, habían sido curados, y él se sintió alentado a creer que también podría ser curado si conseguía que le llevaran al Salvador. Decayó su esperanza al recordar la causa de su enfermedad, y sin embargo no podía renunciar a la posibilidad de sanar.

Obtener alivio de su carga de pecado era su gran deseo. Anhelaba ver a Jesús, y recibir de él la seguridad del perdón y la paz con el cielo. Después estaría contento de vivir o morir, según la voluntad de Dios.

No había tiempo que perder, pues ya su carne demacrada presentaba síntomas de muerte. Conjuró a sus amigos a que lo llevasen en su cama a Jesús, cosa que ellos se dispusieron a hacer de buen grado. Pero era tanta la muchedumbre que se había juntado dentro y fuera de la casa en la cual se hallaba el Salvador, que era imposible para el enfermo y sus amigos llegar hasta él, o ponerse siquiera al alcance de su voz. Jesús estaba enseñando en la casa de Pedro. Según su costumbre, los discípulos estaban junto a él, y "los Fariseos y doctores de la ley estaban sentados, los cuales habían venido de todas las aldeas de Galilea, y de Judea y Jerusalem". (Lucas 5:17) Muchos habían venido como espías, buscando motivos para acusar a Jesús. Más allá se apiñaba la promiscua multitud de los interesados, los curiosos, los respetuosos y los incrédulos. Estaban representadas varias nacionalidades y todas las clases de la sociedad. "Y la virtud del Señor estaba allí para sanarlos". (Vers. 17.) El Espíritu de vida se cernía sobre la asamblea, pero ni los fariseos ni los doctores discernían su presencia. No sentían necesidad alguna, y la curación no era para ellos. "A los hambrientos hinchió de bienes; y a los ricos envió vacíos". (Lucas 1:53.)

Una y otra vez los que llevaban al paralítico procuraron abrirse paso por entre la muchedumbre, pero en vano. El enfermo miraba en torno suyo con angustia indecible. ¿Cómo podía abandonar toda esperanza, cuando el tan anhelado auxilio estaba ya tan cerca? Por indicación suya, sus amigos lo subieron al tejado de la casa, y haciendo un boquete en él, le bajaron hasta los pies de Jesús.

El discurso quedó interrumpido. El Salvador miró el rostro entristecido del enfermo, y vio sus ojos implorantes fijos en él. Bien conocía el deseo de aquella alma agobiada. Era Cristo el que había llevado la convicción a la conciencia del enfermo, cuando estaba aún en casa. Cuando se arre-

pintió de sus pecados y creyó en el poder de Jesús para sanarle, la misericordia del Salvador bendijo su corazón. Jesús había visto el primer rayo de fe convertirse en la convicción de que él era el único auxiliador del pecador, y había visto crecer esa convicción con cada esfuerzo del paralítico por llegar a su presencia. Cristo era quien había atraído a sí mismo al que sufría. Y ahora, con palabras que eran como música para los oídos a los cuales eran destinadas, el Salvador dijo: "Confía, hijo; tus pecados te son perdonados". (Mateo 9:2.)

La carga de culpa se desprende del alma del enfermo. Ya no puede dudar. Las palabras del Cristo manifiestan su poder para leer en el corazón. ¿Quién puede negar su poder de perdonar los pecados? La esperanza sucede a la desesperación, y el gozo a la tristeza deprimente. Ya desapareció el dolor físico, y todo el ser del enfermo está transformado. Sin pedir más, reposa silencioso y tranquilo, demasiado feliz para hablar.

Muchos observaban suspensos tan extraño suceso y se daban cuenta de que las palabras de Cristo eran una invitación que les dirigía. ¿No estaban ellos también enfermos del alma por causa del pecado? ¿No ansiaban ellos también verse libres de su carga?

Pero los fariseos, temerosos de perder la influencia que ejercían sobre la muchedumbre, decían en su corazón: "Blasfemias dice. ¿Quién puede perdonar pecados, sino sólo Dios?" (Marcos 2:7.)

Fijando en ellos su mirada, bajo la cual se sentían acobardados y retrocedían, Jesús dijo: "¿Por qué pensáis mal en vuestros corazones? Porque, ¿qué es más fácil, decir: Los pecados te son perdonados; o decir: Levántate, y anda? Pues para que sepáis que el Hijo del hombre tiene potestad en la tierra de perdonar pecados", agregó dirigiéndose al paralítico: "Levántate, toma tu cama, y vete a tu casa". (Mateo 9:4-6.)

Entonces el que había sido traído en camilla a Jesús se levantó con la elasticidad y la fuerza de la juventud. E inmediatamente, "tomando su lecho, se salió delante de todos, de manera que todos se asombraron, y glorificaron a Dios, diciendo: Nunca tal hemos visto". (Marcos 2:12.)

Se necesitaba nada menos que un poder creador para devolver la salud a ese cuerpo decaído. La misma voz que infundió vida al hombre creado del polvo de la tierra, la infundió al paralítico moribundo. Y el mismo poder que dio vida al cuerpo, renovó el corazón. Aquel que en la creación "dijo, y fue hecho"; que "mandó, y existió" (Salmo 33:9.), infundió vida al alma muerta en transgresiones y pecados. La curación del cuerpo era prueba evidente del poder que había renovado el corazón. Cristo mandó al paralítico que se levantara y anduviera, "para que sepáis —dijo— que el Hijo del hombre tiene potestad en la tierra de perdonar pecados".

El paralítico encontró en Cristo curación para su alma y para su cuerpo. Necesitaba la salud del alma antes de poder apreciar la salud del cuerpo. Antes de poder sanar la enfermedad física, Cristo tenía que infundir alivio al espíritu y limpiar el alma de pecado. No hay que pasar por alto esta lección. Actualmente miles que adolecen de enfermedades físicas desean, como el paralítico, oír el mensaje: "Tus pecados te son per-

donados". La carga del pecado, con su desasosiego y sus deseos nunca satisfechos, es la causa fundamental de sus enfermedades. No podrán encontrar alivio mientras no acudan al Médico del alma. La paz que él solo puede dar devolverá el vigor a la mente y la salud al cuerpo.

El efecto producido en el pueblo por la curación del paralítico fue como si el cielo se hubiera abierto para revelar las glorias de un mundo mejor. Al salir el que había sido curado por entre la muchedumbre, bendiciendo a Dios a cada paso y llevando su carga como si no pesara más que una pluma, el pueblo se apartaba para dejarle pasar, mirándolo con extrañeza y susurrando: "Hemos visto maravillas hoy". (Lucas 5:26.)

Hubo gran regocijo en la casa del paralítico cuando éste volvió trayendo con facilidad la cama en que lentamente lo habían llevado de su presencia. Le rodearon con lágrimas de gozo, pudiendo apenas creer lo que sus ojos veían. Allí estaba él delante de ellos en todo el vigor de la virilidad. Aquellos brazos que ellos habían visto sin vida, obedecían con rapidez a su voluntad. La carne antes encogida y plomiza, ahora la veían fresca y sonrosada. El hombre andaba con paso firme y con soltura. El gozo y la esperanza se dibujaban en todo su semblante; y una expresión de pureza y paz había reemplazado las señales del pecado y del padecimiento. Una gozosa gratitud subía de aquella casa, y Dios resultaba glorificado por medio de su Hijo, quien había devuelto esperanza al desesperado, y fuerza al agobiado. Aquel hombre y su familia estaban dispuestos a dar la vida por Jesús. Ninguna duda oscurecía su fe, ninguna incredulidad disminuía su lealtad para con Aquel que había traído luz a su lóbrego hogar.

"Bendice, alma mía, a Jehová; y bendigan todas mis entrañas su santo nombre. Bendice, alma mía, a Jehová, y no olvides ninguno de sus beneficios. El es quien perdona todas tus iniquidades, el que sana todas tus dolencias; el que rescata del hoyo tu vida, el que te corona de favores y misericordias; el que sacia de bien tu boca de modo que te rejuvenezcas como el águila. Jehová es el que hace justicia y derecho a todos los que padecen violencia... No ha hecho con nosotros conforme a nuestras iniquidades; ni nos ha pagado conforme a nuestros pecados... Como el padre se compadece de los hijos, se compadece Jehová de los que le temen. Porque él conoce nuestra condición; acuérdase que somos polvo". (Salmo 103:1-14.)

"¿Quieres ser sano?"

"Hay en Jerusalem a la puerta del ganado un estanque, que en hebraico es llamado Bethesda, el cual tiene cinco portales. En éstos yacía multitud de enfermos, ciegos, cojos, secos, que estaban esperando el movimiento del agua". (Juan 5:2, 3.)

En ciertos momentos las aguas de aquel estanque eran agitadas, y creíase comúnmente que esto era resultado de un poder sobrenatural, y que el primero que se sumergiera en el estanque, después del movimiento de las aguas, sanaría de cualquier enfermedad que tuviera. Centenares de enfermos acudían a aquel lugar; pero eran tantos que cuando el agua era agitada se precipitaban unos sobre otros y pisoteaban a hombres, mujeres y niños más débiles que ellos. Muchos no podían acercarse al estanque, y otros que habían conseguido alcanzarlo morían en la orilla. Se habían construido algunos cobertizos alrededor del estanque, para proteger a los enfermos del calor del día y del frío de la noche. Algunos pernoctaban bajo los portales, apiñándose en la orilla del estanque día tras día, con la vana esperanza de obtener alivio.

Hallábase Jesús en Jerusalén. Andando solo, en aparente meditación y oración, llegó al estanque. Vio a los pobres dolientes que esperaban lo que suponían ser su única probabilidad de sanar. Anhelaba ejercer su poder curativo y sanar a todos los que sufrían. Pero era sábado. Multitudes iban al templo para adorar, y él sabía que un acto de curación tal excitaría de tal manera el prejuicio de los judíos que abreviaría su obra.

Pero el Salvador vio un caso de miseria suprema. Era el de un hombre que había estado imposibilitado durante treinta y ocho años. Su enfermedad era en gran parte resultado de sus malos hábitos y considerada como castigo de Dios. Solo y sin amigos, sintiéndose excluido de la misericordia divina, el enfermo había sufrido largos años. Cada vez que se esperaba el movimiento del agua, los que se compadecían de su desamparo lo llevaban a los portales; pero en el momento propicio no tenía a nadie para ayudarle a entrar. Había visto agitarse el agua, pero nunca había podido pasar de la orilla del estanque. Otros más fuertes que él se sumergían antes. No podía contender con éxito con la muchedumbre egoísta y arrolladora. Sus esfuerzos perseverantes hacia su único objeto, y su ansiedad y continua desilusión, estaban agotando rápidamente el resto de sus fuerzas.

El enfermo estaba acostado en su estera y levantaba ocasionalmente la cabeza para mirar el estanque, cuando un rostro tierno y compasivo se inclinó sobre él, y atrajeron su atención las palabras: "¿Quieres ser salvo?" La esperanza renació en su corazón. Comprendió que de algún modo iba a recibir ayuda. Pero el calor del estímulo no tardó en desvanecerse. Recordó cuántas veces había tratado de llegar al estanque; y ahora tenía pocas perspectivas de vivir hasta que fuese nuevamente agitado. Volvió la cabeza, y cansado dijo: "Señor,... no tengo hombre que me meta en el estanque cuando el agua fuere revuelta; porque entre tanto que yo vengo, otro antes de mí ha descendido".

Jesús le dice: "Levántate, toma tu lecho y anda". (Vers. 6-8.) Con nueva esperanza el enfermo mira a Jesús. La expresión de su rostro, el acento de su voz, no son como los de otro cualquiera. Su misma presencia parece respirar amor y poder. La fe del paralítico se aferra a la palabra de Cristo. Sin otra pregunta, se dispone a obedecer, y todo su cuerpo le responde.

En cada nervio y músculo pulsa una nueva vida, y se transmite a sus miembros inválidos una actividad sana. De un salto se pone de pie, y emprende la marcha con paso firme y resuelto, alabando a Dios y regocijándose en sus fuerzas renovadas.

Jesús no había dado al paralítico seguridad alguna de ayuda divina.

Bien pudiera haber dicho el hombre: "Señor, si quieres sanarme, obedeceré tu palabra". Podría haberse detenido a dudar, y haber perdido su única oportunidad de sanar. Pero no; él creyó en la palabra de Cristo; creyó que había sido sanado; inmediatamente hizo el esfuerzo, y Dios le concedió la fuerza; quiso andar, y anduvo. Al obrar de acuerdo con la palabra de Cristo, quedó sano.

El pecado nos ha separado de la vida de Dios. Nuestras almas están paralizadas. Somos tan incapaces de llevar una vida santa como lo era el paralítico para andar. Muchos se dan cuenta de su desamparo; desean con ansia aquella vida espiritual que los pondrá en armonía con Dios, y se esfuerzan por conseguirla; pero en vano. Desesperados, exclaman: "¡Miserable hombre de mí! ¿quién me librará del cuerpo de esta muerte?" (Romanos 7:24.) Alcen la mirada estas almas que luchan presa del abatimiento. El Salvador se inclina hacia el alma adquirida por su sangre, diciendo con inefable ternura y compasión: "¿Quieres ser salvo?" El os invita a levantaros llenos de salud y paz. No esperéis hasta sentir que sois sanos. Creed en la palabra del Salvador. Poned vuestra voluntad de parte de Cristo. Quered servirle, y al obrar de acuerdo con su palabra, recibiréis fuerza. Cualquiera que sea la mala práctica, la pasión dominante que haya llegado a esclavizar vuestra alma y vuestro cuerpo, por haber cedido largo tiempo a ella, Cristo puede y anhela libraros. El infundirá vida al alma de los que "estabais muertos en vuestros delitos". (Efesios 2:1.) Librará al cautivo que está sujeto por la debilidad, la desgracia y las cadenas del pecado.

El sentimiento del pecado ha envenenado las fuentes de la vida; pero Cristo dice: "Yo llevaré vuestros pecados; yo os daré paz. Os compré con mi sangre. Sois míos. Mi gracia fortalecerá vuestra voluntad debilitada; os libraré del remordimiento de vuestro pecado". Cuando os asalten las tentaciones, cuando os veáis envueltos en perplejidad y cuidados, cuando, deprimidos y desalentados, estéis a punto de ceder a la desesperación, mirad a Jesús y las tinieblas que os rodeen se desvanecerán ante el resplandor de su presencia. Cuando el pecado contiende por dominar vuestra alma y agobia vuestra conciencia, mirad al Salvador. Su gracia basta para vencer el pecado. Vuélvase hacia él vuestro agradecido corazón que tiembla de incertidumbre. Echad mano de la esperanza que os es propuesta. Cristo aguarda para adoptaros en su familia. Su fuerza auxiliará vuestra flaqueza; os guiará paso a paso. Poned vuestra mano en la suya, y dejaos guiar por él.

Nunca penséis que Cristo está lejos. Siempre está cerca. Su amorosa presencia os circunda. Buscadle sabiendo que desea ser encontrado por vosotros. Quiere que no sólo toquéis su vestidura, sino que andéis con él en comunión constante.

"Vete, y no peques más"

La fiesta de los tabernáculos había concluido. Los sacerdotes y rabinos de Jerusalén habían sido derrotados en sus maquinaciones contra Jesús, y a la caída de la tarde, "fuese cada uno

a su casa. Y Jesús se fue al monte de las Olivas". (Juan 7:53; 8:1.)

Dejando la agitación y el bullicio de la ciudad, las afanadas muchedumbres y los traicioneros rabinos, Jesús se apartó a la tranquilidad de los olivares, donde podía estar a solas con Dios. Pero temprano por la mañana volvió al templo, y al ser rodeado por la gente, se sentó y les enseñó.

Pronto fue interrumpido. Un grupo de fariseos y escribas se le acercó, arrastrando a una mujer aterrorizada, a la que acusaban acerbamente de haber quebrantado el séptimo mandamiento. Habiéndola empujado hasta la presencia de Jesús, dijeron a éste con hipócrita manifestación de respeto: "Maestro, esta mujer ha sido tomada en el mismo hecho, adulterando; y en la ley Moisés nos mandó apedrear a las tales; tú pues, ¿qué dices?" (Vers. 4, 5.)

Su falsa reverencia ocultaba una artera intriga para arruinarlo. Si Jesús absolvía a la mujer, se le podría acusar de haber despreciado la ley de Moisés. Si declaraba a la mujer digna de muerte, se le podría acusar ante los romanos de haberse arrogado una autoridad que sólo a éstos pertenecía.

Jesús miró la escena: la temblorosa víctima avergonzada, los dignatarios de rostro duro, sin rastros de compasión humana. Su espíritu de pureza inmaculada sentía repugnancia por este espectáculo. Sin dar señal de haber oído la pregunta, se agachó y, fijos los ojos en el suelo, se puso a escribir en el polvo.

Impacientes ante la demora y la aparente indiferencia de Jesús, los delatores se acercaron, para imponer el asunto a su atención. Pero cuando sus ojos, siguiendo los de Jesús, cayeron sobre el pavimento a sus pies, callaron. Allí, trazados delante de ellos, estaban los secretos culpables de su propia vida.

Enderezándose y fijando sus ojos en los ancianos maquinadores, Jesús dijo: "El que de *vosotros* esté sin pecado, arroje contra ella la piedra el primero". (Vers.7.) Y volviéndose a inclinar, siguió escribiendo.

No había puesto de lado la ley dada por Moisés, ni había usurpado la autoridad de Roma. Los acusadores habían sido derrotados. Rasgado su manto de falsa santidad, estaban, culpables y condenados, en presencia de la pureza infinita. Temblaban de miedo de que la iniquidad oculta de sus vidas fuese revelada a la muchedumbre; y uno tras otro, con la cabeza agachada y los ojos mirando al suelo, se fueron furtivamente, dejando a su víctima con el compasivo Salvador.

Irguióse Jesús, y mirando a la mujer, le dijo: "Mujer, ¿dónde están los que te acusaban? ¿Ninguno te ha condenado? Y ella respondió: Señor, ninguno. Entonces Jesús le dijo: Ni yo te condeno: vete, y no peques más". (Vers. 10, 11.)

La mujer había estado temblando de miedo delante de Jesús. Sus palabras: "El que de vosotros esté sin pecado, arroje contra ella la piedra el primero", habían sido para ella como una sentencia de muerte. No se atrevía a alzar los ojos al rostro del Salvador, sino que esperaba silenciosamente su condena. Con asombro vio a sus acusadores apartarse mudos y confundidos; luego cayeron en sus oídos estas palabras de esperanza: "Ni yo te condeno: vete, y no peques más". Su corazón se enterneció, y se arrojó a los pies de Jesús, expresando con sollozos su amor agradecido y confesando sus pecados con amargas lágrimas.

Esto fue para ella el principio de una nueva vida, una vida de pureza y paz, consagrada a Dios. Al levantar a esta alma caída, Jesús hizo un milagro mayor que al sanar la más grave enfermedad física. Curó la enfermedad espiritual que es para muerte eterna. Esa mujer penitente llegó a ser uno de sus discípulos más fervientes. Con devoción y amor abnegados, retribuyó su misericordia perdonadora. El mundo tenía para esta mujer extraviada solamente desprecio y escarnio; pero el que era sin pecado se compadeció de su debilidad y le tendió su mano auxiliadora. Mientras que los hipócritas fariseos la condenaban, Jesús le dijo: "Vete, y no peques más".

Jesús conoce las circunstancias particulares de cada alma. Cuanto más grave es la culpa del pecador, tanto más necesita del Salvador. Su corazón rebosante de simpatía y amor divinos se siente atraído ante todo hacia el que está más desesperadamente enredado en los lazos del enemigo. Con su propia sangre firmó Cristo los documentos de emancipación de la humanidad.

Jesús no quiere que los comprados a tanto precio sean juguete de las tentaciones del enemigo. No quiere que seamos vencidos ni que perezcamos. El que dominó los leones en su foso, y anduvo con sus fieles testigos entre las llamas, está igualmente dispuesto a obrar en nuestro favor para refrenar toda mala propensión de nuestra naturaleza. Hoy está ante el altar de la misericordia, presentando a Dios las oraciones de los que desean su ayuda. No rechaza a ningún ser humano lloroso y contrito. Perdonará sin reserva a cuantos acudan a él en súplica de perdón y restauración. A nadie dice todo lo que pudiera revelar, sino que exhorta a toda alma temblorosa a que cobre ánimo. Todo el que quiera puede valerse de la fuerza de Dios, y hacer la paz con él, y el Señor la hará también.

A las almas que se vuelven a él en busca de amparo, Jesús las levanta sobre toda acusación y calumnia. Ningún hombre ni ángel maligno puede incriminar a estas almas. Cristo las une con su propia naturaleza divina y humana. Están al lado de Aquel que lleva los pecados, en la luz procedente del trono de Dios.

La sangre de Jesucristo "limpia de todo pecado". (1 Juan 1:7.) "¿Quién acusará a los escogidos de Dios? Dios es el que justifica. ¿Quién es el que condenará? Cristo es el que murió; más aún, el que también resucitó, quien además está a la diestra de Dios, el que también intercede por nosotros". (Romanos 8:33, 34.)

Cristo demostró su completa autoridad sobre los vientos y las olas, así como sobre los endemoniados. El que apaciguó la tempestad y sosegó el agitado mar, dirigió palabras de paz a los intelectos perturbados y dominados por Satanás.

En la sinagoga de Capernaúm estaba Jesús hablando de su misión de libertar a los esclavos del pecado. De pronto fue interrumpido por un grito de terror. Un loco hizo irrupción de entre la gente, clamando: "Déjanos; ¿qué tenemos contigo, Jesús Nazareno? ¿has venido a destruirnos? Yo te conozco quién eres, el Santo de Dios". (Lucas 4:34.)

Jesús reprendió al demonio diciendo: "Enmudece, y sal de él. Entonces el demonio, derribándole en medio, salió de él, y no le hizo daño alguno". (Vers. 35.)

La causa de la aflicción de este hombre residía también en su propia conducta. Le habían fascinado los placeres del pecado, y pensó hacer de la vida un gran carnaval. La intemperancia y la frivolidad pervirtieron los nobles atributos de su naturaleza, y Satanás asumió pleno dominio sobre él. El remordimiento llegó demasiado tarde. Cuando hubiera querido sacrificar sus bienes y sus placeres para recuperar su virilidad perdida, ya estaba incapacitado y a la merced del maligno.

En presencia del Salvador, se le había despertado el deseo de libertad, mas el demonio opuso resistencia al poder de Cristo. Cuando el hombre procuró pedir ayuda a Jesús, el espíritu maligno le puso en la boca sus propias palabras, y él gritó con angustia y temor. Comprendía parcialmente que se hallaba en presencia de quien podía libertarlo; pero cuando intentó ponerse al alcance de aquella mano poderosa, otra voluntad le retuvo; y las palabras de otro fueron pronunciadas por su medio.

Terrible era el conflicto entre sus deseos de libertad y el poder de Satanás. Parecía que el pobre atormentado habría de perder la vida en aquel combate con el enemigo que había destruido su virilidad. Pero el Salvador habló con autoridad y libertó al cautivo. El que había sido poseído del demonio, estaba ahora delante de la gente admirada, en pleno goce de la libertad y del dominio propio.

Con voz alegre, alabó a Dios por su liberación. Los ojos que hasta entonces despedían fulgores de locura brillaban ahora de inteligencia y derramaban lágrimas de gratitud. La gente estaba muda de asombro. Tan pronto como hubo recuperado el uso de la palabra, exclamó: "¿Qué es esto? ¿Qué nueva doctrina es ésta, que con potestad aun a los espíritus inmundos manda, y le obedecen?" (Marcos 1:27.)

También hoy hay muchedumbres tan ciertamente dominadas por el poder de los malos espíritus como lo era el endemoniado de Capernaúm. Todos los que se apartan voluntariamente de los mandamientos de Dios se colocan bajo la dirección de Satanás. Muchos juegan con el mal, pensando que podrán romper con él cuando quieran; pero quedan cada vez más engañados hasta que se encuentran dominados por una voluntad más fuerte que la suya. No pueden substraerse a su misterioso poder. El pecado secreto o la pasión dominante puede hacer de ellos cautivos tan inertes como el endemoniado de Capernaúm.

Sin embargo, su condición no es desesperada. Dios no domina nuestra mente sin nuestro consentimiento, sino que cada hombre está libre para elegir el poder que quiera ver dominar sobre él. Nadie ha caído tan bajo, nadie es tan vil que no pueda hallar liberación en Cristo. El endemoniado, en vez de oraciones, sólo podía pronunciar las palabras de Satanás; sin embargo, la muda súplica de su corazón fue oída. Ningún clamor de un alma en necesidad, aunque no llegue a expresarse en palabras, quedará sin ser oído. Los que consienten en hacer pacto con el Dios del cielo no serán abandonados al poder de Satanás ni a las flaquezas de su propia naturaleza.

"¿Será quitada la presa al valiente? o ¿libertaráse la cautividad legítima? Así empero dice Jehová: Cierto, la cautividad será quitada al valiente, y la presa del robusto será librada; y tu pleito yo lo pleitearé, y yo salvaré a tus hijos". (Isaías 49:24, 25.)

Maravillosa será la transformación de quien abra por la fe la puerta de su corazón al Salvador.

"Os doy potestad"

Como los doce apóstoles, los setenta discípulos a quienes Cristo envió después, recibieron dones sobrenaturales como sello de su misión. Cuando terminaron su obra, volvieron con gozo, diciendo: "Señor, aun los demonios se nos sujetan en tu nombre". Jesús respondió: "Yo veía a Satanás, como un rayo, que caía del cielo". (Lucas 10:17, 18.)

En lo venidero, los seguidores de Cristo habían de mirar a Satanás como a un enemigo vencido. En la cruz, Cristo iba a ganar la victoria para ellos; deseaba que se apropiasen de esa victoria. "He aquí —dijo él— os doy potestad de hollar sobre las serpientes y sobre los escorpiones, y sobre toda fuerza del enemigo, y nada os dañará". (Vers. 19.)

El poder omnipotente del Espíritu Santo es la defensa de toda alma contrita. Cristo no permitirá que pase bajo el dominio del enemigo quien haya pedido su protección con fe y arrepentimiento. Es verdad que Satanás es un ser fuerte; pero, gracias a Dios, tenemos un Salvador poderoso que arrojó del cielo al maligno. Satanás se goza cuando engrandecemos su poder. ¿Por qué no hablamos de Jesús? ¿Por qué no magnificamos su poder y su amor?

El arco iris de la promesa que circuye el trono de lo alto es un testimonio eterno de que "de tal manera amó Dios al mundo, que ha dado a su Hijo unigénito, para que todo aquel que en él cree, no se pierda, mas tenga vida eterna". (Juan 3:16.) Atestigua al universo que Dios nunca abandonará a su pueblo en la lucha contra el mal. Es para nosotros una garantía de que contaremos con fuerza y protección mientras subsista el trono de Dios.

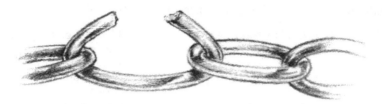

Salvados para Servir

RA el amanecer, a orillas del mar de Galilea. Jesús y sus discípulos habían llegado allí después de pasar una noche tempestuosa sobre las aguas, y la luz del sol naciente esparcía sobre el mar y la tierra como una bendición de paz. Pero apenas habían tocado la orilla cuando sus ojos fueron heridos por una escena más terrible que la furia de la tempestad. De algún escondedero entre las tumbas, dos locos echaron a correr hacia ellos como si quisieran despedazarlos. De sus cuerpos colgaban trozos de cadenas que habían roto al escapar de sus prisiones. Sus carnes estaban desgarradas y sangrientas y por entre sus cabellos sueltos y enmarañados, les brillaban los ojos; la misma apariencia humana parecía borrada de su semblante. Se asemejaban más a fieras que a hombres.

Los discípulos y sus compañeros huyeron aterrorizados; pero al rato notaron que Jesús no estaba con ellos y se volvieron para buscarle. Allí estaba donde le habían dejado. El que había calmado la tempestad, y antes había arrostrado y vencido a Satanás, no huyó delante de los demonios. Cuando los hombres, crujiendo los dientes y echando espuma por la boca, se acercaron a él, Jesús levantó aquella mano que había ordenado a las olas que se calmasen, y los hom-

bres no pudieron acercarse más. Estaban de pie, furiosos, pero impotentes delante de él.

Con autoridad ordenó a los espíritus inmundos que salieran de esos hombres. Los desafortunados se dieron cuenta de que estaban cerca de alguien que podía salvarlos de los atormentadores demonios. Cayeron a los pies del Salvador para pedirle misericordia; pero cuando sus labios se abrieron, los demonios hablaron por su medio clamando: "¿Qué tenemos contigo, Jesús, Hijo de Dios? ¿Has venido acá a molestarnos antes de tiempo?" (Mateo 8:29.)

Los espíritus malos se vieron obligados a soltar sus víctimas, y ¡qué cambio admirable se produjo en los endemoniados! Había amanecido en sus mentes. Sus ojos brillaban de inteligencia. Sus rostros, durante tanto tiempo deformados a la imagen de Satanás, se volvieron repentinamente benignos. Se aquietaron las manos manchadas de sangre y los hombres elevaron alegremente sus voces en alabanza a Dios.

Mientras tanto, los demonios, echados de su habitación humana, habían entrado en una piara de cerdos y la habían arrastrado a la destrucción. Los guardianes de los cerdos corrieron a difundir la noticia, el pueblo entero se agolpó alrededor de Jesús. Los dos endemoniados habían aterrorizado la comarca. Ahora están vestidos y en su sano juicio, sentados a los pies de Jesús, escuchando sus palabras y glorificando el nombre de Aquel que los ha sanado. Pero la gente que presencia esta maravillosa escena no se regocija. La pérdida de los cerdos le parece de mayor importancia que la liberación de estos cautivos de Satanás. Aterrorizada, rodea a Jesús para instarle a que se aparte de allí; y él, cediendo a sus ruegos, se embarca en seguida para la ribera opuesta.

El sentimiento de los endemoniados curados es muy diferente. Ellos desean la compañía de su Libertador. Con él se sienten seguros de los demonios que atormentaron su vida y agostaron su virilidad. Cuando Jesús está por subir al barco, se mantienen a su lado, y arrodillándose, le ruegan que los guarde cerca de él, donde puedan escuchar siempre sus palabras. Pero Jesús les recomienda que vayan a sus casas y cuenten cuán grandes cosas el Señor ha hecho por ellos.

Tienen una obra que hacer: ir a hogares paganos y hablar de la bendición que recibieron de Jesús. Les resulta duro separarse del Salvador. Les asediarán seguramente grandes dificultades en su trato con sus compatriotas paganos. Y su largo aislamiento de la sociedad parece haberlos inhabilitado para la obra que él les ha indicado. Pero tan pronto como Jesús les señala su deber, están listos para obedecer.

No sólo hablaron de Jesús a sus familias y vecinos, sino que fueron por toda Decápolis, declarando por doquiera su poder salvador, y describiendo cómo los había librado de los demonios.

Aunque los habitantes de Gadara no habían recibido a Jesús, él no los dejó en las tinieblas que habían preferido. Cuando le pidieron que se apartase de ellos, no habían oído sus palabras. Ignoraban lo que rechazaban. Por lo tanto, les mandó luz por medio de personas a quienes no se negarían a escuchar.

Al ocasionar la destrucción de los cerdos, Satanás se proponía apartar a la gente del Salvador e impedir la predicación del Evangelio en esa región. Pero este mismo incidente despertó a toda la comarca como no podría haberlo hecho otra cosa alguna y dirigió su atención a Cristo. Aunque el Salvador mismo se fue, los hombres a quienes había sanado permanecieron como testigos de su poder. Los que habían sido agentes del príncipe de las tinieblas vinieron a ser conductos de luz, mensajeros del Hijo de Dios. Cuando Jesús volvió a Decápolis, la gente acudió a él, y durante tres días miles de habitantes de toda la región circundante oyeron el mensaje de salvación.

Los dos endemoniados curados fueron los primeros misioneros a quienes Cristo envió a predicar el Evangelio en la región de Decápolis. Esos hombres habían tenido oportunidad de oír las enseñanzas de Cristo durante unos momentos solamente. Sus oídos no habían percibido un solo sermón de sus labios. No podían instruir a la gente como habrían podido hacerlo los discípulos que habían estado diariamente con Jesús; pero podían contar lo que sabían, lo que ellos mismos habían visto, oído y experimentado del poder del Salvador. Esto es lo que puede hacer cada uno cuyo corazón ha sido conmovido por la gracia de Dios. Tal es el testimonio que nuestro Señor requiere y por falta del cual el mundo está pereciendo.

El Evangelio se ha de presentar, no como una teoría inerte, sino como una fuerza viva capaz de transformar la conducta. Dios quiere que sus siervos den testimonio de que por medio de la gracia divina los hombres pueden poseer un carácter semejante al de Cristo y regocijarse en la seguridad de su gran amor. Quiere que atestigüemos que él no puede darse por satisfecho mientras todos los que acepten su salvación no hayan sido transformados y reintegrados en sus santos privilegios de hijos de Dios.

Aun a aquellos cuya conducta más le haya ofendido les da franca acogida. Cuando se arrepienten, les otorga su Espíritu divino, y los manda al campo de los desleales a proclamar su misericordia. Las almas que han sido degradadas en instrumentos de Satanás siguen todavía, mediante el poder de Cristo, siendo transformadas en mensajeras de justicia, y les envía a contar cuán grandes cosas el Señor ha hecho por ellas y cuánta compasión les tuvo.

"De ti será siempre mi alabanza"

Después que la mujer de Capernaúm fuera sanada por el toque hecho con fe, Jesús quiso que reconociese el beneficio recibido. No se obtiene a hurtadillas ni se gozan en secreto los dones que el Evangelio ofrece. "Vosotros, pues, sois mis testigos, dice Jehová, que yo soy Dios". (Isaías 43:12.)

Nuestra confesión de su fidelidad es el factor escogido por el Cielo para revelar a Cristo al mundo. Debemos reconocer su gracia como fue dada a conocer por los santos de antaño; pero lo que será más eficaz es el testimonio de nuestra propia experiencia. Somos testigos de Dios mientras revelamos en nosotros mismos la obra de un poder divino. Cada persona tiene una vida distinta de todas las demás y una experiencia que difiere esencialmente de la suya. Dios desea que nuestra alabanza ascienda a él señalada por nuestra propia individualidad. Estos preciosos reconocimientos para alabanza de la gloria de su gracia, cuando son apoyados por una vida semejante a la de Cristo, tienen un poder irresistible que obra para la salvación de las almas.

Para nuestro propio beneficio, debemos refrescar en nuestra mente todo don de Dios. Así se fortalece la fe para pedir y recibir más. Hay para nosotros mayor estímulo en la menor bendición que recibimos de Dios, que en todos los relatos que podamos leer acerca de la fe y experiencia ajenas. El alma que responda a la gracia de Dios será como un jardín regado. Su salud brotará raudamente; su luz nacerá en la oscuridad, y la gloria de Dios la acompañará.

"¿Qué pagaré a Jehová por todos sus beneficios para conmigo? Tomaré la copa de la salud, e invocaré el nombre de Jehová. Ahora pagaré mis votos a Jehová delante de todo su pueblo". (Salmo 116:12-14.) "A Jehová cantaré en mi vida: a mi Dios salmearé mientras viviere. Serme ha suave hablar de él: yo me alegraré en Jehová". (Salmo 104:33, 34.) "¿Quién expresará las valentías de

Jehová? ¿Quién contará sus alabanzas?" (Salmo 106:2.) "Invocad su nombre: haced notorias sus obras en los pueblos. Cantadle, cantadle salmos: hablad de todas sus maravillas. Gloriaos en su santo nombre: alégrese el corazón de los que buscan a Jehová". (Salmo 105:1-3.) "Porque mejor es tu misericordia que la vida: mis labios te alabarán... Como de meollo y de grosura será saciada mi alma; y con labios de júbilo te alabará mi boca, cuando me acordaré de ti en mi lecho, cuando meditaré de ti en las velas de la noche. Porque has sido mi socorro; y así en la sombra de tus alas me regocijaré". (Salmo 63:3-7.) "En Dios he confiado: no temeré lo que me hará el hombre. Sobre mí, oh Dios, están tus votos: te tributaré alabanzas. Porque has librado mi vida de la muerte, y mis pies de caída, para que ande delante de Dios en la luz de los que viven". (Salmo 56:11-13.) "Oh Santo de Israel. Mis labios cantarán cuando a ti salmeare, y mi alma, a la cual redimiste. Mi lengua hablará también de tu justicia todo el día". "Seguridad mía desde mi juventud... De ti será siempre mi alabanza". (Salmo 71:22-24, 5, 6.) "Haré perpetua la memoria de tu nombre:... Por lo cual te alabarán los pueblos". (Salmo 45:17.)

"De gracia recibisteis, dad de gracia"

No debemos limitar la invitación del Evangelio y presentarla solamente a unos pocos elegidos, que, suponemos nosotros, nos honrarán aceptándola. El mensaje ha de proclamarse a todos. Cuando Dios bendice a sus hijos, no es tan sólo para beneficio de ellos, sino para el mundo. Cuado nos concede sus dones, es para que los multipliquemos compartiéndolos con otros.

Tan pronto como halló al Salvador, la mujer samaritana que habló con Jesús junto al pozo de Jacob, trajo otros a él. Así dio pruebas de ser una misionera más eficaz que los propios discípulos. Ellos no vieron en Samaria indicios de que fuera un campo alentador. Fijaban sus pensamientos en una gran obra futura, y no vieron que en derredor de sí había una mies que segar. Pero por medio de la mujer a quien ellos despreciaron, toda una ciudad llegó a oír a Jesús. Ella llevó en seguida la luz a sus compatriotas.

Esta mujer representa la obra de una fe práctica en Cristo. Cada verdadero discípulo nace en el reino de Dios como misionero. Apenas llega a conocer al Salvador, desea hacerlo conocer a otros. La verdad salvadora y santificadora no puede quedar encerrada en su corazón. El que bebe del agua viva llega a ser una fuente de vida. El que recibe se transforma en un dador. La gracia de Cristo en el alma es como un manantial en el desierto, cuyas aguas brotan para refrescar a todos, e infunde, a quienes están por perecer, avidez de beber del agua de la vida. Al hacer esta obra obtenemos mayor bendición que si trabajáramos únicamente en nuestro provecho. Es al trabajar para difundir las buenas nuevas de la salvación como somos llevados más cerca del Salvador. Acerca de los que reciben su gracia, dice el Señor:

"Y daré a ellas y a los alrededores de mi collado, bendición; y haré descender la lluvia en su tiempo, lluvias de bendición serán". (Ezequiel 34:26.)

"Mas en el postrer día grande de la fiesta, Jesús se ponía en pie y clamaba, diciendo: Si alguno tiene sed, venga a mí y beba. El que cree en mí, como dice la Escritura, ríos de agua viva correrán de su vientre". (Juan 7:37, 38.)

Los que reciben tienen que dar a los demás. De todas partes nos llegan pedidos de auxilio. Dios invita a los hombres a que atiendan gozosos a sus semejantes. Hay coronas inmortales que ganar; hay que alcanzar el reino de los cielos; hay que iluminar al mundo que perece en la ignorancia.

"¿No decís vosotros: Aun hay cuatro meses hasta que llegue la siega? He aquí os digo: Alzad vuestros ojos, y mirad las regiones, porque ya están blancas para la siega. Y el que siega, recibe salario, y allega fruto para vida eterna". (Juan 4:35, 36.)

"He aquí, yo estoy con vosotros todos los días"

Durante tres años, los discípulos tuvieron delante de sí el admirable ejemplo de Jesús. Día tras día anduvieron y conversaron con él, oyendo sus palabras que alentaban a los cansados y cargados y viendo las manifestaciones de su poder para con los enfermos y afligidos. Llegado el momento en que iba a dejarlos, les dio gracia y poder para llevar adelante su obra en su nombre. Tenían que derramar la luz de su Evangelio de amor y de curación. Y el Salvador les prometió que estaría siempre con ellos. Por medio del Espíritu Santo, estaría aun más cerca de ellos que cuando andaba en forma visible entre los hombres.

La obra que hicieron los discípulos, hemos de hacerla nosotros también. Todo cristiano debe ser un misionero. Con simpatía y compasión tenemos que desempeñar nuestro ministerio en bien de los que necesitan ayuda, y procurar con todo desprendimiento aliviar las miserias de la humanidad doliente.

Todos pueden encontrar algo que hacer. Nadie debe considerar que para él no hay sitio donde trabajar por Cristo. El Salvador se identifica con cada hijo de la humanidad. Para que pudiéramos ser miembros de la familia celestial, él se hizo miembro de la familia terrenal. Es el Hijo del hombre y, por consiguiente, hermano de todo hijo e hija de Adán. Los que siguen a Cristo no deben sentirse separados del mundo que perece en derredor suyo. Forman parte de la gran familia humana, y el Cielo los considera tan hermanos de los pecadores como de los santos.

Millones y millones de seres humanos, sumidos en el dolor, la ignorancia y el pecado, no han oído hablar siquiera del amor de Cristo. Si nuestra situación fuera la suya, ¿qué quisiéramos que ellos hicieran por nosotros? Todo esto, en cuanto dependa de nosotros, hemos de hacerlo por ellos. La regla de la vida cristiana conforme a la cual seremos juzgados un día es ésta: "Todas las cosas que quisierais que los hombres hiciesen con vosotros, así también haced vosotros con ellos". (Mateo 7:12.)

Todo lo que nos ha dado ventaja sobre los demás, ya sea educación y refinamiento, nobleza de carácter, educación cristiana o experiencia religiosa, todo esto nos hace deudores para con los menos favorecidos; y en cuanto esté de nosotros, hemos de servirlos. Si somos fuertes, hemos de sostener a los débiles.

Los ángeles gloriosos que contemplan siempre la faz del Padre en los cielos se complacen en servir a los pequeñuelos. Los ángeles están siempre donde más se les necesita, junto a los que libran las más rudas batallas consigo mismos, y cuyas circunstancias son de lo más desalentadoras. Atienden con cuidado especial a las almas débiles y temblorosas cuyos caracteres presentan muchos rasgos poco favorables. Lo que a los corazones egoístas les parecería servicio humillante, como el de atender a los míseros y de carácter inferior, es precisamente la obra que cumplen los seres puros y sin pecado de los atrios celestiales.

Jesús no consideró el cielo como lugar deseable mientras estuviéramos nosotros perdidos. Dejó los atrios celestiales para llevar una vida de vituperios e insultos, y para sufrir una muerte ignominiosa. El que era rico en tesoros celestiales inapreciables, se hizo pobre, para que por su pobreza fuéramos nosotros ricos. Debemos seguir sus huellas.

El que se convierte en hijo de Dios ha de considerarse como eslabón de la cadena tendida para salvar al mundo. Debe considerarse uno con Cristo en su plan de misericordia, y salir con él a buscar y salvar a los perdidos.

Muchos estimarían como gran privilegio el visitar las regiones en que se desarrolló la vida terrenal de Cristo, andar por donde él anduvo, contemplar el lago junto a cuya orilla le

gustaba enseñar y las colinas y los valles en que se posaron tantas veces sus miradas. Pero no necesitamos ir a Nazaret, ni a Capernaúm ni a Betania, para andar en las pisadas de Jesús. Veremos sus huellas junto al lecho del enfermo, en las chozas de los pobres, en las calles atestadas de las grandes ciudades, y doquiera haya corazones necesitados de consuelo.

Hemos de dar de comer al hambriento, vestir al desnudo, consolar a los que sufren y a los afligidos. Hemos de auxiliar a los de ánimo decaído, y dar esperanza a los desesperados.

El amor de Cristo, manifestado en un ministerio de abnegación, será más eficaz para reformar al malhechor que la espada o los tribunales. Estos son necesarios para infundir terror al criminal; pero el misionero amante puede hacer mucho más. A menudo el corazón que se endurece bajo la represión es ablandado por el amor de Cristo.

No sólo puede el misionero aliviar las enfermedades físicas, sino conducir al pecador al gran Médico que puede limpiar el alma de la lepra del pecado. Por medio de sus siervos, Dios se propone que oigan su voz los enfermos, los desdichados y los poseídos de espíritus malignos. Por medio de sus agentes humanos quiere ser un consolador como nunca lo conoció el mundo.

El Salvador dio su preciosa vida para establecer una iglesia capaz de atender a los que sufren, a los tristes y a los tentados. Una agrupación de creyentes puede ser pobre, inculta y desconocida; sin embargo, en Cristo puede realizar, en el hogar, en la comunidad y aun en tierras lejanas, una obra cuyos resultados alcanzarán hasta la eternidad.

A los que actualmente siguen a Cristo, tanto como a los primeros discípulos, van dirigidas estas palabras: "Toda potestad me es dada en el cielo y en la tierra. Por tanto, id, y doctrinad a todos los Gentiles". "Id por todo el mundo; predicad el evangelio a toda criatura". (Mateo 28:18, 19; Marcos 16:15.)

Y para nosotros también es la promesa de su presencia: "Y he aquí, yo estoy con vosotros todos los días, hasta el fin del mundo". (Mateo 28:20.)

Hoy no acuden muchedumbres al desierto, curiosas de oír y de ver al Cristo. No se oye su voz en las calles bulliciosas. Tampoco se oye gritar en los caminos que pasa "Jesús Nazareno". (Lucas 18:37.) No obstante, es así. Cristo pasa invisiblemente por nuestras calles. Viene a nuestras casas con palabras de misericordia.

Está dispuesto a cooperar con los que procuran servir en su nombre. Está en medio de nosotros para sanar y bendecir, si consentimos en recibirlo.

"Así dijo Jehová: En hora de contentamiento te oí, y en el día de salud te ayudé: y guardarte he, y te daré por alianza del pueblo, para que levantes la tierra, para que heredes asoladas heredades; para que digas a los presos: Salid; y a los que están en tinieblas: Manifestaos". (Isaías 49:8, 9.)

"¡Cuán hermosos son sobre los montes los pies del que trae alegres nuevas, del que publica la paz, del que trae nuevas del bien, del que publica salud, del que dice a Sión: Tu Dios reina!"

"Cantad alabanzas, alegraos juntamente, soledades... Porque Jehová ha consolado su pueblo... Jehová desnudó el brazo de su santidad ante los ojos de todas las gentes; y todos los términos de la tierra verán la salud del Dios nuestro". (Isaías 52:7, 9, 10.)

La Cooperación de lo Divino con lo Humano

Debe ser mensajero de misericordia para el enfermo, llevándole el remedio para su cuerpo desgastado y para su alma enferma de pecado.

Cristo es el verdadero jefe de la profesión médica. El supremo médico se encuentra siem-

EN EL ministerio de curación, el médico ha de ser colaborador con Cristo. El Salvador asistía tanto al alma como al cuerpo. El Evangelio que enseñó fue un mensaje de vida espiritual y de restauración física. La salvación del pecado y la curación de la enfermedad iban enlazadas. El mismo ministerio está encomendado al médico cristiano. Debe unirse con Cristo en la tarea de aliviar las necesidades físicas y espirituales del prójimo.

pre al lado de todo aquel que ejerce esa profesión en el temor de Dios y trabaja por aliviar las dolencias humanas. Mientras emplea remedios naturales para aliviar la enfermedad física, el médico debe dirigir a sus pacientes hacia Aquel que puede aliviar las dolencias del alma tal como las del cuerpo. Lo que los médicos tan sólo pueden ayudar a realizar, Cristo lo cumple. Aquéllos procuran estimular la obra curativa de la naturaleza; Cristo sana. El médico procura conservar la vida; Cristo la da.

La fuente de curación

En sus milagros, el Salvador manifestaba el poder que actúa siempre en favor del hombre, para sostenerle y sanarle. Por medio de los agentes naturales, Dios obra día tras día, hora tras hora y en todo momento, para conservarnos la vida, fortalecernos y restaurarnos. Cuando alguna parte del cuerpo sufre perjuicio, empieza el proceso de curación; los agentes naturales actúan para restablecer la salud. Pero lo que obra por medio de estos agentes es el poder de Dios. Todo poder capaz de dar vida procede de él. Cuando alguien se repone de una enfermedad, es Dios quien lo sana.

La enfermedad, el padecimiento y la muerte son obra de un poder enemigo. Satanás es el que destruye; Dios el que restaura.

Las palabras dirigidas a Israel se aplican hoy a los que recuperan la salud del cuerpo o la del alma: "Yo soy Jehová tu Sanador". (Exodo 15:26.)

El deseo de Dios para todo ser humano está expresado en las palabras: "Amado, yo deseo que tú seas prosperado en todas cosas, y que tengas salud, así como tu alma está en prosperidad". (3 Juan 2.)

"El es quien perdona todas tus iniquidades, el que sana todas tus dolencias; el que rescata del hoyo tu vida, el que te corona de favores y misericordias". (Salmo 103:3, 4.)

Al curar las enfermedades, Cristo decía muchas veces a los enfermos: "No peques más, porque no te venga alguna cosa peor". (Juan 5:14.) Así les enseñaba que habían atraído su dolencia sobre sí al transgredir las leyes de Dios, y que la salud no puede conservarse sino por medio de la obediencia.

El médico debe enseñar a sus pacientes que han de cooperar con Dios en la obra de restauración. El médico echa cada vez más de ver que la enfermedad resulta del pecado. Sabe que las leyes de la naturaleza son tan ciertamente divinas como los preceptos del Decálogo, y que sólo por la obediencia a ellas puede recuperarse o conservarse la salud. El ve que muchos sufren los resultados de sus hábitos perjudiciales cuando podrían recobrar la salud si hiciesen lo que está a su alcance para su restablecimiento. Es necesario enseñarles que todo hábito que destruye las energías físicas, mentales o espirituales, es pecado, y que la salud se consigue por la obediencia a las leyes que Dios estableció para bien del género humano.

Cuando el médico ve sufrir al paciente de una enfermedad derivada de alimentos o brebajes impropios o de otros hábitos erróneos, y no se lo dice, le perjudica. Los beodos, los dementes, los disolutos, todos imponen al médico la declaración terminante de que los padecimientos son resultado del pecado. Los que entienden los principios de la vida deberían esforzarse por contrarrestar las causas de las enfermedades. Al ver el continuo conflicto con el dolor y tener que luchar constantemente por aliviar a los que padecen, ¿cómo puede el médico guardar silencio? ¿Puede decirse que es benévolo y compasivo si deja de enseñar la estricta templanza como remedio contra la enfermedad?

Indíquese claramente que el camino de los mandamientos de Dios es el camino de la vida. Dios estableció las leyes de la naturaleza, pero sus leyes no son exacciones arbitrarias. Toda prohibición incluida en una ley, sea física o moral, implica una promesa. Si la obedecemos, la bendición nos acompañará. Dios no nos obliga nunca a hacer el bien, pero procura guardarnos del mal y guiarnos al bien.

Recuérdense las leyes enseñadas a Israel. Dios dio a su pueblo instrucciones claras respecto a sus hábitos de vida. Les dio a conocer las leyes relativas a su bienestar físico y espiritual; y con tal que ellos obedecieran se les prometía: "Quitará Jehová de ti toda enfermedad". (Deuteronomio 7:15.)

"Poned vuestro corazón a todas las palabras que yo os protesto hoy". "Porque son vida a los que las hallan, y medicina a toda su carne". (Deuteronomio 32:46; Proverbios 4:22.)

Dios quiere que alcancemos el ideal de perfección hecho posible para nosotros por el don de Cristo. Nos invita a que escojamos el lado de la justicia, a ponernos en relación con los agentes celestiales, a adoptar principios que restaurarán en nosotros la imagen divina. En su Palabra escrita y en el gran libro de la naturaleza ha revelado los principios de la vida. Es tarea nuestra conocer estos princi-

pios y por medio de la obediencia cooperar con Dios en restaurar la salud del cuerpo tanto como la del alma.

Los hombres necesitan aprender que no pueden poseer en su plenitud las bendiciones de la obediencia, sino cuando reciben la gracia de Cristo. Esta es la que capacita al hombre para obedecer las leyes de Dios y para libertarse de la esclavitud de los malos hábitos. Es el único poder que puede hacerle firme en el buen camino y permanecer en él.

Cuando se recibe el Evangelio en su pureza y con todo su poder, es un remedio para las enfermedades originadas por el pecado. Sale el Sol de justicia, "trayendo salud eterna en sus alas". (Malaquías 4:2, V.M.) Todo lo que el mundo proporciona no puede sanar al corazón quebrantado, ni dar la paz al espíritu, ni disipar las inquietudes, ni desterrar la enfermedad. La fama, el genio y el talento son impotentes para alegrar el corazón entristecido o restaurar la vida malgastada. La vida de Dios en el alma es la única esperanza del hombre.

El amor que Cristo infunde en todo nuestro ser es un poder vivificante. Da salud a cada una de las partes vitales: el cerebro, el corazón y los nervios. Por su medio las energías más potentes de nuestro ser despiertan y entran en actividad. Libra al alma de culpa y tristeza, de la ansiedad y congoja que agotan las fuerzas de la vida. Con él vienen la serenidad y la calma. Implanta en el alma un gozo que nada en la tierra puede destruir: el gozo que hay en el Espíritu Santo, un gozo que da salud y vida.

Las palabras de nuestro Salvador: "Venid a mí... que yo os haré descansar" (Mateo 11:28), son una receta para curar las enfermedades físicas, mentales y espirituales. A pesar de que por su mal proceder los hombres han atraído el dolor sobre sí mismos, Cristo se compadece de ellos. En él pueden encontrar ayuda. Hará cosas grandes en beneficio de quienes en él confíen.

Aunque el pecado ha venido reforzando durante siglos su asidero sobre la familia humana, no obstante que por medio de la mentira y el artificio Satanás ha echado la negra sombra de su interpretación sobre la Palabra de Dios, y ha inducido a los hombres a dudar de la bondad divina, a pesar de todo esto, el amor y la misericordia del Padre no han dejado de manar hacia la tierra en caudalosos ríos. Si los seres humanos abriesen hacia el cielo las ventanas del alma, para apreciar los dones divinos, un raudal de virtud curativa la inundaría.

El médico que desee ser colaborador acepto con Cristo se esforzará por hacerse eficiente en todo ramo de su vocación. Estudiará con diligencia a fin de capacitarse para las responsabilidades de su profesión y, acopiando nuevos conocimientos, mayor sagacidad y maestría, procurará alcanzar un ideal superior. Todo médico debe darse cuenta de que si su obra es ineficaz, no sólo perjudica a los enfermos, sino también a sus colegas en la profesión. El médico que se da por satisfecho con un grado mediano de habilidad y conocimientos, no sólo empequeñece la profesión médica, sino que deshonra a Cristo, el soberano Médico.

Los que se sienten ineptos para la obra médica deben escoger otra ocupación. Los que se sienten con disposiciones para cuidar enfermos, pero cuya educación y cuyas aptitudes médicas son limitadas, deberían resignarse a desempeñar los ramos más humildes de dicha obra y actuar como fieles enfermeros. Sirviendo con paciencia bajo la dirección de médicos hábiles podrán seguir aprendiendo, y si aprovechan toda oportunidad de adquirir conocimientos, podrán tal vez llegar con el tiempo a estar preparados para ejercer la medicina. Vosotros, jóvenes médicos, "como ayudadores juntamente con él [el soberano Médico],... no recibáis en vano la gracia de Dios,... no dando a nadie ningún escándalo, porque el ministerio nuestro [para con los enfermos] no sea vituperado: antes habiéndonos en todas cosas como ministros de Dios". (2 Corintios 6:1-4.)

El propósito de Dios con respecto a nosotros es que ascendamos siempre. El verdadero médico misionero será cada vez más diestro. Hay que buscar a médicos cristianos de talento y de superior habilidad profesional, y alentarlos a servir a Dios en lugares donde puedan educar y preparar a otros para ser médicos misioneros.

El médico debe acopiar en su alma la luz de la Palabra de Dios. Debe crecer continuamente en la gracia. Para él, la religión no ha de ser tan sólo una de tantas influencias. Debe ser la influencia predominante. Debe inspirar todos sus actos en altos y santos móviles, que serán poderosos por proceder de Aquel que dio su vida para revestirnos de poder para vencer el mal.

Si el médico se esfuerza con fidelidad y diligencia por hacerse eficaz en su profesión, si se consagra al servicio de Cristo y dedica tiempo a escudriñar su corazón, comprenderá los misterios de su sagrada vocación. Logrará disciplinarse y educarse de tal modo que cuantos se encuentren dentro de la esfera de su influencia reconocerán la excelencia de la educación y de la sabiduría adquiridas por quien vive siempre en unión con el Dios de sabiduría y poder.

En ninguna otra circunstancia se necesita una comunión tan íntima con Cristo como en la obra del médico. El que quiera cumplir debidamente los deberes de médico ha de llevar día tras día y hora por hora una vida cristiana. La vida del paciente está en manos del médico. Un diagnóstico superficial, una receta equivocada en un caso crítico, o un movimiento de la mano que en una operación desacierte por el espesor de un cabello, puede sacrificar una existencia y precipitar un alma a la eternidad. ¡Cuán solemne resulta pensar en esto! ¡Cuánto importa, pues, que el médico esté siempre bajo la dirección del Médico divino!

El Salvador está dispuesto a auxiliar a cuantos le piden sabiduría y claridad de pensamiento. Y ¿quién necesita más sabiduría y lucidez que el médico, de cuyas resoluciones dependen tantas consecuencias? Todo aquel que procura prolongar una vida debe mirar con fe a Cristo para que dirija todos sus movimientos. El Salvador le dará tacto y habilidad cuando haya de habérselas con casos difíciles.

Admirables son las oportunidades dadas a quienes cuidan enfermos. En todo cuanto hacen por devolverles la salud, háganles comprender que el médico procura ayudarles a cooperar con Dios para combatir la enfermedad. Indúzcanlos a sentir que a cada paso que den en armonía con las leyes de Dios pueden esperar la ayuda del poder divino.

Los enfermos tendrán mucho mayor confianza en el médico acerca del cual están seguros que ama y teme a Dios. Confían en sus palabras. Experimentan un sentimiento de seguridad en presencia de un médico tal y bajo su cuidado.

Por el hecho de conocer al Señor Jesús, el médico cristiano tiene el privilegio de invocar su presencia en la estancia del enfermo por medio de la oración. Antes de ejecutar una operación crítica, implore el cirujano la ayuda del gran Médico. Asegure al paciente que Dios puede hacerle salir bien de la prueba, y que en todo momento angustioso él es el refugio seguro para los que en él confían. El médico que no puede obrar así pierde un caso tras otro que de otra manera hubieran podido salvarse. Si supiera decir palabras que inspirasen fe en el compasivo Salvador que percibe cada palpitación de angustia, y si supiera presentarle en oración las necesidades del alma, la crisis se vencería más a menudo sin peligro.

Sólo Aquel que lee en el corazón sabe con cuán tembloroso terror muchos pacientes consienten en entregarse en manos del cirujano. Se dan cuenta del peligro que corren. Al par que confían en la pericia del médico, saben que no es infalible. Pero cuando le ven inclinarse en oración para pedir a Dios su ayuda, se sienten alentados a confiar. El agradecimiento y la confianza abren el corazón al poder sanador de Dios; las energías de todo el ser se vivifican y triunfan las fuerzas de la vida.

Para el médico también la presencia del Salvador es elemento de fuerza. Muchas veces le amedrentan las responsabilidades y contingencias de su obra. La incertidumbre y el temor podrían entorpecer su mano. Pero la seguridad de que el divino Consejero está junto a él para guiarle y sostenerle, le da calma y valor. El toque de Cristo en la mano del médico infunde vitalidad, tranquilidad, confianza y fuerza.

Salvada la crisis con felicidad y estando ya el éxito a la vista, pase el médico unos momentos en oración con el paciente. Dé expresión a su agradecimiento por la vida resguardada. Y cuando el enfermo expresa su gratitud al médico, haga éste que esa gratitud y la alabanza se tributen a Dios. Diga también al paciente que salvó la vida porque estaba bajo la protección del Médico celestial.

El médico que obre así conduce a su paciente a Aquel de quien depende su vida, al Unico que puede salvar eternamente a cuantos se allegan a él.

Quienes trabajen en la obra médico misionera deben sentir un profundo anhelo por las almas. Al médico, como al ministro del Evangelio, se ha confiado el mayor cargo que pueda encomendarse a los hombres. Sea que lo comprenda o no, todo médico está encargado del cuidado de las almas.

Con demasiada frecuencia, en su roce continuo con la enfermedad y la muerte, los médicos pierden de vista las solemnes realidades de la vida futura. En su afán por desviar el peligro del cuerpo, olvidan el peligro del alma. Puede ser que aquel a quien atienden esté perdiendo la vida y sus últimas oportunidades se estén desvaneciendo. Con esta alma volverá a encontrarse el médico en el tribunal de Cristo.

Muchas veces dejamos escapar las más preciosas bendiciones al no decir una palabra en el momento oportuno. Si no discernimos la áurea oportunidad, la perdemos. A la cabecera del enfermo, evítese toda palabra acerca de dogmas o controversias. Diríjase la atención del enfermo hacia Aquel que quiere salvar a todos los que a él acuden con fe. Con fervor y ternura, procúrese ayudar al alma pendiente entre la vida y la muerte.

El médico que sabe que Cristo es su Salvador personal, porque él mismo fue llevado al Refugio, sabe cómo tratar con las almas temblorosas, enfermas de pecado, que sienten su culpa y le piden ayuda. Sabe contestar a la pregunta: "¿Qué es menester que yo haga para ser salvo?" (Hechos 16:30.) Puede contar la historia del amor del que nos redime. Puede hablar por experiencia del poder del arrepentimiento y de la fe. Con palabras sencillas y sinceras puede presentar a Dios en oración la necesidad del alma, y alentar al enfermo a pedir y aceptar la gracia del compasivo Salvador. Al desempeñar así su ministerio junto a la cabecera del enfermo, procurando dirigirle palabras que le auxilien y consuelen, el Señor obra por medio de él y con él. Cuando el espíritu del paciente es conducido al Salvador, la paz de Cristo llena su corazón, y la salud espiritual que recibe es como mano auxiliadora de Dios que restaura la salud del cuerpo.

Al atender al enfermo, el médico encuentra a menudo oportunidad para desempeñar su ministerio entre los amigos del afligido, quienes al velar cerca del lecho de dolor y verse incapaces de evitarle un solo tormento de angustia, sienten ablandarse sus corazones. Muchas veces confiesan al médico las penas que ocultan a los demás. Ha llegado entonces la oportunidad para dirigir la atención de los afligidos hacia Aquel que invita a los cansados y cargados a acudir a él. A menudo se puede orar entonces por ellos y con ellos, para presentar sus necesidades al que sana todos los dolores y alivia todas las penas.

Las promesas de Dios

El médico tiene preciosas oportunidades para recordar a sus pacientes las promesas de la Palabra de Dios. Debe sacar del tesoro cosas nuevas y viejas y pronunciar aquí y allí las anheladas palabras de consuelo y enseñanza. Haga el médico de modo que su mente sea un depósito de pensamientos refrigerantes. Estudie con diligencia la Palabra de Dios, para familiarizarse con sus promesas. Aprenda a repetir las palabras de consuelo que Cristo pronunció en el curso de su ministerio terrenal, cuando enseñaba a la gente y sanaba a los enfermos. Debería hablar de las curaciones realizadas por Cristo, así como de su ternura y amor. No deje nunca de encaminar el pensamiento de sus pacientes hacia Cristo, el supremo Médico.

El mismo poder que Cristo ejerció cuando andaba entre los hombres se encuentra en su Palabra. Con ella curaba las enfermedades y echaba fuera demonios; con ella sosegaba el mar y resucitaba a los muertos; y el pueblo atestiguó que su palabra iba revestida de poder. El predicaba la Palabra de Dios, la misma que había dado a conocer a todos los profetas y maestros del Antiguo Testamento. La Biblia entera es una manifestación de Cristo.

Las Escrituras deben recibirse como palabra que Dios nos dirige, palabra no meramente escrita sino hablada. Cuando los afligidos acudían a Cristo, discernía él, no sólo a los que pedían ayuda, sino a todos aquellos que en el curso de los siglos acudirían a él con las mismas necesidades y la misma fe. Al decirle al paralítico: "Confía, hijo; tus pecados te son perdonados", al decir a la mujer de Capernaúm: "Hija, tu fe te ha salvado: ve en paz", se dirigía también a otros afligidos, cargados de pecado, que acudirían a pedirle ayuda. (Mateo 9:2; Lucas 8:48.)

Así sucede con todas las promesas de la Palabra de Dios. En ellas nos habla a cada uno en particular, y de un modo tan directo como si pudiéramos oír su voz. Por medio de estas promesas, Cristo nos comunica su gracia y su poder. Son hojas de aquel árbol que es "para la sanidad de las naciones". (Apocalipsis 22:2.) Recibidas y asimiladas, serán la fuerza del carácter, la inspiración y el sostén de la vida. Nada tiene tal virtud curativa. Ninguna otra cosa puede infundirnos el valor y la fe que dan vital energía a todo el ser.

A quien esté al borde del sepulcro y lleno de temor, con el alma agobiada por la carga del padecimiento y del pecado, repítale el médico, siempre que se le presente la oportunidad, las palabras del Salvador, pues todas las palabras de las Sagradas Escrituras son suyas:

"No temas, porque yo te redimí; te puse nombre, mío eres tú. Cuando pasares por las aguas, yo seré contigo; y por los ríos, no te anegarán. Cuando pasares por el fuego, no te quemarás, ni la llama arderá en ti. Porque yo Jehová Dios tuyo, el Santo de Israel, soy tu Salvador... Porque en mis ojos fuiste de grande estima, fuiste honorable, y yo te amé". "Yo, yo soy el que borro tus rebeliones por amor de mí; y no me acordaré de tus pecados". "No temas, porque yo soy contigo". (Isaías 43:1-4, 25, 5.)

"Como el padre se compadece de los hijos, se compadece Jehová de los que le temen. Porque él conoce nuestra condición; acuérdase que somos polvo". (Salmo 103:13, 14.)

"Conoce empero tu maldad, porque contra Jehová tu Dios has prevaricado". "Si confesamos nuestros pecados, él es fiel y justo para que nos perdone nuestros pecados, y nos limpie de toda maldad". "Yo deshice como a nube tus rebeliones, y como a niebla tus pecados: tórnate a mí, porque yo te redimí". (Jeremías 3:13; 1 Juan 1:9; Isaías 44:22.)

"Venid luego, dirá Jehová, y estemos a cuenta: si vuestros pecados fueren como la grana, como la nieve serán emblanquecidos: si fueren rojos como el carmesí, vendrán a ser como blanca lana. Si quisiereis y oyereis, comeréis el bien de la tierra". (Isaías 1:18, 19.)

"Con amor eterno te he amado; por tanto te soporté con misericordia". "Escondí mi rostro de ti por un momento; mas con misericordia eterna tendré compasión de ti". (Jeremías 31:3; Isaías 54:8.)

"No se turbe vuestro corazón". "La paz os dejo, mi paz os doy: no como el mundo la da, yo os la doy. No se turbe vuestro corazón, ni tenga miedo". (Juan 14:1, 27.)

"Y será aquel varón como escondedero contra el viento, y como acogida contra el turbión; como arroyos de aguas en tierra de sequedad, como sombra de gran peñasco en tierra calurosa". (Isaías 32:2.)

"Los afligidos y menesterosos buscan las aguas, que no hay; secóse de sed su lengua; yo Jehová los oiré, yo el Dios de Israel no los desampararé". (Isaías 41:17.)

"Así dice Jehová, Hacedor tuyo, y el que te formó: Yo derramaré aguas sobre el secadal, y ríos sobre la tierra árida: mi Espíritu derramaré sobre tu generación, y mi bendición sobre tus renuevos". (Isaías 44: 2, 3.)

"Mirad a mí, y sed salvos, todos los términos de la tierra". (Isaías 45:22.)

"El mismo tomó nuestras enfermedades, y llevó nuestras dolencias". "Mas él herido fue por nuestras rebeliones, molido por nuestros pecados: el castigo de nuestra paz sobre él; y por su llaga fuimos nosotros curados". (Mateo 8:17; Isaías 53:5.)

El Médico Educador

EL VERDADERO médico es educador. Reconoce su responsabilidad, no sólo para con los enfermos que están bajo su cuidado personal, sino también para con la población en que vive. Es guardián de la salud física y moral. Su tarea no sólo consiste en enseñar métodos acertados para el tratamiento de los enfermos, sino también en fomentar buenos hábitos de vida y esparcir el conocimiento de sanos principios.

Necesidad de dar enseñanza acerca de la salud

Nunca fue tan necesario como hoy dar educación en los principios que rigen la salud. A pesar de los maravillosos adelantos relacionados con las comodidades y el bienestar de la vida, y aun con la higiene y el tratamiento de las enfermedades, resulta alarmante el decaimiento del vigor y de la resistencia física. Esto requiere la atención de cuantos toman muy a pecho el bienestar del prójimo.

Nuestra civilización artificial fomenta males que anulan los sanos principios. Las costumbres y modas están en pugna con la naturaleza. Las prácticas que imponen, y los apetitos que alientan, aminoran la fuerza física y mental y echan sobre la humanidad una carga insoportable. Por doquiera se ven intemperancia y crímenes, enfermedad y miseria.

Muchos violan las leyes de la salud por ignorancia, y necesitan instrucción. Pero la mayoría sabe cosas mejores que las que practica. Debe comprender cuán importante es que rija su vida por sus conocimientos. El médico tiene muchas oportunidades para hacer conocer los principios que rigen la salud para enseñar cuán importante es que se los ponga en práctica. Mediante acertadas instrucciones puede hacer mucho para corregir males que causan perjuicios indecibles.

Una práctica que prepara el terreno para un gran acopio de enfermedades y de males aun peores es el libre uso de drogas venenosas. Cuando se sienten atacados por alguna enfermedad, muchos no quieren darse el trabajo de buscar la causa. Su principal afán es librarse de dolor y molestias. Por tanto, recurren a panaceas, cuyas propiedades apenas conocen, o acuden al médico para conseguir algún remedio que neutralice las consecuencias de su error, pero no piensan en modificar sus hábitos antihigiénicos. Si no consiguen alivio inmediato, prueban otra medicina, y después otra. Y así sigue el mal.

Hay que enseñar a la gente que las drogas no curan la enfermedad. Es cierto que a veces proporcionan algún alivio inmediato momentáneo, y el paciente parece recobrarse por efecto de esas drogas, cuando se debe en realidad a que la naturaleza posee fuerza vital suficiente para expeler el veneno y corregir las condiciones causantes de la enfermedad. Se recobra la salud a pesar de la droga, que en la mayoría de los casos sólo cambia la forma y el foco de la enfermedad. Muchas veces el efecto del veneno parece quedar neutralizado por algún tiempo, pero los resultados subsisten en el organismo y producen un gran daño ulterior.

Por el uso de drogas venenosas muchos se acarrean enfermedades para toda la vida, y se malogran muchas existencias que hubieran podido salvarse mediante los métodos naturales de curación. Los venenos contenidos en muchos así llamados remedios crean hábitos y apetitos que labran la ruina del alma y del cuerpo. Muchas de las panaceas populares, y aun algunas de las drogas recetadas por médicos, contribuyen a que se contraigan los vicios del alcoholismo, del opio y de la morfina, que tanto azotan a la sociedad.

La única esperanza de mejorar la situación estriba en educar al pueblo en los principios correctos. Enseñen los médicos que el poder curativo no está en las drogas, sino en la naturaleza. La enfermedad es un esfuerzo de la naturaleza para librar al organismo de las condiciones resultantes de una violación de las leyes de la salud. En caso de enfermedad, hay que indagar la causa. Deben modificarse las condiciones antihigiénicas y corregirse los hábitos erróneos. Después hay que ayudar a la naturaleza en sus esfuerzos por eliminar las impurezas y restablecer las condiciones normales del organismo.

Los remedios naturales

El aire puro, el sol, la abstinencia, el descanso, el ejercicio, un régimen alimentario conveniente, el agua y la confianza en el poder divino son los verdaderos remedios. Todos debieran conocer los agentes que la naturaleza provee como remedios, y saber aplicarlos. Es de suma importancia darse cuenta exacta de los principios implicados en el tratamiento de los enfermos, y recibir una instrucción práctica que le habilite a uno para hacer uso correcto de estos conocimientos.

El empleo de los remedios naturales requiere más cuidados y esfuerzos de lo que muchos quieren prestar. El proceso natural de curación y reconstitución es gradual y les parece lento a los impacientes. El renunciar a la satisfacción dañina de los apetitos impone sacrificios. Pero al fin se verá que, si no se le pone trabas, la naturaleza desempeña su obra con acierto y los que perseveren en la obediencia a sus leyes encontrarán recompensa en la salud del cuerpo y del espíritu.

Muy escasa atención se suele dar a la conservación de la salud. Es mucho mejor prevenir la enfermedad que saber tratarla una vez contraída. Es deber de toda persona, para su propio bien y el de la humanidad, conocer las leyes de la vida y obedecerlas con toda conciencia. Todos necesitan conocer el organismo más maravilloso: el cuerpo humano. Deberían comprender las funciones de los diversos órganos y como éstos dependen unos de otros para que todos actúen con salud. Deberían estudiar la influencia de la mente en el cuerpo, la del cuerpo en la mente, y las leyes que los rigen.

No se nos recordará demasiado que la salud no depende del azar. Es resultado de la obediencia a la ley. Así lo reconocen quienes participan en deportes atléticos y pruebas de fuerza, pues se preparan con todo esmero y se someten a un adiestramiento cabal y a una disciplina severa. Todo hábito físico queda regularizado con el mayor cuidado. Bien saben que el descuido, el exceso, o la indolencia, que debilitaran o paralizaran algún órgano o alguna función del cuerpo, provocarían la derrota.

Educación para el conflicto de la vida

¡Cuánto más importante es tal cuidado para asegurar el éxito en el conflicto de la vida! No nos hallamos empeñados en combates ficticios. Libramos un combate del que dependen resultados eternos. Tenemos que habérnoslas con enemigos invisibles. Angeles malignos luchan por dominar a todo ser humano. Lo perjudicial para la salud, no sólo reduce el vigor físico, sino que tiende a debilitar las facultades intelectuales y morales. Al ceder a cualquier práctica antihigiénica dificultamos la tarea de discernir entre el bien y el mal, y nos inhabilitamos para resistir al mal. Esto aumenta el peligro del fracaso y de la derrota.

"Los que corren en el estadio, todos a la verdad corren, mas uno lleva el premio". (1 Corintios 9:24.) En la guerra en que estamos empeñados pueden triunfar todos los que se someten a la disciplina y obedezcan a los principios correctos. Con demasiada frecuencia la práctica de estos principios en los detalles de la vida se considera como asunto trivial que no merece atención. Pero si tenemos en cuenta los resultados contingentes, nada de aquello con que tenemos que ver es baladí. Cada acción echa su peso en la balanza que determina la victoria o la derrota en la vida. La Escritura nos manda que corramos de tal manera que obtengamos el premio.

En el caso de nuestros primeros padres, el deseo intemperante dio por resultado la pérdida del Edén. La templanza en todo tiene que ver con nuestra reintegración en el Edén más de lo que los hombres se imaginan.

Aludiendo al renunciamiento de que daban prueba los antiguos griegos que luchaban en la palestra, escribe el apóstol Pablo: "Todo aquel que lucha, de todo se abstiene: y ellos, a la verdad, para recibir una corona corruptible; mas nosotros, incorruptible. Así que, yo de esta manera corro, no como a cosa incierta; de esta manera peleo, no como quien hiere el aire: antes hiero mi cuerpo, y lo pongo en servidumbre; no sea que, habiendo predicado a otros, yo mismo venga a ser reprobado". (Vers. 25-27.)

El progreso de la reforma depende de un claro reconocimiento de la verdad fundamental. Mientras que, por una parte, hay peligro en una filosofía estrecha y una ortodoxia dura y fría, por otra, un liberalismo descuidado encierra gran peligro. El fundamento de toda reforma duradera es la ley de Dios. Tenemos que presentar en líneas claras y bien definidas la necesidad de obedecer a esta ley. Sus principios deben recordarse de continuo a la gente. Son tan eternos e inexorables como Dios mismo.

Uno de los efectos más deplorables de la apostasía original fue la pérdida de la facultad del dominio propio por parte del hombre. Sólo en la medida en que se recupere esta facultad puede haber verdadero progreso.

El cuerpo es el único medio por el cual la mente y el alma se desarrollan para la edificación del carácter. De ahí que el adversario de las almas encamine sus tentaciones al debilitamiento y a la degradación de las facultades físicas. Su éxito en esto envuelve la sujeción al mal de todo nuestro ser. A menos que estén bajo el dominio de un poder superior, las propensiones de nuestra naturaleza física acarrearán ciertamente ruina y muerte.

El cuerpo tiene que ser puesto en sujeción. Las facultades superiores de nuestro ser deben gobernar. Las pasiones han de obedecer a la voluntad, que a su vez ha de obedecer a Dios. El poder soberano de la razón, santificado por la gracia divina, debe dominar en nuestra vida.

Las exigencias de Dios deben estamparse en la conciencia. Hombres y mujeres deben despertar y sentir su obligación de dominarse a sí mismos, su necesidad de ser puros y libertados de todo apetito depravante y de todo hábito envilecedor. Han de reconocer que todas las facultades de su mente y de su cuerpo son dones de Dios, y que deben conservarlas en la mejor condición posible para servirle.

En el antiguo ritual que era el Evangelio expresado en símbolos, ninguna ofrenda defectuosa podía llevarse al altar de Dios. El sacrificio que había de representar al Cristo debía ser inmaculado. La Palabra de Dios señala esto como ejemplo de lo que deben ser sus hijos: un "sacrificio vivo", "santo y sin mancha", "agradable a Dios". (Romanos 12:1; Efesios 5:27.)

Sin el poder divino, ninguna reforma verdadera puede llevarse a cabo. Las vallas humanas levantadas contra las tendencias naturales y fomentadas no son más que bancos de arena contra un torrente. Sólo cuando la vida de Cristo es en nuestra vida un poder vivificador podemos resistir las tentaciones que nos acometen de dentro y de fuera.

Cristo vino a este mundo y vivió conforme a la ley de Dios para que el hombre pudiera dominar perfectamente las inclinaciones naturales que corrompen el alma. El es el Médico del alma y del cuerpo y da la victoria sobre las pasiones guerreantes. Ha provisto todo medio para que el hombre pueda poseer un carácter perfecto.

Al entregarse uno a Cristo, la mente se sujeta a la dirección de la ley; pero ésta es la ley real, que proclama la libertad a todo cautivo. Al hacerse uno con Cristo, el hombre queda libre. Sujetarse a la voluntad de Cristo significa ser restaurado a la perfecta dignidad de hombre.

Obedecer a Dios es quedar libre de la servidumbre del pecado y de las pasiones e impulsos humanos. El hombre puede ser vencedor de sí mismo, triunfar de sus propias inclinaciones, de principados y potestades, de los "señores del mundo, gobernadores de estas tinieblas", y de las "malicias espirituales en los aires". (Efesios 6:12.)

En ninguna parte se necesita más esta enseñanza, ni resultará de más beneficio, que en el hogar. Los padres contribuyen a echar los fundamentos de los hábitos y del carácter. Para comenzar la reforma, deben presentar los principios de la ley de Dios como factores que influyen en la salud física y moral. Deben enseñar que la obediencia a la Palabra de Dios es nuestra única salvaguardia contra los males que arrastran al mundo a la destrucción. Hay que hacer resaltar la responsabilidad de los padres, no sólo para consigo mismos, sino para con sus hijos, pues les dan el ejemplo de la obediencia o el de la transgresión. Por su ejemplo y su enseñanza, deciden la suerte de sus familias. Los hijos serán lo que sus padres los hagan.

Poder del ejemplo

Si los padres pudieran seguir el rastro del resultado de su acción, y ver cómo por medio de su ejemplo y enseñanza perpetúan y aumentan el poder del pecado o el de la justicia, no hay duda de que se produciría un cambio. Muchos volverían la espalda a la tradición y la costumbre, y aceptarían los principios divinos de la vida.

El médico que desempeña su ministerio en los hogares, velando a la cabecera del enfermo, aliviando su angustia, sacándolo del borde del sepulcro, e infundiendo esperanza al moribundo, se granjea extraordinariamente su confianza y cariño. Ni aun al ministro del Evangelio se le deparan tan favorables oportunidades ni tan poderosa influencia.

El ejemplo del médico, no menos que su enseñanza, debe ser una fuerza positiva para el bien. La causa de la reforma necesita hombres y mujeres cuya conducta sea dechado de dominio propio. La valía de los principios que inculcamos depende de que los practiquemos. El mundo necesita ver una demostración práctica de lo que puede la gracia de Dios en cuanto a devolver a los seres humanos su perdida dignidad y darles el dominio de sí mismos. No hay nada que el mundo necesite tanto como el conocimiento del poder salvador del Evangelio revelado en vidas cristianas.

El médico se ve continuamente puesto en relación con los que necesitan la fuerza y el aliento de un buen ejemplo. Muchos tienen escasa fuerza moral. Carecen de dominio propio, y la tentación los vence con facilidad. El médico puede ayudar a estas almas, pero sólo en la medida en que manifieste en su propia vida un vigor moral que le haga capaz de triunfar sobre hábitos perjudiciales y pasiones contaminadoras. Debe verse en su conducta la obra de un poder divino. Si no alcanza a esto, por mucha que sea la fuerza de persuasión de sus palabras, su influencia resultará contraproducente.

El médico y la obra de templanza

Muchos de los que buscan consejo y tratamiento médicos, se han arruinado moralmente por sus malos hábitos. Se encuentran quebrantados, débiles y heridos, sienten su locura y su incapacidad para vencer, y nada deberían tener en torno suyo que los aliente a seguir albergando los pensamientos y sentimientos que hicieron de ellos lo que son. Necesitan respirar una atmósfera de pureza, de pensamientos nobles y elevados. ¡Cuán terrible responsabilidad es la de quienes, en vez de darles buen ejemplo, son esclavos de hábitos perniciosos y por su influencia acrecientan la fuerza de la tentación!

Muchos de los que acuden al médico están arruinando su alma y su cuerpo por el consumo de tabaco o de bebidas embriagantes. El médico fiel a su responsabilidad debe mostrar a estos pacientes la causa de sus padecimientos. Pero si el médico fuma o toma bebidas alcohólicas, ¿qué valor tendrán sus palabras? Al recordar su propia debilidad, ¿no vacilará en señalar la mancha que ve en la vida de su paciente? Mientras siga él mismo usando tales cosas, ¿cómo podrá convencer a los jóvenes de que ellas tienen efectos perniciosos?

¿Cómo puede el médico dar ejemplo de pureza y de dominio propio? ¿Cómo puede ser agente eficaz en la causa de la temperancia, si se entrega a un hábito vicioso? ¿Cómo puede desempeñar provechoso servicio junto al lecho del enfermo y del moribundo, cuando su hálito ofende por estar cargado con el olor del alcohol o del tabaco?

Mientras siga trastornando sus nervios y anublando su cerebro con venenos narcóticos, ¿cómo podrá corresponder a la confianza que en él se deposita como médico entendido? ¡Cuán imposible le resultará diagnosticar con rapidez u obrar con precisión!

Si no respeta las leyes que rigen su propio ser, si prefiere sus apetitos a la salud de su mente y cuerpo, ¿no se declara inhabilitado para que le sea confiada la custodia de vidas humanas?

Por muy entendido y concienzudo que sea el médico, hay en la práctica de su vocación mucho que parece desaliento y derrota. Es frecuente que su obra no logre lo que él anhela efectuar. Aunque sus pacientes recobren la salud, puede ser que esto no reporte beneficio verdadero para ellos ni para el mundo. Muchos recuperan la salud para volver a los malos hábitos que provocaron la enfermedad. Con el mismo ardor que anteriormente, vuelven a sumirse en el ambiente de concupiscencia e insensatez. Lo que el médico hizo en su favor parece esfuerzo perdido.

Otro tanto le pasó a Cristo, pero él no cesó en los esfuerzos que hacía aunque fuese por una sola alma doliente. Entre los diez leprosos limpiados, uno solo supo apreciar tan hermoso don, y el tal era samaritano. Por amor a él, Cristo sanó a los diez. Si el médico no obtiene mejor éxito que el que obtuvo nuestro Salvador, aprenda la lección del Médico principal. De Cristo está escrito: "No se cansará, ni desmayará". "Del trabajo de su alma verá y será saciado". (Isaías 42:4; 53:11.)

Aunque hubiera habido una sola alma dispuesta a aceptar el Evangelio de su gracia, para salvarla Cristo hubiera escogido su vida de penas y humillaciones y su muerte ignominiosa. Si por medio de nuestros esfuerzos conseguimos que un solo ser humano se levante, ennoblezca y prepare para brillar en los atrios del Señor, ¿no tendremos motivos de gozo?

Arduos y fatigosos son los deberes del médico. Para desempeñarlos con el mayor éxito necesita una constitución vigorosa y salud robusta. Un hombre débil o enfermizo no puede soportar la penosa labor propia de la profesión médica. El que carece de perfecto dominio de sí mismo no es apto para habérselas con toda clase de enfermedades.

Necesita fuerza espiritual

Carente muchas veces de tiempo para dormir y aun para comer, privado en gran parte de los goces sociales y los privilegios religiosos, parecería que el médico debe vivir bajo una sombra continua. Las aflicciones que presencia, los mortales que demandan auxilio, su trato con los depravados, indisponen su corazón y casi destruyen su confianza en la humanidad.

En la lucha contra la enfermedad y la muerte, empeña hasta lo sumo todas sus energías. La reacción que resulta de tan tremendo esfuerzo prueba duramente el carácter. Entonces es cuando la tentación ejerce su mayor poder. Más que los hombres dedicados a cualquier otra vocación, necesita el médico dominio de sí mismo, pureza de espíritu, y aquella fe que se aferra del Cielo. Por amor a los demás y a sí mismo, no puede pasar por alto las leyes físicas. La temeridad en los hábitos físicos favorece la temeridad en los asuntos morales.

En toda circunstancia, el médico hallará su única seguridad en obrar de acuerdo con los buenos principios, fortalecido y ennoblecido por una firmeza de propósito que sólo se encuentra en Dios. Debe destacarse por la excelencia moral de su carácter.

Día tras día, hora tras hora, a cada momento, ha de vivir como si estuviera en presencia del mundo invisible. Como hizo Moisés, tiene que perseverar "viendo al Invisible".

La justicia tiene su raíz en la piedad. Nadie puede seguir llevando en medio de sus compañeros una vida pura, llena de fuerza, si no está escondida con Cristo en Dios. Cuanto mayor sea la actividad entre los hombres, tanto más íntima debe ser la comunión del corazón con el Cielo.

Cuanto más imperiosos sus deberes y mayores sus responsabilidades, tanto más necesita el médico del poder divino. Hay que ahorrar tiempo en las cosas pasajeras, para dedicarlo a meditar en las eternas. Tiene que resistir al mundo usurpador, que quisiera apremiarle hasta apartarle de la Fuente de fuerza. Más que nadie debe el médico, por medio de la oración y del estudio de las Escrituras, ponerse bajo el escudo protector de Dios. Debe vivir en comunión constante y consciente con los principios de la verdad, la justicia y la misericordia que revelan los atributos de Dios en el alma.

En la medida en que el médico reciba y obedezca la Palabra de Dios, ésta influirá con su potencia y vida en toda fuente de acción y en toda fase del carácter. Purificará todo pensamiento y regulará todo deseo. Los que confían en la Palabra de Dios se portarán como hombres y serán fuertes. Se levantarán por encima de todas las cosas viles hasta llegar a una atmósfera libre de contaminación.

Cuando el hombre se mantenga en comunión con Dios, el firme e invariable propósito que guardó a José y a Daniel en medio de la corrupción de las cortes paganas hará que su vida

Enseñar y Curar

CUANDO Cristo envió a los doce discípulos para que hicieran su primera gira de evangelización, les encargó lo siguiente: "Yendo, predicad, diciendo: El reino de los cielos se ha acercado. Sanad enfermos, limpiad leprosos, resucitad muertos, echad fuera demonios: de gracia recibisteis, dad de gracia". (Mateo 10:7, 8.)

A los setenta que mandó más tarde, les dijo: "En cualquier ciudad donde entrareis, y os recibieren,... sanad los enfermos que en ella hubiere, y decidles: Se ha llegado a vosotros el reino de Dios". (Lucas 10:8, 9.) La presencia y el poder de Cristo los acompañaron, "y volvieron los setenta con gozo, diciendo: Señor, aun los demonios se nos sujetan en tu nombre". (Lucas 10:17.)

Después de la ascensión de Cristo, esta obra siguió adelante. Repitiéronse las escenas del ministerio de Jesús. "Aun de las ciudades vecinas concurría multitud a Jerusalem, trayendo enfermos y atormentados de espíritus inmundos; los cuales todos eran curados". (Hechos 5:16.)

La obra de los discípulos

Y los discípulos "saliendo, predicaron en todas partes, obrando con ellos el Señor". (Marcos 16:20.) "Felipe, descendiendo a la ciudad de Samaria, les predicaba a Cristo. Y las gentes escuchaban atentamente unánimes las cosas que decía Felipe... Porque de muchos que tenían espíritus inmundos, salían éstos,... y muchos paralíticos y cojos eran sanados: así que había gran gozo en aquella ciudad". (Hechos 8:5-8.)

Lucas, autor del Evangelio que lleva su nombre, era misionero médico. En las Escrituras se le llama "el médico amado". (Colosenses 4:14.) El apóstol Pablo oyó hablar de su pericia en la ciencia médica, y solicitó sus servicios por considerar que el Señor le había encomendado una obra especial. Se aseguró su cooperación, y por algún tiempo Lucas acompañó al apóstol en sus viajes. Más tarde, Pablo dejó a Lucas en Filipos de Macedonia, donde, por varios años, prosiguió su trabajo como médico y maestro que enseñaba el Evangelio. Como médico, atendía a los enfermos y oraba a Dios para que su poder curativo obrara en los afligidos. De esta manera quedaba expedito el camino para el mensaje del Evangelio. El éxito de Lucas como médico le daba muchas oportunidades para predicar a Cristo entre los paganos. Es el plan divino que trabajemos como trabajaron los discípulos. La curación física va enlazada con la misión de predicar el Evangelio. En la obra del Evangelio, jamás deben ir separadas la enseñanza y la curación.

La tarea de los discípulos consistía en difundir el conocimiento del Evangelio. Se les había encomendado la tarea de proclamar al mundo entero las buenas nuevas que Cristo trajo a los hombres. Esta obra la llevaron a cabo en beneficio de la gente de su tiempo. A toda nación debajo del cielo fue anunciado el Evangelio en una sola generación.

La proclamación del Evangelio a todo el mundo es la obra que Dios ha encomendado a los que llevan su nombre. El Evangelio es el único antídoto para el pecado y la miseria de la tierra. El dar a conocer a toda la humanidad el mensaje de la gracia de Dios es la primera tarea de los que conocen su poder curativo.

Cuando Cristo envió a los discípulos con el mensaje evangélico, la fe en Dios y en su Palabra casi había desaparecido del mundo. El pueblo judío, que profesaba conocer a Jehová, había desechado la Palabra de Dios para sustituirla con la tradición y las especulaciones humanas. La ambición egoísta, el amor de la ostentación y el lucro absorbían los pensamientos de los hombres. Al desaparecer la reverencia para con Dios, desapareció también la compasión hacia los hombres. El egoísmo era el principio dominante, y Satanás realizaba su voluntad en la miseria y degradación de la humanidad.

Los agentes de Satanás se posesionaban de los hombres. Los cuerpos humanos, hechos para ser morada de Dios, venían a ser habitación de demonios. Los órganos, los sentidos, los nervios de los hombres, eran empleados por agentes sobrenaturales para satisfacer la más vil concupiscencia. En los semblantes humanos se veía estampada la marca de los demonios. Esos rostros reflejaban la expresión de las legiones del mal que poseían a los hombres.

¿Cuál es la condición del mundo hoy? ¿No está la fe en la Biblia tan efectivamente destruida por la "alta crítica" y la especulación moderna como lo fue por la tradición y el rabinismo en los días de Cristo? ¿No tienen tan dominados los corazones de los hombres ahora como en aquel tiempo la codicia, la ambición y el amor del placer? En el mundo que se llama cristiano, y aun en las mismas iglesias que dicen ser de Cristo, ¡cuán pocos están gobernados por principios cristianos! En los negocios, en los círculos sociales, domésticos, y aun religiosos, ¡cuán pocos hacen de las enseñanzas del Cristo la regla diaria de su vida! ¿No es verdad que la "justicia se puso lejos,... la equidad no pudo venir... y el que se apartó del mal, fue puesto en presa"? (Isaías 59:14, 15.)

Vivimos en medio de una "epidemia de crímenes" frente a la cual, en todas partes, los hombres pensadores y temerosos de Dios se sienten horrorizados. Es indescriptible la corrupción prevaleciente. Cada día nos trae nuevas revelaciones de luchas políticas, cohechos y fraudes. Cada día

trae su porción de aflicciones para el corazón en lo que se refiere a violencias, anarquía, indiferencia para con los padecimientos humanos, brutalidades y muertes alevosas. Cada día confirma el aumento de la locura, los asesinatos y los suicidios. ¿Quién puede dudar de que los agentes de Satanás están obrando entre los hombres con creciente actividad, para perturbar y corromper la mente, manchar y destruir el cuerpo?

Y mientras que abundan estos males en el mundo, es demasiado frecuente que el Evangelio se predique con tanta indiferencia que no hace sino una débil impresión en la conciencia o la conducta de los hombres. En todas partes hay corazones que claman por algo que no poseen. Suspiran por una fuerza que les dé dominio sobre el pecado, una fuerza que los libre de la esclavitud del mal, una fuerza que les dé salud, vida y paz. Muchos que en otro tiempo conocieron el poder de la Palabra de Dios, han vivido en lugares donde no se reconoce a Dios y ansían la presencia divina.

El mundo necesita hoy lo que necesitaba mil novecientos años atrás, esto es, una revelación de Cristo. Se requiere una gran obra de reforma, y sólo mediante la gracia de Cristo podrá realizarse esa obra de restauración física, mental y espiritual.

Sólo el método de Cristo será el que dará éxito para llegar a la gente. El Salvador trataba con los hombres como quien deseaba hacerles bien. Les mostraba simpatía, atendía a sus necesidades y se ganaba su confianza. Entonces les decía: "Seguidme".

Es necesario acercarse a la gente por medio del esfuerzo personal. Si se dedicara menos tiempo a sermonear y más al servicio personal, se conseguirían mayores resultados. Hay que aliviar a los pobres, atender a los enfermos, consolar a los afligidos y dolientes, instruir a los ignorantes y aconsejar a los inexpertos. Hemos de llorar con los que lloran y regocijarnos con los que se regocijan. Acompañada del poder de persuasión, del poder de la oración, del poder del amor de Dios, esta obra no será ni puede ser infructuosa.

Hemos de recordar siempre que el objeto de la obra médico misionera consiste en dirigir a los enfermos del pecado hacia el Mártir del Calvario, que quita el pecado del mundo. Contemplándole, se transmutarán a su semejanza. Debemos animar al enfermo y al doliente a que miren a Jesús y vivan. Pongan los obreros cristianos a Cristo, el divino Médico, en continua presencia de aquellos a quienes desalentó la enfermedad del cuerpo y del alma. Dirijan sus miradas hacia Aquel que puede sanar la enfermedad física y la espiritual. Háblenles de Aquel que se compadece de sus flaquezas. Persuádanles a que se entreguen al cuidado de Aquel que dio su vida para que ellos puedan obtener vida eterna. Háblenles de su amor, del poder que tiene para salvar.

Este es el alto deber y el precioso privilegio del misionero médico. Y el ministerio personal prepara a menudo el camino para esta obra. Con frecuencia Dios llega a los corazones por medio de nuestros esfuerzos por aliviar los padecimientos físicos.

La obra del misionero médico es precursora de la obra del Evangelio. En el ministerio de la Palabra y en la obra del médico misionero, el Evangelio ha de ser predicado y puesto por obra.

En casi todas las poblaciones hay muchos que no escuchan la predicación de la Palabra de Dios ni asisten a ningún servicio religioso. Para que conozcan el Evangelio, hay que llevárselo a sus casas. Muchas veces la atención prestada a sus necesidades físicas es la única manera de llegar a ellos. Los enfermeros misioneros que cuidan a los enfermos y alivian la miseria de los pobres encontrarán muchas oportunidades para orar con ellos, leerles la Palabra de Dios y hablarles del Salvador. Pueden orar con los desamparados que no tienen fuerza de voluntad para dominar los apetitos degradados por las pasiones. Pueden llevar un rayo de esperanza a los vencidos y desalentados. Su amor abnegado, manifestado en actos de bondad desinteresada, ayudará a esos dolientes a creer en el amor de Cristo.

Muchos no tienen fe en Dios y han perdido la confianza en el hombre. Pero saben apreciar los actos de simpatía y de auxilio. Cuando ven a alguien que, sin el aliciente de las alabanzas ni esperanza de recompensa en esta tierra, va a sus casas para asistir a los enfermos, dar de comer a los hambrientos, vestir a los desnudos, consolar a los tristes y encaminarlos a todos con ternura hacia Aquel de cuyo amor y compasión el obrero humano es el mensajero, cuando ven todo esto, sus corazones se conmueven. Brota el agradecimiento. Enciéndese la fe. Ven que Dios cuida de ellos, y así quedan preparados para oír la Palabra divina.

Por doquiera, los misioneros, sean hombres o mujeres, obtendrán mucho más fácil acceso al pueblo, y verán grandemente aumentada su eficiencia como obreros, si pueden atender a los enfermos. Así, las mujeres que van a países paganos para actuar como misioneras encontrarán oportunidades para enseñar el Evangelio a las mujeres de aquellos países, cuando toda otra puerta de entrada les está cerrada. Todo obrero evangélico debe saber aplicar los sencillos tratamientos que son tan eficaces para aliviar el dolor y curar las enfermedades.

Enseñanza de los principios de salud

Los obreros evangélicos deben ser también capaces de dar instrucción acerca de los principios del sano vivir. Hay enfermedades en todas partes, y las más de ellas podrían evitarse si se prestara atención a las leyes de la salud. La gente necesita comprobar la relación que hay entre los principios que rigen la salud y su bienestar tanto en esta vida como en la venidera. Necesita comprender la responsabilidad que le incumbe con referencia al cuerpo dispuesto por su Creador como morada suya, de la cual desea que los hombres sean fieles mayordomos. Necesita dejarse impresionar por la verdad encerrada en las palabras de la Santa Escritura:

"Vosotros sois el templo del Dios viviente, como Dios dijo: Habitaré y andaré en ellos; y seré el Dios de ellos, y ellos serán mi pueblo". (2 Corintios 6:16.)

Miles necesitan y recibirían gustosos instrucción acerca de los métodos sencillos de tratar a los enfermos, métodos que están en vías de sustituir el uso de drogas venenosas. Se nota gran falta de instrucción respecto a la reforma dietética. A los malos hábitos en el comer y al consumo de manjares malsanos se debe gran parte de la intemperancia, los crímenes y la miseria que azotan al mundo.

Al enseñar los principios que rigen la salud, téngase presente el gran objeto de la reforma, que es obtener el mayor desenvolvimiento del cuerpo, la mente y el espíritu. Demuéstrese que las leyes de la naturaleza, por ser leyes de Dios, fueron establecidas para nuestro bien; que la obediencia a ellas favorece la felicidad en esta vida, y contribuye a preparar para la vida futura.

Indúzcase a la gente a que estudie la manifestación del amor de Dios y de su sabiduría en las obras de la naturaleza. Indúzcasela a que estudie el maravilloso organismo del cuerpo humano y las leyes que lo rigen. Los que disciernen las pruebas del amor de Dios, que entienden algo de la sabiduría y el buen propósito de sus leyes, así como de los resultados de la obediencia, llegarán a considerar sus deberes y obligaciones desde un punto de vista muy diferente. En vez de ver en la observancia de las leyes de la salud un sacrificio y un renunciamiento, la tendrán por lo que es en realidad: un inapreciable beneficio.

Todo obrero evangélico debe comprender que la enseñanza de los principios que rigen la salud forma parte de la tarea que se le ha señalado. Esta obra es muy necesaria y el mundo la espera.

En todas partes hay tendencia a reemplazar el esfuerzo individual por la obra de las organizaciones. La sabiduría humana tiende a la consolidación, a la centralización, a crear grandes iglesias e instituciones. Muchos dejan a las instituciones y organizaciones la tarea de practicar la beneficencia; se eximen del contacto con el mundo, y sus corazones se enfrían. Se absorben en sí mismos y se incapacitan para recibir impresiones. El amor a Dios y a los hombres desaparece de su alma.

Cristo encomienda a sus discípulos una obra individual, que no se puede delegar. La atención a los enfermos y a los pobres y la predicación del Evangelio a los perdidos, no deben dejarse al cuidado de juntas u organizaciones de caridad. El Evangelio exige responsabilidad y esfuerzo individuales, sacrificio personal.

"Ve por los caminos y por los vallados, y fuérzalos a entrar —manda Cristo—, para que se llene mi casa". (Lucas 14:23.) Jesús relaciona a los hombres con aquellos a quienes quieren servir. Dice [acerca del deber cristiano]: "¿No es que... a los pobres errantes metas en casa; que cuando vieres al desnudo, lo cubras?" "Sobre los enfermos pondrán sus manos y sanarán". (Isaías 58:7; Marcos 16:18.) Por medio del trato directo y de la obra personal, se han de comunicar las bendiciones del Evangelio.

Cuando en lo antiguo Dios daba luz a su pueblo, no obraba exclusivamente por una sola categoría de individuos. Daniel era príncipe de Judá. Isaías era también de estirpe real. David y Amós eran pastores de ganado; Zacarías era un cautivo vuelto de Babilonia; Eliseo era labrador. El Señor suscitaba como representantes suyos a profetas y príncipes, nobles y plebeyos, y les enseñaba las verdades que debían transmitir al mundo.

A todo aquel que llega a ser partícipe de su gracia, el Señor le señala una obra que hacer en favor de los demás. Cada cual ha de ocupar su puesto, diciendo: "Heme aquí, envíame a mí". (Isaías 6:8.) Al ministro de la Palabra, al enfermero misionero, al médico creyente, al simple cristiano, sea negociante o agricultor, profesional o mecánico, a todos incumbe la responsabilidad. Tarea nuestra es revelar a los hombres el Evangelio de su salvación. Toda empresa en que nos empeñemos debe servirnos de medio para dicho fin.

Los que emprendan la obra que les fue señalada no sólo serán fuente de bendición para otros, sino que ellos mismos serán bendecidos. El sentido del deber cumplido influirá de modo reflejo en sus almas. El desalentado olvidará su desaliento, el débil se volverá fuerte, el ignorante, inteligente, y todos encontrarán ayuda segura en Aquel que los llamó.

La iglesia de Cristo está organizada para servir. Tal es su consigna. Sus miembros son soldados que han de ser adiestrados para combatir bajo las órdenes del Capitán de su salvación. Los ministros, médicos y maestros cristianos tienen una obra más amplia de lo que muchos se imaginan. No sólo han de servir al pueblo, sino también enseñarle a servir. No sólo han de instruir a sus oyentes en los buenos principios, sino también educarlos para que sepan comunicar estos principios. La verdad que no se practica, que no se comunica, pierde su poder vivificante, su fuerza curativa. Su beneficio no puede conservarse sino compartiéndolo.

Hay que romper la monotonía de nuestro servicio a Dios. Todo miembro de la iglesia debe empeñarse en alguna manera de servir al Maestro. Unos no pueden hacer tanto como otros, pero todos deben esforzarse cuanto les sea posible por hacer retroceder la ola de enfermedad y angustia que azota al mundo. Muchos trabajarían con gusto si se les enseñara cómo empezar. Necesitan instrucción y aliento.

Cada iglesia debe ser escuela práctica de obreros cristianos. Sus miembros deberían aprender a dar estudios bíblicos, a dirigir y enseñar clases en las escuelas sabáticas, a auxiliar al pobre y cuidar al enfermo, y trabajar en pro de los inconversos. Debería haber escuelas de higiene, clases culinarias y para varios ramos de la obra caritativa cristiana. Debería haber no sólo enseñanza teórica, sino también trabajo práctico bajo la dirección de instructores experimentados. Abran los maestros el camino trabajando entre el pueblo, y otros, al unirse con ellos, aprenderán de su ejemplo. Un ejemplo vale más que muchos preceptos.

Cultiven todos sus facultades físicas y mentales en cuanto les sea posible, para trabajar por Dios doquiera su providencia los llame. La misma gracia que de Cristo descendió sobre Pablo y Apolos, y que los hizo notables por sus cualidades espirituales será comunicada hoy a los misioneros cristianos abnegados. Dios quiere que sus hijos tengan inteligencia y conocimiento, para que con inequívoca claridad y gran poder se manifieste su gloria en nuestro mundo.

Los obreros educados y consagrados a Dios pueden servir de una manera más variada y realizar una obra más extensa que los indoctos. La disciplina mental les da mucha ventaja. Pero los que no tienen mucho talento ni vasta ilustración, pueden, no obstante, trabajar provechosamente para otros. Dios quiere valerse de los que están dispuestos a servirle. No es la obra de los más brillantes ni de los más talentosos la que da los mayores resultados ni los más duraderos. Se necesitan hombres y mujeres que hayan oído el mensaje del Cielo. Los más eficientes son los que responden al llamamiento: "Llevad mi yugo sobre vosotros, y aprended de mí". (Mateo 11:29.)

Se necesitan misioneros que lo sean de corazón. Aquel cuyo corazón ha sido conmovido por Dios anhela ganar a los que nunca conocieron el amor divino. La condición en la cual están le hace simpatizar con su aflicción. Sale dispuesto a exponer la vida, enviado e inspirado del Cielo, para desempeñar una obra en que los ángeles puedan cooperar.

Si aquellos a quienes Dios confió grandes talentos del intelecto los consagran a un uso egoísta, quedarán abandonados a su suerte después de un período de prueba. Dios elegirá a hombres que no parecen tan bien dotados, que no tienen mucha confianza en sí mismos, y fortalecerá a los débiles porque creen que él hará por ellos lo que de suyo no pueden hacer. Dios acepta el servicio prestado de todo corazón, y suplirá las deficiencias.

Muchas veces el Señor escogió por colaboradores a hombres que sólo habían obtenido una instrucción limitada en las escuelas. Los tales usaron sus facultades con el mayor celo, y el Señor recompensó su fidelidad en la obra, así como la diligencia y sed de conocimientos de que dieron prueba. Vio sus lágrimas y oyó sus oraciones. Así como su bendición descendió sobre los cautivos en la corte de Babilonia, otorga hoy sabiduría y conocimiento a los que por él trabajan.

Hombres faltos de educación escolar y de humilde situación social, han obtenido, mediante la gracia de Cristo, admirable éxito en la obra de ganar almas para él. El secreto de ese éxito era la confianza que tenían en Dios. Aprendían cada día de Aquel que es admirable en consejo y poderoso en fortaleza.

Tales obreros deben recibir aliento. El Señor los relaciona con otros de más capacidad para llenar los claros que otros dejan. La rapidez con que advierten qué debe hacerse, su prontitud en auxiliar a los necesitados, sus amistosas palabras y acciones les deparan oportunidades de ser útiles, que de otro modo les serían vedadas. Se acercan a los que están en dificultad, y la influencia persuasiva de sus palabras lleva a Dios a muchas almas temerosas. Su obra denota lo que otros miles de personas podrían hacer si quisieran.

Una vida más amplia

Nada despierta el celo abnegado ni ensancha y fortalece el carácter tanto como el trabajar en beneficio del prójimo. Muchos de los que profesan ser cristianos piensan sólo en sí mismos al buscar relaciones en la iglesia. Quieren gozar de la comunión de la iglesia y de los cuidados del pastor. Se hacen miembros de iglesias grandes y prósperas y se contentan con hacer muy poco por los demás. Así se privan de las bendiciones más preciosas. Muchos obtendrían gran provecho si sacrificaran las agradables relaciones sociales que los incitan al ocio y a buscar la comodidad. Necesitan ir adonde la obra cristiana requiera sus energías y puedan aprender a llevar responsabilidades.

Los árboles que crecen muy juntos no se desarrollan sanos y robustos. El jardinero los trasplanta para darles espacio en que medrar. Algo semejante sería de provecho para muchos miembros de las iglesias grandes. Necesitan estar donde se les solicite que dediquen sus energías a un activo esfuerzo por la causa de Cristo. Están en vías de perder su vida espiritual y de volverse inútiles pigmeos por no hacer obra abnegada en pro de los demás. Trasplantados a algún campo misionero, crecerían fuertes y vigorosos.

Pero nadie ha de esperar a que le llamen a algún campo distante para comenzar a ayudar a otros. En todas partes hay oportunidades de servir. Alrededor nuestro hay quienes necesitan nuestra ayuda. La viuda, el huérfano, el enfermo y el moribundo, el de corazón quebrantado, el desalentado, el ignorante, y el desechado de la sociedad, todos están a nuestro alcance.

Hemos de considerar nuestro deber especial el de trabajar por nuestros convecinos. Examinad cómo podéis ayudar mejor a los que no se interesan por las cosas religiosas. Al visitar a vuestros amigos y vecinos, manifestad interés por su bienestar espiritual y temporal. Habladles de

Cristo, el Salvador que perdona los pecados. Invitad a vuestros vecinos a vuestra casa y leedles trozos de la preciosa Biblia y de libros que expliquen sus verdades. Convidadlos a que se unan con vosotros en canto y oración. En estas pequeñas reuniones, Cristo mismo estará presente, tal como lo prometió, y su gracia tocará los corazones.

Los miembros de la iglesia deberían educarse para esta obra que es tan esencial como la de salvar las almas entenebrecidas que viven en países lejanos. Si algunos sienten responsabilidad para con esas almas lejanas, los muchos que quedan en su propio país han de sentir esa misma preocupación por las almas que los rodean y trabajar con el mismo celo para salvarlas.

Muchos lamentan llevar una vida de horizontes limitados; pero pueden ensancharla y hacerla influyente si quieren. Los que aman a Jesús de corazón, mente y alma, y a su prójimo como a sí mismos, tienen ancho campo en que emplear su capacidad e influencia.

Menudas oportunidades

No desaprovechéis las oportunidades menudas, para aspirar a una obra mayor. Podríais desempeñar con éxito la obra menor, mientras que fracasaríais por completo al emprender la mayor y caeríais en el desaliento. Al hacer lo que os viene a mano desarrollaréis aptitudes para una obra mayor. Por despreciar las oportunidades diarias y descuidar las cosas pequeñas que podrían hacer, muchos se vuelven estériles y mustios.

No dependáis del auxilio humano. Mirad más allá de los seres humanos, a Aquel que fue designado por Dios para que llevara nuestros dolores y tristezas, y para que satisficiera nuestras necesidades. Fiados en la Palabra de Dios, empezad doquiera encontréis algo que hacer y seguid adelante con fe firme. La fe en la presencia de Cristo nos da fuerza y firmeza. Trabajad con abnegado interés, con solícito afán y perseverante energía.

En campos de condiciones tan adversas y desalentadoras que pocos quieren ir allá, se han realizado cambios notables mediante los esfuerzos de obreros abnegados. Con paciencia y perseverancia trabajaron, confiando y descansando no en el poder humano, sino en Dios, cuya gracia los sostuvo. Nunca se conocerá en este mundo todo el bien que hicieron, pero sus benditos resultados se manifestarán en la vida venidera.

Misioneros que se sostienen a sí mismos

En muchas partes pueden trabajar con éxito misioneros que se mantienen a sí mismos. Así trabajó el apóstol Pablo al esparcir el conocimiento de Cristo por todo el mundo. Al par que predicaba el Evangelio cada día en las grandes ciudades de Asia y Europa, trabajaba de artesano para mantenerse a sí mismo y a sus compañeros. Las palabras de despedida que dirigió a los ancianos de Efeso revelan su modo de trabajar y encierran preciosas lecciones para todo obrero evangélico:

"Vosotros sabéis —dijo— cómo, desde el primer día que entré en Asia, he estado con vosotros por todo el tiempo,... cómo nada que fuese útil he rehuido de anunciaros y enseñaros, públicamente y por las casas... La plata, o el oro, o el vestido de nadie he codiciado. Antes vosotros sabéis que para lo que me ha sido necesario, y a los que están conmigo, estas manos me han servido. En todo os he enseñado que, trabajando así, es necesario sobrellevar a los enfermos, y tener presente las palabras del Señor Jesús, el cual dijo: Más bienaventurada cosa es dar que recibir". (Hechos 20:18-35.)

Hoy son muchos los que, si los embargase el mismo espíritu de desprendimiento, podrían desempeñar en forma similar una buena obra. Salgan juntos dos o más para hacer obra de evangelización. Visiten a la gente, orando, cantando, enseñando, explicando las Escrituras y atendiendo a los enfermos. Algunos pueden sostenerse a sí mismos como colportores, otros, imitando al apóstol, pueden dedicarse a un oficio manual o de otra índole. Al llevar adelante su obra, reconociendo su incapacidad, pero dependiendo humildemente de Dios, obtienen una experiencia bendecida. El Señor Jesús va delante de ellos, de modo que tanto entre los ricos como entre los pobres encuentran buena voluntad y ayuda.

A los que se han preparado para la obra médico misionera en el extranjero, se les ha de alentar a ir sin demora adonde esperan trabajar, y poner manos a la obra entre el pueblo aprendiendo el idioma al paso que trabajan. Pronto podrán enseñar las sencillas verdades de la Palabra de Dios.

Por todo el mundo se necesitan mensajeros de la gracia. Conviene que familias cristianas vayan a vivir en poblaciones sumidas en las tinieblas y el error, que entren en campos extranjeros, conozcan las necesidades de sus semejantes y trabajen por la causa del Maestro. Si se estableciesen familias tales en puntos tenebrosos de la tierra, donde la gente está rodeada de tinieblas espirituales, para dejar que por su medio brillase la luz de la vida de Cristo, ¡cuán noble obra se realizaría!

Esta obra requiere abnegación. Mientras que muchos aguardan que se quite todo obstáculo, su trabajo queda por hacer, y siguen muriendo las muchedumbres sin esperanza y sin Dios. Hay algunos que, por el aliciente de las ventajas comerciales, o para adquirir conocimientos científicos, se arriesgan a penetrar en regiones aún no colonizadas, y con valor soportan sacrificios y penalidades; pero ¡cuán pocos son los que por amor a sus semejantes consienten en llevar a sus familias a regiones necesitadas del Evangelio!

El verdadero ministerio consiste en llegar a todas las gentes, cualquiera que sea su situación o condición, y ayudarlas de toda forma posible. Mediante tal esfuerzo podéis conquistar los corazones y obtener acceso a las almas que perecen.

En todo vuestro trabajo, recordad que estáis unidos con Cristo y que sois parte del gran plan de la redención. El amor de Cristo debe fluir por vuestra conducta como un río de salud y vida. Mientras procuráis atraer a otros al círculo del amor de Cristo, la pureza de vuestro lenguaje, el desprendimiento de vuestro servicio, y vuestro comportamiento gozoso han de atestiguar el poder de su gracia. Dad al mundo una representación de Cristo tan pura y justa, que los hombres puedan contemplarle en su hermosura.

Poca utilidad tiene el intento de reformar a los demás atacando de frente lo que consideremos malos hábitos suyos. Tal proceder resulta a menudo más perjudicial que benéfico. En su conversación con la samaritana, en vez de desacreditar el pozo de Jacob, Cristo presentó algo mejor. "Si conocieses el don de Dios —dijo—, y quién es el que te dice: Dame de beber: tú pedirías de él, y él te daría agua viva". (Juan 4:10.) Dirigió la plática al tesoro que tenía para regalar y ofreció a la mujer algo mejor de lo que ella poseía: el agua de vida, el gozo y la esperanza del Evangelio.

Esto ilustra la manera en que nos toca trabajar. Debemos ofrecer a los hombres algo mejor de lo que tienen, es decir la paz de Cristo, que sobrepuja todo entendimiento. Debemos hablarles de la santa ley de Dios, trasunto fiel de su carácter y expresión de lo que él desea que lleguen a ser. Mostradles cuán infinitamente superior a los goces y placeres pasajeros del mundo es la imperecedera gloria del cielo. Habladles de la libertad y descanso que se encuentran en el Salvador. Afirmó: "El que bebiere del agua que yo le daré, para siempre no tendrá sed". (Vers. 14.)

Levantad en alto a Jesús y clamad: "He aquí el Cordero de Dios, que quita el pecado del mundo". (Juan 1:29.) El solo puede satisfacer el ardiente deseo del corazón y dar paz al alma.

De todos los habitantes del mundo, los reformadores deben ser los más abnegados, bondadosos y corteses. En su vida debe manifestarse la verdadera bondad de las acciones desinteresadas. El que al trabajar carece de cortesía, que se impacienta por la ignorancia y aspereza de otros, que habla descomedidamente u obra atolondradamente, puede cerrar la puerta de los corazones de modo que nunca podrá llegar a ellos.

Como el rocío y las lluvias suaves caen sobre las plantas agostadas, caigan también con suavidad vuestras palabras cuando procuréis sacar a los hombres del error. El plan de Dios consiste en llegar primero al corazón. Debemos decir la verdad con amor, confiados en que él le dará poder para reformar la conducta. El Espíritu Santo aplicará al alma la palabra dicha con amor.

Por naturaleza somos egoístas y tercos. Pero si aprendemos las lecciones que Cristo desea darnos, nos haremos partícipes de su naturaleza, y de entonces en adelante viviremos su vida. El ejemplo admirable de Cristo, la incomparable ternura con que compartía los sentimientos de los demás, llorando con los que lloraban, regocijándose con los que se regocijaban, deben ejercer honda influencia en el carácter de los que le siguen con sinceridad. Con palabras y actos bondadosos tratarán de allanar el camino para los pies cansados.

"El Señor Jehová me dio lengua de sabios, para saber hablar en sazón palabra al cansado". (Isaías 50:4.)

En derredor nuestro hay almas afligidas. En cualquier parte podemos encontrarlas. Busquémoslas y digámosles una palabra oportuna que las consuele. Seamos siempre canales por donde fluyan las refrigerantes aguas de la compasión.

En todas nuestras relaciones hemos de tener presente que en la experiencia ajena hay capítulos sellados en que no penetran las miradas de los mortales. En las páginas del recuerdo hay historias tristes que son inviolables para los ojos ajenos. Hay consignadas allí largas y rudas batallas libradas en circunstancias críticas, tal vez dificultades de familia que día tras día debilitan el ánimo, la confianza y la fe. Los que pelean la batalla de la vida contra fuerzas superiores pueden recibir fortaleza y aliento merced a menudas atenciones que sólo cuestan un esfuerzo de amor. Para ellos, el fuerte apretón de mano de un amigo verdadero vale más que oro y plata. Las palabras de bondad son tan bien recibidas como las sonrisas de ángeles.

Hay muchedumbres que luchan con la pobreza, obligadas a trabajar arduamente por modestos salarios, que alcanzan apenas a satisfacer las primeras necesidades de la vida. Los afanes y privaciones, sin esperanza de mejora, hacen muy pesadas sus cargas. Cuando a esto se añaden los dolores y la enfermedad, la carga resulta casi insoportable. Oprimidos y agobiados, no saben dónde buscar alivio. Simpatícese con ellos en sus pruebas, sus congojas y sus desengaños. Esto abrirá camino para ayudarles. Hábleseles de las promesas de Dios, órese con ellos y por ellos, infúndaseles esperanza.

Las palabras de afabilidad y aliento dichas cuando el alma está enferma y débil el pulso de su ser moral, las considera el Salvador como si se las dijeran a él mismo. Cuando los cora-

zones son así alentados, los ángeles del cielo se deleitan en contemplarlo.

De siglo en siglo el Señor ha procurado despertar en las almas de los hombres el sentido de su fraternidad divina. Cooperad con él. Mientras que la desconfianza y la desunión llenan el mundo, tócales a los discípulos de Cristo revelar el espíritu que reina en los cielos.

Hablad como él hablaría, obrad como él obraría. Revelad continuamente la dulzura de su carácter. Revelad aquellos tesoros de amor que son la base de todas sus enseñanzas y de todo su trato con los hombres. En colaboración con Cristo, los obreros más humildes pueden pulsar cuerdas cuyas vibraciones se percibirán hasta en los confines de la tierra y harán oír sus melodías por los siglos de la eternidad.

Los seres celestiales aguardan para cooperar con los agentes humanos, a fin de revelar al mundo lo que pueden llegar a ser los humanos, y lo que, mediante la unión con lo divino, puede llevarse a cabo para la salvación de las almas que están a punto de perecer. No tiene límite la utilidad de quien, poniendo el yo a un lado, da lugar a la obra del Espíritu Santo en su corazón y lleva una vida dedicada por completo a Dios. Todo aquel que consagra su cuerpo, su alma y su espíritu al servicio de Dios recibirá continuamente nuevo caudal de poder físico, mental y espiritual. Las inagotables reservas del cielo están a su disposición. Cristo le anima con el soplo de su propio Espíritu, y le infunde la vida de su propia vida. El Espíritu Santo hace obrar sus mayores energías en la mente y en el corazón. Mediante la gracia que se nos otorga podemos alcanzar victorias que nos parecían imposibles por causa de nuestros errores, nuestros preconceptos, las deficiencias de nuestro carácter y nuestra escasa fe.

Todo aquel que se ofrece para el servicio del Señor, sin negarle nada, recibe poder para alcanzar resultados incalculables. Por él hará Dios grandes cosas, y obrará de tal modo en las mentes de los hombres, que aun en este mundo se verá realizada en sus vidas la promesa del estado futuro.

"Alegrarse han el desierto y la soledad: el yermo se gozará, y florecerá como la rosa. Florecerá profusamente, y también se alegrará y cantará con júbilo: la gloria del Líbano le será dada, la hermosura de Carmel y de Sarón. Ellos verán la gloria de Jehová, la hermosura del Dios nuestro. Confortad a las manos cansadas, roborad las vacilantes rodillas. Decid a los de corazón apocado: Confor-

taos, no temáis: He aquí... vuestro Dios... Entonces los ojos de los ciegos serán abiertos, y los oídos de los sordos se abrirán. Entonces el cojo saltará como un ciervo, y cantará la lengua del mudo; porque aguas serán cavadas en el desierto, y torrentes en la soledad. El lugar seco será tornado en estanque, y el secadal en manaderos de aguas... Y habrá allí calzada y camino, y será llamado Camino de Santidad; no pasará por él inmundo; y habrá para ellos en él quien los acompañe, de tal manera que los insensatos no yerren. No habrá allí león, ni bestia fiera subirá por él, ni allí se hallará, para que caminen los redimidos. Y los redimidos de Jehová volverán, y vendrán a Sión con alegría; y gozo perpetuo será sobre sus cabezas; y retendrán el gozo y alegría, y huirá la tristeza y el gemido". (Isaías 35.)

Ayuda para los Tentados

NO PORQUE le hayamos amado primero nos amó Cristo a nosotros; sino que "siendo aún pecadores", él murió por nosotros. No nos trata conforme a nuestros méritos. Por más que nuestros pecados hayan merecido condenación no nos condena. Año tras año ha soportado nuestra flaqueza e ignorancia, nuestra ingratitud y malignidad. A pesar de nuestros extravíos, de la dureza de nuestro corazón, de nuestro descuido de su Santa Palabra, nos alarga aún la mano.

La gracia es un atributo de Dios puesto al servicio de los seres humanos indignos. Nosotros no la buscamos, sino que fue enviada en busca nuestra. Dios se complace en concedernos su gracia, no porque seamos dignos de ella, sino porque somos rematadamente indignos. Lo único que nos da derecho a ella es nuestra gran necesidad.

Por medio de Jesucristo, el Señor Dios tiende siempre su mano en señal de invitación a los pecadores y caídos. A todos los quiere recibir. A todos les da la bienvenida. Se gloría en perdonar a los mayores pecadores. Arrebatará la presa al poderoso, libertará al cautivo, sacará el tizón del fuego. Extenderá la cadena de oro de su gracia hasta las simas más hondas de la miseria humana, y elevará al alma más envilecida por el pecado.

Todo ser humano es objeto del interés amoroso de Aquel que dio su vida para convertir a los hombres a Dios. Como el pastor de su rebaño, cuida de las almas culpables y desamparadas, expuestas a la aniquilación por los ardides de Satanás.

El ejemplo del Salvador debe servirnos de modelo para nuestro servicio en pro de los tentados y extraviados. Hemos de manifestar para con los demás el mismo interés, la misma ternura y longanimidad que él manifestó hacia nosotros. "Como os he amado —dice—, que también os améis los unos a los otros". (Juan 13:34.) Si Cristo mora en nosotros, manifestaremos su abnegado amor para con todos aquellos con quienes tratemos. Cuando veamos a hombres y mujeres necesitados de simpatía y ayuda, no nos preguntaremos si son dignos, sino cómo podemos beneficiarles.

Ricos y pobres, grandes y humildes, libres y esclavos, son la heredad de Dios. Aquel que dio su vida para redimir al hombre ve en cada ser humano un tesoro de valor inestimable. Por el misterio y la gloria de la cruz podemos discernir qué valor atribuía él al alma. Cuando lo hagamos, comprenderemos que los seres humanos, por degradados que estén, costaron demasiado para que los tratemos con frialdad o desprecio. Nos daremos cuenta de lo importante que es trabajar en pro de nuestros semejantes para que puedan ser elevados hasta el trono de Dios.

En la parábola del Salvador, aunque la dracma perdida estaba en el polvo y la basura, no dejaba de ser una moneda de plata. Su dueña la buscó porque tenía valor. Así también toda alma, por degradada que esté por el pecado, es preciosa a la vista de Dios. Como la moneda llevaba la imagen y la inscripción del monarca reinante, así también el hombre cuando fue creado recibió la imagen y la inscripción de Dios. Aunque empañada y deteriorada por el pecado, el alma humana guarda aún vestigios de dicha inscripción. Dios desea recuperar esta alma, y estampar nuevamente en ella su propia imagen en justicia y santidad.

¡Cuán poco simpatizamos con Cristo en aquello que debiera ser el lazo de unión más fuerte entre nosotros y él, esto es, la compasión por los depravados, culpables y dolientes, que están muertos en delitos y pecados! La inhumanidad del hombre para con el hombre es nuestro mayor pecado. Muchos se figuran que están representando la justicia de Dios, mientras que dejan por completo de representar su ternura y su gran amor. Muchas veces aquellos a quienes tratan con aspereza y severidad están pasando por alguna violenta tentación. Satanás se está ensañando en aquéllas almas, y las palabras duras y despiadadas las desalientan y las hacen caer en las garras del tentador.

Delicada cosa es tratar con las mentes. Sólo Aquel que lee en el corazón sabe llevar a los hombres al arrepentimiento. Sólo su sabiduría nos proporcionará éxito en alcanzar a los perdidos. Podéis erguiros, imaginándoos ser más santos que ellos, y por acertado que sea vuestro razonamiento o veraz vuestra palabra, no conmoverán los corazones. El amor de Cristo, manifestado en palabras y obras, se abrirá camino hasta el alma, cuando de nada valdría la reiteración de preceptos y argumentos.

Necesitamos más simpatía cristiana; y no simplemente simpatía para con aquellos que nos parecen sin tacha, sino para con los pobres y los que padecen, para con las almas que luchan y son muchas veces sorprendidas en sus faltas, para con los que van pecando y arrepintiéndose, los tentados y desalentados. Debemos allegarnos a nuestros semejantes, conmovidos, como nuestro misericordioso Sumo Sacerdote, por sus flaquezas.

Era el desechado, el publicano y el pecador, el despreciado de las naciones, a quien Cristo llamaba, y a quien su ternura amorosa apremiaba para que acudiese a él. La única clase de gente a quien él nunca quiso favorecer era la de los que se engreían por amor propio, y menospreciaban a los demás.

"Ve por los caminos y por los vallados, y fuérzalos a entrar —nos manda Cristo—, para que se llene mi casa". En obediencia a esta palabra hemos de buscar a los paganos que están cerca de nosotros, y a los que están lejos. Los "publicanos y las rameras" han de oír la invitación del Salvador. Mediante la bondad y la longanimidad de sus mensajeros, la invitación es un poder compulsor para levantar a los que están sumidos en las últimas profundidades del pecado.

Los móviles cristianos requieren que trabajemos con firme propósito, interés inapagable y empeño siempre creciente por las almas a quienes Satanás procura destruir. Nada debe entibiar la fervorosa energía con que trabajamos en pro de la salvación de los perdidos.

Nótese cómo en toda la Palabra de Dios se manifiesta el espíritu de insistencia que suplica a los hombres a que acudan a Cristo. Debemos aprovechar toda oportunidad, en privado y en público para presentar todo argumento e insistir con razones de alcance infinito a fin de atraer a los hombres al Salvador. Con toda nuestra fuerza hemos de instarlos para que miren a Jesús y acepten su vida de abnegación y sacrificio. Debemos mostrarles que esperamos verlos alegrar el corazón de Cristo haciendo uso de cada uno de sus dones para honrar su nombre.

"En esperanza somos salvos". (Romanos 8:24.) Hay que inducir a los caídos a que sientan que no es demasiado tarde para ser hombres. Cristo honró al hombre con su confianza, y así le puso en la obligación de ser fiel a su honor. Aun a aquellos que habían caído más bajo los trataba con respeto. Era un dolor continuo para Cristo arrostrar la hostilidad, la depravación y la impureza; pero nunca dijo nada que denotase que su sensibilidad había sido herida u ofendido su gusto refinado. Cualesquiera que fueran los hábitos viciosos, los fuertes prejuicios o las pasiones despóticas de los seres humanos, siempre les hacía frente con ternura compasiva. Al participar de su Espíritu, miraremos a todos los hombres como a hermanos, que sufren las mismas tentaciones y pruebas que nosotros, que caen a menudo y se esfuerzan por levantarse, que luchan con desalientos y dificultades, y que anhelan simpatía y ayuda. Entonces los trataremos de tal manera que no los desalentemos ni los rechacemos, sino que despertemos esperanza en sus corazones. Al ser así alentados, podrán decir con confianza: "Tú, enemiga mía, no te huelgues de mí: porque aunque caí, he de levantarme; aunque more en tinieblas, Jehová será mi luz". El juzgará mi causa y

hará "mi juicio,... me sacará a luz; veré su justicia". (Miqueas 7:8, 9.)

Dios "miró sobre todos los moradores de la tierra. El formó el corazón de todos ellos". (Salmo 33:14, 15.)

Al tratar nosotros con los tentados y extraviados, nos manda: Considérate "a ti mismo, porque tú no seas también tentado". (Gálatas 6: 1.) Si sentimos nuestras propias flaquezas, nos compadeceremos de las flaquezas ajenas.

"Porque, ¿quién te distingue? ¿o qué tienes que no hayas recibido?" (1 Corintios 4:7.) "Uno es vuestro Maestro;... y todos vosotros sois hermanos". (Mateo 23:8.) "¿Por qué juzgas a tu hermano? o tú también, ¿por qué menosprecias a tu hermano?" "Así que, no juzguemos más los unos de los otros: antes bien juzgad de no poner tropiezo o escándalo al hermano". (Romanos 14:10, 13.)

Es siempre humillante que se nos señalen nuestros errores. Nadie debe amargar tan triste experiencia con censuras innecesarias. Nadie fue jamás regenerado con oprobios, pero éstos han repelido a muchos y los indujeron a endurecer sus corazones contra todo convencimiento. La ternura, la mansedumbre y la persuasión pueden salvar al extraviado y cubrir multitud de pecados.

El apóstol Pablo veía la necesidad de reprobar el mal, pero ¡con cuánto cuidado procuraba manifestar que era amigo de los extraviados! ¡Con cuánta ansiedad les explicaba el motivo de su proceder! Les daba a entender que sentía mucho afligirlos. Demostraba su confianza y simpatía para con los que luchaban por vencer.

"Porque por la mucha tribulación y angustia del corazón —decía— os escribí con muchas lágrimas; no para que fueseis contristados, mas para que supieseis cuánto más amor tengo para con vosotros". (2 Corintios 2:4.) "Porque aunque os contristé por la carta, no me arrepiento, bien que me arrepentí;... ahora me gozo, no porque hayáis sido contristados, sino porque fuisteis contristados para arrepentimiento... Porque he aquí, esto mismo que según Dios fuisteis contristados, cuánta solicitud ha obrado en vosotros, y aun defensa, y aun enojo, y aun temor, y aun gran deseo, y aun celo, y aun vindicación. En todo os habéis mostrado limpios en el negocio... Por tanto, tomamos consolación de vuestra consolación". (2 Corintios 7:8-13.)

"Me gozo de que en todo estoy confiado de vosotros". (Vers. 16.) "Doy gracias a mi Dios en toda memoria de vosotros, siempre en todas mis oraciones haciendo oración por todos vosotros con gozo, por vuestra comunión en el evangelio, desde el primer día hasta ahora: estando confiado de esto, que el que comenzó en vosotros la buena obra, la perfeccionará hasta el día de Jesucristo; como me es justo sentir esto de todos vosotros, por cuanto os tengo en el corazón". "Así que, hermanos míos amados y deseados, gozo y corona mía, estad así firmes en el Señor, amados". "Ahora vivimos, si vosotros estáis firmes en el Señor". (Filipenses 1:3-7; 4:1; 1 Tesalonicenses 3:8.)

Pablo escribía a estos hermanos como "a santos en Cristo Jesús", pero no escribía a personas de carácter perfecto. Les escribía como a hombres y mujeres que luchaban con la tentación, y que corrían peligro de

caer. Dirigía las miradas de ellos al "Dios de paz que sacó de los muertos a nuestro Señor Jesucristo, el gran Pastor de las ovejas". Les aseguraba que "por la sangre del testamento eterno" Dios los haría "aptos en toda obra buena para" cumplir "su voluntad", pues haría él mismo en ellos lo que fuese "agradable delante de él por Jesucristo". (Hebreos 13:20, 21.)

Cuando el que ha cometido una falta se da cuenta de su error, guardaos de destruir su estima propia. No le desalentéis con vuestra indiferencia o desconfianza. No digáis: "Antes de depositar en él mi confianza, voy a esperar para ver si permanece firme". Muchas veces es precisamente esta desconfianza la que hace tropezar al tentado.

Deberíamos tratar de comprender la flaqueza de los demás. Poco sabemos de las pruebas que soporta el corazón de los que han estado encadenados en las tinieblas, y a quienes faltan resolución y fuerza moral. Por demás de lamentar es la condición del que sufre remordimiento; está como quien, aturdido y tambaleante, se hundiese en el polvo. No puede ver nada con claridad. Tiene el espíritu nublado, no sabe qué pasos dar. Muchos viven sin que nadie los entienda ni los aprecie, llenos de desesperación y de angustia, como pobres ovejas perdidas y descarriadas. No pueden encontrar a Dios, y sin embargo tienen ansias intensas de obtener perdón y paz.

¡Ah! ¡no les digáis una sola palabra que ahonde su dolor! Al que se siente apesadumbrado por una vida de pecado, pero que no sabe dónde encontrar alivio, presentadle al Salvador compasivo. Tomadle de la mano, levantadle, decidle palabras de aliento y de esperanza. Ayudadle a asirse de la mano del Salvador.

Nos dejamos desalentar con demasiada facilidad respecto a los que no corresponden en el acto a los esfuerzos que hacemos por ellos. No debemos jamás dejar de trabajar por un alma mientras quede un rayo de esperanza. Las preciosas almas costaron al Redentor demasiados sacrificios para que queden abandonadas así al poder del tentador.

Debemos ponernos en el lugar de los tentados. Consideremos la fuerza de la herencia, la influencia de las malas compañías, el poder de los malos hábitos. ¿Qué tiene de extraño que bajo semejantes influencias muchos se degraden? ¿Debe sorprendernos que no se apresuren a corresponder a los esfuerzos que se hacen para levantarlos?

Muchas veces, luego de ganados al Evangelio, los que parecían toscos y poco promisorios, llegan a ser sus partidarios y defensores más leales y ardientes. No estaban del todo corrompidos. Bajo una apariencia repulsiva, hay en ellos buenos impulsos que se pueden despertar. Sin una mano que les ayude, muchos no lograrán jamás reponerse moralmente; pero mediante esfuerzos pacientes y constantes se los puede levantar. Necesitan palabras de ternura, benevolente consideración, ayuda positiva. Necesitan consejos

que no apaguen en sus almas el último pábilo de aliento. Tengan esto en cuenta los obreros de Jesús que traten con ellos.

Hallaránse algunos con las mentes envilecidas por tanto tiempo que nunca llegarán a ser en esta vida lo que hubieran podido ser si hubiesen vivido en mejores circunstancias. Pero los brillantes rayos del Sol de justicia pueden alumbrar sus almas. Tienen el privilegio de poseer la vida que puede medirse con la vida de Dios. Sembrad en sus mentes pensamientos que eleven y ennoblezcan. Hacedles ver por vuestra vida la diferencia entre el vicio y la pureza, entre las tinieblas y la luz, y por vuestro ejemplo lo que significa ser cristiano. Cristo puede levantar a los más pecadores, y ponerlos donde se les reconozca por hijos de Dios y coherederos con Cristo de la herencia inmortal.

Por el milagro de la gracia divina, muchos pueden prepararse para una vida provechosa. Despreciados y desamparados, cayeron en el mayor desaliento y pueden parecer estoicos e impasibles. Pero bajo la influencia del Espíritu Santo, se desvanecerá la estupidez que hace parecer imposible su levantamiento. La mente lerda y nublada despertará. El esclavo del pecado será libertado. El vicio desaparecerá, y la ignorancia quedará vencida. La fe que obra con amor purificará el corazón e iluminará la mente.

La Obra en Pro de los Intemperantes

TODA verdadera reforma tiene su lugar en la obra del Evangelio y tiende a elevar al alma a una vida nueva y más noble. La obra de temperancia requiere especialmente la ayuda de los obreros cristianos, quienes deberían atender a esta reforma, y hacer de ella una cuestión vital. En todas partes deberían enseñar al pueblo los principios de la verdadera templanza, e invitar a los oyentes a firmar el voto de temperancia. Debe hacerse todo lo posible en beneficio de quienes son esclavos de malos hábitos.

En todas partes hay algo que hacer por las víctimas de la intemperancia. En el seno de las iglesias, de las instituciones religiosas y de los hogares en que se hace profesión cristiana, muchos jóvenes van camino de su ruina. Sus hábitos intemperantes les acarrean enfermedades, y por el afán de obtener dinero para satisfacer sus apetitos pecaminosos caen en prácticas deshonestas. Arruinan su salud y su carácter. Lejos de Dios, desechos de la sociedad, estas pobres almas se sienten sin esperanza para esta vida o para la venidera. A los padres se les parte el corazón. Muchos consideran a estos extraviados como casos desesperados; pero Dios no los considera así, pues comprende todas las circunstancias que han hecho de ellos lo que son, y se apiada de ellos. Esta clase de gente requiere ayuda. Jamás debe dársele lugar a que diga: "Nadie se preocupa de mi alma".

Entre las víctimas de la intemperancia hay representantes de toda clase social y de todas las profesiones. Hombres encumbrados, de gran talento y altas realizaciones, han cedido a sus apetitos hasta que han quedado incapaces de resistir a la tentación. Algunos que en otro tiempo poseían riquezas, han quedado sin familia ni amigos, presos de padecimientos, miseria, enfermedad y degradación. Perdieron el dominio de sí mismos. Si nadie les tiende una mano de auxilio, se hundirán cada vez más. En ellos el exceso no es tan sólo pecado moral, sino enfermedad física.

Muchas veces, al ayudar a los intemperantes, deberíamos primero, conforme a lo que Cristo hizo tantas veces, atender a su condición física. Necesitan alimentos y brebajes sanos y no excitantes, ropa limpia y facilidades para asegurar la limpieza del cuerpo. Necesitan que se les rodee de influencias sanas, cristianas y enaltecedoras. En cada ciudad debería haber un lugar donde los esclavos del vicio hallaran ayuda para romper las cadenas que los aprisionan. Para muchos las bebidas alcohólicas son el único solaz en la aflicción; pero eso no sucedería si, en vez de desempeñar el papel del sacerdote y del levita, los cristianos de profesión siguieran el ejemplo del buen samaritano.

Al tratar con las víctimas de la intemperancia debemos recordar que no son hombres cuerdos, sino que de momento están bajo el poder de un demonio. Hay que ser pacientes y tolerantes con ellos. No os fijéis en su exterior repulsivo; antes acordaos de la preciosa vida por cuya redención Cristo murió. Al despertar el borracho a la conciencia de su degradación, haced cuanto os sea posible por demostrarle que sois amigos suyos. No pronunciéis una sola palabra de censura. No le manifestéis reproche ni aversión por vuestros actos o miradas. Muy probable es que esa pobre alma se maldice ya a sí misma. Ayudadle a levantarse. Decidle palabras que le alienten a tener fe. Procurad fortalecer todo buen rasgo de su carácter. Enseñadle a tender las manos al cielo. Mostradle que le es posible llevar una vida que le gane el respeto de sus semejantes. Ayudadle

a ver el valor de los talentos que Dios le ha dado, pero que él descuidó de acrecentar.

Aunque la voluntad esté depravada y débil, hay para ese hombre esperanza en Cristo, quien despertará en su corazón impulsos superiores y deseos más santos. Alentadle a que mantenga firme la esperanza que le ofrece el Evangelio. Abrid la Biblia ante el tentado que lucha, y leedle una y otra vez las promesas de Dios, que serán para él como hojas del árbol de la vida. Seguid esforzándoos con paciencia, hasta que con gozo agradecido la temblorosa mano se aferre a la esperanza de redención por Cristo.

Debéis seguir interesándoos por aquellos a quienes queráis ayudar. De lo contrario, nunca alcanzaréis la victoria. Siempre los tentará el mal. Una y otra vez se sentirán casi vencidos por la sed de bebidas embriagantes; puede que caigan y vuelvan a caer; pero no cejéis por ello en vuestros esfuerzos.

Resolvieron hacer el esfuerzo de vivir para Cristo; pero debilitóse su fuerza de voluntad, y, por tanto, deben guardarlos cuidadosamente los que velan por las almas como quienes han de dar cuenta. Perdieron su dignidad humana, y la han de recuperar. Muchos han de luchar con potentes tendencias hereditarias al mal. Al nacer heredaron deseos contrarios a la naturaleza e impulsos sensuales, y hay que prevenirlos cuidadosamente contra ellos. Por dentro y por fuera, el bien y el mal porfían por la supremacía. Quienes no han pasado jamás por semejantes experiencias no pueden conocer la fuerza casi invencible de los apetitos ni lo recio del conflicto entre los hábitos de satisfacerlos y la resolución de ser templados en todo. Hay que volver a batallar repetidamente.

Muchos de los atraídos a Cristo carecerán de valor moral para proseguir la lucha contra los apetitos y pasiones. Pero el obrero no debe desalentarse por ello. ¿Recaen tan sólo los sacados de los profundos abismos?

Recordad que no trabajáis solos. Los ángeles comparten el servicio de los sinceros hijos de Dios. Y Cristo es el restaurador. El gran Médico se pone al lado de sus fieles obreros, diciendo al alma arrepentida: "Hijo, tus pecados te son perdonados". (Marcos 2:5.)

El Evangelio puede salvarlos

Muchos desechados se aferrarán a la esperanza que el Evangelio les ofrece, y entrarán en el reino de los cielos, mientras que otros que tuvieron hermosas oportunidades y mucha luz, pero no las aprovecharon, serán dejados en las tinieblas de afuera.

Las víctimas de los malos hábitos deben reconocer la necesidad del esfuerzo personal. Otros harán con empeño cuanto puedan para levantarlos, y la gracia de Dios les es ofrecida sin costo; Cristo podrá interceder, sus ángeles podrán intervenir; pero todo será en vano si ellos mismos no resuelven combatir por su parte.

Las últimas palabras de David a Salomón, joven a la sazón y a punto de ceñir la corona de Israel, fueron éstas: "Esfuérzate, y sé varón". (1 Reyes 2:2.) A todo hijo de la huma-nidad, candidato a inmortal corona, van dirigidas estas palabras inspiradas: "Esfuérzate, y sé varón".

A los que ceden a sus apetitos se les ha de inducir a ver y reconocer que necesitan renovarse moralmente si quieren ser hombres. Dios les manda despertarse y recuperar, por la fuerza de Cristo, la dignidad humana dada por Dios y sacrificada a la pecaminosa satisfacción de los apetitos.

Al sentir el terrible poder de la tentación y la fuerza arrebatadora del deseo que le arrastra a la caída, más de uno grita desesperado: "No puedo resistir al mal". Decidle que puede y que debe resistir. Bien puede haber sido vencido una y otra vez, pero no será siempre así. Carece de fuerza moral, y le dominan los hábitos de una vida de pecado. Sus promesas y resoluciones son como cuerdas de arena. El conocimiento de sus promesas quebrantadas y de sus votos malogrados le debilitan la confianza en su propia sinceridad, y le hacen creer que Dios no puede aceptarle ni cooperar con él, pero no tiene por qué desesperar.

Quienes confían en Cristo no han de ser esclavos de tendencias y hábitos hereditarios o adquiridos. En vez de quedar sujetos a la naturaleza inferior, han de dominar sus apetitos y pasiones. Dios no deja que peleemos contra el mal con nuestras fuerzas limitadas. Cualesquiera que sean las tendencias al mal, que hayamos heredado o cultivado, podemos vencerlas mediante la fuerza que Dios está pronto a darnos.

El poder de la voluntad

El tentado necesita comprender la verdadera fuerza de la voluntad. Ella es el poder gobernante en la naturaleza del hombre, la facultad de decidir y elegir. Todo depende de la acción correcta de la voluntad. El desear lo bueno y lo puro es justo; pero si no hacemos más que desear, de nada sirve. Muchos se arruinarán mientras esperan y desean vencer sus malas inclinaciones. No someten su voluntad a Dios. No escogen servirle.

Dios nos ha dado la facultad de elección; a nosotros nos toca ejercitarla. No podemos cambiar nuestros corazones ni dirigir nuestros pensamientos, impulsos y afectos. No podemos hacernos puros, propios para el servicio de Dios. Pero sí podemos escoger el servir a Dios; podemos entregarle nuestra voluntad, y entonces él obrará en nosotros el querer y el hacer según su buena voluntad. Así toda nuestra naturaleza se someterá a la dirección de Cristo.

Mediante el debido uso de la voluntad, cambiará enteramente la conducta. Al someter nuestra voluntad a Cristo, nos aliamos con el poder divino. Recibimos fuerza de lo alto para mantenernos firmes. Una vida pura y noble, de victoria sobre nuestros apetitos y pasiones, es posible para todo el que une su débil y vacilante voluntad a la omnipotente e invariable voluntad de Dios.

Los que luchan contra el poder de los apetitos deberían ser instruidos en los principios del sano vivir. Debe mostrárseles que la violación de las leyes que rigen la salud, al crear condiciones enfermizas y apetencias que no son naturales, echa los cimientos del hábito de la bebida. Sólo viviendo en obediencia a los principios de la salud pueden esperar verse libertados de la ardiente sed de estimulantes contrarios a la naturaleza. Mientras confían en la fuerza divina para romper las cadenas de los apetitos, han de cooperar con Dios obedeciendo a sus leyes morales y físicas.

A los que se esfuerzan por reformarse se les debe proporcionar ocupación. A nadie capaz de trabajar se le debe enseñar a esperar que recibirá comida, ropa y vivienda de balde. Para su propio bien, como para el de los demás, hay que idear algún medio que le permita devolver el equivalente de lo que recibe. Aliéntese todo esfuerzo hacia el sostenimiento propio, que fortalecerá el sentimiento de la dignidad personal y una noble independencia. Además, la ocupación de la mente y el cuerpo en algún trabajo útil es una salvaguardia esencial contra la tentación.

Desengaños y peligros

Los que trabajan en pro de los caídos encontrarán tristes desengaños en muchos que prometían reformarse. Muchos no realizarán más que un cambio superficial en sus hábitos y prácticas. Los mueve el impulso, y por algún tiempo parecen haberse reformado; pero su corazón no cambió verdaderamente. Siguen amándose egoístamente a sí mismos, teniendo la misma hambre de vanos placeres y deseando satisfacer sus apetitos. No saben lo que es la edificación del carácter, y no puede uno fiarse de ellos como de hombres de principios. Han embotado sus facultades mentales y espirituales cediendo a sus apetitos y pasiones, y esto los ha debilitado. Son volubles e inconstantes. Sus impulsos tienden a la sensualidad. Tales personas son a menudo una fuente de peligro para los demás. Considerados como hombres y mujeres regenerados, se les confían responsabilidades, y se los pone en situación de corromper a los inocentes con su influencia.

Aun aquellos que con sinceridad procuran reformarse no están exentos del peligro de la recaída. Necesitan que se les trate con gran sabiduría y ternura. La tendencia a adular y alabar a los que fueron rescatados de los más hondos abismos, prepara a veces su ruina. La práctica de invitar a hombres y mujeres a relatar en público lo experimentado en su vida de pecado abunda en peligros, tanto para los que hablan como para los oyentes. El espaciarse en escenas del mal corrompe la mente y el alma. Y la importancia concedida a los rescatados del vicio les es perjudicial. Algunos llegan a creer que su vida pecaminosa les ha dado cierta distinción. Así se fomenta en ellos la afición a la notoriedad y la confianza en sí mismos, con consecuencias fatales para el alma. Podrán permanecer firmes únicamente si desconfían de sí mismos y dependen de la gracia de Cristo.

A todos los que dan pruebas de verdadera conversión se les debe alentar a que trabajen por otros. Nadie rechace al alma que deja el servicio de Satanás por el servicio de Cristo. Cuando alguien da pruebas de que el Espíritu de Dios lucha con él, alentadle para que entre en el servicio del Señor. "Recibid a los unos en piedad, discerniendo". (Judas 22.) Los que son sabios en la sabiduría que viene de Dios verán almas necesitadas de ayuda, personas que se han arrepentido sinceramente,

pero que, si no se les alienta, no se atreverán a asirse de la esperanza. El Señor incitará al corazón de sus siervos a dar la bienvenida a estos temblorosos y arrepentidos, y a invitarles a la comunión de su amor. Cualesquiera que hayan sido los pecados que los asediaron antes, por muy bajo que hayan caído, si contritos acuden a Cristo, él los recibe. Dadles, pues, algo que hacer por él. Si desean procurar sacar a otros del abismo de muerte del que fueron rescatados ellos mismos, dadles oportunidad para ello. Asociadlos con creyentes experimentados, para que puedan ganar fuerza espiritual. Llenadles el corazón y las manos de trabajo para el Maestro.

Cuando la luz brille en el alma, algunos que parecían estar completamente entregados al pecado, se pondrán a trabajar con éxito en favor de pecadores tales como eran ellos. Por medio de la fe en Cristo, habrá quienes alcancen altos puestos de servicio, y se les encomendarán responsabilidades en la obra de salvar almas. Saben dónde reside su propia flaqueza, y se dan cuenta de la depravación de su naturaleza. Conocen la fuerza del pecado y el poder de un hábito vicioso. Comprenden que son incapaces de vencer sin la ayuda de Cristo, y su clamor continuo es: "A ti confío mi alma desvalida".

Estos pueden auxiliar a otros. Quien ha sido tentado y probado, cuya esperanza casi se desvaneció, pero fue salvado por haber oído el mensaje de amor, puede entender la ciencia de salvar almas. Aquel cuyo corazón esté lleno de amor por Cristo porque el Salvador le buscó y le devolvió al redil, sabe buscar al perdido.

Puede encaminar a los pecadores hacia el Cordero de Dios. Se ha entregado incondicionalmente a Dios, y ha sido aceptado en el Amado. La mano que el débil había alargado en demanda de auxilio fue asida. Por el ministerio de tales personas, muchos hijos pródigos volverán al Padre.

Para toda alma que lucha por elevarse de una vida de pecado a una vida de pureza, el gran elemento de pureza reside en el único "nombre debajo del cielo, dado a los hombres, en que podamos ser salvos". (Hechos 4:12.) "Si alguno tiene sed" de esperanza tranquila, de ser libertado de inclinaciones pecaminosas, Cristo dice: "Venga a mí, y beba". (Juan 7:37.) El único remedio contra el vicio es la gracia y el poder de Cristo.

De nada sirven las buenas resoluciones que uno toma confiado en su propia fuerza. No conseguirán todas las promesas del mundo quebrantar el poder de un hábito vicioso. Nunca podrán los hombres practicar la templanza en todo sino cuando la gracia divina renueve sus corazones. No podemos guardarnos del pecado ni por un solo momento. Siempre tenemos que depender de Dios.

La reforma verdadera empieza con la purificación del alma. La obra en pro de los caídos sólo conseguirá verdadero éxito cuando la gracia de Cristo reforme el carácter, y el alma se ponga en relación viva con Dios.

Cristo llevó una vida de perfecta obediencia a la ley de Dios, y así dio ejemplo a todo ser humano. La vida que él llevó en este mundo, tenemos que llevarla nosotros por medio de su poder y bajo su instrucción.

En la obra que desempeñamos por los caídos, han de quedar impresas en el espíritu y en el corazón las exigencias de la ley de Dios y la necesidad de serle leales. No dejéis nunca de manifestar que hay diferencia notable entre el que sirve a Dios y el que no le sirve. Dios es amor, pero no puede disculpar la violación voluntaria de sus mandamientos. Los decretos de su gobierno son tales que los hombres no pueden evitar las consecuencias de desobedecerlos. Dios sólo honra a los que le honran. El comportamiento del hombre en este mundo decide su destino eterno. Según haya sembrado, así segará. A la causa ha de seguir el efecto.

Sólo la obediencia perfecta puede satisfacer el ideal que Dios requiere. Dios no dejó indefinidas sus demandas. No prescribió nada que no sea necesario para poner al hombre en armonía con él. Hemos de enseñar a los pecadores el ideal de Dios en lo que respecta al carácter, y conducirlos a Cristo, cuya gracia es el único medio de alcanzar ese ideal.

El Salvador llevó sobre sí los achaques de la humanidad y vivió una vida sin pecado, para que los hombres no teman que la flaqueza de la naturaleza humana les impida vencer. Cristo vino para hacernos "participantes de la naturaleza divina", y su vida es una afirmación de que la humanidad, en combinación con la divinidad, no peca.

El Salvador venció para enseñar al hombre cómo puede él también vencer. Con la Palabra de Dios, Cristo rechazó las tentaciones de Satanás. Confiando en las promesas de Dios, recibió poder para obedecer sus mandamientos, y el tentador no obtuvo ventaja alguna. A cada tentación Cristo contestaba: "Escrito está". A nosotros también nos ha dado Dios su Palabra para que resistamos al mal. Grandísimas y preciosas son las promesas recibidas, para que seamos "hechos participantes de la naturaleza divina, habiendo huido de la corrupción que está en el mundo por concupiscencia". (2 Pedro 1:4.)

Encareced al tentado a que no mire a sus circunstancias, a su propia flaqueza, ni a la fuerza de la tentación, sino al poder de la Palabra de Dios, cuya fuerza es toda nuestra. "En mi corazón —dice el salmista— he guardado tus dichos, para no pecar contra ti". "Por la palabra de tus labios yo me he guardado de las vías del destructor". (Salmos 119:11; 17:4.)

Dirigid a la gente palabras de aliento; elevadla hasta Dios en oración. Muchos vencidos por la tentación se sienten humillados por sus caídas, y les parece inútil acercarse a Dios; pero este pensamiento es del enemigo. Cuando han pecado y se sienten incapaces de orar, decidles que es entonces cuando deben orar. Bien pueden estar avergonzados y profundamente humillados; pero cuando confiesen sus pecados, Aquel que es fiel y justo se los perdonará y los limpiará de toda iniquidad.

No hay nada al parecer tan débil, y no obstante tan invencible, como el alma que siente su insignificancia y confía por completo en los méritos del Salvador. Mediante la oración, el estudio de su Palabra y el creer que su presencia mora en el corazón, el más débil ser humano puede vincularse con el Cristo vivo, quien lo tendrá de la mano y nunca lo soltará.

Estas preciosas palabras puede hacerlas suyas toda alma que more en Cristo. Puede decir: "A Jehová esperaré, esperaré al Dios de mi salud: el Dios mío me oirá. Tú, enemiga mía, no te huelgues de mí: porque aunque caí, he de levantarme; aunque more en tinieblas, Jehová será mi luz... El tendrá misericordia de nosotros; él sujetará nuestras iniquidades, y echará en los profundos de la mar todos nuestros pecados". (Miqueas 7:7, 8, 19.) Dios ha prometido lo siguiente: "Haré más precioso que el oro fino al varón, y más que el oro de Ophir al hombre." (Isaías 13:12.) "Bien que fuisteis echados entre los tiestos, y seréis como las alas de la paloma cubierta de plata, y sus plumas con amarillez de oro". (Salmo 68:13.)

Aquellos a quienes Cristo más haya perdonado serán los que más le amarán. Estos son los que en el último día estarán más cerca de su trono.

"Y verán su cara; y su nombre estará en sus frentes". (Apocalipsis 22:4.)

Asistencia a los Desvalidos sin Trabajo ni Hogar

HAY hombres y mujeres de corazón generoso que consideran ansiosamente la condición de los pobres y el modo de aliviarlos. ¿Cómo asistir a los desvalidos sin trabajo ni hogar para que obtengan las bendiciones comunes de la providencia de Dios y para que lleven la vida que él dispuso que el hombre llevara?, es una pregunta a la que muchos procuran contestar. Pero no son muchos, aun entre los educadores y estadistas, los que comprenden las causas del estado actual de la sociedad. Los que llevan las riendas del gobierno son incapaces de resolver el problema de la miseria, del pauperismo y del incremento del crimen. En vano se esfuerzan para poner las operaciones comerciales sobre una base más segura.

Si los hombres se fijaran más en la enseñanza de la Palabra de Dios, encontrarían solución a esos problemas que los dejan perplejos. Mucho podría aprenderse del Antiguo Testamento respecto a la cuestión del trabajo y de la asistencia al pobre.

El plan de Dios para Israel

En el plan de Dios para Israel, cada familia tenía su propia casa en suficiente tierra de labranza. De este modo quedaban asegurados los medios y el incentivo para hacer posible una vida provechosa, laboriosa e independiente. Y ninguna especulación humana ha mejorado jamás semejante plan. Al hecho de que el mundo se apartó de él, se debe en gran parte la pobreza y la miseria que imperan hoy.

Al establecerse Israel en Canaán, la tierra fue repartida entre todo el pueblo, menos los levitas que, en calidad de ministros del santuario, quedaban exceptuados de la repartición. Las tribus fueron empadronadas por familias, y a cada familia, según el número de sus miembros, le fue concedida una heredad.

Y si bien era cierto que uno podía enajenar su posesión por algún tiempo, no podía, sin embargo, deshacerse definitivamente de ella en perjuicio de la herencia de sus hijos. En cuanto pudiese rescatar su hered, le era lícito hacerlo en cualquier momento. Las deudas eran perdonadas cada séptimo año, y cada cincuenta años, o sea en ocasión del jubileo, todas las fincas volvían a sus primitivos dueños.

"La tierra no se venderá rematadamente —mandó el Señor—, porque la tierra mía es; que vosotros peregrinos y extranjeros sois para conmigo. Por tanto, en toda la tierra de vuestra posesión otorgaréis redención a la tierra. Cuando tu hermano empobreciere, y vendiere algo de su posesión, vendrá el rescatador, su cercano, y rescatará lo que su hermano hubiere vendido. Y cuando el hombre... hallare lo que basta para su rescate,... volverá a su posesión. Mas si no alcanzare su mano lo que basta para que vuelva a él, lo que vendió estará en poder del que lo compró hasta el año del jubileo".

"Santificaréis el año cincuenta, y pregonaréis libertad en la tierra a todos sus moradores: éste os será jubileo; y volveréis a su posesión, y cada cual volverá a su familia". (Levítico 25:23-28, 10.)

De este modo cada familia quedaba segura de su posesión, y había una salvaguardia contra los extremos, tanto de la riqueza como de la pobreza.

La educación industrial

En Israel considerábase como un deber la educación industrial.Todo padre tenía obligación de enseñar a sus hijos algún oficio útil. Los mayores hombres de Israel fueron educados para desempeñar oficios. El conocimiento de las labores domésticas se consideraba indispensable para toda mujer. Y la destreza en el desempeño de estas tareas era honrosa para las mujeres de la clase más encumbrada.

En las escuelas de los profetas se enseñaban varios oficios, y muchos estudiantes se mantenían a sí mismos con su trabajo manual.

Consideración para con los pobres

Estas disposiciones, sin embargo, no acabaron por completo con la

pobreza. Tampoco era propósito de Dios que cesara toda pobreza. Esta es uno de los medios de que él dispone para el desarrollo del carácter. "Porque no faltarán menesterosos de en medio de la tierra; —dice Dios— por eso yo te mando, diciendo: Abrirás tu mano a tu hermano, a tu pobre, y a tu menesteroso en tu tierra". (Deuteronomio 15:11.)

"Cuando hubiere en ti menesteroso de alguno de tus hermanos en alguna de tus ciudades, en tu tierra que Jehová tu Dios te da, no endurecerás tu corazón, ni cerrarás tu mano a tu hermano pobre: mas abrirás a él tu mano liberalmente, y en efecto le prestarás lo que basta, lo que hubiere menester". (Vers. 7, 8.)

"Y cuando tu hermano empobreciere, y se acogiere a ti, tú lo ampararás: como peregrino y extranjero vivirá contigo". (Levítico 25:35.)

"Cuando segareis la mies de vuestra tierra, no acabarás de segar el rincón de tu haza, ni espigarás tu tierra segada". "Cuando segares tu mies en tu campo, y olvidares alguna gavilla en el campo, no volverás a tomarla... Cuando sacudieres tus olivas, no recorrerás las ramas tras ti... Cuando vendimiares tu viña, no rebuscarás tras ti: para el extranjero, para el huérfano, y para la viuda será". (Levítico 19:9; Deuteronomio 24:19-21.)

Nadie había de temer que su generosidad fuera para él causa de pobreza. La obediencia a los mandamientos de Dios traería seguramente consigo la prosperidad. "Por ello te bendecirá Jehová tu Dios en todos tus hechos, y en todo lo que pusieres mano". "Prestarás... a muchas gentes, mas tú no tomarás prestado; y enseñorearte has de muchas gentes, pero de ti no se enseñorearán". (Deuteronomio 15:10, 6.)

Principios que regían las transacciones

La Palabra de Dios no sanciona los métodos que enriquezcan a una clase mediante la opresión y las penurias impuestas a otra. Esta Palabra nos enseña que, en toda transacción comercial, debemos ponernos en el lugar de aquellos con quienes tratamos, mirar no sólo por nuestros intereses, sino también por los ajenos. El que se aprovecha del infortunio de otro para medrar o se vale de la flaqueza o la incompetencia de su prójimo, viola los principios y los preceptos de la Palabra de Dios.

"No torcerás el derecho del peregrino y del huérfano; ni tomarás por prenda la ropa de la viuda". "Cuando dieres a tu prójimo alguna cosa emprestada, no entrarás en su casa para tomarle prenda: fuera estarás, y el hombre a quien prestaste te sacará afuera la prenda. Y si fuere hombre pobre, no duermas con su prenda". "Si tomares en prenda el vestido de tu prójimo, a puestas del sol se lo volverás: porque sólo aquello es su cubierta,... en el que ha de dormir: y será que cuando él a mí clamare, yo entonces le oiré, porque soy misericordioso". "Cuando vendiereis algo a vuestro prójimo, o compraréis de mano de vuestro prójimo, no engañe ninguno a su hermano". (Deuteronomio 24:17, 10-12; Exodo 22:26, 27; Levítico 25:14.)

"No hagáis agravio en juicio, en medida de tierra, ni en peso, ni en otra medida". "No tendrás en tu bolsa pesa grande y pesa chica. No tendrás en tu casa epha grande y epha pequeño". "Balanzas justas, pesas justas, epha justo, e hin justo tendréis". (Levítico 19:35; Deuteronomio 25:13, 14; Levítico 19:36.)

"Al que te pidiere, dale; y al que quisiere tomar de ti prestado, no se lo rehúses". "El impío toma prestado, y no paga; mas el justo tiene misericordia, y da". (Mateo 5:42; Salmo 37:21.)

"Reúne consejo, haz juicio; pon tu sombra en medio del día como la noche: esconde los desterrados, no entregues a los que andan errantes. Moren contigo mis desterrados,... séles escondedero de la presencia del destruidor". (Isaías 16:3, 4.)

El plan de vida que Dios dio a Israel estaba destinado a ser una lección objetiva para toda la humanidad. Si estos principios fueran practicados hoy, ¡cuán diferente sería el mundo!

Dentro de los dilatados límites de la naturaleza hay todavía sitio para proporcionar morada al que sufre y al necesitado. En el seno de ella hay recursos suficientes para suministrarles alimento. Escondidas en las profundidades de la tierra, yacen bendiciones para todos aquellos que tienen ánimo, voluntad y perseverancia para acopiar sus tesoros.

El cultivo del suelo, ocupación que Dios asignó al hombre en el Edén, abre campo en que muchedumbres enteras pueden ganarse el sustento.

"Espera en Jehová, y haz bien; vivirás en la tierra, y en verdad serás alimentado". (Salmo 37:3.)

Miles y decenas de miles podrían labrar la tierra en vez de apiñarse en las ciudades, al acecho para obtener una pitanza. Y aun lo poco que ganan no lo gastan en pan, sino que va a parar a la gaveta del tabernero que les suministra el veneno que destruye alma y cuerpo.

Muchos consideran el trabajo como cosa penosa y procuran ganarse la vida con tretas y ardides antes que con un trabajo honrado. Este afán de vivir sin trabajar abre la puerta a la miseria, al vicio y al crimen.

En las grandes ciudades hay muchedumbres que reciben menos cuidado y consideración que los animales. Fijaos en las familias apiñadas en miserables viviendas, muchas de ellas sótanos oscuros, que trasudan humedad y desaseo. En esta miseria nacen, se crían y mueren los niños. Nada ven de las bellezas naturales que Dios creó para solaz de los sentidos y del alma. Harapientos y famélicos, viven en el vicio y en la depravación, amoldado su carácter conforme a la miseria y el pecado que los rodean. Estos niños sólo oyen el nombre de Dios en blasfemias. Manchan sus oídos palabras injuriosas, imprecaciones y obscenidades. Los vapores del alcohol y el humo del tabaco, hedores morbosos y degradación moral, pervierten sus sentidos. Y así muchísimos son preparados para desarrollarse en criminales, enemigos de la sociedad que los abandonó a la miseria y a la degradación.

Pero no todos los pobres de esos barrios son así. Hay hombres y mujeres temerosos de Dios, arrastrados a la extrema pobreza por la enfermedad y el infortunio, y muchas veces por las artimañas deshonestas de los que explotan a sus prójimos. Muchas personas honradas y bien intencionadas caen en la pobreza por falta de educación práctica. La ignorancia las inhabilita para luchar con las dificultades de la vida. Arrastradas a las ciudades, es frecuente que no puedan encontrar ocupación. Rodeadas de escenas y voces del vicio, vense expuestas a terribles tentaciones. Agrupadas y muy a menudo clasificadas con los viciosos y degradados, es únicamente mediante una lucha sobrehumana y un poder superior, como son guardadas de hundirse en las mismas profundidades. Muchos permanecen firmes en su integridad, prefiriendo sufrir más bien que pecar. Es especialmente esa clase de gente la que necesita ayuda, simpatía y aliento.

Si los pobres que atestan hoy las ciudades encontrasen casas en el campo, podrían no sólo ganarse la vida, sino recobrar la salud y gozar de la felicidad que ahora desconocen. Rudo trabajo, vida sencilla, estricta economía, y a menudo penalidades y privaciones, es lo que les tocaría, pero ¡qué bendición sería para ellos dejar la ciudad, con sus solicitaciones al mal, sus alborotos y sus crímenes, su miseria e impureza, para saborear la tranquilidad, paz y pureza del campo!

Si a muchos de los que viven en las ciudades y que no tienen ni un metro cuadrado de hierba que pisar, y que año tras año no han mirado más que patios sucios y estrechos callejones, paredes de ladrillo, y pavimentos, y un cielo nublado de polvo y humo, se les llevara a algún distrito rural, en medio de campos verdes, de bosques, collados y arroyos, bajo un cielo claro y con aire fresco y puro, casi les parecería estar en el paraíso.

Apartados así del contacto de los hombres y de la dependencia de ellos, y alejados de los ejemplos, las costumbres y el bullicio corruptores del mundo, se acercarían más y más al corazón de la naturaleza. La presencia de Dios sería para ellos cada vez más real. Muchos aprenderían a depender de él. Por medio de la naturaleza oirían la voz de Dios hablar de paz y amor a su corazón, y su mente, alma y cuerpo corresponderían al poder reconstituyente y vivificador.

Para llegar a ser diligentes e independientes, muchos necesitarán asistencia, aliento e instrucción. Hay un sinnúmero de familias pobres en cuyo beneficio no podría hacerse mejor obra misionera que la de ayudarlas a establecerse en el campo y enseñarles cómo obtener sustento del cultivo de la tierra.

La necesidad de tal ayuda e instrucción no queda circunscrita a las ciudades. Aun en el campo, a pesar de las posibilidades que hay allí para vivir mejor, hay pobres muy necesitados. Hay comunidades faltas de educación industrial y de higiene. Hay familias que viven en chozas, con pocos muebles y escasa ropa, sin herramientas ni libros, ni comodidad alguna, ni medios de cultura. Se notan almas embrutecidas, cuerpos debilitados y deformes, resultado patente de la herencia y de los malos hábitos. A esta gente se la ha de educar desde el mismo fundamento. Vivió en la imprevisión, ocio y corrupción y necesita que se le enseñe hábitos correctos.

¿Cómo puede hacérsele sentir la necesidad de mejorar? ¿Cómo se la encaminará hacia un ideal de vida más elevado? ¿Cómo ayudarle a levantarse? ¿Qué cabe hacer donde prevalece la pobreza y hay que luchar con ella a cada paso? No es ciertamente tarea fácil. Una reforma tan necesaria no puede realizarse a menos que hombres y mujeres tengan la ayuda de un poder externo. Es propósito de Dios que ricos y pobres vivan unidos por lazos de simpatía y de ayuda mutua. Los que disponen de recursos, de talentos y capacidades deben emplearlos en provecho de sus semejantes.

Los agricultores cristianos pueden desempeñar una misión verdadera ayudando a los pobres a encontrar casa en el campo y enseñándoles a labrar la tierra y a hacerla productiva. Pueden enseñarles también el uso de los aperos de labranza, los diferentes cultivos, la formación y el cuidado de los huertos.

Entre los que labran el suelo son muchos los que, por descuido no obtienen rendimiento adecuado. Sus huertos no están debidamente atendidos, las siembras no se hacen a tiempo y el cultivo es superficial. Los tales achacan su fracaso a la esterilidad del suelo. A menudo se miente al condenar un suelo que, bien labrado, hubiera dado abundante rendimiento. Los planes mezquinos, el poco esfuerzo hecho, el escaso estudio dedicado a los mejores métodos, piden a gritos una reforma.

Enséñense los métodos apropiados a quienes quieran aprender. Si algunos no quieren oíros hablarles de ideas progresistas aleccionadlos silenciosamente con el ejemplo. Mantened cultivada vuestra propia tierra. Decid a vuestros vecinos una que otra palabra en momento oportuno, y dejad que vuestras cosechas hablen con elocuencia en favor de los métodos correctos. Demostrad lo que se puede obtener de la tierra cuando se la trabaja debidamente.

Hay que prestar atención a la implantación de diversas industrias que puedan dar empleo a familias pobres. Carpinteros, herreros y, en una palabra, todo el que entienda de algún oficio, deben sentirse moralmente obligados a enseñar y ayudar a los ignorantes y desocupados.

En el servicio y asistencia de los pobres, hay ancho campo para la actividad de mujeres y hombres. Se necesita la ayuda de la cocinera entendida, de la mujer experimentada en el gobierno de la casa, de la costurera, de la enfermera. Enséñese a las mujeres de familias pobres a guisar, a hacerse su propia ropa y a remendarla, a cuidar a los enfermos y atender debidamente a sus casas. Enséñeseles a los muchachos y a las jóvenes algún oficio o trabajo útil.

Familias misioneras

Necesítanse familias de misioneros que vayan a establecerse en regiones desoladas. Vayan a ocupar regiones desatendidas buenos agricultores, hombres de finanzas, constructores y personas aptas en las varias artes y oficios, para mejorar las condiciones de aquellas tierras, implantar industrias, prepararse humildes viviendas y ayudar a sus vecinos.

Dios ha hecho atractivos los lugares más ásperos de la naturaleza y los más desiertos, dotándolos de bellezas en medio de las cosas repulsivas. Así también debemos obrar. Aun los desiertos de la tierra, cuyo aspecto es

poco halagüeño, pueden transformarse en jardín de Dios.

"Y en aquel tiempo los sordos oirán las palabras del libro, y los ojos de los ciegos verán en medio de la oscuridad y de las tinieblas. Entonces los humildes crecerán en alegría en Jehová, y los pobres de los hombres se gozarán en el Santo de Israel". (Isaías 29:18, 19.)

Muchas veces, mediante la instrucción en las cosas prácticas, podemos prestar a los pobres eficacísima ayuda. Por regla general, los que no han aprendido a trabajar no tienen hábitos de diligencia, perseverancia, economía y generosidad. No saben cómo componérselas. A menudo, por falta de atención y de sano juicio, derrochan lo que bastaría para mantener a sus familias con decencia y comodidad si lo aprovecharan con cuidado y economía. "En el barbecho de los pobres hay mucho pan: mas piérdese por falta de juicio". (Proverbios 13:23.)

Podemos socorrer perjudicialmente a los pobres si les enseñamos a depender de los demás, pues la limosna fomenta el egoísmo y la incapacidad, y suele llevar a la pereza, a la prodigalidad y a la intemperancia. Nadie que pueda ganarse el sustento tiene derecho a depender de los demás. El refrán: "El mundo me debe el sustento", encierra la esencia de la falsedad, del fraude y del robo. El mundo no debe el sustento a nadie que pueda trabajar y ganárselo por sí mismo.

La verdadera caridad ayuda a los hombres a ayudarse a sí mismos. Si llega alguien a nuestra puerta y nos pide de comer, no debemos despedirlo hambriento; su pobreza puede ser resultado del infortunio. Pero la verdadera beneficencia es algo más que mera limosna. Entraña también verdadero interés por el bienestar de los demás. Debemos tratar de comprender las necesidades de los pobres y angustiados, y darles la asistencia que mejor los beneficiará. Prestar atención, tiempo y esfuerzos personales cuesta mucho más que dar dinero, pero es verdadera caridad.

Aquellos a quienes se enseñe a ganar lo que reciben aprenderán también a sacar mayor provecho de ello. Y al aprender a depender de sí mismos, adquirirán algo que les permitirá y los capacitará para ayudar a otros. Enséñese la importancia de las obligaciones de la vida a los que malgastan sus oportunidades. Enséñeseles que la religión de la Biblia no forma holgazanes. Cristo exhortaba siempre a la diligencia. "¿Por qué estáis aquí todo el día ociosos?" decía a los indolentes. "Conviéneme obrar... entre tanto que el día dura: la noche viene, cuando nadie puede obrar". (Mateo 20:6; Juan 9:4.)

Todos tienen ocasión de dar algo al mundo por medio de su vida familiar, sus costumbres, sus prácticas y el orden por el que se rigen, como evidencia de lo que se puede hacer el Evangelio por los que le obedecen. Cristo vino a nuestro mundo para darnos ejemplo de lo que podemos llegar a ser. El espera de quienes le siguen que sean modelos de corrección en todas las circunstancias de la vida. Desea que el toque divino se vea en las cosas exteriores.

Nuestras casas y todo lo que nos rodea deben ser lecciones objetivas de mejoramiento para que la laboriosidad, el aseo, el gusto y el refina-miento sustituyan la pereza, el desaseo, la tosquedad y el desorden. Por nuestra vida y nuestro ejemplo podemos ayudar a otros a distinguir lo que es repulsivo en su carácter o en el medio en que viven, y con cortesía cristiana podemos alentarlos a mejorar. Al manifestarles nuestro interés, encontraremos oportunidad para enseñarles a dar el mejor empleo a sus energías.

Esperanza y valor

Nada podemos hacer sin valor ni perseverancia. Decid palabras de esperanza y de ánimo a los pobres y a los desalentados. Si es necesario, dadles pruebas tangibles de vuestro interés, ayudándoles cuando pasan algún apuro. Quienes gozan de muchas ventajas deben tener presente que ellos mismos todavía yerran en muchas cosas, y les duele que se les señale sus propios yerros y se les presente un hermoso modelo de lo que debieran ser. Recordad que la bondad puede más que la censura. Al procurar enseñar a otros, hacedles ver que deseáis que alcancen el nivel más elevado y queréis ayudarles. Si en algo tropiezan, no os apresuréis a condenarlos.

Las lecciones esenciales de sencillez, desprendimiento y economía que los pobres deben aprender, les resultan a veces enojosas. El ejemplo y espíritu del mundo despiertan y fomentan continuamente el orgullo, el amor de la ostentación, la sensualidad, la prodigalidad y la pereza. Estos males llevan a miles a la miseria, e impiden a otros miles que salgan de la degradación y la desdicha. Tócales a los cristianos alentar a los pobres a resistir estas influencias.

Jesús vino a este mundo en humildad. Era de familia pobre. La Majestad de los cielos, el Rey de gloria, el Jefe de las huestes angélicas, se rebajó hasta aceptar la humanidad y escogió una vida de pobreza y humillación. No tuvo oportunidades que no tengan los pobres. El trabajo rudo, las penurias y privaciones eran parte de su suerte diaria. "Las zorras tienen cuevas —decía—, y las aves de los cielos nidos; mas el Hijo del hombre no tiene donde recline la cabeza". (Lucas 9:58.)

El ejemplo de Jesús

Jesús no buscó la admiración ni los aplausos de los hombres. No mandó ejército alguno. No gobernó reino terrenal alguno. No corrió tras los favores de los ricos y de aquellos a quienes el mundo honra. No procuró figurar entre los caudillos de la nación. Vivió entre la gente humilde. No tuvo en cuenta las distinciones artificiosas de la sociedad. Desdeñó la aristocracia de nacimiento, fortuna, talento, instrucción y categoría social.

Era el Príncipe de los cielos, y, sin embargo, no escogió a sus discípulos de entre los sabios jurisconsultos, los gobernantes, los escribas o los fariseos. A todos éstos los pasó por alto porque se enorgullecían de su saber y su posición social. Estaban encastillados en sus tradiciones y supersticiones. Aquel que podía leer en todos los corazones eligió a unos humildes pescadores que se prestaban a ser enseñados. Comía con publicanos y pecadores, y andaba entre la plebe, no para rebajarse y hacerse rastrero

con ella, sino para enseñarle sanos principios por medio de preceptos y ejemplo, y para elevarla por encima de su mundanalidad y vileza.

Jesús procuró corregir el criterio falso con que el mundo estima el valor de los hombres. Se puso de parte de los pobres, para poder borrar de la pobreza el estigma que el mundo había echado sobre ella. La limpió para siempre del oprobio al bendecir a los pobres, herederos del reino de Dios. Nos invita a seguir sus huellas, diciendo: "Si alguno quiere venir en pos de mí, niéguese a sí mismo, y tome su cruz cada día, y sígame". (Vers. 23.)

Los obreros de Cristo deben ir al encuentro del pueblo y educarle, no en el orgullo, sino en la formación del carácter. Deben enseñarle cómo trabajó Cristo y cómo se sacrificó. Hay que ayudar a la gente a que aprenda de Cristo lecciones de abnegación y sacrificio. Hay que enseñarle a guardarse de conformarse excesivamente con lo que está de moda. La vida es por demás valiosa, por demás llena de responsabilidades solemnes y sagradas, para malgastarla en placeres.

Las mejores cosas de la vida

Hombres y mujeres están apenas empezando a comprender el verdadero objeto de la vida. Les atrae el brillo y la apariencia. Ambicionan un puesto eminente en el mundo. Y a esto sacrifican los verdaderos fines de la vida. Las mejores cosas de la vida: la sencillez, la honradez, la veracidad, la pureza, la integridad, no pueden comprarse ni venderse. Tan gratuitas son para el ignorante como para el educado, para el humilde labriego como para el estadista cargado de honores. Para todos ha provisto Dios un deleite de que pueden gozar igualmente ricos y pobres: el deparado por el cultivo de la pureza de pensamiento y el trabajo abnegado, el deleite que se experimenta al pronunciar palabras de simpatía y al realizar actos de bondad. Quienes prestan semejante servicio irradian la luz de Cristo, para iluminar vidas entenebrecidas por muchas sombras.

Al asistir a los pobres en cosas temporales, tened siempre presente sus necesidades espirituales. Atestigüe vuestra vida el poder custodio del Salvador. Revele vuestro carácter el alto nivel que todos pueden alcanzar. Enseñad el Evangelio en sencillas lecciones objetivas. Sea todo lo que hagáis una lección acerca de cómo se forma el carácter.

En el humilde círculo del trabajo, los muy débiles, los más oscuros, pueden obrar con Dios y tener el consuelo de su presencia y su gracia sustentadora. No han de agobiarse por perplejidades y cuidados inútiles. Trabajen de día en día, llevando fielmente a cabo la tarea que la providencia de Dios les señala, y él cuidará de ellos, pues dice:

"Por nada estéis afanosos; sino sean notorias vuestras peticiones delante de Dios en toda oración y ruego, con hacimiento de gracias. Y la paz de Dios, que sobrepuja todo entendimiento guardará vuestros corazones y vuestros entendimientos en Cristo". (Filipenses 4:6, 7.)

El cuidado del Señor se extiende a todas sus criaturas. El ama a todos y no hace acepción de personas, si bien mira con la más tierna compasión a los que llevan las cargas más pesadas de la vida. Los hijos de Dios han de soportar pruebas y dificultades. Pero deben aceptar su suerte con espíritu animoso, teniendo presente que por todo aquello que el mundo les niega, Dios los resarcirá colmándolos de sus más preciosos favores. Cuando nos encontramos en situaciones difíciles, Dios manifiesta su poder y sabiduría en respuesta a la humilde oración. Confiad en él, porque oye y atiende las oraciones. Se manifestará a vosotros como Aquel que puede asistir en cualquier emergencia. El que creó al hombre y le dio sus maravillosas facultades físicas, mentales y espirituales, no le negará lo necesario para sostener la vida que le dio. El que nos dio su Palabra, hojas del árbol de la vida, no nos negará el conocimiento que necesitamos para alimentar a sus hijos menesterosos.

¿Cómo puede obtener sabiduría el que dirige el arado y conduce los bueyes? Buscándola como plata y como tesoro escondido. "Porque su Dios le instruye, y le enseña a juicio... También esto salió de Jehová de los ejércitos, para hacer maravilloso el consejo y engrandecer la sabiduría". (Isaías 28:26, 29.)

El que enseñó a Adán y Eva en el Edén a cuidar del huerto desea instruir hoy a los hombres. Hay sabiduría para quien maneja el arado y siembra ia semilla. Dios abrirá caminos a los que confían en él y le obedecen. Sigan adelante con valor, confiando en Aquel que les satisface las necesidades conforme a la riqueza de su bondad.

El que dio de comer a la muchedumbre con cinco panes y dos pececillos puede darnos hoy el fruto de nuestro trabajo. El que dijo a los pescadores de Galilea: "Echad vuestras redes para pescar", y que, al obedecer ellos, las llenó hasta que se rompían, desea que su pueblo vea en ello una prueba de lo que él quiere hacer por ellos hoy. Aún vive y reina el Dios que dio a los hijos de Israel en el desierto el maná del cielo. El guiará a su pueblo, y le dará destreza y entendimiento para la obra que está llamado a realizar. Dará sabiduría a los que luchan por cumplir consciente e inteligentemente con su deber. El Dueño del mundo es rico en recursos, y bendecirá a todo aquel que procure beneficiar a los demás.

Necesitamos mirar al cielo con fe. No deberíamos desalentarnos por aparentes fracasos y dilaciones. Debemos trabajar animosos, llenos de esperanza, agradecidos, con la certidumbre de que la tierra encierra en su seno ricos tesoros para que los almacene el obrero fiel, reservas más preciosas que el oro o la plata. Los montes y collados se alteran; la tierra envejece como un vestido; pero nunca faltará la bendición de Dios, que aderezá para su pueblo mesa en el desierto.

El Pobre Desvalido

HECHO ya todo lo que puede hacerse para ayudar al pobre a satisfacer sus necesidades, quedan aún las viudas y los huérfanos, los ancianos, los desvalidos y los enfermos, quienes requieren también simpatía y cuidados. No hay que desatenderlos jamás. Dios los encomienda a la misericordia, al amor y al tierno cuidado de todos los que él ha establecido por sus mayordomos.

La familia de la fe

"Así pues, según tengamos oportunidad, obremos lo que es bueno para con todos, y mayormente para con los que son de la familia de la fe". (Gálatas 6:10, V.M.)

En un sentido especial, Cristo ha confiado a su iglesia el deber de atender a los miembros necesitados. Permite que sus pobres se encuentren en el seno de cada iglesia. Siempre han de estar con nosotros, y Cristo encarga a los miembros de la iglesia una responsabilidad personal en lo que respecta a cuidar de ellos.

Así como los miembros de una familia fiel cuidan unos de otros, atendiendo a los enfermos, soportando a los débiles, enseñando a los que no saben, educando a los inexpertos, así también los de "la familia de la fe" han de cuidar de sus necesitados y desvalidos. De ninguna manera han de desentenderse de ellos.

Las viudas y los huérfanos son objeto especial del cuidado del Señor.

"Padre de huérfanos y defensor de viudas es Dios en la morada de su santuario". (Salmo 68:5) "Tu marido es tu Hacedor; Jehová de los ejércitos es su nombre: y tu redentor, el Santo de Israel; Dios de toda la tierra será llamado". (Isaías 54:5.) "Deja tus huérfanos, yo los criaré; y en mí se confiarán tus viudas". (Jeremías 49:11.)

Más de un padre, al tener que separarse de sus queridos, ha podido morir tranquilo, confiando en las promesas de Dios, de que él cuidaría de ellos. El Señor atiende a la viuda y a los huérfanos, no mediante un milagro, como el envío del maná del cielo, ni por cuervos que les lleven de comer; sino por medio de un milagro realizado en corazones humanos, al desalojar de éstos el egoísmo y abrir las fuentes del amor cristiano. A los afligidos e indigentes los encomienda a sus discípulos como encargo precioso. Tienen el mayor derecho a nuestra simpatía.

En las casas bien provistas de comodidades, en los graneros llenos de las abundantes cosechas del campo, en los almacenes bien surtidos de paño y tela, y en las arcas rellenas de oro y plata, Dios suministró recursos para el sostén de estos necesitados. Nos invita a que seamos canales de su munificencia.

Más de una madre viuda con huerfanitos bajo su responsabilidad lucha valerosamente para llevar su doble carga, muchas veces trabajando más allá de sus fuerzas para retener consigo a sus hijos y satisfacer sus necesidades. Poco tiempo le queda para instruirlos y prepararlos, y pocas facilidades tiene para rodearlos de influencias que iluminarían sus vidas. Necesita, por tanto, aliento, simpatía y ayuda positiva.

Dios nos invita a suplir en lo posible la falta de padre impuesta a estos niños. En vez de retraeros de ellos, lamentando sus defectos y las molestias que pueden causar, ayudadles en todo lo que podáis. Procurad aliviar a la madre agobiada. Aligeradle la carga.

Hay además un sinnúmero de niños privados por completo de la dirección de sus padres y de la influencia suavizadora de un hogar cristiano. Abran los cristianos sus corazones y sus casas para recibir a estos desamparados. La tarea que Dios ha encomendado a cada uno en particular no deben transferirla a una institución de beneficencia ni abandonarla a la cari-

dad mundana. Si los niños no tienen parientes que puedan atenderlos, encárguese la iglesia de encontrarles casa que los reciba. El que nos hizo dispuso que viviéramos asociados en familias, y la naturaleza del niño se desarrollará mejor en la atmósfera de amor de un hogar cristiano.

Muchos que no tienen hijos, harían una buena obra si se encargaran de los hijos de otros. En vez de cuidar de animalitos y dedicarles nuestros afectos, atendamos más bien a los pequeñuelos, cuyo carácter puede formarse según la imagen divina. Demos nuestro amor a los miembros desamparados de la familia humana. Veamos a cuántos de estos niños podemos educar en la disciplina y la amonestación del Señor. Muchos son los que al obrar así recibirían gran beneficio ellos mismos.

Los ancianos

Los ancianos necesitan también sentir la benéfica influencia de la familia. En el hogar de hermanos y hermanas en Cristo es donde mejor puede mitigarse la pérdida de los suyos. Si se les anima a tomar parte en los intereses y ocupaciones de la casa, se les ayudará a sentir que aún conservan su utilidad. Hacedles sentir que se aprecia su ayuda, que aún les queda algo que hacer en cuanto a servir a los demás, y esto les alegrará el corazón e infundirá interés a su vida.

En cuanto sea posible, haced que permanezcan entre amigos y asociaciones familiares aquellos cuyas canas y pasos vacilantes muestran que van acercándose a la tumba. Unanse en los cultos con quienes han conocido y amado. Sean atendidos por manos amorosas y tiernas.

Siempre que sea posible, debe ser privilegio de los miembros de cada familia atender a los suyos. Cuando esto no puede hacerse, tócale a la iglesia hacerlo, y ella debe considerarlo como privilegio y obligación. Todo el que tiene el espíritu de Cristo mirará con ternura a los débiles y los ancianos.

La presencia en nuestras casas de uno de estos desamparados es una preciosa oportunidad para cooperar con Cristo en su ministerio de gracia y para desarrollar rasgos de carácter como los suyos. Hay bendición en la asociación de ancianos y jóvenes. Estos últimos pueden llevar rayos de sol al corazón y la vida de los ancianos. Quienes van desprendiéndose de la vida necesitan del beneficio resultante del trato con la juventud llena de esperanza y ánimo. Los jóvenes también pueden obtener ayuda de la sabiduría y la experiencia de los ancianos. Más que nada necesitan aprender a servir con abnegación. La presencia de alguien que necesita simpatía, longanimidad y amor abnegado será de inestimable bendición para más de una familia. Suavizará y pulirá la vida del hogar, y sacará a relucir en viejos y jóvenes las gracias cristianas que los revestirán de divina belleza y los enriquecerán con tesoros imperecederos del cielo.

"Siempre tendréis los pobres con vosotros —dijo Cristo—, y cuando quisiereis les podréis hacer bien". (Marcos 14:7.) "La religión pura y sin mácula delante de Dios y Padre es esta: Visitar los huérfanos y las viudas en sus tribulaciones, y guardarse sin mancha de este mundo". (Santiago 1:27.)

Al poner entre ellos a los desamparados y a los pobres, para que dependan de su cuidado, Cristo prueba a los que dicen ser sus discípulos. Por nuestro amor y servicio en pro de sus hijos necesitados revelamos lo verdadero de nuestro amor a él. Desatenderlos equivale a declararnos falsos discípulos, extraños a Cristo y a su amor.

Aunque se hiciera todo lo posible para proporcionar hogar a los huérfanos, quedarían aún muchos por atender. Muchos de ellos han heredado propensiones al mal. Prometen poco, no son atractivos, sino perversos; pero los compró la sangre de Cristo, y para él son tan preciosos como nuestros hijitos. De no serles tendida una mano de auxilio, crecerán en la ignorancia y los arrastrarán el vicio y el crimen. Muchos de estos niños podrían ser librados de estos peligros mediante la obra de asilos de huérfanos.

Estas instituciones, para ser eficaces, deberían estar organizadas, en todo lo posible, según el modelo de un hogar cristiano. En vez de grandes establecimientos que amparen a gran número de niños, deberían ser más bien pequeñas instituciones colocadas en varios puntos. En vez de encontrarse dentro o cerca de alguna gran ciudad, convendría que estuvieran en el campo, donde pueden adquirirse tierras de cultivo, y donde los niños podrían entrar en contacto con la naturaleza y tener los beneficios de una educación industrial.

Los encargados de semejante hogar deberían ser hombres y mujeres de gran corazón, de cultura y de abnegación; hombres y mujeres que emprendieran la obra por amor a Cristo y que educaran a los niños para él. Bajo un cuidado tal, muchos niños sin familia y desamparados podrían prepararse para ser miembros útiles de la sociedad, para honrar a Cristo y ayudar a su vez a otros.

Muchos desprecian la economía, confundiéndola con la tacañería y mezquindad. Pero la economía se aviene perfectamente con la más amplia liberalidad. Efectivamente, sin economía no puede haber verdadera liberalidad. Hemos de ahorrar para poder dar.

Nadie puede practicar la verdadera benevolencia sin sacrificio. Sólo mediante una vida sencilla, abnegada y de estricta economía podemos llevar a cabo la obra que nos ha sido señalada como a representantes de Cristo. El orgullo y la ambición mundana deben ser desalojados de nuestro corazón. En todo nuestro trabajo ha de cumplirse el principio de abnegación manifestado en la vida de Cristo. En las paredes de nuestras casas, en los cuadros, en los muebles, tenemos que leer esta inscripción: "A los pobres que no tienen hogar acoge en tu casa". En nuestros roperos tenemos que ver escritas, como con el dedo de Dios, estas palabras: "Viste al desnudo". En el comedor, en la mesa cargada de abundantes manjares, deberíamos ver trazada esta inscripción: "Comparte tu pan con el hambriento".

Se nos ofrecen miles de medios de ser útiles. Nos quejamos muchas veces de que los recursos disponibles son escasos; pero si los cristianos tomaran las cosas más en serio, podrían multiplicar mil veces esos recursos. El egoísmo y la concupiscencia nos impiden ser más útiles.

¡Cuánto no se gasta en cosas que son meros ídolos, cosas que embargan la mente, el tiempo y la energía que deberían dedicarse a usos más nobles! ¡Cuánto dinero se derrocha en casas y muebles lujosos, en placeres egoístas, en manjares costosos y malsanos, en perniciosos antojos! ¡Cuánto se malgasta en regalos que no aprovechan a nadie! En cosas superfluas y muchas veces perjudiciales gastan los cristianos de profesión mucho más de lo que gastan en el intento de arrebatar almas de las garras del tentador.

Muchos cristianos de profesión gastan tanto en su vestimenta que nada les queda para las necesidades ajenas. Se figuran que han de lucir adornos y prendas de mucho valor, sin pensar en las necesidades de los que apenas pueden proporcionarse la ropa más modesta.

Hermanas mías, si conformáis vuestro modo de vestir con las reglas de la Biblia dispondréis de abundantes recursos con que auxiliar a vuestras hermanas pobres. Dispondréis no sólo de recursos, sino de tiempo, que muchas veces es lo que más se necesita. Son muchas las personas a quienes podríais ayudar con vuestros consejos, vuestro tacto y vuestra habilidad. Mostradles cómo se puede vestir sencillamente y, no obstante, con buen gusto. ¡Cuántas mujeres no van a la casa de Dios porque sus vestidos no les sientan bien y contrastan deplorablemente con los de las demás! Muchas de estas personas son quisquillosas al respecto y albergan sentimientos de amarga humillación e injusticia a causa de este contraste.

Y por ello, muchas dudan de la realidad de la religión y endurecen sus corazones contra el Evangelio.

Cristo nos manda: "Recoged los pedazos que han quedado, porque no se pierda nada". (Juan 6:12.) Mientras que cada día millares perecen de hambre, en matanzas, incendios y epidemias, incumbe a todo aquel que ama a sus semejantes procurar que nada sea desperdiciado, que no se gaste sin necesidad nada de lo que puede aprovechar a algún ser humano.

"Dad, y se os dará"

Malgastar el tiempo y despreciar nuestra inteligencia resulta pecaminoso. Perdemos todo momento que dedicamos a nuestros intereses egoístas. Si supiéramos apreciar cada momento y dedicarlo a cosas buenas, tendríamos tiempo para hacer todo lo que necesitamos hacer para nosotros mismos o para los demás. Al desembolsar dinero, al hacer uso del tiempo, de las fuerzas y oportunidades, mire todo cristiano a Dios y pídale que le dirija. "Si alguno de vosotros tiene falta de sabiduría, demándela a Dios, el cual da a todos abundantemente, y no zahiere, y le será dada". (Santiago 1:5.)

"Haced bien, y prestad, no esperando de ello nada; y será vuestro galardón grande, y seréis hijos del Altísimo: porque él es benigno para con los ingratos y malos". (Lucas 6:35.)

"El que aparta sus ojos, tendrá muchas maldiciones" ; pero "el que da al pobre, no tendrá pobreza". (Proverbios 28:27.)

"Dad, y se os dará; medida buena, apretada, remecida, y rebosando darán en vuestro seno". (Lucas 6:38.)

Ministerio entre los Ricos

CORNELIO el centurión romano, era rico y de noble estirpe. Desempeñaba un puesto de confianza y honor. Pagano de origen, así como por su educación y cultura, había adquirido por su trato con los judíos, un conocimiento del verdadero Dios, a quien adoraba desde entonces, demostrando la sinceridad de su fe por la compasión que tenía de los pobres. "Hacía muchas limosnas al pueblo, y oraba a Dios siempre". (Hechos 10:2.)

Cornelio no conocía el Evangelio tal como había sido revelado en la vida y muerte de Cristo, y Dios le envió un mensaje directo del cielo, y por medio de otro mensaje mandó al apóstol Pedro para que fuera a verlo y a instruirlo. Cornelio no se había unido con la congregación judaica, y hubiera sido considerado por los rabinos como pagano e impuro; pero Dios veía la sinceridad de su corazón, y desde su trono envió mensajeros para que se unieran con su siervo en la tierra y enseñaran el Evangelio a este oficial romano.

Así busca Dios hoy también almas entre las clases altas como entre las bajas. Hay muchos como Cornelio, a quienes Dios desea poner en relación con su iglesia. Las simpatías de estos hombres están por el pueblo del Señor. Pero los lazos que los unen con el mundo los tienen fuertemente sujetos. Necesitan estos hombres valor moral para juntarse con las clases bajas. Hay que hacer esfuerzos especiales por estas almas que se encuentran en tan gran peligro a causa de sus responsabilidades y relaciones.

Mucho se ha dicho respecto a nuestro deber para con los pobres desatendidos; ¿no debe dedicarse alguna atención a los ricos desatendidos? Muchos no ven promesa en ellos, y poco hacen para abrir los ojos de los que, cegados y deslumbrados por el brillo de la gloria terrenal, no piensan en la eternidad. Miles de ricos han descendido al sepulcro sin que nadie los previniera. Pero por muy indiferentes que parezcan, muchos de ellos andan con el alma cargada. "El que ama el dinero no se hartará de dinero; y el que ama el mucho tener, no sacará fruto". (Eclesiastés 5:10.) El que dice al oro fino: "Mi confianza eres tú", ha "negado al Dios soberano". (Job 31:24, 28.) "Ninguno de ellos podrá en manera alguna redimir al hermano, ni dar a Dios su rescate. (Porque la redención de su vida es de gran precio, y no se hará jamás.)" (Salmo 49:7, 8.)

Las riquezas y los honores del mundo no pueden satisfacer al alma. Muchos ricos ansían alguna seguridad divina, alguna esperanza espiritual. Muchos anhelan algo que ponga fin a la monotonía de su vida estéril. Muchos funcionarios públicos sienten necesidad de algo que no tienen. Pocos de ellos asisten a la iglesia, pues consideran que no obtienen gran provecho. La enseñanza que allí oyen no conmueve su corazón. ¿No les dirigiremos algún llamamiento personal?

Entre las víctimas de la necesidad y del pecado se encuentran personas que en otro tiempo eran acaudaladas. Individuos de diversas carreras y condiciones quedaron dominados por las contaminaciones del mundo, por el consumo de bebidas alcohólicas, por la concupiscencia, y han sucumbido a la tentación. Si bien estos caídos necesitan compasión y asistencia, ¿no se ha de prestar alguna atención a los que todavía no se han abismado, pero que ya ponen el pie en la misma senda?

Miles de personas que desempeñan puestos de confianza y honor se entregan a hábitos que envuelven la ruina del alma y del cuerpo. Hay ministros del Evangelio, estadistas, literatos, hombres de fortuna y de talento, hombres de capacidad para vastas empresas y para cosas útiles, que están en peligro mortal porque no ven la necesidad de dominarse en todo. Hay que llamarles la atención respecto de los principios de la templanza, no de un modo dogmático, sino a la luz del gran propósito de Dios para con la humanidad. Si se les presentaran así los principios de la verdadera templanza, muchos individuos de las clases altas reconocerían el valor de ellos y les darían franca acogida.

Debemos convencerles del resultado de tan perniciosos hábitos en la merma de las facultades físicas, mentales y morales. Ayúdeseles a darse cuenta de su responsabilidad como administradores de los dones de Dios. Hágaseles ver el bien que podrían hacer con el dinero que gastan ahora en cosas perjudiciales. Indúzcaseles a la abstinencia completa, aconsejándoles que el dinero que pudieran gastar en bebidas, tabaco, o cosas por el estilo, lo dediquen al alivio de los enfermos pobres, o a la educación de niños y jóvenes para ser útiles en el mundo. No serían muchos los que se negarían a oír una invitación tal.

Hay otro peligro al cual están particularmente expuestos los ricos, y su existencia ofrece también un campo de acción para el médico misionero. Muchos que gozan de prosperidad en el mundo, y que nunca se dejaron arrastrar por los vicios ordinarios, se encaminan a la ruina por el amor de las riquezas. La copa más difícil de llevar no es la vacía, sino la que está llena hasta el borde. Esta es la que exige el mayor cuidado para conservarla en equilibrio. La aflicción y la adversidad traen consigo desengaño y tristeza; pero la prosperidad es lo más peligroso para la vida espiritual.

Los que sufren reveses pueden simbolizarse por la zarza que Moisés vio en el desierto, la cual ardía sin consumirse. El ángel del Señor estaba en medio de ella. Así también en las privaciones y aflicciones el resplandor de la presencia del Invisible está con nosotros para consolarnos y sostenernos. Muchas veces se piden oraciones por los que padecen enfermedad o sufren infortunios; pero los hombres a quienes se otorgó prosperidad e influencia necesitan aun más nuestras oraciones.

En el valle de la humillación, donde los hombres sienten su necesidad y dependen de Dios para que guíe sus pasos, hay seguridad relativa. Pero los que se encuentran, por así decirlo, en la cumbre, y a quienes, debido a su situación, se les atribuye sabiduría, son los que corren el mayor peligro.

A menos que confíen en Dios, caerán seguramente.

La Biblia no condena a nadie por rico, si adquirió honradamente su riqueza. La raíz de todo mal no es el dinero, sino el amor al dinero. Dios da a los hombres la facultad de enriquecerse; y en manos del que se porta como administrador de Dios, empleando generosamente sus recursos, la riqueza es una bendición, tanto para el que la posee como para el mundo. Pero muchos, absortos en su interés por los tesoros mundanos, se vuelven insensibles a las demandas de Dios y a las necesidades de sus semejantes. Consideran sus riquezas como medio de glorificarse. Añaden una casa a la otra, y una tierra a otra tierra; llenan sus mansiones de lujos, mientras que alrededor de ellos hay seres humanos sumidos en la miseria y el crimen, en enfermedades y muerte. Los que así dedican su vida al egoísmo no desarrollan los atributos de Dios, sino los del maligno.

Estos hombres necesitan del Evangelio. Necesitan que se les aparte la vista de la vanidad de las cosas materiales a lo precioso de las riquezas duraderas. Necesitan aprender cuánto gozo hay en dar, y cuánta bendición resulta de ser colaboradores de Dios.

El Señor dice: "A los ricos de este siglo manda que no... pongan la esperanza en la incertidumbre de las riquezas sino en el Dios vivo, que nos da todas las cosas en abundancia de que gocemos: que hagan bien, que sean ricos en buenas obras, dadivosos, que con facilidad comuniquen, atesorando para sí buen fundamento para lo por venir, que echen mano a la vida eterna". (1 Timoteo 6:17-19.)

Por medio del trato casual o accidental no es posible llevar a Cristo a los ricos, que aman al mundo y lo adoran. Estas personas son muchas veces las de más difícil acceso. Por ellas deben hacer esfuerzos personales quienes, animados de espíritu misionero, no se desalienten ni flaqueen.

Hay personas particularmente idóneas para trabajar entre las clases altas. Necesitan pedir a Dios sabiduría para alcanzarlas, y no contentarse con un conocimiento casual de ellas, sino procurar despertarlas, mediante su esfuerzo personal y su fe viva, para que sientan las necesidades del alma, y sean llevadas al conocimiento de la verdad que está en Jesús.

Muchos se figuran que para alcanzar a las clases altas, hay que adoptar un modo de vivir y un método de trabajo adecuado a los gustos desdeñosos de ellas. Consideran de suma importancia cierta apariencia de fortuna, los costosos edificios, trajes y atavíos, el ambiente imponente, la conformidad con las costumbres mundanas y la urbanidad artificiosa de las clases altas, así como su cultura clásica y lenguaje refinado. Esto es un error. El modo mundano de proceder para alcanzar las clases altas no es el modo de proceder de Dios. Lo que surtirá efecto en esta tarea es la presentación del Evangelio de Cristo de un modo consecuente y abnegado.

Lo que hizo el apóstol Pablo al encontrarse con los filósofos de Atenas encierra una lección para nosotros. Al presentar el Evangelio ante el tribunal del Areópago, Pablo contestó a la lógica con la lógica, a la ciencia con la ciencia, a la filosofía con la filosofía. Los más sabios de sus oyentes quedaron atónitos. No podían rebatir las palabras de Pablo. Pero este esfuerzo dio poco fruto. Escasos fueron los que aceptaron el Evangelio. En lo sucesivo Pablo adoptó un procedimiento diferente. Prescindió de complicados argumentos y discusiones teóricas, y con sencillez dirigió las miradas de hombres y mujeres a Cristo, el Salvador de los pecadores. Escribiendo a los Corintios acerca de su obra entre ellos, dijo:

"Así que, hermanos, cuando fui a vosotros, no fui con altivez de palabra, o de sabiduría, a anunciaros el testimonio de Cristo. Porque no me propuse saber algo entre vosotros, sino a Jesucristo, y a éste crucificado... Y ni mi palabra ni mi predicación fue con palabras persuasivas de humana sabiduría, mas con demostración del Espíritu y de poder; para que vuestra fe no esté fundada en sabiduría de hombres, mas en poder de Dios". (1 Corintios 2:1-5.)

Y en su Epístola a los Romanos, dice:

"No me avergüenzo del evangelio: porque es potencia de Dios para salud a todo aquel que cree; al judío primeramente y también al griego". (Romanos 1:16.)

Que aquellos que trabajan por las clases altas se porten con verdadera dignidad, teniendo presente que tienen a ángeles por compañeros. Embargue su mente y su corazón el "Escrito está". Tengan siempre colgadas en el aposento de su memoria las preciosas palabras de Cristo. Hay que estimarlas más que el oro o la plata.

Cristo dijo que le era más fácil a un camello pasar por el ojo de una aguja que al rico entrar en el reino de Dios. Mientras se trabaje por los ricos se presentarán muchos motivos de desaliento, se tropezarán con muchas revelaciones angustiosas. Pero todo es posible con Dios. El puede y quiere obrar mediante agentes humanos e influir en el espíritu de quienes dedican su vida a ganar dinero.

Veránse realizar milagros de conversiones verdaderas, milagros que hoy no se advierten. Los hombres más eminentes de la tierra no son inaccesibles para el poder del Dios que obra maravillas. Si los que colaboran con él cumplen su deber valiente y fielmente, Dios convertirá a personas que desempeñan puestos de responsabilidad, a hombres de inteligencia e influencia. Mediante el poder del Espíritu Santo, muchos serán inducidos a aceptar los principios divinos.

Cuando les conste bien claro que el Señor espera que ellos sean sus representantes para aliviar a la humanidad doliente, muchos responderán y contribuirán con sus recursos y su simpatía a mejorar la suerte de los pobres. Al desprenderse así de sus intereses egoístas, muchos se entregarán a Cristo. Con sus dotes de influencia y sus recursos, cooperarán gozosos en la obra de beneficencia con el humilde misionero que fue instrumento de Dios para su conversión. Mediante el empleo acertado de sus tesoros terrenales se harán "tesoro en los cielos que nunca falta; donde ladrón no llega, ni polilla corrompe". (Lucas 12:33.)

Una vez convertidos a Cristo, muchos llegarán a ser instrumentos en manos de Dios para trabajar en beneficio de otros de su propia categoría social. Verán que se les ha encomendado una misión del Evangelio en favor de los que han hecho de este mundo su todo. Consagrarán a Dios su tiempo y su dinero y dedicarán su talento e influencia a la obra de ganar almas para Cristo.

Sólo la eternidad pondrá de manifiesto lo realizado por esta clase de ministerio, y cuántas almas, antes presas de dudas y hastiadas de mundanalidad y desasosiego, fueron llevadas al gran Restaurador, siempre ansioso de salvar eternamente a los que a él acuden. Cristo es un Salvador resucitado, y hay curación en sus alas.

En el Cuarto del Enfermo

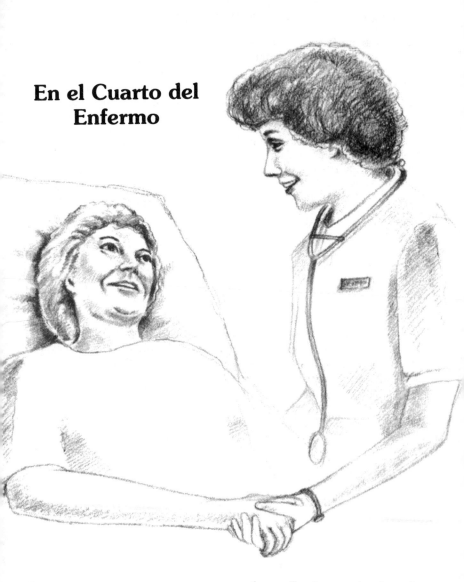

Los que cuidan a los enfermos deben comprender la importancia de una debida atención a las leyes de la salud. En ninguna parte es la obediencia a dichas leyes tan importante como en el cuarto del enfermo. En ninguna otra circunstancia depende tanto de la fidelidad en las cosas pequeñas como al atender a los enfermos. En casos de enfermedad grave, un pequeño descuido, una leve negligencia en el modo de considerar las necesidades o los peligros especiales del paciente, una señal de temor, de agitación o de impaciencia, y hasta una falta de simpatía, pueden decidir entre la vida y la muerte y hacer descender a la tumba a un paciente que, de haberse procedido de otro modo, hubiera podido reponerse.

La eficiencia de quien cuida a los enfermos depende, en buena parte, de su vigor físico. Cuanto mejor sea su salud, mejor podrá aguantar la tensión requerida para atender a los enfermos, y mejor podrá desempeñar sus deberes. Los que cuidan a los enfermos deben prestar atención especial al régimen alimentario, al aseo, al aire puro y al ejercicio. Un cuidado semejante por parte de la familia la habilitará también para soportar la carga suplementaria que le es impuesta y le ayudará a guardarse de contraer enfermedad.

En casos de grave enfermedad que requiera el cuidado de una enfermera día y noche, la tarea debe ser compartida por dos buenas enfermeras cuando menos, para que cada una de ellas pueda descansar lo suficiente y hacer ejercicio al aire libre. Esto es particularmente importante cuando resulta difícil asegurar abundancia de aire puro en el cuarto del enfermo. Por desconocerse la importancia del aire puro, se restringe a veces la ventilación y corren peligro la vida del paciente y la de quien lo cuida.

Con la debida precaución, no hay temor de contraer enfermedades no contagiosas. Síganse buenos hábitos, y por medio del aseo y la buena ventilación consérvese el cuarto del enfermo libre de elementos venenosos. Observando estos requisitos, el enfermo tendrá muchas más probabilidades de sanar, y en la mayoría de los casos ni los que lo cuidan ni los miembros de la familia contraerán la enfermedad.

Para asegurar al paciente las condiciones más favorables para su restablecimiento, el cuarto que ocupe debe ser espacioso, claro y alegre, con facilidades para ventilarse cabalmente. El cuarto que en la casa reúna mejor estos requisitos es el que debe escogerse para el enfermo. Muchas casas carecen de facilidades para la debida ventilación, y resulta difícil conseguirla; pero hay que arreglárselas de modo que día y noche fluya el aire puro por la habitación.

Deberes de los que atienden al enfermo

En cuanto sea posible, hay que conservar en el cuarto del enfermo una temperatura uniforme. Hay que consultar el termómetro. Como los que cuidan al enfermo tienen muchas veces que velar o despertarse de noche para atender al paciente, están expuestos a sentir frío, y por tanto no son buenos jueces en asunto de temperatura saludable.

Una parte importante del deber de la enfermera consiste en atender a la alimentación del paciente. Este no debe sufrir o debilitarse por falta de alimento, ni tampoco deben recargarse sus débiles fuerzas digestivas. Téngase cuidado especial de que la comida sea preparada y servida de modo que resulte apetitosa. Debe, sin embargo, ejercerse buen juicio para adaptarla a las necesidades del paciente, tanto en lo que respecta a la cantidad como a la calidad. Durante la convalecencia, cuando el apetito se despierta antes que los órganos de la digestión se hayan fortalecido, es especialmente cuando los errores en la dieta entrañan grave peligro.

Las enfermeras, y todos los que tienen que hacer en el cuarto del enfermo, deben manifestarse animosos, tranquilos y serenos. Todo apuro, toda agitación y toda confusión deben evitarse. Las puertas se han de abrir y cerrar con cuidado, y toda la familia debe conservar la calma. En casos de fiebre, se necesita especial cuidado cuando llega la crisis y la fiebre está por disminuir. Entonces hay que velar constantemente. La ignorancia, el olvido y la negligencia han causado la muerte de muchos que hubieran vivido si hubiesen recibido el debido cuidado por parte de enfermeras juiciosas y atentas.

Las visitas a los enfermos

Es una bondad mal encauzada, y una idea errónea de lo que debe ser la cortesía, lo que mueve a visitar mucho a los enfermos. Los enfermos de gravedad no deben recibir visitas, pues éstas acarrean una agitación que fatiga al paciente cuando más necesita de tranquilidad y descanso no interrumpido.

A un convaleciente o a un enfermo crónico le consuela saber que no se le olvida; pero esta seguridad, llevada al enfermo por medio de un mensaje de simpatía o de algún obsequio, da muchas veces mejor resultado que una visita personal, y no entraña peligro para el enfermo.

En los sanatorios y hospitales, donde los enfermeros tratan de continuo con numerosos enfermos, se requieren esfuerzos decididos para guardar siempre un continente agradable y alegre, y dar prueba de cuidadosa consideración en palabras y actos. En dichos establecimientos es de la mayor importancia que los enfermeros procuren desempeñar su trabajo juiciosamente y a la perfección. Es preciso que recuerden siempre que al desempeñar sus tareas diarias están sirviendo al Señor.

Los enfermos necesitan que se les hable con sabiduría y prudencia. Los enfermeros deberán estudiar la Biblia cada día para poder decir palabras que iluminen y ayuden al enfermo. Hay ángeles de Dios en las habitaciones en que son atendidos estos enfermos, y la atmósfera que rodea a quienes los tratan debe ser pura y fragante. Médicos y enfermeros deben estimar y practicar los principios de Cristo. En su conducta deben manifestarse las virtudes cristianas, y así, con sus palabras y hechos, atraerán a los enfermos al Salvador.

El enfermero cristiano, al par que aplica el tratamiento para la restauración de la salud, dirigirá con gusto y con éxito la mente del paciente hacia Cristo, quien cura el alma tanto como el cuerpo. Las ideas que el enfermero presente ejercerán poco a poco su influencia. Los enfermeros de más edad no deben desperdiciar ninguna oportunidad de llamar la atención de los enfermos hacia Cristo. Deben estar siempre dispuestos a combinar la curación espiritual con la física.

Los enfermeros deben enseñar con la mayor bondad y ternura que quien quiera restablecerse debe dejar de quebrantar la ley de Dios. Debe repudiar la vida de pecado. Dios no puede bendecir a quien siga acarreándose la enfermedad y el dolor, violando a sabiendas las leyes del Cielo. Pero Cristo, por medio del Espíritu Santo, es poder sanador para quienes dejan de hacer el mal y quieren hacer el bien.

Los que no aman a Dios obrarán siempre contra los intereses vitales del alma y del cuerpo; pero los que reconocen la importancia de vivir obedeciendo a Dios en este mundo perverso consentirán en desprenderse de todo hábito culpable. La gratitud y el amor llenarán su corazón. Saben que Cristo es su amigo. En muchos casos, el reconocimiento de que tienen semejante amigo significa más que el mejor tratamiento para el restablecimiento de los que sufren. Pero ambos aspectos del ministerio son esenciales y están estrechamente unidos.

La Oración por los Enfermos

LA ESCRITURA dice que "es necesario orar siempre, y no desmayar" (Lucas 18:1); y si hay momento alguno en que los hombres sientan necesidad de orar, es cuando la fuerza decae y la vida parece escapárseles. Muchas veces los sanos olvidan los favores maravillosos que reciben pródigamente, día tras día, año tras año, y no tributan alabanzas a Dios por sus beneficios. Pero cuando sobreviene la enfermedad, entonces se acuerdan de Dios. Cuando falta la fuerza humana, el hombre siente necesidad de la ayuda divina. Y nunca se aparta nuestro

Dios misericordioso del alma que con sinceridad le pide auxilio. El es nuestro refugio en la enfermedad y en la salud.

"Como el padre se compadece de los hijos, se compadece Jehová de los que le temen. Porque él conoce nuestra condición; acuérdase que somos polvo". (Salmo 103:13, 14.) "A causa del camino de su rebelión y a causa de sus maldades", los hombres "fueron afligidos. Su alma abominó toda vianda, y llegaron hasta las puertas de la muerte... Mas clamaron a Jehová en su angustia, y salvólos de sus aflicciones. Envió su palabra, y curólos, y librólos de su ruina". (Salmo 107:17-20.)

Dios está tan dispuesto hoy a sanar a los enfermos como cuando el Espíritu Santo pronunció aquellas palabras por medio del salmista. Cristo es el mismo médico compasivo que cuando desempeñaba su ministerio terrenal. En él hay bálsamo curativo para toda enfermedad, poder restaurador para toda dolencia. Sus discípulos de hoy deben rogar por los enfermos con tanto empeño como los discípulos de antaño. Y se realizarán curaciones, pues "la oración de fe salvará al enfermo". Tenemos el poder del Espíritu Santo y la tranquila seguridad de la fe para aferrarnos a las promesas de Dios. La promesa del Señor: "Sobre los enfermos pondrán sus manos, y sanarán" (Marcos 16:18), es tan digna de crédito hoy como en tiempos de los apóstoles, pues denota el privilegio de los hijos de Dios, y nuestra fe debe apoyarse en todo lo que ella envuelve. Los siervos de Cristo son canales de su virtud, y por medio de ellos quiere ejercitar su poder sanador. Es tarea

nuestra llevar a Dios en brazos de la fe a los enfermos y dolientes. Debemos enseñarles a creer en el gran Médico.

El Salvador quiere que alentemos a los enfermos, a los desesperados y a los afligidos para que confíen firmemente en su fuerza. Mediante la oración y la fe la estancia del enfermo puede convertirse en un Betel. Por palabras y obras, los médicos y los enfermeros pueden decir, tan claramente que no haya lugar a falsa interpretación: "Jehová está en este lugar" para salvar y no para destruir. Cristo desea manifestar su presencia en el cuarto del enfermo, llenando el corazón de médicos y enfermeros con la dulzura de su amor. Si la vida de los que asisten al enfermo es tal que Cristo pueda acompañarlos junto a la cama del paciente, éste llegará a la convicción de que el compasivo Salvador está presente, y de por sí esta convicción contribuirá mucho a la curación del alma y del cuerpo.

Dios oye la oración. Cristo dijo: "Si algo pidiereis en mi nombre, yo lo haré". También dijo: "Si alguno me sirviere, mi Padre le honrará". (Juan 14:14; 12:26.) Si vivimos conforme a su palabra, se cumplirán en nuestro favor todas sus promesas. Somos indignos de su gracia; pero cuando nos entregamos a él, nos recibe. Obrará en favor de los que le siguen y por medio de ellos.

Sólo cuando vivimos obedientes a su Palabra podemos reclamar el cumplimiento de sus promesas. Dice el salmista: "Si en mi corazón hubiese yo mirado a la iniquidad, el Señor no me oyera". (Salmo 66:18.) Si sólo le obedecemos parcial y tibiamente, sus promesas no se cumplirán en nosotros.

En la Palabra de Dios encontramos instrucción respecto a la oración especial para el restablecimiento de los enfermos. Pero el acto de elevar tal oración es un acto solemnísimo y no se debe participar en él sin la debida consideración. En muchos casos en que se ora por la curación de algún enfermo, lo que llamamos fe no es más que presunción.

Muchas personas se acarrean la enfermedad por sus excesos. No han vivido conforme a la ley natural o a los principios de estricta pureza. Otros han despreciado las leyes de la salud en su modo de comer y beber, de vestir o de trabajar. Muchas veces uno u otro vicio ha causado debilidad de la mente o del cuerpo. Si las tales personas consiguieran la bendición de la salud, muchas de ellas reanudarían su vida de descuido y transgresión de las leyes naturales y espirituales de Dios, arguyendo que si Dios las sana en respuesta a la oración, pueden con toda libertad seguir sus prácticas malsanas y entregarse sin freno a sus apetitos. Si Dios hiciera un milagro devolviendo la salud a estas personas, daría alas al pecado.

La confesión del pecado

Trabajo perdido es enseñar a la gente a considerar a Dios como sanador de sus enfermedades, si no se le enseña también a desechar las prácticas malsanas. Para recibir las bendiciones de Dios en respuesta a la oración, se debe dejar de hacer el mal y aprender a hacer el bien. Las condiciones en que se vive deben ser saludables, y los hábitos de vida correctos. Se debe vivir en armonía con la ley natural y espiritual de Dios.

A quienes solicitan que se ore para que les sea devuelta la salud, hay que hacerles ver que la violación de la ley de Dios, natural o espiritual, es pecado, y que para recibir la bendición de Dios deben confesar y aborrecer sus pecados.

La Escritura nos dice: "Confesaos vuestras faltas unos a otros, y rogad los unos por los otros, para que seáis sanos". (Santiago 5:16.) Al que solicita que se ore por él, dígasele más o menos lo siguiente: "No podemos leer en el corazón, ni conocer los secretos de tu vida. Dios solo y tú los conocéis. Si te arrepientes de tus pecados, deber tuyo es confesarlos". El pecado de carácter privado debe confesarse a Cristo, único mediador entre Dios y el hombre. Pues "si alguno hubiere pecado, abogado tenemos para con el Padre, a Jesucristo el justo". (1 Juan 2:1.) Todo pecado es ofensa hecha a Dios, y se lo ha de confesar por medio de Cristo. Todo pecado cometido abiertamente debe confesarse abiertamente. El mal hecho al prójimo debe subsanarse ofreciendo reparación al perjudicado. Si el que pide la salud es culpable de alguna calumnia, si ha sembrado la discordia en la familia, en el vecindario, o en la iglesia, si ha suscitado enemistades y disensiones, si mediante siniestras prácticas ha inducido a otros al pecado, ha de confesar todas estas cosas ante Dios y ante los que fueron perjudicados por ellas. "Si confesamos nuestros pecados, él es fiel y justo para que nos perdone nuestros pecados, y nos limpie de toda maldad". (1 Juan 1:9.)

Cuando el mal quedó subsanado, podemos con fe tranquila presentar a Dios las necesidades del enfermo, según lo indique el Espíritu Santo. Dios conoce a cada cual por nombre y cuida de él como si no hubiera nadie más en el mundo por quien entregara a su Hijo amado. Siendo el amor de Dios tan grande y tan infalible, se debe alentar al enfermo a que confíe en Dios y tenga ánimo. La congoja acerca de sí mismos los debilita y enferma. Si los enfermos resuelven sobreponerse a la depresión y la melancolía, tendrán mejores perspectivas de sanar; pues "el ojo de Jehová está sobre los que le temen, sobre los que esperan en su misericordia". (Salmo 33:18, V.M.)

Al orar por los enfermos debemos recordar que "no sabemos orar como se debe". (Romanos 8:26, V.M.) No sabemos si el beneficio que deseamos es el que más conviene. Por tanto, nuestras oraciones deben incluir este pensamiento: "Señor, tú conoces todo secreto del alma. Conoces también a estas personas. Su Abogado, el Señor Jesús, dio su vida por ellas. Su amor hacia ellas es mayor de lo que puede ser el nuestro. Por consiguiente, si esto puede redundar en beneficio de tu gloria y de estos pacientes, pedímoste, en nombre de Jesús, que les devuelvas la salud. Si no es tu voluntad que así sea, te pedimos que tu gracia los consuele, y que tu presencia los sostenga en sus padecimientos".

Dios conoce el fin desde el principio. Conoce el corazón de todo hombre. Lee todo secreto del alma. Sabe si aquellos por quienes se hace oración podrían o no soportar las pruebas que les acometerían si hubiesen

de sobrevivir. Sabe si sus vidas serían bendición o maldición para sí mismos y para el mundo. Esto es una razón para que, al presentarle encarecidamente a Dios nuestras peticiones, debamos decirle: "Empero no se haga mi voluntad, sino la tuya". (Lucas 22:42.) Jesús añadió estas palabras de sumisión a la sabiduría y la voluntad de Dios cuando en el huerto de Getsemaní rogaba: "Padre mío, si es posible, pase de mí este vaso". (Mateo 26:39.) Y si estas palabras eran apropiadas para el hijo de Dios, ¡cuánto más lo serán en labios de falibles y finitos mortales!

Lo que conviene es encomendar nuestros deseos al sapientísimo Padre celestial, y después, depositar en él toda nuestra confianza. Sabemos que Dios nos oye si le pedimos conforme a su voluntad. Pero el importunarle sin espíritu de sumisión no está bien; nuestras oraciones no han de revestir forma de mandato, sino de intercesión.

Hay casos en que Dios obra con toda decisión con su poder divino en la restauración de la salud. Pero no todos los enfermos curan. A muchos se les deja dormir en Jesús. A Juan, en la isla de Patmos, se le mandó que escribiera: "Bienaventurados los muertos que de aquí adelante mueren en el Señor. Sí, dice el Espíritu, que descansarán de sus trabajos; porque sus obras con ellos siguen". (Apocalipsis 14:13.) De esto se desprende que aunque haya quienes no recobren la salud no hay que considerarlos faltos de fe.

Todos deseamos respuestas inmediatas y directas a nuestras oraciones, y estamos dispuestos a desalentarnos cuando la contestación tarda, o cuando llega en forma que no esperábamos. Pero Dios es demasiado sabio y bueno para contestar siempre a nuestras oraciones en el plazo exacto y en la forma precisa que deseamos. El quiere hacer en nuestro favor algo más y mejor que el cumplimiento de todos nuestros deseos. Y por el hecho de que podemos confiar en su sabiduría y amor, no debemos pedirle que ceda a nuestra voluntad, sino procurar comprender su propósito y realizarlo. Nuestros deseos e intereses deben perderse en su voluntad. Los sucesos que prueban nuestra fe son para nuestro bien, pues denotan si nuestra fe es verdadera y sincera, y si descansa en la Palabra de Dios sola, o si, dependiente de las circunstancias, es incierta y variable. La fe se fortalece por el ejercicio. Debemos dejar que la paciencia perfeccione su obra, recordando que hay preciosas promesas en las Escrituras para los que esperan en el Señor.

No todos entienden estos principios. Muchos de los que buscan la salutífera gracia del Señor piensan que debieran recibir directa e inmediata respuesta a sus oraciones, o si no, que su fe es defectuosa. Por esta razón, conviene aconsejar a los que se sienten debilitados por la enfermedad, que obren con toda discreción. No deben desatender sus deberes para con sus amigos que les sobrevivan, ni descuidar el uso de los agentes naturales para la restauración de la salud.

No excluye los cuidados y remedios

A menudo hay peligro de errar en esto. Creyendo que serán sanados en respuesta a la oración, algunos temen hacer algo que parezca indicar falta de fe. Pero no deben descuidar el arreglo de sus asuntos como desearían hacerlo si pensaran morir. Tampoco deben temer expresar a sus parientes y amigos las palabras de aliento o los buenos consejos que quieran darles en el momento de partir.

Los que buscan la salud por medio de la oración no deben dejar de hacer uso de los remedios puestos a su alcance. Hacer uso de los agentes curativos que Dios ha suministrado para aliviar el dolor y para ayudar a la naturaleza en su obra restauradora no es negar nuestra fe. No lo es tampoco el cooperar con Dios y ponernos en la condición más favorable para recuperar la salud. Dios nos ha facultado para que conozcamos las leyes de la vida. Este conocimiento ha sido puesto a nuestro alcance para que lo usemos. Debemos aprovechar toda facilidad para la restauración de la salud, sacando todas las ventajas posibles y trabajando en armonía con las leyes naturales. Cuando hemos orado por la curación del enfermo, podemos trabajar con energía tanto mayor, dando gracias a Dios por el privilegio de cooperar con él y pidiéndole que bendiga los medios de curación que él mismo dispuso.

Tenemos la sanción de la Palabra de Dios para el uso de los agentes curativos. Ezequías, rey de Israel, cayó enfermo, y un profeta de Dios le trajo el mensaje de que iba a morir. El rey clamó al Señor, y éste oyó a su siervo y le comunicó que se le añadirían quince años de vida. Ahora bien; el rey Ezequías hubiera podido sanar al instante con una sola palabra de Dios; pero se le dieron recetas especiales: "Tomen masa de higos, y pónganla en la llaga, y sanará". (Isaías 38:21.)

En una ocasión Cristo untó los ojos de un ciego con barro y le dijo: "Ve, lávate en el estanque de Siloé... Y fue entonces, y lavóse, y volvió viendo". (Juan 9:7.) La curación hubiera podido realizarse mediante el solo poder del gran Médico; sin embargo, Cristo hizo uso de simples agentes naturales. Aunque no favorecía la medicación por drogas, sancionaba el uso de remedios sencillos y naturales.

Cuando hayamos orado por el restablecimiento del enfermo, no perdamos la fe en Dios, cualquiera que sea el desenlace del caso. Si tenemos que presenciar el fallecimiento, apuremos el amargo cáliz, recordando que la mano de un Padre nos lo acerca a los labios. Pero si el enfermo recobra la salud, no debe olvidar que al ser objeto de la gracia curativa contrajo nueva obligación para con el Creador. Cuando los diez leprosos fueron limpiados, sólo uno volvió a dar gracias a Jesús y glorificar su nombre. No seamos nosotros como los nueve irreflexivos, cuyos corazones fueron insensibles a la misericordia de Dios. "Toda buena dádiva y todo don perfecto es de lo alto, que desciende del Padre de las luces, en el cual no hay mudanza, ni sombra de variación". (Santiago 1:17.)

El Uso de Remedios

LA ENFERMEDAD no sobreviene nunca sin causa. Descuidando las leyes de la salud se le prepara el camino y se la invita a venir. Muchos sufren las consecuencias de las transgresiones de sus padres. Si bien no son responsables de lo que hicieron éstos, es, sin embargo, su deber averiguar lo que son o no son las violaciones de las leyes de la salud. Deberían evitar los hábitos malos de sus padres, y por medio de una vida correcta ponerse en mejores condiciones.

Los más, sin embargo, sufren las consecuencias de su mal comportamiento. En su modo de comer, beber, vestir y trabajar, no hacen caso de los principios que rigen la salud. Su transgresión de las leyes de la naturaleza produce resultados infalibles, y cuando la enfermedad les sobreviene, muchos no la achacan a la verdadera causa, sino que murmuran contra Dios. Pero Dios no es responsable de los padecimientos consiguientes al desprecio de la ley natural.

Dios nos ha dotado de cierto caudal de fuerza vital. Nos ha formado también con órganos adecuados para el cumplimiento de las diferentes funciones de la vida, y tiene dispuesto que estos órganos funcionen armónicamente. Si conservamos con cuidado la fuerza vital, y mantenemos en buen orden el delicado mecanismo del cuerpo, el resultado será la salud; pero si la fuerza vital se agota demasiado pronto, el sistema nervioso extrae de sus reservas la fuerza que necesita, y cuando un órgano sufre perjuicio, todos los demás quedan afectados. La naturaleza soporta gran número de abusos sin protesta aparente; pero después reacciona y procura eliminar los efectos del mal trato que ha sufrido. El esfuerzo que hace para corregir estas condiciones produce a menudo fiebre y varias otras formas de enfermedad.

Los remedios racionales

Cuando el abuso de la salud se lleva a tal extremo que remata en enfermedad, el paciente puede muchas veces hacer por sí mismo lo que nadie puede hacer por él. Lo primero es determinar el verdadero carácter de la enfermedad, y después proceder con inteligencia a suprimir la causa. Si el armónico funcionamiento del organismo se ha perturbado por exceso de trabajo, de alimento, o por otras irregularidades, no hay que pensar en remediar el desarreglo con la añadidura de una carga de drogas venenosas.

La intemperancia en el comer es a menudo causa de enfermedad, y lo que más necesita la naturaleza es ser aliviada de la carga inoportuna que se le impuso. En muchos casos de enfermedad, el mejor remedio para el paciente es un corto ayuno, que omita una o dos comidas, para que descansen los órganos rendidos por el trabajo de la digestión. Muchas veces el seguir durante algunos días una dieta de frutas ha proporcionado gran alivio a personas que trabajaban intelectualmente; y un corto período de completa abstinencia, seguido de un régimen alimentario sencillo y moderado, ha restablecido al enfermo por el solo esfuerzo de la naturaleza. Un régimen de abstinencia por uno o dos meses convencerá a muchos pacientes de que la sobriedad favorece la salud.

El descanso como remedio

Algunos enferman por exceso de trabajo. Para los tales, el descanso, la tranquilidad, y una dieta sobria son esenciales para la restauración de la salud. Los de cerebro cansado y de nervios deprimidos a consecuencia de un trabajo sedentario continuo, se verán muy beneficiados por una temporada en el campo, donde lleven una vida sencilla y libre de cuidados, cerca de la naturaleza. El vagar por los campos y bosques juntando flores y oyendo los cantos de las aves, resultará más eficaz para su restablecimiento que cualquier otra cosa.

Estando sanos o enfermos, el agua pura es para nosotros una de las más exquisitas bendiciones del cielo. Su empleo conveniente favorece la salud. Es la bebida que Dios proveyó para apagar la sed de los animales y del hombre. Ingerida en cantidades suficientes, el agua suple las necesidades del organismo, y ayuda a la naturaleza a resistir a la enfermedad. Aplicada externamente, es uno de los medios más sencillos y eficaces para regularizar la circulación de la sangre. Un baño frío o siquiera fresco es excelente tónico. Los baños calientes abren los poros, y ayudan a eliminar las impurezas. Los baños calientes y templados calman los nervios y regulan la circulación.

Pero son muchos los que no han experimentado nunca los benéficos efectos del uso adecuado del agua, y le tienen miedo. Los tratamientos por medio del agua no son tan apreciados como debieran serlo, y su acertada aplicación requiere cierto trabajo que muchos no están dispuestos a hacer. Sin embargo, nadie debería disculpar su ignorancia o su indiferencia en este asunto. Hay muchos modos de aplicar el agua para aliviar el dolor y acortar la enfermedad. Todos debieran hacerse entendidos en esa aplicación para dar sencillos tratamientos caseros. Las madres, principalmente, deberían saber cuidar a sus familias en tiempos de salud y en tiempos de enfermedad.

La acción constituye una ley de nuestro ser. Cada órgano tiene su función señalada, de cuyo desempeño depende el desarrollo y la fuerza de aquel. El funcionamiento normal de todos los órganos da fuerza y vigor, mientras que la tendencia a la inacción conduce al decaimiento y a la muerte. Inmovilícese un brazo, siquiera por algunas semanas, suélteselo después y se verá cuánto más débil resulta que el otro que siguió trabajando con moderación durante el mismo tiempo. Igual efecto produce la inacción en todo el sistema muscular.

La inacción es causa fecunda de enfermedades. El ejercicio aviva y regula la circulación de la sangre; pero en la ociosidad la sangre no circula con libertad, ni se efectúa su renovación, tan necesaria para la vida y la salud. La piel también se vuelve inactiva. Las impurezas no son eliminadas como podrían serlo si un ejercicio activo estimulara la circulación, mantuviera la piel en condición de salud, y llenara los pulmones con aire puro y fresco. Tal estado del organismo impone una doble carga a los órganos excretorios y acaba en enfermedad.

No se debe alentar a los inválidos a que permanezcan inactivos. Cuando ha habido mucho exceso de alguna actividad, el descanso completo por algún tiempo prevendrá a veces una grave enfermedad; pero al tratarse de inválidos crónicos, raras veces se impone la suspensión de toda actividad.

Los que han quedado quebrantados por el trabajo mental deberían desechar todo pensamiento fatigoso; pero no se les debe inducir a creer que todo empleo de las facultades intelectuales sea peligroso. Muchos se inclinan a considerar su estado peor de lo que es. Esta idea dificulta el restablecimiento y no debería favorecerse.

Hay pastores, maestros, estudiantes y otros que hacen trabajo mental, que enferman a consecuencia del intenso esfuerzo intelectual, sin ejercicio físico compensativo. Estas personas necesitan una vida más activa. Los hábitos estrictamente templados, combinados con ejercicio adecuado, darían vigor mental y físico a todos los intelectuales y los harían más resistentes.

A los que han sobrecargado sus fuerzas físicas no se les debe aconsejar que desistan por completo del trabajo manual. Para que éste sea lo más provechoso posible, debe ser ordenado y agradable. El ejercicio al aire libre es el mejor; pero debe hacerse gustosamente y de modo que fortalezca los órganos débiles, sin que nunca degenere en penosa faena.

Cuando los inválidos no tienen nada en que invertir su tiempo y atención, concentran sus pensamientos en sí mismos y se vuelven morbosos e irritables. Muchas veces se espacian en lo mal que se sienten, hasta figurarse que están mucho peor de lo que están y creer que no pueden hacer absolutamente nada.

En todos estos casos un ejercicio físico bien dirigido resultaría un remedio eficaz. En algunos casos es indispensable para la recuperación de la salud. La voluntad acompaña al trabajo manual; y lo que necesitan esos inválidos es que se les despierte la voluntad. Cuando la voluntad duerme, la imaginación se vuelve anormal y se hace imposible resistir a la enfermedad.

La inacción es la mayor desdicha que pueda caer sobre la mayoría de los inválidos. Una leve ocupación en trabajo provechoso, que no recargue la mente ni el cuerpo, influye favorablemente en ambos. Fortalece los músculos, mejora la circulación, y le da al inválido la satisfacción de saber que no es del todo inútil en este mundo tan atareado. Poca cosa podrá hacer al principio; pero pronto sentirá crecer sus fuerzas, y aumentará la cantidad de trabajo que produzca.

El ejercicio es provechoso al dispéptico, pues vigoriza los órganos de la digestión. El entregarse a un estudio concentrado o a un ejercicio físico violento inmediatamente después de comer entorpece el trabajo de la digestión; pero un corto paseo después de la comida, andando con la cabeza erguida y los hombros echados para atrás, es muy provechoso.

No obstante todo cuanto se ha dicho y escrito respecto a la importancia del ejercicio físico, son todavía muchos los que lo descuidan. Unos engordan porque su organismo está recargado; otros adelgazan y se debilitan porque sus fuerzas vitales se agotan en la tarea de eliminar los excesos de comida. El hígado queda recargado de trabajo en su esfuerzo por limpiar la sangre de impurezas, lo cual da por resultado la enfermedad.

Los de hábitos sedentarios deberían, siempre que el tiempo lo permitiera, hacer ejercicio cada día al aire libre, tanto en verano como en invierno. La marcha a pie es preferible a montar a caballo o pasear en coche, pues pone en ejercicio mayor número de músculos. Los pulmones entran así en acción saludable, puesto que es imposible andar aprisa sin llenarlos de aire.

En muchos casos este ejercicio es más eficaz para la salud que los medicamentos. Los médicos recetan muchas veces un viaje por mar, o alguna excursión a fuentes minerales, o un cambio de clima, cuando en los más de los casos si los pacientes comieran con moderación, y con buen ánimo hicieran ejercicio sano, recuperarían la salud y ahorrarían tiempo y dinero.

La Cura Mental

MUY íntima es la relación entre la mente y el cuerpo. Cuando una está afectada, el otro simpatiza con ella. La condición de la mente influye en la salud mucho más de lo que generalmente se cree. Muchas enfermedades son el resultado de la depresión mental. Las penas, la ansiedad, el descontento, remordimiento, sentimiento de culpabilidad y desconfianza, menoscaban las fuerzas vitales, y llevan al decaimiento y a la muerte.

Algunas veces la imaginación produce la enfermedad, y es frecuente que la agrave. Muchos hay que llevan vida de inválidos cuando podrían estar buenos si pensaran que lo están.

Muchos se imaginan que la menor exposición del cuerpo les causará alguna enfermedad, y efectivamente el mal sobreviene porque se le espera. Muchos mueren de enfermedades cuya causa es puramente imaginaria.

El valor, la esperanza, la fe, la simpatía y el amor fomentan la salud y alargan la vida. Un espíritu satisfecho y alegre es como salud para el cuerpo y fuerza para el alma. "El corazón alegre es una buena medicina". (Proverbios 17:22, V.M.)

En el tratamiento de los enfermos no debe pasarse por alto el efecto de la influencia ejercida por la mente. Aprovechada debidamente, esta influencia resulta uno de los agentes más eficaces para combatir la enfermedad.

Influencia de una mente sobre otra

Sin embargo, hay una forma de curación mental que es uno de los agentes más eficaces para el mal. Por medio de esta supuesta ciencia, una mente se sujeta a la influencia directiva de otra, de tal manera que la individualidad de la más débil queda sumergida en la de la más fuerte. Una persona pone en acción la voluntad de otra. Sostiénese que así el curso de los pensamientos puede modificarse, que se pueden transmitir impulsos saludables y que es posible capacitar a los pacientes para resistir y vencer la enfermedad.

Este método de curación ha sido empleado por personas que desconocían su verdadera naturaleza y tendencia, y que lo creían útil al enfermo. Pero la así llamada ciencia está fundada en principios falsos. Es ajena a la naturaleza y al espíritu de Cristo. No conduce hacia Aquel que es vida y salvación. El que atrae a las mentes hacia sí las induce a separarse de la verdadera Fuente de su fuerza.

No es propósito de Dios que ser humano alguno someta su mente y su voluntad al gobierno de otro para llegar a ser instrumento pasivo en sus manos. Nadie debe sumergir su individualidad en la de otro. Nadie debe considerar a ser humano alguno como fuente de curación. Sólo debe depender de Dios. En su dignidad varonil, concedida por Dios, debe dejarse dirigir por Dios mismo y no por entidad humana alguna.

Dios quiere poner a los hombres en relación directa consigo mismo. En todo su trato con los seres humanos reconoce el principio de la responsabilidad personal. Procura fomentar el sentimiento de dependencia personal, y hacer sentir la necesidad de la dirección personal. Desea asociar lo humano con lo divino, para que los hombres se transformen en la imagen divina. Satanás procura frustrar este propósito, y se esfuerza en alentar a los hombres a depender de los hombres. Cuando las mentes se desvían de Dios, el tentador puede someterlas a su gobierno, y dominar a la humanidad.

La teoría del gobierno de una mente por otra fue ideada por Satanás, para intervenir como artífice principal y colocar la filosofía humana en el lugar que debería ocupar la filosofía divina. De todos los errores aceptados entre los profesos cristianos, ninguno constituye un engaño más peligroso ni más eficaz para apartar al hombre de Dios. Por muy inofensivo que parezca, si se aplica a los pacientes, tiende a destruirlos y no a restaurarlos. Abre una puerta por donde Satanás entrará a tomar posesión tanto de la mente sometida a la dirección de otra mente como de la que se arroga esta dirección.

Temible es el poder que así se da a hombres y mujeres mal intencionados. ¡Cuántas oportunidades proporciona a los que viven explotando la flaqueza o las locuras ajenas! ¡Cuántos hay, que, merced al dominio que ejercen sobre mentes débiles o enfermizas, encuentran medios para satisfacer sus pasiones licenciosas o su avaricia!

En algo mejor podemos ocuparnos que en dominar la humanidad por la humanidad. El médico debe educar a la gente para que desvíe sus miradas de lo humano y las dirija hacia lo divino. En vez de enseñar a los enfermos a depender de seres humanos para la curación de alma y cuerpo, debe encaminarlos hacia Aquel que puede salvar eternamente a cuantos acuden a él. El que creó la mente del hombre sabe lo que esta mente necesita. Dios es el único que puede sanar. Aquellos cuyas mentes y cuerpos están enfermos han de ver en Cristo al restaurador. "Porque yo vivo —dice—, y vosotros también viviréis". (Juan 14:19.) Esta es la vida que debemos ofrecer a los enfermos, diciéndoles que si creen en Cristo como el restaurador, si cooperan con él, obedeciendo las leyes de la salud y procurando perfeccionar la santidad en el temor de él, les impartirá su vida. Al presentarles así al Cristo, les comunicamos un poder, una fuerza valiosa, procedente de lo alto. Esta es la verdadera ciencia de curar el cuerpo y el alma.

Se necesita mucha sabiduría para tratar las enfermedades causadas por la mente. Un corazón dolorido y enfermo, un espíritu desalentado, necesitan un tratamiento benigno. A veces una honda pena doméstica roe como un cáncer hasta el alma y debilita la fuerza vital. En otros casos el remordimiento por el pecado mina la constitución y desequilibra la mente. La tierna simpatía puede aliviar a esta clase de enfermos. El médico debe primero ganarse su confianza, y después inducirlos a mirar hacia el gran Médico. Si se puede encauzar la fe de estos enfermos hacia el verdadero

Médico, y ellos pueden confiar en que él se encargó de su caso, esto les aliviará la mente, y muchas veces dará salud al cuerpo.

La simpatía

La simpatía y el tacto serán muchas veces de mayor beneficio para el enfermo que el tratamiento más hábil administrado con frialdad e indiferencia. Positivo daño hace el médico al enfermo cuando se le acerca con indiferencia, y lo mira con poco interés, manifestando con palabras u obras que el caso no requiere mucha atención, y después lo deja entregado a sus cavilaciones. La duda y el desaliento ocasionados por su indiferencia contrarrestarán muchas veces el buen efecto de las medicinas que haya recetado.

Si los médicos pudieran ponerse en el lugar de quien tiene el espíritu deprimido y la voluntad debilitada por el padecimiento, y de quien anhela oír palabras de simpatía y confianza, estarían mejor preparados para comprender los sentimientos del enfermo. Cuando el amor y la simpatía que Cristo manifestó por los enfermos se combinen con la ciencia del médico, la sola presencia de éste será una bendición.

La llaneza con que se trate a un paciente le inspira confianza y le es de mucha ayuda para restablecerse. Hay médicos que creen prudente ocultarle al paciente la naturaleza y la causa de su enfermedad. Muchos, temiendo agitar o desalentarle diciéndole la verdad, le ofrecen falsas esperanzas de curación, y hasta le dejarán descender al sepulcro sin avisarle del peligro. Todo esto es imprudente. Tal vez no sea siempre conveniente ni tampoco lo mejor, exponer al paciente toda la gravedad del peligro que le amenaza. Esto podría alarmarle y atrasar o impedir su restablecimiento. Tampoco se les puede decir siempre toda la verdad a aquellos cuyas dolencias son en buena parte imaginarias. Muchas de estas personas no tienen juicio y no se han acostumbrado a dominarse. Tienen antojos y se imaginan muchas cosas falsas respecto de sí mismos y de los demás. Para ellas, estas cosas son reales, y quienes las cuiden necesitan manifestar continua bondad, así como paciencia y tacto incansables. Si a estos pacientes se les dijera la verdad respecto de sí mismos, algunos se darían por ofendidos y otros se desalentarían. Cristo dijo a sus discípulos: "Aún tengo muchas cosas que deciros, mas ahora no las podéis llevar". (Juan 16:12.) Pero si bien la verdad no puede decirse en toda ocasión, nunca es necesario ni lícito engañar. Nunca debe el médico o el enfermero rebajarse al punto de mentir. El que así obre se coloca donde Dios no puede cooperar con él; y al defraudar la confianza de sus pacientes, se priva de una de las ayudas humanas más eficaces para el restablecimiento del enfermo.

El poder de la voluntad no se aprecia debidamente. Mantened despierta la voluntad y encaminadla con acierto, y comunicará energía a todo el ser y constituirá un auxilio admirable para la conservación de la salud. La voluntad es también poderosa en el tratamiento de las enfermedades. Si se la emplea debidamente, podrá gobernar la imaginación y contribuirá a resistir y vencer la enfermedad de

la mente y del cuerpo. Ejercitando la fuerza de voluntad para ponerse en armonía con las leyes de la vida, los pacientes pueden cooperar en gran manera con los esfuerzos del médico para su restablecimiento. Son miles los que pueden recuperar la salud si quieren. El Señor no desea que estén enfermos, sino que estén sanos y sean felices, y ellos mismos deberían decidirse a estar buenos. Muchas veces los enfermizos pueden resistir a la enfermedad, negándose sencillamente a rendirse al dolor y a permanecer inactivos. Sobrepónganse a sus dolencias y emprendan alguna ocupación provechosa adecuada a su fuerza. Mediante esta ocupación y el libre uso de aire y sol, muchos enfermos demacrados podrían recuperar salud y fuerza.

Principios bíblicos acerca de la curación

Para los que quieran recuperar o conservar la salud hay una lección en las palabras de la Escritura: "No os embriaguéis de vino, en lo cual hay disolución; mas sed llenos de Espíritu". (Efesios 5:18.) No es por medio de la excitación o del olvido producidos por estimulantes malsanos y contrarios a la naturaleza, ni por ceder a los apetitos y a las pasiones viles, como se obtendrá verdadera curación o alivio para el cuerpo o el alma. Entre los enfermos hay muchos que están sin Dios y sin esperanza. Sufren de deseos no satisfechos y pasiones desordenadas, así como por la condenación de su propia conciencia; van perdiendo esta vida actual, y no tienen esperanza para la venidera. Los que cuidan a estos enfermos no pueden serles útiles ofreciéndoles satisfacciones frívolas y excitantes, porque estas cosas fueron la maldición de su vida. El alma hambrienta y sedienta seguirá siéndolo mientras trate de encontrar satisfacción en este mundo. Se engañan los que beben de la fuente del placer egoísta. Confunden las risas con la fuerza, y pasada la excitación, concluye también su inspiración y se quedan descontentos y desalentados.

La paz permanente, el verdadero descanso del espíritu, no tiene más que una Fuente. De ella hablaba Cristo cuando decía: "Venid a mí todos los que estáis trabajados y cargados, que yo os haré descansar". (Mateo 11:28.) "La paz os dejo, mi paz os doy: no como el mundo la da, yo os la doy". (Juan 14:27.) Esta paz no es algo que él dé aparte de su persona. Está en Cristo, y no la podemos recibir sino recibiéndole a él.

Cristo es el manantial de la vida. Lo que muchos necesitan es un conocimiento más claro de él; necesitan que se les enseñe con paciencia y bondad, pero también con fervor, a abrir de par en par todo su ser a las influencias curativas del cielo. Cuando el sol del amor de Dios ilumina los oscuros rincones del alma, el cansancio y el descontento pasan, y satisfacciones gratas vigorizan la mente, al par que dan salud y energía al cuerpo.

Estamos en un mundo donde impera el sufrimiento. Dificultades, pruebas y tristezas nos esperan a cada paso mientras vamos hacia la patria celestial. Pero muchos agravan el peso de la vida al cargarse continuamente de antemano con aflicciones. Si encuentran adversidad o desengaño en su camino, se figuran que todo marcha hacia la ruina, que su suerte es la más dura de todas, y que se hunden seguramente en la miseria. Así se atraen la desdicha y arrojan sombras sobre cuanto los rodea. La vida se vuelve una carga para ellos. Pero no es menester que así sea. Tendrán que hacer un esfuerzo resuelto para cambiar el curso de sus pensamientos. Pero el cambio es realizable. Su felicidad, para esta vida y para la venidera, depende de que fijen su atención en cosas alegres. Dejen ya de contemplar los cuadros lóbregos de su imaginación; consideren más bien los beneficios que Dios esparció en su senda, y más allá de éstos, los invisibles y eternos.

Para toda prueba Dios tiene deparado algún auxilio. Cuando, en el desierto, Israel llegó a las aguas amargas de Mara, Moisés clamó al Señor, quien no proporcionó ningún remedio nuevo, sino que dirigió la atención del pueblo a lo que tenía a mano. Para que el agua se volviera pura y dulce, había que echar en la fuente un arbusto que Dios había creado. Hecho esto, el pueblo pudo beber y refrescarse. En toda prueba, si recurrimos a él, Cristo nos dará su ayuda. Nuestros ojos se abrirán para discernir las promesas de curación consignadas en su Palabra. El Espíritu Santo nos enseñará cómo aprovechar cada bendición como antídoto contra el pesar. Encontraremos alguna rama con que purificar las bebidas amargas puestas ante nuestros labios.

No hemos de consentir en que lo futuro con sus dificultosos problemas, sus perspectivas nada halagüeñas, nos debilite el corazón, haga flaquear nuestras rodillas y nos corte los brazos. "Echen mano... de mi fortaleza —dice el Poderoso—, y hagan paz conmigo. ¡Sí, que hagan paz conmigo!" (Isaías 27:5, V.M.) Los que dedican su vida a ser dirigidos por Dios y a servirle, no se verán jamás en situación para la cual él no haya provisto el remedio. Cualquiera que sea nuestra condición, si somos hacedores de su Palabra, tenemos un Guía que nos señale el camino; cualquiera que sea nuestra perplejidad, tenemos un buen Consejero; cualquiera que sea nuestra perplejidad, nuestro pesar, luto o soledad, tenemos un Amigo que simpatiza con nosotros.

Si en nuestra ignorancia damos pasos equivocados, el Salvador no nos abandona. No tenemos nunca por qué sentirnos solos. Los ángeles son nuestros compañeros. El Consolador que Cristo prometió enviar en su nombre mora con nosotros. En el camino que conduce a la ciudad de Dios, no hay dificultades que no puedan vencer quienes en él confían. No hay peligros de que no puedan verse libres. No hay tristeza, ni dolor ni flaqueza humana para la cual él no haya preparado remedio.

Nadie tiene por qué entregarse al desaliento ni a la desesperación. Puede Satanás presentarse a ti, insinuándote despiadadamente: "Tu caso es desesperado. No tienes redención". Hay sin embargo esperanza en Cristo para ti. Dios no nos exige que venzamos con nuestras propias fuerzas. Nos invita a que nos pongamos muy junto a él. Cualesquiera que sean las dificultades que nos abrumen y que opriman alma y cuerpo Dios aguarda para libertarnos.

El que se humanó sabe simpatizar con los padecimientos de la humanidad. No sólo conoce Cristo a cada alma, así como sus necesidades y pruebas particulares, sino que conoce todas las circunstancias que irritan el espíritu y lo dejan perplejo. Tiende su mano con tierna compasión a todo hijo de Dios que sufre. Los que más padecen reciben mayor medida de su simpatía y compasión. Le conmueven nuestros achaques y desea que depongamos a sus pies nuestras congojas y nuestros dolores, y que allí los dejemos.

No es prudente que nos miremos a nosotros mismos y que estudiemos nuestras emociones. Si lo hacemos, el enemigo nos presentará dificultades y tentaciones que debiliten la fe y aniquilen el valor. El fijarnos por demás en nuestras emociones y ceder a nuestros sentimientos es exponernos a la duda y enredarnos en perplejidades. En vez de mirarnos a nosotros mismos, miremos a Jesús.

Cuando las tentaciones os asalten, cuando los cuidados, las perplejidades y las tinieblas parezcan envolver vuestra alma, mirad hacia el punto en que visteis la luz por última vez. Descansad en el amor de Cristo y bajo su cuidado protector. Cuando el pecado lucha por dominar en el corazón, cuando la culpa oprime al alma y carga la conciencia, cuando la incredulidad anubla el espíritu, acordaos de que la gracia de Cristo basta para vencer al pecado y desvanecer las tinieblas. Al entrar en comunión con el Salvador entramos en la región de la paz.

Promesas que curan

"Jehová redime el alma de sus siervos; y no serán asolados cuantos en él confían". (Salmo 34:22.)

"En el temor de Jehová está la fuerte confianza; y esperanza tendrán sus hijos". (Proverbios 14:26.)

"Sión empero ha dicho: ¡Me ha abandonado Jehová, y el Señor se ha olvidado de mí! ¿Se olvidará acaso la mujer de su niño mamante, de modo que no tenga compasión del hijo de sus entrañas? ¡Aun las tales le pueden olvidar; mas no me olvidaré yo de ti!" (Isaías 49:14-16, V.M.)

"No temas, que yo soy contigo, no desmayes, que yo soy tu Dios que te esfuerzo: siempre te ayudaré, siempre te sustentaré con la diestra de mi justicia". (Isaías 41:10.)

"Oídme... los que sois traídos por mí desde el vientre, los que sois llevados desde la matriz. Y hasta la vejez yo mismo, y hasta las canas os soportaré yo: yo hice, yo llevaré, yo soportaré y guardaré". (Isaías 46:3, 4.)

Nada tiende más a fomentar la salud del cuerpo y del alma que un espíritu de agradecimiento y alabanza. Resistir a la melancolía, a los pensamientos y sentimientos de descontento, es un deber tan positivo como el de orar. Si somos destinados para el cielo, ¿cómo podemos portarnos como un séquito de plañideras, gimiendo y lamentándonos a lo largo de todo el camino que conduce a la casa de nuestro Padre?

Los profesos cristianos que están siempre lamentándose y parecen creer que la alegría y la felicidad fueran pecado, desconocen la religión verdadera. Los que sólo se complacen en lo melancólico del mundo natural, que prefieren mirar hojas muertas a cortar hermosas flores vivas, que no ven belleza alguna en los altos montes ni en los valles cubiertos de verde césped, que cierran sus sentidos para no oír la alegre voz que les habla en la naturaleza, música siempre dulce para todo oído atento, los tales no están en Cristo. Se están preparando tristezas y tinieblas, cuando bien pudieran gozar de dicha, y la luz del Sol de justicia podría despuntar en sus corazones llevándoles salud en sus rayos.

Puede suceder a menudo que vuestro espíritu se anuble de dolor. No tratéis entonces de pensar. Sabéis que Jesús os ama. Comprende vuestra debilidad. Podéis hacer su voluntad descansando sencillamente en sus brazos.

Es una ley de la naturaleza que nuestros pensamientos y sentimientos resultan alentados y fortalecidos al darles expresión. Aunque las palabras expresan los pensamientos, éstos a su vez siguen a las palabras. Si diéramos más expresión a nuestra fe, si nos alegrásemos más de las bendiciones que sabemos que tenemos: la gran misericordia y el gran amor de Dios, tendríamos más fe y gozo. Ninguna lengua puede expresar, ninguna mente finita puede concebir la bendición resultante de la debida apreciación de la bondad y el amor de Dios. Aun en la tierra puede ser nuestro gozo como una fuente inagotable, alimentada por las corrientes que manan del trono de Dios.

Enseñemos, pues, a nuestros corazones y a nuestros labios a alabar a Dios por su incomparable amor. Enseñemos a nuestras almas a tener esperanza, y a vivir en la luz que irradia de la cruz del Calvario. Nunca debemos olvidar que somos hijos del Rey celestial, del Señor de los ejércitos. Es nuestro privilegio confiar reposadamente en Dios. "La paz de Dios gobierne en vuestros corazones,... y sed agradecidos". (Colosenses 3:15.) Olvidando nuestras propias dificultades y molestias, alabemos a Dios por la oportunidad de vivir para la gloria de su nombre. Despierten las frescas bendiciones de cada nuevo día la alabanza en nuestro corazón por estos indicios de su cuidado amoroso. Al abrir vuestros ojos por la mañana, dad gracias a Dios por haberos guardado durante la noche. Dadle gracias por la paz con que llena vuestro corazón. Por la mañana, al mediodía y por la noche, suba vuestro agradecimiento hasta el cielo cual dulce perfume.

Cuando se os pregunte cómo os sentís, no os pongáis a pensar en cosas tristes que podáis decir para captar simpatías. No mencionéis vuestra falta de fe ni vuestros pesares y padecimientos. El tentador se deleita al oír tales cosas. Cuando habláis de temas lóbregos, glorificáis al maligno. No debemos espaciarnos en el gran poder que tiene Satanás para vencernos. Muchas veces nos entregamos en sus manos con sólo referirnos a su poder. Conversemos más bien del gran poder de Dios para unir todos nuestros intereses con los suyos. Contemos lo relativo al incomparable poder de Cristo, y hablemos de su gloria. El cielo entero se interesa por nuestra salvación. Los ángeles de Dios, que son millares de millares y millones de millones, tienen la misión de atender a los que han de ser herederos de la salvación. Nos guardan del

mal y repelen las fuerzas de las tinieblas que procuran destruirnos. ¿No tenemos motivos de continuo agradecimiento, aun cuando haya aparentes dificultades en nuestro camino?

Cantad alabanzas

Tributemos alabanza y acción de gracias por medio del canto. Cuando nos veamos tentados, en vez de dar expresión a nuestros sentimientos, entonemos con fe un himno de acción de gracias a Dios.

El canto es un arma que siempre podemos esgrimir contra el desaliento. Abriendo así nuestro corazón a los rayos de luz de la presencia del Salvador, encontraremos salud y recibiremos su bendición.

"Alabad a Jehová, porque es bueno; porque para siempre es su misericordia. Díganlo los redimidos de Jehová, los que ha redimido del poder del enemigo". (Salmo 107:1, 2.)

"Cantadle, cantadle salmos: hablad de todas sus maravillas. Gloriaos en su santo nombre: alégrese el corazón de los que buscan a Jehová". (Salmo 105:2, 3.)

"Porque sació al alma menesterosa, y llenó de bien al alma hambrienta. Los que moraban en tinieblas y sombra de muerte, aprisionados en aflicción y en hierros,... luego que clamaron a Jehová en su angustia, librólos de sus aflicciones. Sacólos de las tinieblas y de la sombra de muerte, y rompió sus prisiones. Alaben la misericordia de Jehová y sus maravillas para con los hijos de los hombres". (Salmo 107:9-15.)

"¿Por qué te abates, oh alma mía, y por qué te conturbas en mí? Espera a Dios; porque aún le tengo de alabar; es él salvamento delante de mí, y el Dios mío". (Salmo 42:11.)

"Dad gracias en todo; porque ésta es la voluntad de Dios para con vosotros en Cristo Jesús". (1 Tesalonicenses 5:18.) Este mandato es una seguridad de que aun las cosas que parecen opuestas a nuestro bien redundarán en beneficio nuestro. Dios no nos mandaría que fuéramos agradecidos por lo que nos perjudicara.

"Jehová es mi luz y mi salvación: ¿de quién temeré? Jehová es la fortaleza de mi vida: ¿de quién he de atemorizarme?... Porque él me esconderá en su tabernáculo en el día del mal; ocultaráme en lo reservado de su pabellón... y yo sacrificaré en su tabernáculo sacrificios de júbilo: Cantaré y salmearé a Jehová". (Salmo 27:1, 5, 6.)

"Resignadamente esperé a Jehová, e inclinóse a mí, y oyó mi clamor. E hízome sacar de un lago de miseria, del lodo cenagoso; y puso mis pies sobre peña, y enderezó mis pasos. Puso luego en mi boca canción nueva, alabanza a nuestro Dios". (Salmo 40:1-3.)

"Jehová es mi fortaleza y mi escudo: en él esperó mi corazón, y fui ayudado; por lo que se gozó mi corazón, y con mi canción le alabaré". (Salmo 28:7.)

Uno de los mayores obstáculos para el restablecimiento de los enfermos es la concentración de su atención en sí mismos. Muchos inválidos se figuran que todos deben otorgarles simpatía y ayuda, cuando lo que necesitan es que su atención se distraiga de sí mismos, para interesarse en los demás.

Muchas veces se solicitan oraciones por los afligidos, los tristes y los desalentados, y esto es correcto. Debemos orar porque Dios derrame luz en la mente entenebrecida, y consuele al corazón entristecido. Pero Dios responde a la oración hecha en favor de quienes se colocan en el canal de sus bendiciones. Al par que rogamos por estos afligidos, debemos animarlos a que hagan algo en auxilio de otros más necesitados que ellos. Las tinieblas se desvanecerán de sus corazones al procurar ayudar a otros. Al tratar de consolar a los demás con el consuelo que hemos recibido, la bendición refluye sobre nosotros.

El capítulo cincuenta y ocho de Isaías es una receta para las enfermedades del cuerpo y el alma. Si deseamos tener salud y el verdadero gozo de la vida, debemos practicar las reglas dadas en este pasaje. Acerca del servicio que agrada a Dios y acerca de las bendiciones que nos reporta, dice el Señor:

"El ayuno que yo escogí... ¿no es que partas tu pan con el hambriento, y a los pobres errantes metas en casa; que cuando vieres al desnudo, lo cubras, y no te escondas de tu carne? Entonces nacerá tu luz como el alba, y tu salud se dejará ver presto; e irá tu justicia delante de ti, y la gloria de Jehová será tu retaguardia. Entones invocarás, y oírte ha Jehová: clamarás, y dirá él: Heme aquí. Si quitares de en medio de ti el yugo, el extender el dedo, y hablar vanidad; y si derramares tu alma al hambriento, y saciares el alma afligida, en las tinieblas nacerá tu luz, y tu oscuridad será como el mediodía; y Jehová te pastoreará siempre, y en las sequías hartará tu alma, y engordará tus huesos;

y serás como huerta de riego, y como manadero de aguas, cuyas aguas nunca faltan". (Isaías 58:7-11.)

Las buenas acciones son una doble bendición, pues aprovechan al que las hace y al que recibe sus beneficios. La conciencia de haber hecho el bien es una de las mejores medicinas para las mentes y los cuerpos enfermos. Cuando el espíritu goza de libertad y dicha por el sentimiento del deber cumplido y por haber proporcionado felicidad a otros, la influencia alegre y reconstituyente que de ello resulta infunde vida nueva al ser entero.

El agradecimiento es factor de salud

Procure el desvalido manifestar simpatía, en vez de requerirla siempre. Echad sobre el compasivo Salvador la carga de vuestra propia flaqueza, tristeza y dolor. Abrid vuestro corazón a su amor, y haced que rebose sobre los demás. Recordad que todos tienen que arrostrar duras pruebas y resistir rudas tentaciones, y que algo podéis hacer para aliviar estas cargas. Expresad vuestra gratitud por las bendiciones de que gozáis: demostrad el aprecio que os merecen las atenciones de que sois objeto. Conservad vuestro corazón lleno de las preciosas promesas de Dios, a fin de que podáis extraer de ese tesoro palabras de consuelo y aliento para el prójimo. Esto os envolverá en una atmósfera provechosa y enaltecedora. Proponeos ser motivo de bendición para los que os rodean, y veréis cómo encontraréis modo de ayudar a vuestra familia y también a otros.

Si los que padecen enfermedad se olvidasen de sí mismos en beneficio de otros; si cumplieran el mandamiento del Señor de atender a los más necesitados que ellos, se percatarían de cuánta verdad hay en la promesa del profeta: "Entonces nacerá tu luz como el alba, y tu salud se dejará ver presto".

En Contacto con la Naturaleza

EL CREADOR escogió para nuestros primeros padres el ambiente más adecuado para su salud y felicidad. No los puso en un palacio, ni los rodeó de adornos y lujo artificiales que tantos hoy se afanan por conseguir. Los colocó en íntimo contacto con la naturaleza, y en estrecha comunión con los santos celestiales.

En el huerto que Dios preparó como morada de sus hijos, hermosos arbustos y delicadas flores halagaban la vista a cada paso. Había árboles de toda clase, muchos de ellos cargados de fragante y deliciosa fruta. En sus ramas entonaban las aves sus cantos de alabanza. Bajo su sombra retozaban las criaturas de la tierra unas con otras sin temor.

Adán y Eva, en su inmaculada pureza, se deleitaban en la contemplación de las bellezas y armonías del Edén. Dios les señaló el trabajo que tenían que hacer en el huerto, que era labrarlo y guardarlo. (Véase Génesis 2:15.) El trabajo cotidiano les proporcionaba salud y contento, y la feliz pareja saludaba con gozo las visitas de su Creador, cuando en la frescura del día paseaba y conversaba con ellos. Cada día Dios les enseñaba nuevas lecciones.

El régimen de vida que Dios señaló a nuestros primeros padres encierra lecciones para nosotros. Aunque el pecado haya echado sus sombras sobre la tierra, Dios quiere que sus hijos encuentren deleite en las obras que hizo. Cuanto más estrictamente se conforme el hombre con el régimen del Creador, tanto más maravillosamente obrará Dios para restablecer la humanidad doliente. Es preciso colocar a los enfermos en íntimo contacto con la naturaleza. La vida al aire libre en un ambiente natural hará milagros en beneficio de muchos enfermos desvalidos y casi desahuciados.

El ruido, la agitación y la confusión de las ciudades, su vida reprimida y artificial, cansan y agotan a los enfermos. El aire cargado de humo y de polvo, viciado por gases deletéreos y saturado de gérmenes morbosos, es un peligro para la vida. Los enfermos, los más de ellos encerrados entre cuatro paredes, se sienten casi presos en sus aposentos. A sus miradas no se ofrecen más que casas, calles y muchedumbres presurosas, y tal vez ni siquiera una vislumbre del cielo azul, ni un rayo de sol, ni hierba ni flor ni árbol. Así encerrados, cavilan en sus padecimientos y aflicciones, y llegan a ser presa de sus tristes pensamientos.

Para los que son moralmente débiles, las ciudades encierran muchos peligros. En ellas, los pacientes que han de reprimir sus apetitos morbosos se ven continuamente expuestos a la tentación. Necesitan trasladarse a un ambiente nuevo, donde el curso de sus pensamientos cambiará; necesitan ser expuestos a influencias diferentes en absoluto de las que hicieron naufragar su vida. Aléjeselos por algún tiempo de esas influencias que los apartaban de Dios, y póngaselos en una atmósfera más pura.

Las instituciones para el cuidado de los enfermos tendrían mucho mayor éxito si pudieran establecerse fuera de las ciudades. En cuanto sea posible, todos los que quieren recuperar la salud deben ir al campo a gozar de la vida al aire libre. La naturaleza es el médico de Dios. El aire puro, la alegre luz del sol, las flores y los árboles, los huertos y los viñedos, el ejercicio al aire libre, en medio de estas bellezas, favorecen la salud y la vida.

Los médicos y los enfermeros deben animar a sus pacientes a pasar mucho tiempo al aire libre, que es el único remedio que necesitan muchos enfermos. Tiene un poder admirable para curar las enfermedades causadas por la agitación y los excesos de la vida moderna, que debilita y aniquila las fuerzas del cuerpo la mente y el alma.

Para los enfermos cansados de la vida en la ciudad, del deslumbramiento de tantas luces y del ruido de las calles, ¡cuán grata será la calma y la libertad del campo! ¡Con cuánto anhelo contemplarían las escenas de la naturaleza! ¡Qué placer les daría sentarse al aire libre, gozar del sol y respirar la fragancia de árboles y flores! Hay propiedades vivificantes en el bálsamo del pino, en la fragancia del cedro y del abeto, y otros árboles tienen también propiedades que restauran la salud.

Ventajas del campo

Para los enfermos crónicos nada hay tan eficaz para devolver la salud y la felicidad como vivir entre las bellezas del campo. Allí los más desvalidos pueden sentarse o acostarse al sol o a la sombra de los árboles. Con sólo alzar los ojos ven el hermoso follaje. Una dulce sensación de quietud y de refrigerio se apodera de ellos al oír el susurro de las brisas. El espíritu desfalleciente revive. La fuerza ya menguada se restaura. Inconscientemente el ánimo se apacigua, el pulso febril vuelve a su condición normal. Conforme se van fortaleciendo, los enfermos se arriesgan a dar unos pasos para arrancar algunas de las bellas flores, preciosas mensajeras del amor de Dios para con su afligida familia terrenal.

Hay que idear planes para mantener a los enfermos al aire libre. A los que pueden trabajar, proporcióneseles alguna ocupación fácil y agradable. Muéstreseles cuán placentero y útil es el trabajo hecho de puertas afuera.

Anímeseles a respirar el aire fresco. Enséñeseles a respirar hondamente y ejercitar los músculos abdominales para respirar y al hablar. Esta educación es de valor incalculable.

El ejercicio al aire libre debería recetarse como necesidad vivificante; y para semejante ejercicio no hay nada mejor que el cultivo del suelo. Déseles a los pacientes unos cuadros de flores que cuidar, o algún trabajo que hacer en el vergel o en la huerta. Al ser alentados a dejar sus habitaciones y pasar una parte de su tiempo al aire libre, cultivando flores o haciendo algún trabajo liviano y agradable, dejarán de pensar en sí mismos y en sus dolencias.

Cuanto más tiempo esté el paciente afuera, menos cuidados exigirá. Cuanto más alegre sea la atmósfera en que se encuentre, más esperanzado estará. Por muy elegantemente amueblada que esté la casa, al estar encerrado en ella se volverá irritable y sombrío. Ponedle en medio de las bellezas de la naturaleza, donde pueda ver crecer las flores y oír cantar a los pajarillos, y su corazón prorrumpirá en cantos que armonicen con los de las aves. Su cuerpo y su mente obtendrán alivio. La inteligencia se le despertará, la imaginación se le avivará, y su mente quedará preparada para apreciar la belleza de la Palabra de Dios.

Siempre es posible encontrar en la naturaleza algo que distraiga la atención de los enfermos de sí mismos, y la dirija hacia Dios. Rodeados de las obras maravillosas del Creador, los enfermos sentirán elevarse su mente desde las cosas visibles hasta las invisibles. La belleza de la naturaleza los inducirá a pensar en el hogar celestial, donde no habrá nada que altere la hermosura, nada que manche ni destruya, nada que acarree enfermedad o muerte.

Sepan los médicos y enfermeros sacar de la naturaleza lecciones que revelen a Dios. Dirijan la atención de sus pacientes hacia Aquel cuya mano hizo los altos árboles, la hierba y las flores, aliéntenlos a ver en cada yema y capullo una expresión de su amor hacia sus hijos. El que cuida de las aves y de las flores cuidará también de los seres formados a su propia imagen.

Al aire libre, entre las obras de Dios y respirando el aire fresco y tónico, será más fácil hablar a los enfermos acerca de la vida nueva en Cristo. Allí se les puede leer la Palabra de Dios. Allí puede la luz de la justicia de Cristo brillar en corazones entenebrecidos por el pecado.

Hombres y mujeres que necesiten curación física y espiritual serán puestos así en relación con personas cuyas palabras y actos los atraigan a Cristo. Serán puestos bajo la influencia del gran Médico misionero que puede sanar el alma y el cuerpo. Oirán contar la historia del amor manifestado por el Salvador y del perdón concedido gratuitamente a cuantos acuden a él confesando sus pecados.

Bajo tales influencias, muchos pacientes serán llevados al camino de la vida. Los ángeles celestiales cooperan con los agentes humanos para infundir aliento, esperanza, gozo y paz en los corazones de los enfermos y dolientes. En tales condiciones los enfermos reciben doble bendición, y muchos encuentran la salud. El paso débil recobra su elasticidad y la mirada su brillo. El desesperado vuelve a la esperanza. El semblante desanimado reviste expresión de gozo. La voz quejumbrosa se torna alegre y satisfecha.

Al recobrar la salud física, hombres y mujeres son más capaces de ejercer aquella fe en Cristo que asegura la salud del alma. El saber que los pecados están perdonados proporciona paz, gozo y descanso inefables. La esperanza anublada del cristiano se despeja. Las palabras expresan entonces la convicción de que "Dios es nuestro amparo y fortaleza, nuestro pronto auxilio en las tribulaciones". (Salmo 46:1.) "Aunque ande en valle de sombra de muerte, no temeré mal alguno; porque tú estarás conmigo: tu vara y tu cayado me infundirán aliento". (Salmo 23:4.) "El da esfuerzo al cansado, y multiplica las fuerzas al que no tiene ningunas". (Isaías 40:29.)

Higiene General

EL CONOCIMIENTO de que el hombre ha de ser templo de Dios, una habitación para revelar su gloria, debe ser el mayor incentivo para el cuidado y desarrollo de nuestras facultades físicas. Asombrosa y maravillosamente formó Dios el cuerpo humano, y nos manda que lo estudiemos, que nos demos cuenta de sus necesidades, que hagamos cuanto esté de nuestra parte para preservarlo de daño y contaminación.

La circulación de la sangre

Para tener buena salud, debemos tener buena sangre, pues la sangre es la corriente de la vida. Repara los desgastes y nutre el cuerpo. Provista de los elementos convenientes y purificada y vitalizada por el contacto con el aire puro, da vida y vigor a todas las partes del organismo. Cuanto más perfecta sea la circulación, mejor cumplida quedará aquella función.

A cada latido del corazón, la sangre debe fluir rápida y fácilmente por todas partes del cuerpo. Su circulación no debe ser entorpecida por ropas o ligaduras apretadas, ni por insuficiente abrigo en las extremidades. Todo lo que dificulta la circulación detiene la sangre en los órganos vitales y produce congestión. Esto provoca dolor de cabeza, tos, palpitaciones cardíacas o indigestión.

La respiración

Para tener buena sangre, debemos respirar bien. Las inspiraciones hondas y completas de aire puro, que llenan los pulmones de oxígeno, purifican la sangre, le dan brillante coloración, y la impulsan, como corriente de vida, por todas partes del cuerpo. La buena respiración calma los nervios, estimula el apetito, hace más perfecta la digestión, y produce sueño sano y reparador.

Hay que conceder a los pulmones la mayor libertad posible. Su capacidad se desarrolla mediante el libre funcionamiento; pero disminuye si se los tiene apretados y comprimidos. De ahí los malos efectos de la costumbre tan común, principalmente en las ocupaciones sedentarias, de encorvarse al trabajar. En esta posición es imposible respirar hondamente. La respiración superficial se vuelve pronto un hábito, y los pulmones pierden la facultad de dilatarse. Se produce un efecto semejante al apretarse el corsé. No se da entonces espacio suficiente a la parte inferior del pecho; los músculos abdominales, destinados a ayudar a la respiración, no tienen libre juego, y se limita la acción de los pulmones.

Así se recibe una cantidad insuficiente de oxígeno. La sangre se mueve perezosamente. Los productos tóxicos del desgaste, que deberían ser eliminados por la espiración, quedan dentro del cuerpo y corrompen la sangre. No sólo los pulmones, sino el estómago, el hígado y el cerebro, quedan afectados. La piel se pone cetrina, la digestión se retarda, se deprime el corazón, se anubla el cerebro, los pensamientos se vuelven confusos, se entenebrece el espíritu, el organismo entero queda deprimido e inactivo y particularmente expuesto a la enfermedad.

Los pulmones eliminan continuamente impurezas, y necesitan una provisión constante de aire puro. El aire impuro no proporciona la cantidad necesaria de oxígeno, y entonces la sangre pasa por el cerebro y demás órganos sin haber sido vivificada. De ahí que resulte indispensable una ventilación completa. Vivir en aposentos cerrados y mal ventilados, donde el aire está viciado, debilita el organismo entero, que se vuelve muy sensible al frío y enferma a la menor exposición al aire. La reclusión en las habitaciones es lo que torna pálidas y débiles a muchas mujeres. Respiran y vuelven a respirar el mismo aire viciado, hasta recargarlo de materias tóxicas expelidas por los pulmones y los poros, y las impurezas regresan así a la sangre.

Ventilación y sol

En la construcción de edificios de utilidad pública o en los destinados a viviendas, urge asegurar buena ventilación y mucho sol. Las iglesias y las escuelas adolecen muchas veces de deficiencia en este respecto. A la falta de ventilación se debe una gran parte de la somnolencia y pesadez que contrarrestan el efecto de muchos sermones y hacen enojosa e ineficaz la tarea del maestro.

En cuanto sea posible, todo edificio destinado a servir de habitación humana debe construirse en paraje elevado y de fácil desagüe. Esto asegurará un solar seco, y evitará el peligro de las enfermedades debidas a la humedad y los miasmas. A este asunto se le suele dar muy poca atención. Con frecuencia la humedad y el aire viciado de los solares bajos y encharcados ocasionan quebrantos de salud, enfermedades graves y defunciones.

En la construcción de casas es de gran importancia asegurar completa ventilación y mucho sol. Haya circulación de aire y mucha luz en cada pieza de la casa. Los dormitorios deben estar dispuestos de tal modo que el aire circule por ellos día y noche. Ningún cuarto es adecuado para servir como dormitorio a menos que pueda abrirse de par en par cada día para dar acceso al aire y a la luz del sol. En muchos países los dormitorios necesitan calefacción, de modo que puedan quedar calientes y secos en tiempo frío y húmedo.

El cuarto de huéspedes debe recibir tanta atención como las demás piezas dispuestas para el uso constante. Como los demás dormitorios, debe tener aire y sol, y medios de calefacción para secar la humedad de que adolece todo cuarto que no está en uso constante. El que duerme en un cuarto sin sol, o que ocupa una cama que no esté bien seca y aireada, arriesga su salud y acaso su vida.

Al construir la casa, muchos cuidan de disponer sitio para plantas y flores. El invernáculo o el lugar que se les dedica está abrigado y asoleado, pues sin calor, aire y sol, las plantas no pueden vivir. Si estas condiciones son necesarias para la vida de las plantas, ¡cuánto más lo serán para nuestra salud y para la de nuestras familias y huéspedes!

Si queremos que nuestras casas sean moradas de salud y de dicha,
tenemos que situarlas en lugar alto, fuera del alcance de los miasmas y las neblinas de las tierras bajas, y permitir que entren libremente en ellas los agentes vivificantes del cielo. No haya pesadas cortinas, ni enredaderas que, por muy hermosas que sean, hagan sombra a las ventanas; ábranse éstas y sus persianas, y no se deje que crezcan árboles tan cerca de la casa que quiten la luz del sol. El sol podrá ajar cortinas y alfombras y deslucir los marcos de los cuadros; pero en cambio hermoseará con los colores de la salud las mejillas de los niños.

Quienes hayan de cuidar ancianos deben recordar que éstos, más que nadie, necesitan cuartos abrigados y cómodos. Con los años, el vigor declina y mengua la fuerza vital con que resistir a las influencias malsanas. De ahí que sea tan necesario proporcionar a las personas de edad mucha luz y mucho aire puro.

La limpieza escrupulosa es esencial para la salud del cuerpo y de la mente. El cuerpo elimina continuamente impurezas por conducto de la piel, cuyos millones de poros se obstruyen pronto con la acumulación de desechos si no se la limpia por medio de frecuentes baños. Entonces las impurezas que debieran evacuarse por la piel sobrecargan los demás órganos de eliminación.

A muchas personas les aprovecharía un baño frío o tibio cada día, por la mañana o por la noche. En vez de aumentar la propensión a resfriarse, el baño, tomado debidamente, fortalece contra el frío, pues estimula la circulación. La sangre es atraída a la superficie, de modo que circula con mayor facilidad, y vigoriza tanto el cuerpo como la mente. Los músculos se vuelven más flexibles, la inteligencia más aguda. El baño calma los nervios. Ayuda a los intestinos, al estómago y al hígado, y favorece la digestión.

Importa también que la ropa esté siempre limpia. Las prendas de vestir que se llevan puestas absorben los desechos que el cuerpo elimina por los poros, y si no se mudan y lavan con frecuencia, el cuerpo volverá a absorber todas esas impurezas.

Cualquier forma de desaseo fomenta la enfermedad. Los gérmenes mortíferos abundan en los rincones oscuros y descuidados, en los desechos pútridos, en la humedad y el moho. No se toleren cerca de la casa los desperdicios de verduras ni los montones de hojas caídas que se pudren y vician el aire. No debe haber tampoco dentro de la casa cosas sucias o descompuestas.

En ciudades consideradas completamente sanas, más de una epidemia de fiebre se debió a sustancias pútridas toleradas alrededor de la casa de algún propietario negligente.

La limpieza perfecta, la abundancia de sol, la cuidadosa atención a las condiciones sanitarias de todo detalle de la vida doméstica, son esenciales para librarse de las enfermedades y para alegrar y vigorizar a los que vivan en la casa.

La Higiene entre los Israelitas

EN LA enseñanza que Dios dio a Israel, la conservación de la salud fue objeto de particular cuidado. El pueblo que había salido de la esclavitud contagiado por los hábitos de desaseo contrarios a la salud, que aquélla suele engendrar, recibió estricta educación en el desierto antes de entrar en Canaán. Se le enseñaron los principios de la higiene y se le sometió a leyes sanitarias.

Prevención de la enfermedad

No sólo en su servicio religioso, sino en todos los asuntos de la vida diaria observaban los israelitas la distinción entre lo puro y lo impuro.

Todo aquel que tuviese algo que ver con enfermedades contagiosas e infecciosas quedaba aislado del campamento y no se le permitía volver sin previa purificación de su persona y su ropa. En caso de enfermedad infecciosa, se había de hacer lo siguiente:

"Toda cama en que se acostare [el enfermo]... será inmunda; y toda cosa sobre que se sentare, inmunda será. Y cualquiera que tocare a su cama, lavará sus vestidos; lavaráse también a sí mismo con agua, y será inmundo hasta la tarde. Y el que se sentare sobre aquello en que se hubiere sentado... lavará sus vestidos, se lavará también a sí mismo con agua, y será inmundo hasta la tarde. Asimismo el que tocare la carne del [enfermo]... lavará sus vestidos, y a sí mismo se lavará con agua, y será inmundo hasta la tarde... Y cualquiera que tocare cualquiera cosa que haya estado debajo de él, será inmundo hasta la tarde; y el que la llevare lavará sus vestidos, y después de lavarse con agua, será inmundo hasta la tarde. Y todo aquel a quien tocare... y no lavare con agua sus manos, lavará sus vestidos, y a sí mismo se lavará con agua, y será inmundo hasta la tarde. Y la vasija de barro en que tocare... será quebrada; y toda vasija de madera será lavada con agua". (Levítico 15:4-12.)

La ley respecto a la lepra es otra demostración del esmero con que debían cumplirse estas leyes: "Todo el tiempo que la llaga estuviere en él [el leproso], será inmundo; estará impuro: habitará solo; fuera del real será su morada. Y cuando en el vestido hubiere plaga de lepra, en vestido de lana, o en vestido de lino, o en estambre o en trama, de lino o de lana, o en piel, o en cualquiera obra de piel,... el sacerdote mirará la plaga... Y si hubiere cundido la plaga en el vestido, o estambre, o en la trama, o en piel, o en cualquiera obra que se hace de pieles, lepra roedora es la plaga; inmunda será. Será quemado el vestido, o estambre o trama, de lana o de lino, o cualquiera obra de pieles en que hubiere tal plaga; porque lepra roedora es: al fuego será quemada". (Levítico 13:46-52.)

El aseo

Así también, si una casa amenazaba ruina, había que demolerla. El sacerdote "derribará, por tanto, la tal casa, sus piedras, y sus maderos, y toda la mezcla de la casa, y lo sacará fuera de la ciudad a lugar inmundo. Y cualquiera que entrare en aquella casa todos los días que la mandó cerrar, será inmundo hasta la tarde. Y el que durmiere en aquella casa, lavará sus vestidos; también el que comiere en la casa, lavará sus vestidos". (Levítico 14:45-47.)

En forma impresionante se recalcó cuán necesario era el aseo personal. Antes de reunirse al pie del Sinaí para escuchar la proclamación de la ley por la voz de Dios, el pueblo hubo de lavar sus personas y ropas. La violación de esta orden debía castigarse con la pena de muerte. Ninguna impureza podía tolerarse en presencia de Dios.

Durante su estada en el desierto, los israelitas vivieron casi siempre al aire libre, donde las impurezas tenían efecto menos dañino que entre los que viven en casas cerradas. Pero la más estricta atención a la limpieza se exigía dentro y fuera de las tiendas. No se toleraba ningún desecho dentro o fuera del campamento. El Señor había dicho:

"Jehová tu Dios anda por medio de tu campo, para librarte y entregar tus enemigos delante de ti; por tanto será tu real santo". (Deuteronomio 23:14.)

El régimen alimentario

La distinción entre lo puro y lo impuro se aplicaba también al régimen alimentario:

"Yo Jehová vuestro Dios, que os he apartado de los pueblos. Por tanto vosotros haréis diferencia entre animal limpio e inmundo, y entre ave inmunda y limpia: y no ensuciéis vuestras personas en los animales, ni en las aves, ni en ninguna cosa que va arrastrando por la tierra, las cuales os he apartado por inmundas". (Levítico 20:24, 25.)

Muchos alimentos que los paganos comían con toda libertad les estaban prohibidos a los israelitas. Y la prohibición no era arbitraria, pues se trataba de manjares nocivos, y el hecho de que eran declarados inmundos enseñaba que tales manjares contaminan. Lo que corrompe el cuerpo tiende a corromper el alma. El que lo consume va quedando por ello inhabilitado para tener comunión con Dios y para rendirle un servicio elevado y santo.

En la tierra prometida, la disciplina que había principiado en el desierto continuó en circunstancias favorables a la formación de buenos hábitos. El pueblo no vivía apiñado en ciudades, sino que cada familia poseía su parcela de tierra y esto aseguraba a todos las vivificantes bendiciones de una vida pura y conforme a la naturaleza.

Respecto a las prácticas crueles y licenciosas de los cananeos, desposeídos por Israel, dijo el Señor:

"No andéis en las prácticas de la gente que yo echaré de delante de vosotros: porque ellos hicieron todas estas cosas, y los tuve en abominación". (Levítico 20:23.) "Y no meterás abominación en tu casa, porque no seas anatema como ello". (Deuteronomio 7:26.)

En todos los asuntos de su vida diaria, los israelitas recibieron la lección que el Espíritu Santo da en el pasaje siguiente:

"¿No sabéis que sois templo de Dios, y que el Espíritu de Dios mora en vosotros? Si alguno violare el templo de Dios, Dios destruirá al tal: porque el templo de Dios, el cual sois vosotros, santo es". (1 Corintios 3:16, 17.)

La alegría

"El corazón alegre es una buena medicina". (Proverbios 17:22, V.M.) El agradecimiento, la alegría, la benevolencia, la confianza en el amor y en el cuidado de Dios, constituyen la mayor salvaguardia de la salud. Para los israelitas debían ser el principio fundamental de la vida.

Los tres viajes anuales para asistir a las fiestas de Jerusalén, la estada de una semana en cabañas durante la fiesta de los tabernáculos, eran oportunidades para descansar fuera de casa y cultivar la vida social. Esas fiestas eran ocasiones de regocijo aun más endulzado y enternecido por la circunstancia de que en dichas fiestas se daba hospitalaria acogida al extranjero, al levita y al pobre.

"Te alegrarás con todo el bien que Jehová tu Dios te hubiere dado a ti y a tu casa, tú y el Levita, y el extranjero que está en medio de ti". (Deuteronomio 26:11.)

Así también, en tiempos posteriores, cuando en Jerusalén se leyó la ley de Dios a los cautivos vueltos de Babilonia, y cuando el pueblo lloraba sus transgresiones, se pronunciaron palabras de misericordia:

"No os entristezcáis... Id, comed grosuras, y bebed vino dulce, y enviad porciones a los que no tienen prevenido; porque día santo es a nuestro Señor: y no os entristezcáis, porque el gozo de Jehová es vuestra fortaleza". (Nehemías 8:9, 10.)

Y este mensaje fue publicado y proclamado "por todas sus ciudades y por Jerusalem, diciendo: Salid al monte, y traed ramos de oliva, y ramos de pino, y ramos de arrayán, y ramos de palmas, y ramos de todo árbol espeso, para hacer cabañas como está escrito. Salió pues el pueblo, y trajeron, e hiciéronse cabañas, cada uno sobre su terrado, y en sus patios, y en los patios de la casa de Dios, y en la plaza de la puerta de las Aguas, y en la plaza de la puerta de Ephraim. Y toda la congregación que volvió de la cautividad hicieron cabañas, y en cabañas habitaron... Y hubo alegría muy grande". (Vers. 15-17.)

Dios dio a Israel instrucciones acerca de los principios esenciales para la salud física y moral, y tanto respecto a éstos como a los referentes a la ley moral el Señor les mandó lo siguiente:

"Estas palabras que yo te mando hoy, estarán sobre tu corazón: y las repetirás a tus hijos, y hablarás de ellas estando en tu casa, y andando por el camino, y al acostarte, y cuando te levantes: y has de atarlas por señal en tu mano, y estarán por frontales entre tus ojos: y las escribirás en los postes de tu casa, y en tus portadas". (Deuteronomio 6:6-9.)

"Cuando mañana te preguntare tu hijo, diciendo: ¿qué significan los testimonios, y estatutos, y derechos que Jehová nuestro Dios os mandó? Entonces dirás a tu hijo:... Mandónos Jehová que ejecutásemos todos estos estatutos, y que temamos a Jehová nuestro Dios, porque nos vaya bien todos los días y para que nos dé vida, como hoy". (Vers. 20, 21, 24.)

Si los israelitas hubiesen obedecido las instrucciones recibidas y aprovechado sus ventajas, hubieran dado al mundo una verdadera lección objetiva de salud y prosperidad. Si como pueblo hubieran vivido conforme al plan de Dios, habrían sido preservados de las enfermedades que afligían a las demás naciones. Más que ningún otro pueblo, hubieran tenido fuerza física e intelectual. Habrían sido la nación más poderosa del mundo. Dios había dicho:

"Bendito serás más que todos los pueblos". (Deuteronomio 7:14.)

"Jehová te ha ensalzado hoy para que le seas su peculiar pueblo, como él te lo ha dicho, y para que guardes todos sus mandamientos; y para ponerte alto sobre todas las gentes que hizo, para loor, y fama, y gloria; y para que seas pueblo santo a Jehová tu Dios, como él ha dicho". (Deuteronomio 26:18, 19.)

"Y vendrán sobre ti todas estas bendiciones, y te alcanzarán, cuando oyeres la voz de Jehová tu Dios. Bendito serás tú en la ciudad, y bendito tú en el campo. Bendito el fruto de tu vientre, y el fruto de tu bestia, la cría de tus vacas, y los rebaños de tus ovejas. Bendito tu canastillo y tus sobras. Bendito serás en tu entrar, y bendito en tu salir". (Deuteronomio 28:2-6.)

"Enviará Jehová contigo la bendición en tus graneros, y en todo aquello en que pusieres tu mano; y te bendecirá en la tierra que Jehová tu Dios te da. Confirmarte ha Jehová por pueblo suyo santo, como te ha jurado, cuando guardares los mandamientos de Jehová tu Dios, y anduvieres en sus caminos. Y verán todos los pueblos de la tierra que el nombre de Jehová es llamado sobre ti, y te temerán. Y te hará Jehová sobreabundar en bienes, en el fruto de tu vientre, y en el fruto de tu bestia, y en el fruto de tu tierra, en el país que juró Jehová a tus padres que te había de dar. Abrirte ha Jehová su buen depósito, el cielo, para dar lluvia a tu tierra en su tiempo, y para bendecir toda obra de tus manos... Y te pondrá Jehová por cabeza, y no por cola: y estarás encima solamente, y no estarás debajo; cuando obedecieres a los mandamientos de Jehová tu Dios, que yo te ordeno hoy, para que los guardes y cumplas". (Vers. 8-13.)

Al sumo sacerdote Aarón y a sus hijos se les dio la instrucción siguiente:

"Así bendeciréis a los hijos de Israel, diciéndoles:

"Jehová te bendiga, y te guarde: haga resplandecer Jehová su rostro sobre ti, y haya de ti misericordia: Jehová alce a ti su rostro, y ponga en ti paz. Y pondrán mi nombre sobre los hijos de Israel, y yo los bendeciré". (Números 6:23-27.)

"Como tus días tu fortaleza. No hay como el Dios de Jeshurún, montado sobre los cielos para tu ayuda, y sobre las nubes con su grandeza. El eterno Dios es tu refugio, y acá abajo los brazos eternos,... Israel fuente de Jacob, habitará confiado solo en tierra de grano y de vino: también sus cielos destilarán rocío. Bienaventurado tú, oh Israel, ¿quién como tú, pueblo salvo por Jehová, escudo de tu socorro, y espada de tu excelencia?" (Deuteronomio 33:25-29.)

Los israelitas no cumplieron el propósito de Dios, y por tanto no recibieron las bendiciones que hubieran podido ser suyas. Pero en José y Daniel, en Moisés y Eliseo, y en otros muchos, tenemos nobles ejemplos de los resultados del verdadero plan de vida. La misma fidelidad producirá hoy los mismos resultados. Para nosotros fue escrito:

"Mas vosotros sois linaje escogido, real sacerdocio, gente santa, pueblo adquirido, para que anunciéis las virtudes de aquel que os ha llamado de las tinieblas a su luz admirable". (1 Pedro 2:9.)

"Bendito el varón que se fía en Jehová y cuya confianza es Jehová". (Jeremías 17:7.)

"El justo florecerá como la palma: crecerá como cedro en el Líbano. Plantados en la casa de Jehová, en los atrios de nuestro Dios florecerán. Aun en la vejez fructificarán; estarán vigorosos y verdes". (Salmo 92:12-14.)

"Tu corazón guarde mis mandamientos: porque largura de días, y años de vida y paz te aumentarán... Entonces andarás por tu camino confiadamente, y tu pie no tropezará. Cuando te acostares, no tendrás temor; antes te acostarás, y tu sueño será suave. No tendrás temor de pavor repentino, ni de la ruina de los impíos cuando viniere: porque Jehová será tu confianza, y él preservará tu pie de ser preso". (Proverbios 3:1, 2, 23-26.)

El Vestido

LA BIBLIA nos enseña la modestia en el vestir. "Asimismo, que asistan las mujeres en traje modesto, adornándose con recato y sobriedad". (1 Timoteo 2:9, V.M.) Este pasaje prohíbe la ostentación en el vestir, los colores chillones, los adornos profusos. Todo medio destinado a llamar la atención hacia la persona así vestida, o a despertar la admiración, queda excluido de la modesta indumentaria prescrita por la Palabra de Dios.

Nuestro modo de vestir debe ser de poco costo; no con "oro, o perlas, o vestidos costosos". (1 Timoteo 2:9.)

El dinero es un depósito que Dios nos ha confiado. No es nuestro para gastarlo en cosas que halaguen nuestro orgullo o ambición. En manos de los hijos de Dios el dinero es alimento para los hambrientos y ropa para los desnudos. Es defensa para los oprimidos, recurso de salud para los enfermos y un medio para predicar el Evangelio a los pobres. Se podría dar felicidad a muchos corazones mediante el prudente uso de los recursos que ahora se gastan para la ostentación. Considerad la vida de Cristo. Estudiad su carácter y compartid su abnegación.

En la sociedad llamada cristiana se gasta en joyas y en vestidos inútilmente costosos lo que bastaría para dar de comer a todos los hambrientos y vestir a los desnudos. La moda y la ostentación absorben los recursos con que se podría consolar y aliviar a los pobres y enfermos. Privan al mundo del Evangelio del amor de Cristo. Las misiones languidecen. Las muchedumbres perecen por falta de enseñanza cristiana. A nuestras puertas y en el extranjero los paganos quedan sin educación y se pierden. Frente al hecho de que Dios llenó la tierra con su liberalidad, hinchió sus depósitos con las comodidades de la vida y nos dio gratuitamente el conocimiento salvador de su verdad, ¿qué disculpa alegaremos por permitir que asciendan al cielo los clamores de la viuda y del huérfano, de los enfermos y los que padecen, de los ignorantes y los perdidos? En el día de Dios, al estar cara a cara con Aquel que dio su vida por estos necesitados, ¿qué disculpa aducirán los que hoy malgastan tiempo y dinero en culpables satisfacciones que Dios prohibió? ¿No les dirá Cristo: "Tuve hambre, y no me disteis de comer; tuve sed, y no me disteis de beber; fui… desnudo, y no me cubristeis; enfermo, y en la cárcel, y no me visitasteis"? (Mateo 25:42, 43.)

Pero nuestra indumentaria, si bien modesta y sencilla, debe ser de buena calidad, de colores decentes, y apropiada para el uso. Deberíamos escogerla por su durabilidad más bien que para la ostentación. Debe proporcionarnos abrigo y protección adecuada. La mujer prudente descrita en los Proverbios "no tendrá temor de la nieve por su familia, porque toda su familia está vestida de ropas dobles". (Proverbios 31:21.)

Nuestra ropa debe estar limpia. El desaseo en el vestir es contrario a la salud y, por tanto, perjudicial para el cuerpo y el alma. "¿No sabéis que sois templo de Dios?... Si alguno violare el templo de Dios, Dios destruirá al tal". (1 Corintios 3:16, 17.)

En todos respectos debemos vestir conforme a la higiene. "Sobre todas las cosas", Dios quiere que tengamos salud tanto del cuerpo como del alma. Debemos colaborar con Dios para asegurar esa salud. En ambos sentidos nos beneficia la ropa saludable.

Esta debe tener la donosura, belleza y la idoneidad de la sencillez. Cristo nos previno contra el orgullo de la vida, pero no contra su gracia y belleza natural. Dirige nuestra atención a las flores del campo, a los lirios de tan significativa pureza, y dice: "Ni aun Salomón con toda su gloria fue vestido así como uno de ellos". (Mateo 6:29.) Por medio de las cosas de la naturaleza, Cristo nos enseña cuál es la belleza que el cielo aprecia, la gracia modesta, la sencillez, la pureza, la corrección que harán nuestro atavío agradable a Dios.

El vestido más hermoso es el que nos manda llevar como adorno del alma. No hay atavío exterior que pueda compararse en valor y en belleza con aquel "espíritu agradable y pacífico" que en su opinión es "de grande estima". (1 Pedro 3:4.)

Para quienes hacen de los principios del Salvador la guía de su vida, ¡cuán preciosas son sus promesas!

"Y por el vestido, ¿por qué os congojáis?... Y si la hierba del campo que hoy es, y mañana es echada en el horno, Dios la viste así, ¿no hará mucho más a vosotros?... No os congojéis pues, diciendo:... ¿Con qué nos cubriremos?... que vuestro Padre celestial sabe que de todas estas cosas habéis menester. Mas buscad primeramente el reino de Dios y su justicia, y todas estas cosas os serán añadidas". (Mateo 6:28, 30-33.)

"Tú le guardarás en completa paz, cuyo pensamiento en ti persevera; porque en ti se ha confiado". (Isaías 26:3.)

¡Cómo contrasta esto con el cansancio, la inquietud, la enfermedad y la desdicha que resultan del despotismo de la moda! ¡Cuán contrarias a los principios consignados en las Escrituras son muchas de las confecciones impuestas por la moda! Pensad en los estilos que han prevalecido en los últimos siglos o aun en las últimas décadas. ¡Cuántos de ellos, si no hubieran sido impuestos por la moda, nos parecerían indecorosos! ¡Cuántos nos parecerían impropios de una mujer refinada, temerosa de Dios y respetuosa de sí misma!

Los cambios introducidos en la indumentaria, meramente por causa de la moda, no son sancionados por la Palabra de Dios. Los cambios de la moda y los adornos costosos malgastan el tiempo y el dinero de los ricos, así como las energías de la mente y del alma. Imponen, además, una pesadísima carga a las clases medias y pobres de la sociedad. Muchas mujeres que a duras penas se ganan el sustento, y que con modas sencillas podrían hacerse sus propios vestidos, se ven obligadas a acudir a la modista para sujetarse a la moda. Más de una niña pobre, para llevar un vestido elegante, se ha privado de ropa interior y de abrigo y ha pagado este desacierto con su vida. Otras, llevadas por el deseo de la ostentación y de la elegancia de los ricos, entraron en el camino de la deshonestidad y la vergüenza. Más de una familia tiene que privarse de comodidades, más de un padre de familia se ve arrastrado a las deudas y a la ruina para satisfacer las extravagantes exigencias de la esposa y los hijos.

Más de una mujer, obligada a confeccionar sus vestidos o el de sus hijos, conforme a la moda, se ve condenada a incesante y pesadísimo trabajo. Más de una madre, enervada y con los dedos trémulos, pena hasta las altas horas de la noche para añadir al vestido de sus hijos inútiles adornos que en nada contribuyen a la salud, a la comodidad o a la belleza. Por amor a la moda sacrifica la salud y aquella calma del espíritu tan indispensable para el buen gobierno de sus hijos. Así descuida la cultura del espíritu y del corazón, y su alma se empequeñece.

La madre no tiene tiempo para estudiar los principios del desarrollo físico a fin de aprender a cuidar de la salud de sus hijos. No tiene tiempo para atender a las necesidades intelectuales o espirituales de ellos, ni para simpatizar con ellos en sus pequeños desengaños y pruebas, ni

para participar en sus intereses y propósitos.

Casi tan pronto como llegan al mundo, los hijos se ven sometidos a la influencia de la moda. Oyen más conversaciones acerca de los vestidos que acerca del Salvador. Ven a sus madres consultar los figurines de la moda con más interés que la Biblia. La ostentación en el vestir se considera de mayor importancia que el desarrollo del carácter. Tanto los padres como los hijos quedan privados de lo más dulce y verdadero de la vida. Por causa de la moda no reciben preparación para la vida venidera.

El enemigo de todo lo bueno fue quien instigó el invento de modas veleidosas. No desea otra cosa que causar perjuicio y deshonra a Dios al labrar la ruina y la miseria de los seres humanos. Uno de los medios más eficaces para lograr esto lo constituyen los ardides de la moda, que debilitan el cuerpo y la mente y empequeñecen el alma.

Las mujeres están sujetas a graves enfermedades, y sus dolencias empeoran en gran manera por el modo de vestirse. En vez de conservar su salud para las contingencias que seguramente han de venir, sacrifican demasiado a menudo con sus malos hábitos no sólo la salud, sino la vida y dejan a sus hijos una herencia de infortunio, en una constitución arruinada, hábitos pervertidos y falsas ideas acerca de la vida.

Uno de los disparates más dispendiosos y perjudiciales de la moda es la falda que barre el suelo, por lo sucia, incómoda, inconveniente y malsana. Todo esto y más aún se puede decir de la falda rastrera. Es costosa, no sólo por el género superfluo que entra en su confección, sino porque se desgasta innecesariamente por ser tan larga. Cualquiera que haya visto a una mujer así ataviada, con las manos llenas de paquetes, intentando subir o bajar escaleras, trepar a un tranvía, abrirse paso por entre la muchedumbre, andar por suelo encharcado, o por un camino cenagoso, no necesita más pruebas para convencerse de la incomodidad de la falda larga.

Otro grave mal es que las caderas sostengan el peso de la falda. Este gran peso, al oprimir los órganos internos, los arrastra hacia abajo, por lo que causa debilidad del estómago y una sensación de cansancio, que crea en la víctima una propensión a encorvarse, que oprime aún más los pulmones y dificulta la respiración.

En estos últimos años los peligros que resultan de la compresión de la cintura han sido tan discutidos que pocas personas pueden alegar ignorancia sobre el particular; y sin embargo, tan grande es el poder de la moda que el mal sigue adelante, con incalculable daño para las mujeres. Es de suma importancia para la salud que el pecho disponga de sitio suficiente para su completa expansión y los pulmones puedan inspirar completamente, pues cuando están oprimidos disminuye la cantidad de oxígeno que inhalan. La sangre resulta insuficientemente vitalizada, y las materias tóxicas del desgaste que deberían ser eliminadas por los pulmones quedan en el organismo. Además, la circulación se entorpece, y los órganos internos quedan tan oprimidos que se desplazan y no pueden funcionar debidamente.

El corsé apretado no embellece la figura. Uno de los principales elementos de la belleza física es la simetría, la proporción armónica de los miembros. Y el modelo correcto para el desarrollo físico no se encuentra en los figurines de las modistas francesas, sino en la forma humana tal como se desarrolla según las leyes de Dios en la naturaleza. Dios es autor de toda belleza, y sólo en la medida en que nos conformemos a su ideal nos acercaremos a la norma de la verdadera belleza.

Otro mal fomentado por la costumbre es la distribución desigual de la ropa, de modo que mientras ciertas partes del cuerpo llevan un exceso de ropa, otras quedan insuficientemente abrigadas. Los pies, las piernas, y los brazos, por estar más alejados de los órganos vitales, deberían ir mejor abrigados. Es imposible disfrutar buena salud con las extremidades siempre frías, pues si en ellas hay poca sangre, habrá demasiada en otras partes del cuerpo. La perfecta salud requiere una perfecta circulación; pero ésta no se consigue llevando en el tronco, donde están los órganos vitales, tres o cuatro veces más ropa que en las extremidades.

Un sinnúmero de mujeres están nerviosas y agobiadas porque se privan del aire puro que les purificaría la sangre, y de la soltura de movimientos que aumentaría la circulación por las venas para beneficio de la vida, la salud y la energía. Muchas mujeres han contraído una invalidez crónica cuando hubieran podido gozar salud, y muchas han muerto de consunción y otras enfermedades cuando hubieran podido alcanzar el término natural de su vida, si se hubiesen vestido conforme a los principios de la salud y hubiesen hecho abundante ejercicio al aire libre.

Para conseguir la ropa más saludable, hay que estudiar con mucho cuidado las necesidades de cada parte del cuerpo y tener en cuenta el clima, las circunstancias en que se vive, el estado de salud, la edad y la ocupación. Cada prenda de indumentaria debe sentar holgadamente, sin entorpecer la circulación de la sangre ni la respiración libre, completa y natural. Todas las prendas han de estar lo bastante holgadas para que al levantar los brazos se levante también la ropa.

Las mujeres carentes de salud pueden mejorar mucho su estado merced a un modo de vestir razonable y al ejercicio. Vestidas convenientemente para el recreo, hagan ejercicio al aire libre, primero con mucho cuidado, pero aumentando la cantidad de ejercicio conforme aumente su resistencia. De este modo muchas podrán recobrar la salud, y vivir para desempeñar su parte en la obra del mundo.

Independientes de la moda

En vez de afanarse por cumplir con las exigencias de la moda, tengan las mujeres el valor de vestirse saludable y sencillamente. En vez de sumirse en una simple rutina de faenas domésticas, encuentre la esposa y madre de familia tiempo para leer, para mantenerse bien informada, para ser compañera de su marido y para seguir de cerca el desarrollo de la inteligencia de sus hijos. Aproveche sabiamente las oportunidades presentes para influir en sus amados de modo que los encamine hacia la vida superior. Haga del querido Salvador su compañero diario y su amigo familiar. Dedique algo de tiempo al estudio de la Palabra de Dios, a pasear con sus hijos por el campo y a aprender de Dios por la contemplación de sus hermosas obras.

Consérvese alegre y animada. En vez de consagrar todo momento a interminables costuras, haga de la velada de familia una ocasión de grata sociabilidad, una reunión de familia después de las labores del día. Un proceder tal induciría a muchos hombres a preferir la sociedad de los suyos en casa a la del casino o de la taberna. Muchos muchachos serían guardados del peligro de la calle o de la tienda de comestibles de la esquina. Muchas niñas evitarían las compañías frívolas y seductoras. La influencia del hogar llegaría a ser entonces para padres e hijos lo que Dios se propuso que fuera, es decir, una bendición para toda la vida.

La Alimentación
y la Salud

NUESTRO cuerpo se forma con el alimento que ingerimos. En los tejidos del cuerpo se realiza de continuo un proceso de reparación, pues el funcionamiento de los órganos acarrea desgaste, y éste debe ser reparado por el alimento. Cada órgano del cuerpo exige nutrición. El cerebro debe recibir la suya; y lo mismo sucede con los huesos, los músculos y los nervios. Es una operación maravillosa la que transforma el alimento en sangre, y aprovecha esta sangre para la reconstitución de las diversas partes del cuerpo; pero esta operación, que prosigue de continuo, suministra vida y fuerza a cada nervio, músculo y órgano.

Elección del alimento

Deben escogerse los alimentos que mejor proporcionen los elementos necesarios para la reconstitución del cuerpo. En esta elección, el apetito no es una guía segura. Los malos hábitos en el comer lo han pervertido. Muchas veces pide alimento que altera la salud y causa debilidad en vez de producir fuerza. Tampoco podemos dejarnos guiar por las costumbres de la sociedad. Las enfermedades y dolencias que prevalecen por doquiera provienen en buena parte de errores comunes respecto al régimen alimentario.

Para saber cuáles son los mejores comestibles tenemos que estudiar el plan original de Dios para la alimentación del hombre. El que creó al hombre y comprende sus necesidades indicó a Adán cual era su alimento. "He aquí —dijo— que os he dado toda hierba que da simiente,... y todo árbol en que hay fruto de árbol que da simiente, seros ha para comer". (Génesis 1:29.) Al salir del Edén para ganarse el sustento labrando la tierra bajo el peso de la maldición del pecado, el hombre recibió permiso para comer también "hierba del campo". (Génesis 3:18.)

Los cereales, las frutas carnosas, las oleaginosas y las legumbres constituyen el alimento escogido para nosotros por el Creador. Preparados del modo más sencillo y natural posible, son los comestibles más sanos y nutritivos. Comunican una fuerza, una resistencia y un vigor intelectual que no pueden obtenerse de un régimen alimentario más complejo y estimulante.

Pero no todos los alimentos sanos de por sí convienen igualmente a nuestras necesidades en cualquier circunstancia. Nuestro alimento debe escogerse con mucho cuidado. Nuestro régimen alimentario debe adaptarse a la estación del año, al clima en que vivimos y a nuestra ocupación. Algunos alimentos que convienen perfectamente a una estación del año o en cierto clima, no convienen en otros. También sucede que ciertos alimentos son los más apropiados para diferentes ocupaciones. Con frecuencia el alimento que un operario manual o bracero puede consumir con provecho no conviene a quien se entrega a una ocupación sedentaria o a un trabajo mental intenso. Dios nos ha dado una amplia variedad de alimentos sanos, y cada cual debe escoger el que más convenga a sus necesidades, conforme a la experiencia y a la sana razón.

La abundancia de frutas, oleaginosas y cereales que nos proporciona la naturaleza es grande, y año tras año se acrecienta la facilidad de comunicaciones que permite el intercambio de productos de un país con otro. Como resultado, muchos alimentos que hace pocos años se consideraban lujos están hoy al alcance de todos para el consumo diario. Esto sucede principalmente con las frutas desecadas y las puestas en conserva.

Las oleaginosas (nueces, avellanas, almendras, maní o cacahuete y sus derivados van sustituyendo en gran medida a la carne. Con ellas pueden combinarse cereales, frutas carnosas y varias raíces, para constituir alimentos sanos y nutritivos; pero hay que tener cuidado de no incluir una proporción demasiado elevada de oleaginosas. Es posible que aquellos a quienes no les sienta bien su consumo vean subsanarse la dificultad si prestan atención a esta advertencia. Debe recordarse también que algunas no son tan sanas como otras. Las almendras, por ejemplo, son mejores que los cacahuetes, pero no obstante éstos también son nutritivos y de fácil digestión si se toman en pequeñas cantidades y mezclados con cereales.

Convenientemente preparadas, las aceitunas, lo mismo que las oleaginosas, pueden reemplazar la mantequilla y la carne. El aceite tal como se ingiere en la aceituna, es muy preferible al aceite animal y a la grasa. Es laxante. Su uso beneficiará a los enfermos de consunción y podrá curar o aliviar las inflamaciones del estómago.

Las personas acostumbradas a un régimen fuerte y muy estimulante tienen el gusto pervertido y no pueden apreciar de buenas a primeras un alimento sencillo. Se necesita tiempo para normalizar el gusto y para que el estómago se reponga del abuso. Pero los que perseveren en el uso de alimentos sanos, los encontrarán sabrosos al cabo de algún tiempo. Podrán apreciar su sabor delicado y los comerán con deleite, en preferencia a las golosinas malsanas. Y el estómago, en condición de salud, es decir, ni febril ni recargado, desempeñará fácilmente su tarea.

Para conservar la salud, se necesita una cantidad suficiente de alimento sano y nutritivo. Si procedemos con prudencia, podremos conseguir en casi cualquier país la clase de alimentos que más favorece a la salud. Las variadas preparaciones de arroz, trigo, maíz y avena, como también las judías, porotos o frijoles, guisantes y lentejas se exportan hoy a todas partes. Estos alimentos, junto con las frutas indígenas o importadas, y con la variedad de verduras propias de cada país, facilitarán la elección y la composición de comidas, sin necesidad de carnes.

En cualquier parte en que abunde la fruta, hay que conservar abundantes cantidades para el invierno, ya en frascos o latas, ya desecadas. Pueden cultivarse con ventaja frutas menudas, como grosellas, fresas, frambuesas, zarzamoras, etc., en los países en que este cultivo es escaso o descuidado.

Para la conservación de frutas en la casa, los envases de vidrio convienen más que las latas. Es de todo punto indispensable que la fruta que se ha de conservar esté en buenas condiciones. Usese poco azúcar, y no se cueza la fruta más del tiempo indispensable para su conservación. Así preparada, la conserva de fruta es excelente sustituto de la fruta fresca.

Donde las frutas desecadas, como uvas pasas, ciruelas, manzanas, peras, melocotones y albaricoques o damascos, puedan obtenerse a precios moderados, se verá que pueden emplearse como alimentos de consumo corriente mucho más de lo que se acostumbra, y con los mejores resultados para la salud y el vigor de todas las clases de personas activas.

No debe haber gran variedad de manjares en una sola comida, pues esto fomenta el exceso en el comer y causa la indigestión.

Preparación del alimento

No conviene ingerir frutas y verduras en la misma comida, pues a las personas de digestión débil esta combinación les produce muchas veces desórdenes gástricos e incapacidad para el esfuerzo mental. Es mejor consumir la fruta en una comida y las verduras en otra.

Las comidas deben ser variadas. Los mismos manjares, preparados del mismo modo, no deben figurar en la mesa, comida tras comida y día tras día. Las comidas se ingieren con mayor gusto y aprovechan mucho más cuando los manjares son variados.

Error grave es comer tan sólo para agradar al paladar; pero la calidad de los comestibles o el modo de prepararlos no es indiferente. Si el alimento no se come con gusto, no nutrirá tan bien al organismo. La comida debe escogerse cuidadosamente y prepararse con inteligencia y habilidad.

En la elaboración del pan, la harina blanca muy fina no es la mejor. Su uso no es saludable ni económico. El pan de flor de harina carece de los elementos nutritivos que se encuentran en el pan amasado con harina integral de trigo. Es causa frecuente de estreñimiento y otros efectos malsanos.

El uso de sosa de leudar, o polvos de hornear, en la elaboración del pan es nocivo e inútil. La sosa inflama el estómago, y a veces envenena todo el organismo. Muchas cocineras se figuran que no pueden hacer buen pan sin sosa, pero esto es un error. Si quisieran tomarse la molestia de aprender mejores métodos, su pan sería más sano, y también más sabroso para un paladar normal.

En la elaboración del pan leudado con levadura, no se debe emplear leche en vez de agua, pues el pan resulta así inútilmente más caro y mucho menos sano. El pan de leche no se conserva tanto tiempo después de cocido como el pan hecho con agua, y fermenta con más facilidad en el estómago.

El pan debe ser ligero y agradable, sin acidez. Los panes deben ser pequeños, y tan bien cocidos que, en cuanto sea posible, los gérmenes de la levadura queden destruidos. Cuando está caliente y recién cocido, el pan leudado, cualquiera que sea su calidad, no es de fácil digestión. No debería nunca figurar en la mesa. No sucede lo mismo con el pan sin levadura. Los panecillos de harina de trigo sin levadura recién cocidos en un horno muy caliente son saludables y sabrosos.

Los cereales que se emplean para hacer gacha deben cocerse varias horas; pero los alimentos blandos o líquidos son menos saludables que los secos, los cuales requieren una masticación cabal. El *zwieback* (pan cocido dos veces) es uno de los alimentos más sabrosos y digeribles. Para hacerlo, córtese en rebanadas el pan leudado ordinario y séquense éstas en un horno caliente hasta que desaparezca todo rastro de humedad. Se dejan en el horno hasta que estén levemente tostadas, pero de una manera uniforme. Este pan, guardado en sitio seco, puede conservarse mucho más tiempo que el pan común, y si antes de comerlo se lo vuelve a calentar, resultará tan fresco como al acabar de hacerlo.

Se suele emplear demasiado azúcar en las comidas. Las tortas, los budines, las pastas, las jaleas, los dulces son causas activas de indigestión. Particularmente dañinos son los flanes cuyos ingredientes principales son la leche, los huevos y el azúcar. Debe evitarse el consumo copioso de la leche con azúcar.

Si se hace uso de leche, debe ser bien esterilizada, pues con esta precaución hay menos peligro de enfermedad. La mantequilla es menos nociva cuando se la come con pan asentado que cuando se la emplea para cocinar, pero por regla general es mejor abstenerse de ella. El queso merece aún más objeciones; es absolutamente impropio como alimento.*

El alimento escaso y mal cocido vicia la sangre, pues debilita los órganos que la producen. Desarregla el organismo y causa enfermedades acompañadas de nerviosidad y mal humor. Cuéntanse hoy día por miles y decenas de millares las víctimas de la cocina defectuosa. Sobre muchas tumbas podría escribirse epitafios como éstos: "Muerto por culpa de la mala cocina". "Muerto como resultado de un estómago dañado por el abuso".

Es un deber sagrado para las personas que cocinan aprender a preparar comidas sanas. Muchas almas se pierden como resultado de los alimentos mal preparados. Se necesita pensar mucho y tener mucho cuidado para hacer buen pan; pero en un pan bien hecho hay más religión de lo que muchos figuran. Son muy pocas las cocineras realmente buenas. Las jóvenes piensan que cocinar y hacer otras tareas de la casa es trabajo servil; y por lo tanto, muchas que se casan y deben atender a una familia tienen muy poca idea de los deberes que incumben a la esposa y madre.

La ciencia culinaria no es una ciencia despreciable, sino una de las más importantes de la vida práctica. Es una ciencia que toda mujer debería aprender, y que debería ser enseñada en forma provechosa a las clases pobres. Preparar manjares apetitosos, al par que sencillos y nutritivos, requiere habilidad; pero puede hacerse. Las cocineras deberían saber preparar manjares sencillos en forma saludable, y de tal manera que resulten sabrosos precisamente por su sencillez.

Toda mujer que está a la cabeza de una familia pero no entiende el arte de la sana cocina, debería resolverse a aprender algo de tanta importancia para el bienestar de los suyos. En muchas ciudades hay escuelas de cocina higiénica que ofrecen oportunidad para instruirse en la materia. La que no dispone de este recurso debería ponerse por algún tiempo bajo la dirección de alguna buena cocinera y perseverar en su esfuerzo por desa-

---

* La pureza de todos los alimentos derivados de la leche es asunto de importancia primordial. Si bien los frecuentes exámenes de las vacas lecheras, así como la pasteurización total y la refrigeración tienen por objeto asegurar esa pureza, los alimentos mencionados, cuando son de origen dudoso o son elaborados con descuido, constituyen una seria amenaza para la salud, según lo declara una autoridad en la materia, en el Boletín 1705 del Ministerio de Agricultura de los Estados Unidos, R. Schmidt, quien escribió: "Los mismos elementos químicos y las mismas propiedades físicas que dan valor a la leche como alimento para los seres humanos hacen de ella un alimento excelente para las bacterias". El lector debe comprender que la referencia al queso *no* incluye el requesón ni otros alimentos de índole similar, que la autora reconoció siempre como sanos.—LOS EDITORES.

rrollarse hasta hacerse maestra en el arte culinario.

La regularidad en las comidas es de vital importancia. Debe haber una hora señalada para cada comida, y entonces cada cual debe comer lo que su organismo requiere, y no ingerir más alimento hasta la comida siguiente. Son muchos los que comen a intervalos desiguales y entre comidas, cuando el organismo no necesita comida, porque no tienen suficiente fuerza de voluntad para resistir a sus inclinaciones. Los hay que cuando van de viaje se pasan el tiempo comiendo bocaditos de cuanto comestible les cae a mano. Esto es muy perjudicial. Si los que viajan comiesen con regularidad y sólo alimentos sencillos y nutritivos, no se sentirían tan cansados, ni padecerían tantas enfermedades.

Otro hábito pernicioso es el de comer inmediatamente antes de irse a la cama. Pueden haberse tomado ya las comidas de costumbre; pero por experimentar una sensación de debilidad, se vuelve a comer. Cediendo así al apetito se establece un hábito tan arraigado, que muchas veces se considera imposible dormir sin comer algo. Como resultado de estas cenas tardías la digestión prosigue durante el sueño; y aunque el estómago trabaja constantemente no lo hace en buenas condiciones. Las pesadillas suelen entonces perturbar el sueño, y por la mañana se despierta uno sin haber descansado, y con pocas ganas de desayunar. Cuando nos entregamos al descanso, el estómago debe haber concluido ya su tarea, para que él también pueda descansar, como los demás órganos del cuerpo. A las personas de hábitos sedentarios les resul-

tan particularmente perjudiciales las cenas tardías, y el desarreglo que les ocasionan es muchas veces principio de alguna enfermedad que acaba en muerte.

Cómo no se debe comer

En muchos casos, la sensación de debilidad que da ganas de comer proviene del excesivo recargo de los órganos digestivos durante el día. Estos, después de haber digerido una comida, necesitan descanso. Entre las comidas deben mediar cuando menos cinco o seis horas, y la mayoría de las personas que quieran hacer la prueba verán que dos comidas al día dan mejor resultado que tres.

Los manjares no deben ingerirse muy calientes ni muy fríos. Si la comida está fría, la fuerza vital del estómago se distrae en parte para calentarlos antes que pueda digerirlos. Por el mismo motivo las bebidas frías son perjudiciales, al par que el consumo de bebidas calientes resulta debilitante. En realidad, cuanto más líquido se toma en las comidas, más difícil es la digestión, pues el líquido debe quedar absorbido antes de que pueda empezar la digestión. Evítese el uso de mucha sal y el de encurtidos y especias, consúmase mucha fruta, y desaparecerá en gran parte la irritación que incita a beber mucho en la comida.

Conviene comer despacio y masticar perfectamente, para que la saliva se mezcle debidamente con el alimento y los jugos digestivos entren en acción.

Otro mal grave es el de comer a deshoras, como por ejemplo después de un ejercicio violento y excesivo, o cuando se siente uno extenuado o acalorado. Inmediatamente después de haber comido, el organismo gasta un gran caudal de energía nerviosa; y cuando la mente o el cuerpo están muy recargados inmediatamente antes o después de la comida, la digestión queda entorpecida. Cuando se siente uno agitado, inquieto o apurado, es mejor no comer antes de haber obtenido descanso o sosiego.

Hay una estrecha relación entre el cerebro y el estómago, y cuando éste enferma se substrae fuerza nerviosa del cerebro para auxiliar a los órganos digestivos debilitados. Si esto sucede con demasiada frecuencia, se congestiona el cerebro. Cuando la actividad cerebral es continua y escasea el ejercicio físico, aun la comida sencilla debe tomarse con moderación. Al sentarse a la mesa, deséchense los cuidados, las preocupaciones y todo apuro, para comer despacio y alegremente, con el corazón lleno de agradecimiento a Dios por todos sus beneficios.

Muchos de los que han descartado de su alimentación las carnes y demás manjares perjudiciales, piensan que, por ser sus alimentos sencillos y sanos, pueden ceder al apetito sin moderación alguna, y comen con exceso y a veces se entregan a la glotonería. Es un error. Los órganos digestivos no deben recargarse con una cantidad o calidad de alimento cuya asimilación abrume al organismo.

La costumbre ha dispuesto que los manjares se sirvan a la mesa en distintos platos. Como el comensal no sabe siempre qué plato sigue, es posible que satisfaga su apetito con una cantidad de un alimento que no es el que mejor le convendría. Cuando llega el último plato se arriesga a excederse sirviéndose del postre tentador que, en tal caso, le resulta perjudicial. Si todos los manjares de la comida figuran en la mesa desde un principio, cada cual puede elegir a su gusto.

A veces el resultado del exceso en el comer se deja sentir en el acto. En otros casos no se nota dolor alguno; pero los órganos digestivos pierden su poder vital y la fuerza física resulta minada en su fundamento.

El exceso de comida recarga el organismo, y crea condiciones morbosas y febriles. Hace afluir al estómago una cantidad excesiva de sangre, lo que muy luego enfría las extremidades. Impone también un pesado recargo a los órganos digestivos, y cuando éstos han cumplido su tarea, se experimenta decaimiento y languidez. Los que se exceden así continuamente en el comer llaman hambre a esta sensación; pero en realidad no es más que el debilitamiento de los órganos digestivos. A veces se experimenta embotamiento del cerebro, con aversión para todo trabajo mental o físico.

Estos síntomas desagradables se dejan sentir porque la naturaleza hizo su obra con un gasto inútil de fuerza vital y quedó completamente exhausta. El estómago clama: "Dadme descanso". Pero muchos lo interpretan como una nueva demanda de alimento; y en vez de dar descanso al estómago le imponen más carga. En consecuencia es frecuente que los órganos digestivos estén gastados cuando debieran seguir funcionando bien.

No debemos proveer para el sábado una cantidad de alimento más abundante ni variada que para los demás días. Por el contrario, el alimento debe ser más sencillo, y debe comerse menos para que la mente se encuentre despejada y vigorosa para entender las cosas espirituales. A estómago cargado, cerebro pesado. Pueden oírse las más hermosas palabras sin apreciarlas, por estar confusa la mente a causa de una alimentación impropia. Al comer con exceso en el día de reposo, muchos contribuyen más de lo que se figuran a incapacitarse para aprovechar los recursos de edificación espiritual que ofrece ese día.

Debe evitarse el cocinar en sábado; pero no por esto es necesario servir los alimentos fríos. En tiempo frío debe calentarse la comida preparada la víspera. Aunque sencillas, las comidas deben ser apetitosas y agradables. Con particularidad en las familias donde hay niños, conviene que el sábado se sirva algo especial, algo que la familia no suela disfrutar cada día.

Cuando se han contraído hábitos dietéticos erróneos debe procederse sin tardanza a una reforma. Cuando el abuso del estómago ha resultado en dispepsia deben hacerse esfuerzos cuidadosos para conservar el resto de la fuerza vital, evitando todo recargo inútil. Puede ser que el estómago nunca recupere la salud completa después de un largo abuso; pero un régimen dietético conveniente evitará un mayor aumento de la debilidad, y muchos se repondrán más o menos del todo. No es fácil prescribir reglas para todos los casos; pero prestando atención a los buenos principios dietéticos se realizarán grandes reformas, y la persona que cocine no tendrá que esforzarse tanto para halagar el apetito.

La moderación en el comer se recompensa con vigor mental y moral, y también ayuda a refrenar las pasiones. El exceso en el comer es particularmente perjudicial para los de temperamento lerdo. Los tales deben comer con frugalidad y hacer mucho ejercicio físico. Hay hombres y mujeres de excelentes aptitudes naturales que por no dominar sus apetitos no realizan la mitad de aquello de que son capaces.

En esto pecan muchos escritores y oradores. Después de comer mucho, se entregan a sus ocupaciones sedentarias, leyendo, estudiando o escribiendo, sin darse tiempo para hacer ejercicio físico. En consecuencia, el libre flujo de los pensamientos y las palabras queda contenido. No pueden escribir ni hablar con la fuerza e intensidad necesarias para llegar al corazón de la gente, y sus esfuerzos se embotan y esterilizan.

Quienes llevan importantes responsabilidades, y sobre todo los que velan por intereses espirituales, deben ser hombres de aguda percepción e intensos sentimientos. Más que nadie necesitan ser sobrios en el comer. Nunca debiera haber en sus mesas manjares costosos y suculentos.

Los que desempeñan cargos de confianza deben hacer diariamente resoluciones de gran trascendencia. A menudo deben pensar con rapidez, y esto sólo pueden hacerlo con éxito los que practican la estricta templanza. La mente se fortalece bajo la influencia del correcto tratamiento dado a las facultades físicas e intelectuales. Si el esfuerzo no es demasiado grande, cada nueva tarea añade nuevo vigor. No obstante, muchas veces el trabajo de los que tienen planes de acción importantes que estudiar y decisiones no menos importantes que tomar, queda siniestramente afectado por un régimen alimentario impropio. El desarreglo del estómago perturba la mente. A menudo causa irritabilidad, aspereza o injusticia. Más de un plan de acción que hubiera podido ser beneficioso para el mundo se ha desechado; más de una medida injusta, opresiva y aun cruel ha sido llevada a cabo en consecuencia de un estado morboso proveniente de hábitos dietéticos erróneos.

Los de ocupación sedentaria, principalmente mental, que tengan suficiente valor moral y dominio propio, podrán probar el satisfacerse con dos o tres platos y no comer más de lo estrictamente necesario para saciar el hambre. Hagan ejercicio activo cada día, y verán cómo se benefician.

Los hombres robustos empeñados en trabajo físico activo no tienen tanto motivo de fijarse en la cantidad y calidad del alimento como las personas de hábitos sedentarios; pero aun ellos gozarán mejor salud si ejercen dominio propio en el comer y en el beber.

Hay quienes quisieran que se les fijara una regla exacta para su alimentación. Comen con exceso y les pesa después, y cavilan sobre lo que comen y beben. Esto no debiera ser así. Nadie puede sentar reglas estrictas para los demás. Cada cual debe dominarse a sí mismo y, fundado en la razón, obrar por principios sanos.

Nuestro cuerpo es propiedad de Cristo, comprada por él mismo, y no nos es lícito hacer de ese cuerpo lo que nos plazca. Cuantos entienden las leyes de la salud, implantadas en ellos por Dios, deben sentirse obligados a obedecerlas. La obediencia a las leyes de la higiene es una obligación personal. A nosotros mismos nos toca sufrir las consecuencias de la violación de esas leyes. Cada cual tendrá que responder ante Dios por sus hábitos y prácticas. Por tanto, la pregunta que nos incumbe no es: "¿Cuál es la costumbre del mundo?" sino "¿Cómo debo conservar la habitación que Dios me dio?"

La Carne Considerada Como Alimento

EL REGIMEN señalado al hombre al principio no incluía ningún alimento de origen animal. Hasta después del diluvio cuando toda vegetación desapareció de la tierra, no recibió el hombre permiso para comer carne.

causa de su descontento y de sus murmuraciones acerca de las ollas de carne de Egipto les fue concedido alimento animal, y esto únicamente por poco tiempo. Su consumo trajo enfermedades y muerte para miles. Sin embargo, nunca aceptaron de buen grado la restricción de tener que alimentarse sin carne. Siguió siendo causa de descontento y murmuración, en público y en privado, de modo que nunca revistió carácter permanente.

Al señalar el alimento para el hombre en el Edén, el Señor demostró cuál era el mejor régimen alimentario; en la elección que hizo para Israel enseñó la misma lección. Sacó a los israelitas de Egipto, y emprendió la tarea de educarlos para que fueran su pueblo. Por medio de ellos deseaba bendecir y enseñar al mundo. Les suministró el alimento más adecuado para este propósito, no la carne, sino el maná, "el pan del cielo". Pero a

Al establecerse en Canaán, se permitió a los israelitas que consumieran alimento animal, pero bajo prudentes restricciones encaminadas a mitigar los malos resultados. El uso de la carne de cerdo quedaba prohibido, como también el de la de otros animales, de ciertas aves y de ciertos peces, declarados inmundos. De los animales declarados comestibles, la grasa y la sangre quedaban absolutamente proscritas.

Sólo podían consumirse las reses sanas. Ningún animal desgarrado, mortecino, o que no hubiera sido cuidadosamente desangrado, podía servir de alimento.

Por haberse apartado del plan señalado por Dios en asunto de alimentación, los israelitas sufrieron grandes perjuicios. Desearon comer carne y cosecharon los resultados. No alcanzaron el ideal de carácter que Dios les señalara ni cumplieron los designios divinos. El Señor "les dio lo que pidieron; mas envió flaqueza en sus almas". (Salmo 106:15.) Preferían lo terrenal a lo espiritual, y no alcanzaron la sagrada preeminencia a la cual Dios se había propuesto que llegasen.

Los que comen carne no hacen más que comer cereales y verduras de segunda mano, pues el animal recibe de tales productos el alimento que lo nutre. La vida que estaba en los cereales y en las verduras pasa al organismo del ser que los come. Nosotros a nuestra vez la recibimos al comer la carne del animal. ¡Cuánto mejor sería aprovecharla directamente, comiendo el alimento que Dios dispuso para nuestro uso!

La carne no fue nunca el mejor alimento; pero su uso es hoy día doblemente inconveniente, ya que el número de los casos de enfermedad aumenta cada vez más entre los animales. Los que comen carne y sus derivados no saben lo que ingieren. Muchas veces si hubieran visto los animales vivos y conocieran la calidad de su carne, la rechazarían con repugnancia. Continuamente sucede que la gente coma carne llena de gérmenes de tuberculosis y cáncer. Así se propagan estas enfermedades y otras también graves.

En los tejidos del cerdo hormiguean los parásitos. Del cerdo dijo Dios: "Os será inmundo. De la carne de éstos no comeréis, ni tocaréis sus cuerpos muertos". (Deuteronomio 14: 8.) Este mandato fue dado porque la carne del cerdo es impropia para servir de alimento. Los cerdos se alimentan de desperdicios, y sólo sirven para este fin. Nunca, en circunstancia alguna, debería ser consumida su carne por los seres humanos. Imposible es que la carne de cualquier criatura sea sana cuando la inmundicia es su elemento natural y se alimenta de desechos.

A menudo se llevan al mercado y se venden para servir de alimento animales que están ya tan enfermos que sus dueños temen guardarlos más tiempo. Algunos de los procedimientos seguidos para cebarlos ocasionan enfermedades. Encerrados sin luz y sin aire puro, respiran el ambiente de establos sucios, se engordan tal vez con cosas averiadas y su cuerpo entero resulta contaminado de inmundicias.

Muchas veces los animales son transportados a largas distancias y sometidos a grandes penalidades antes de llegar al mercado. Arrebatados de sus campos verdes, y salvando con trabajo muchos kilómetros de camino, sofocados por el calor y el polvo o amontonados en vagones sucios, calenturientos y exhaustos, muchas veces faltos de alimento y de agua durante horas enteras, los pobres animales van arrastrados a la muerte para que con sus cadáveres se deleiten seres humanos.

En muchos puntos los peces se contaminan con las inmundicias de que se alimentan y llegan a ser causa de enfermedades. Tal es en especial el caso de los peces que tienen acceso a las aguas de albañal de las grandes ciudades. Los peces que se alimentan de lo que arrojan las alcantarillas pueden trasladarse a aguas distantes, y ser pescados donde el agua es pura y fresca. Al servir de alimento llevan la enfermedad y la muerte a quienes ni siquiera sospechan el peligro.

Los efectos de una alimentación con carne no se advierten tal vez inmediatamente; pero esto no prueba que esa alimentación carezca de peligro. Pocos se dejan convencer de que la carne que han comido es lo que envenenó su sangre y causó sus dolencias. Muchos mueren de enfermedades debidas únicamente al uso de la carne, sin que nadie sospeche la verdadera causa de su muerte.

Los males morales derivados del consumo de la carne no son menos patentes que los males físicos. La carne daña la salud; y todo lo que afecta al cuerpo ejerce también sobre la mente y el alma un efecto correspondiente. Pensemos en la crueldad hacia los animales que entraña la alimentación con carne, y en su efecto en quienes los matan y en los que son testigos del trato que reciben. ¡Cuánto contribuye a destruir la ternura con que deberíamos considerar a estos seres creados por Dios!

La inteligencia desplegada por muchos animales se aproxima tanto a la de los humanos que es un misterio. Los animales ven y oyen, aman, temen y padecen. Emplean sus órganos con harta más fidelidad que muchos hombres. Manifiestan simpatía y ternura para con sus compañeros que padecen. Muchos animales demuestran tener por quienes los cuidan un cariño muy superior al que manifiestan no pocos humanos. Experimentan un apego tal para el hombre, que no desaparece sin gran dolor para ellos.

¿Qué hombre de corazón puede, después de haber cuidado animales domésticos, mirar en sus ojos llenos de confianza y afecto, luego entregarlos con gusto a la cuchilla del carnicero? ¿Cómo podrá devorar su carne como si fuese exquisito bocado?

Es un error suponer que la fuerza muscular dependa de consumir alimento animal, pues sin él las necesidades del organismo pueden satisfacerse mejor y es posible gozar de salud más robusta. Los cereales, las frutas, las oleaginosas y las verduras contienen todas las propiedades nutritivas para producir buena sangre. Estos elementos no son provistos tan bien ni de un modo tan completo por la dieta de carne. Si la carne hubiera sido de uso indispensable para dar salud y fuerza, se la habría incluido en la alimentación indicada al hombre desde el principio.

A menudo, al dejar de consumir carne, se experimenta una sensación de debilidad y falta de vigor. Muchos insisten en que esto prueba que la carne es esencial; pero se la echa de menos porque es un alimento estimulante que enardece la sangre y excita los nervios. A algunos les es tan difícil dejar de comer carne como a los borrachos renunciar al trago; y sin embargo se beneficiarían con el cambio.

Cuando se deja la carne hay que sustituirla con una variedad de cereales, nueces, legumbres, verduras y frutas que sea nutritiva y agradable al paladar. Esto es particularmente necesario al tratarse de personas débiles o que están recargadas de continuo trabajo. En algunos países donde reina la escasez, la carne es la comida más barata. En tales circunstancias, el cambio de alimentación será más difícil, pero puede realizarse. Sin embargo, debemos tener en cuenta la condición de la gente y la fuerza de las costumbres establecidas, y también guardarnos de imponer indebidamente las ideas nuevas, por buenas que sean. No hay que instar a nadie a que efectúe este cambio bruscamente. La carne debe reemplazarse con alimentos sanos y baratos. En este asunto mucho depende de quien cocine. Con cuidado y habilidad, pueden prepararse manjares nutritivos y apetitosos con que sustituir en buena parte la carne.

En todos los casos, edúquese la conciencia, apélese a la voluntad, suminístrese alimento bueno y sano, y el cambio se efectuará de buena gana, y en breve cesará la demanda de carne.

¿No es tiempo ya de que todos prescindan de consumir carne? ¿Cómo pueden seguir haciendo uso de un alimento cuyo efecto es tan pernicioso para el alma y el cuerpo los que se esfuerzan por llevar una vida pura, refinada y santa, para gozar de la compañía de los ángeles celestiales? ¿Cómo pueden quitar la vida a seres creados por Dios y consumir su carne con deleite? Vuelvan más bien al alimento sano y delicioso que fue dado al hombre en el principio, y tengan ellos mismos y enseñen a sus hijos a tener misericordia de los seres irracionales que Dios creó y puso bajo nuestro dominio.

Los Extremos en la Alimentación

No TODOS los que aseveran creer en la reforma alimentaria son realmente reformadores. Para muchos la reforma consiste meramente en descartar ciertos manjares malsanos. No entienden bien los principios fundamentales de la salud, y sus mesas, aún cargadas de golosinas nocivas, distan mucho de ser ejemplos de templanza y moderación cristianas.

Otra categoría de personas, en su deseo de dar buen ejemplo, cae en el extremo opuesto. Algunos no pueden proporcionarse los manjares más apetecibles, y en vez de hacer uso de las cosas que mejor podrían suplir la falta de aquéllos, se imponen una alimentación deficiente. Lo que comen no les suministra los elementos necesarios para obtener buena sangre. Su salud se resiente, su utilidad se menoscaba y con su ejemplo desprestigian la reforma alimentaria, en vez de favorecerla.

Otros piensan que por el hecho de que la salud exige una alimentación sencilla, no es necesario preocuparse por la elección o preparación de los alimentos. Algunos se sujetan a un régimen alimentario escaso, que no ofrece una variedad suficiente para suplir lo que necesita el organismo, y sufren las consecuencias.

Los que sólo tienen un conocimiento incompleto de los principios de la reforma son muchas veces los más intransigentes, no solo al practicar sus opiniones, sino que insisten en imponerlas a sus familias y vecinos. El efecto de sus mal entendidas reformas, tal como se lo nota en su propia mala salud, y los esfuerzos que hacen para obligar a los demás a aceptar sus puntos de vista, dan a muchos una idea falsa de lo que es la reforma alimentaria, y los inducen a desecharla por completo.

Los que entienden debidamente las leyes de la salud y que se dejan dirigir por los buenos principios, evitan los extremos, y no incurren en la licencia ni en la restricción. Escogen su alimento no meramente para agradar al paladar, sino para reconstituir el cuerpo. Procuran conservar todas sus facultades en la mejor condición posible para prestar el mayor servicio a Dios y a los hombres. Saben someter su apetito a la razón y a la conciencia y son recompensados con la salud del cuerpo y de la mente. Aunque no imponen sus opiniones a los demás ni los ofenden, su ejemplo es un testimonio en favor de los principios correctos. Estas personas ejercen una extensa influencia para el bien.

En la reforma alimentaria hay verdadero sentido común. El asunto debe ser estudiado con amplitud y profundidad, y nadie debe criticar a los demás porque sus prácticas no armonicen del todo con las propias. Es imposible prescribir una regla invariable para regular los hábitos de cada cual, y nadie debe erigirse en juez de los demás. No todos pueden comer lo mismo. Ciertos alimentos que son apetitosos y saludables para una persona, bien pueden ser desabridos, y aun nocivos, para otra. Algunos no pueden tomar leche, mientras que a otros les asienta bien. Algunos no pueden digerir guisantes ni judías; otros los encuentran saludables. Para algunos las preparaciones de cereales poco refinados son un buen alimento, mientras que otros no las pueden comer.

Los que viven en regiones pobres o poco desarrolladas, donde escasean las frutas y las oleaginosas, no deben sentirse obligados a eliminar de su régimen dietético la leche y los huevos. Verdad es que las personas algo corpulentas y las agitadas por pasiones fuertes deben evitar el uso de alimentos estimulantes. Especialmente en las familias cuyos hijos son dados a hábitos sensuales deben proscribirse los huevos. Por lo contrario, no deben suprimir completamente la leche ni los huevos las personas cuyos órganos productores de sangre son débiles, particularmente si no pueden conseguir otros alimentos que suplan los elementos necesarios. Deben tener mucho cuidado, sin embargo, de obtener la leche de vacas sanas y los huevos de aves igualmente sanas, esto es, bien alimentadas y cuidadas. Los huevos deben cocerse en la forma que los haga más digeribles.

La reforma alimentaria debe ser progresiva. A medida que van aumentando las enfermedades en los animales, el uso de la leche y los huevos se vuelve más peligroso. Conviene tratar de sustituirlos con comestibles saludables y baratos. Hay que enseñar a la gente por doquiera a cocinar sin leche ni huevos en cuanto sea posible, sin que por esto dejen de ser sus comidas sanas y sabrosas.

La costumbre de comer sólo dos veces al día es reconocida generalmente como beneficiosa para la salud. Sin embargo, en algunas circunstancias habrá personas que requieran una tercera comida, que debe ser ligera y de muy fácil digestión. Unas galletas o pan tostado al horno con fruta o café de cereales, son lo más conveniente para la cena.

Hay algunos que siempre recelan de que la comida por muy sencilla y sana que sea, les haga daño. Permítaseme decirles: No penséis que la comida os va a hacer daño; no penséis siquiera en la comida. Comed conforme os lo dicte vuestro sano juicio; y cuando hayáis pedido al Señor que bendiga la comida para fortalecimiento de vuestro cuerpo, creed que os oye, y tranquilizaos.

Puesto que los principios de la salud exigen que desechemos cuanto irrita el estómago y altera la salud, debemos recordar que un régimen poco nutritivo empobrece la sangre. Esto provoca casos de enfermedad de los más difíciles de curar. El organismo no está suficientemente nutrido, y de ello resulta dispepsia y debilidad general. Los que se someten a semejante régimen no lo hacen siempre obligados por la pobreza; sino más por ignorancia o descuido, o por el afán de llevar adelante sus ideas erróneas acerca de la reforma pro salud.

No se honra a Dios cuando se descuida el cuerpo, o se lo maltrata, y así se lo incapacita para servirle. Cuidar del cuerpo proveyéndole alimento apetitoso y fortificante es uno de los principales deberes del ama de casa. Es mucho mejor tener ropas y muebles menos costosos que escatimar la provisión de alimento.

Algunas madres de familia escatiman la comida en la mesa para poder obsequiar opíparamente a sus visitas. Esto es desacertado. Al agasajar huéspedes se debiera proceder con más sencillez. Atiéndase primero a las necesidades de la familia.

Una economía doméstica imprudente y las costumbres artificiales hacen muchas veces imposible que se ejerza la hospitalidad donde sería necesaria y beneficiosa. La provisión regular de alimento para nuestra mesa debe ser tal que se pueda convidar al huésped inesperado sin recargar a la señora de la casa con preparativos extraordinarios.

Todos deben saber lo que conviene comer, y cómo aderezarlo. Los hombres, tanto como las mujeres, necesitan saber preparar comidas sencillas y sanas. Sus negocios los llaman a menudo a puntos donde no encuentran alimento sano; entonces, si tienen algún conocimiento de la ciencia culinaria, pueden aprovecharlo.

Fijaos con cuidado en vuestra alimentación. Estudiad las causas y sus efectos. Cultivad el dominio propio. Someted vuestros apetitos a la razón. No maltratéis vuestro estómago recargándolo de alimento; pero no os privéis tampoco de la comida sana y sabrosa que necesitáis para conservar la salud.

La estrechez de miras de algunos que se llaman reformadores ha perjudicado mucho la causa de la higiene. Deben tener presente los higienistas que en gran medida la reforma alimentaria será juzgada por lo que ellos provean para sus mesas; y en vez de adoptar un proceder que desacredite la reforma, deben enseñar sus principios con el ejemplo, de modo que los recomienden así a las mentes sinceras. Una clase de personas, que abarca a muchos, se opondrá siempre a toda reforma, por muy racional que sea, si requiere que refrenen sus apetitos. Siempre consultan su paladar en vez de su juicio o las leyes de la higiene. Invariablemente, estas personas tacharán de extremistas a cuantos quieran dejar los caminos trillados de las costumbres y abogar por la reforma, por muy consecuente que sea su proceder. A fin de no dar a esas personas motivos legítimos de crítica, los higienistas no procurarán distinguirse tanto como puedan de los demás, sino que se les acercarán en todo lo posible sin sacrificar los buenos principios.

Cuando los que abogan por la reforma en armonía con la higiene caen en exageraciones, no es de admirar que muchos que los consideran como verdaderos representantes de los principios de la salud rechacen por completo la reforma. Estas exageraciones suelen hacer más daño en poco tiempo que el que pudiera subsanarse en toda una vida consecuente.

La reforma higiénica está basada en principios amplios y de mucho alcance, y no debemos empequeñecerla con miras y prácticas estrechas. Pero nadie debe permitir que el temor a la oposición o al ridículo, el deseo de agradar a otros o influir en ellos, le aparte de los principios verdaderos ni le induzca a considerarlos livianamente. Los que se dejan gobernar por los buenos principios defenderán firme y resueltamente lo que sea correcto; pero en todas sus relaciones sociales darán pruebas de generosidad, de espíritu cristiano y de verdadera moderación.

Estimulantes y Narcóticos

BAJO el título de estimulantes y narcóticos se clasifica una gran variedad de sustancias que, aunque empleadas como alimento y bebida, irritan el estómago, envenenan la sangre y excitan los nervios. Su consumo es un mal positivo. Los hombres buscan la excitación de estimulantes, porque, por algunos momentos, producen sensaciones agradables. Pero siempre sobreviene la reacción. El uso de estimulantes antinaturales lleva siempre al exceso, y es un agente activo para provocar la degeneración y el decaimiento físico.

Los condimentos

En esta época de apresuramiento, cuanto menos excitante sea el alimento, mejor. Los condimentos son perjudiciales de por sí. La mostaza, la pimienta, las especias, los encurtidos y otras cosas por el estilo, irritan el estómago y enardecen y contaminan la sangre. La inflamación del estómago del borracho se representa muchas veces gráficamente para ilustrar el efecto de las bebidas alcohólicas. El consumo de condimentos irritantes produce una inflamación parecida. El organismo siente una necesidad insaciable de algo más estimulante.

El té y el café

El té estimula y hasta cierto punto embriaga. Parecida resulta también la acción del café y de muchas otras bebidas populares. El primer efecto es agradable. Se excitan los nervios del estómago, y esta excitación se transmite al cerebro, que, a su vez, acelera la actividad del corazón, y da al organismo entero cierta energía pasajera. No se hace caso del cansancio; la fuerza parece haber aumentado. La inteligencia se despierta y la imaginación se aviva.

En consecuencia, muchos se figuran que el té o el café les hace mucho bien. Pero es un error. El té y el café no nutren el organismo. Su efecto se produce antes de la digestión y la asimilación, y lo que parece ser fuerza, no es más que excitación nerviosa. Pasada la acción del estimulante, la fuerza artificial declina y deja en su lugar un estado correspondiente de languidez y debilidad.

El consumo continuo de estos excitantes de los nervios provoca dolor de cabeza, insomnio, palpitaciones del corazón, indigestión, temblores y otros muchos males; porque esos excitantes consumen las fuerzas vitales. Los nervios cansados necesitan reposo y tranquilidad en vez de estímulo y recargo de trabajo. La naturaleza necesita tiempo para recuperar las agotadas energías. Cuando sus fuerzas son aguijoneadas por el uso de estimulantes uno puede realizar mayor tarea; pero cuando el organismo queda debilitado por aquel uso constante se hace más difícil despertar las energías hasta el punto deseado. Es cada vez más difícil dominar la demanda de estimulantes hasta que la voluntad queda vencida y parece que no hay poder para negarse a satisfacer un deseo tan ardiente y antinatural, que pide estimulantes cada vez más fuertes, hasta que la naturaleza, exhausta, no puede responder a su acción.

El hábito del tabaco

El tabaco es un veneno lento, insidioso, pero de los más nocivos. En cualquier forma en que se haga uso de él, mina la constitución; es tanto más peligroso cuanto sus efectos son lentos y apenas perceptibles al principio. Excita y después paraliza los nervios. Debilita y anubla el cerebro. A menudo afecta los nervios más poderosamente que las bebidas alcohólicas. Es un veneno más sutil, y es difícil eliminar sus efectos del organismo. Su uso despierta sed de bebidas fuertes, y en muchos casos echa los cimientos del hábito de beber alcohol.

El uso del tabaco es perjudicial, costoso y sucio; contamina al que lo usa y molesta a los demás. Sus adictos se encuentran en todas partes. Es difícil pasar por entre una muchedumbre sin que algún fumador le eche a uno a la cara su aliento envenenado. Es desagradable y malsano permanecer en un coche de ferrocarril o en una sala donde la atmósfera esté cargada con vapores de alcohol y de tabaco. Aunque haya quienes persistan en usar estos venenos ellos mismos, ¿qué derecho tienen para viciar el aire que otros deben respirar?

Entre los niños y jóvenes el uso del tabaco hace un daño incalculable. Las prácticas malsanas de las generaciones pasadas afectan a los niños y jóvenes de hoy. La incapacidad mental, la debilidad física, las perturbaciones nerviosas y los deseos antinaturales se transmiten como un legado de padres a hijos. Y las mismas prácticas, seguidas por los hijos, aumentan y perpetúan los malos resultados. A esta causa se debe en gran parte la deterioración física, mental y moral que produce tanta alarma.

Los muchachos empiezan a hacer uso del tabaco en edad muy temprana. El hábito que adquieren cuando el cuerpo y la mente son particularmente susceptibles a sus efectos, socava la fuerza física, impide el crecimiento del cuerpo, embota la inteligencia y corrompe la moralidad.

Pero, ¿qué puede hacerse para enseñar a niños y jóvenes los males de una práctica de la cual les dan ejemplo los padres, maestros y pastores? Pueden verse niños, apenas salidos de la infancia, con el cigarrillo en la boca. Si alguien les dice algo al respecto contestan: "Mi padre fuma". Señalan con el dedo al pastor o al director de la escuela dominical y dicen: "Este caballero fuma, ¿qué daño me hará a mí hacer lo que él hace?" Muchas personas empeñadas en la causa de la temperancia son adictas al uso de tabaco. ¿Qué influencia pueden ejercer para detener el avance de la intemperancia?

Pregunto a los que profesan creer y obedecer la Palabra de Dios: ¿Podéis, como cristianos, practicar un hábito que paraliza vuestra inteligencia y os impide considerar debidamente las realidades eternas? ¿Podéis consentir en robar cada día a Dios parte del servicio que se le debe, y negar a vuestros semejantes la ayuda que debierais prestarles y el poder de vuestro ejemplo?

¿Habéis considerado vuestra responsabilidad como mayordomos de Dios respecto a los recursos que están en vuestras manos? ¿Cuánto dinero del Señor gastáis en tabaco? Recapacitad en lo que habéis gastado así en toda vuestra vida. ¿Cómo se compara el importe de lo gastado en este vicio con lo que habéis dado para aliviar a los pobres y difundir el Evangelio?

Ningún ser humano necesita tabaco; en cambio hay muchedumbres que mueren por falta de los recursos que gastados en tabaco resultan más que derrochados. ¿No habéis malgastado los bienes del Señor? ¿No os habéis hecho reos de hurto para con Dios y para con vuestros semejantes? ¿No sabéis que "no sois vuestros? Porque comprados sois

por precio: glorificad pues a Dios en vuestro cuerpo y en vuestro espíritu, los cuales son de Dios". (1 Corintios 6:19, 20.)

"El vino es escarnecedor, la cerveza alborotadora; y cualquiera que por ello errare, no será sabio". "¿Para quién será el ay? ¿para quién el ay? ¿para quién las rencillas? ¿para quién las quejas? ¿para quién las heridas en balde? ¿para quién lo amoratado de los ojos? Para los que se detienen mucho en el vino, para los que van buscando la mistura. No mires al vino cuando rojea, cuando resplandece su color en el vaso: éntrase suavemente; mas al fin como serpiente morderá, y como basilisco dará dolor". (Proverbios 20:1; 23:29-32.)

Ninguna mano humana pintó jamás un cuadro más vivo del envilecimiento y la esclavitud de la víctima de las bebidas embriagantes. Sujetada, degradada, no puede librarse del lazo, siquiera cuando llega a darse cuenta de su estado, y dice: "Aún lo tornaré a buscar". (Vers. 35.)

No se necesitan argumentos para demostrar los malos efectos de las bebidas embriagantes en el borracho. Los ofuscados y embrutecidos desechos de la humanidad, almas por quienes Cristo murió y por los cuales lloran los ángeles, se ven en todas partes. Constituyen un baldón para nuestra orgullosa civilización. Son la vergüenza, la maldición y el peligro de todos los países.

¿Y quién puede describir la miseria, la agonía, la desesperación que esconde el hogar del bebedor? Pensad en la esposa, mujer muchas veces de refinada educación, de sentimientos delicados, a quien la suerte ha unido a un ser humano que fue luego embrutecido por la bebida o transformado en un demonio. Pensad en los hijos que viven privados de las comodidades del hogar y de la educación, aterrorizados por el que debería ser su orgullo y su amparo, arrojados al mundo llevando impreso el estigma de la vergüenza, y víctimas muchas veces de la maldita sed hereditaria del borracho.

Las bebidas fermentadas

Pensad en las espantosas desgracias que suceden cada día a consecuencia de la bebida. En un tren, algún empleado pasa por alto una señal, o interpreta erróneamente una orden. El tren sigue adelante; ocurre un choque, y se pierden muchas vidas. O un vapor encalla, y tanto los pasajeros como los tripulantes hallan su tumba en el agua. Procédese a una investigación y se comprueba que alguien que desempeñaba un puesto importante estaba entonces bajo la influencia de la bebida. ¿Hasta qué punto puede uno entregarse al hábito de beber y llevar la responsabilidad de vidas humanas? Estas pueden confiarse tan sólo a quien es verdaderamente abstemio.

Los que han heredado la sed de estimulantes antinaturales no deberían tener de ningún modo vino, cerveza o sidra a la vista o a su alcance, porque esto los expone continuamente a la tentación. Considerando inofensiva la sidra dulce, muchos no vacilan en comprar una buena provisión de ella. Pero la sidra permanece dulce muy poco tiempo; pronto empieza a fermentar. El gusto picante que entonces adquiere la hace tanto más aceptable a muchos paladares, y

el que la bebe se resiste a creer que ha fermentado.

Aun el consumo de sidra dulce tal como se la produce comúnmente es peligroso para la salud. Si la gente pudiera ver lo que el microscopio revela en la sidra que se compra, muy pocos consentirían en beberla. Muchas veces los que elaboran sidra para la venta no son escrupulosos en la selección de la fruta que emplean, y exprimen el jugo de fruta agusanada y echada a perder. Los que ni siquiera pensarían en comer fruta dañina o podrida, no reparan en tomar sidra hecha con esta misma fruta y la consideran deliciosa; pero el microscopio revela que aun al salir del lagar, esta bebida al parecer tan agradable es absolutamente impropia para el consumo.

Se llega a la embriaguez tan ciertamente con el vino, la cerveza y la sidra, como con bebidas más fuertes. El uso de las bebidas que tienen menos alcohol despierta el deseo de consumir las más fuertes, y así se contrae el hábito de beber. La moderación en la bebida es la escuela en que se educan los hombres para la carrera de borrachos. Tan insidiosa es la obra de estos estimulantes más leves, que la víctima entra por el camino ancho que lleva a la costumbre de emborracharse antes de que se haya dado cuenta del peligro.

Algunos que nunca son tenidos por ebrios están siempre bajo la influencia de las bebidas embriagantes débiles. Se los nota febriles, de genio inestable y desequilibrados. Creyéndose en seguridad, siguen adelante, hasta derribar toda barrera y sacrificar todo principio. Las resoluciones más firmes quedan socabadas; las más altas consideraciones no bastan para sujetar sus apetitos a la razón.

En ninguna parte sanciona la Biblia el uso del vino fermentado. El vino que Cristo hizo con agua en las bodas de Caná era zumo puro de uva. Este es el "mosto" que se halla en el "racimo", del cual dice la Escritura: "No lo desperdicies, que bendición hay en él". (Isaías 65:8.)

El vino que hizo Cristo

Fue Cristo quien advirtió a Israel en el Antiguo Testamento: "El vino es escarnecedor, la cerveza alborotadora; y cualquiera que por ello errare, no será sabio". (Proverbios 20:1.) Cristo no suministró semejante bebida. Satanás induce a los hombres a dejarse llevar por hábitos que anublan la razón y entorpecen las percepciones espirituales, pero Cristo nos enseña a dominar la naturaleza inferior. Nunca ofrece él a los hombres lo que podría ser una tentación para ellos. Su vida entera fue un ejemplo de abnegación. Para quebrantar el poder de los apetitos ayunó cuarenta días en el desierto, y en beneficio nuestro soportó la prueba más dura que la humanidad pudiera sufrir. Fue Cristo quien dispuso que Juan el Bautista no bebiese vino ni bebidas fuertes. Fue él quien impuso la misma abstinencia a la esposa de Manoa. Cristo no contradijo su propia enseñanza. El vino sin fermentar que suministró a los convidados de la boda era una bebida sana y refrigerante. Fue el vino del que nuestro Salvador hizo uso con sus discípulos en la primera comunión. Es también el vino que debería figurar siempre en la Santa Cena como símbolo de la

sangre del Salvador. El servicio sacramental está destinado a refrigerar y vivificar el alma. Nada de lo que sirve al mal debe relacionarse con dicho servicio.

A la luz de lo que enseñan las Escrituras, la naturaleza y la razón respecto al uso de bebidas embriagantes, ¿cómo pueden los cristianos dedicarse al cultivo del lúpulo para la fabricación de cerveza, o a la elaboración de vino o sidra? Si aman a su prójimo como a sí mismos, ¿cómo pueden contribuir a ofrecerle lo que ha de ser para él un lazo peligroso?

Muchas veces la intemperancia empieza en el hogar. Debido al uso de alimentos muy sazonados y malsanos, los órganos de la digestión se debilitan, y se despierta un deseo de consumir alimento aún más estimulante. Así se incita al apetito a exigir de continuo algo más fuerte. El ansia de estimulantes se vuelve cada vez más frecuente y difícil de resistir. El organismo va llenándose de venenos y cuanto más se debilita, mayor es el deseo que siente de estas cosas. Un paso dado en mala dirección prepara el camino a otro paso peor. Muchos que no quisieran hacerse culpables de poner sobre la mesa vino o bebidas embriagantes no reparan en recargarla con alimentos que despiertan tal sed de bebidas fuertes, que se hace casi imposible resistir a la tentación. Los malos hábitos en el comer y beber quebrantan la salud y preparan el camino para la costumbre de emborracharse.

Muy pronto habría poca necesidad de hacer cruzadas antialcohólicas si a la juventud que forma y modela a la sociedad, se le inculcaran buenos principios de temperancia. Emprendan los padres una cruzada antialcohólica en sus propios hogares, mediante los principios que enseñen a sus hijos para que éstos los sigan desde la infancia, y podrán entonces esperar éxito.

Es obra de las madres ayudar a sus hijos a adquirir hábitos correctos y gustos puros. Eduquen el apetito; enseñen a sus hijos a aborrecer los estimulantes. Críen a los hijos de modo que tengan vigor moral para resistir al mal que los rodea. Enséñenles a no dejarse desviar por nadie, a no ceder a ninguna influencia por fuerte que sea, sino a ejercer ellos mismos influencia sobre los demás para el bien.

Se hacen grandes esfuerzos para acabar con la intemperancia; pero muchos de ellos no están bien dirigidos. Los abogados de la reforma en favor de la temperancia deberían estar apercibidos contra los pésimos resultados del consumo de alimentos malsanos, de condimentos, del té y del café. Deseamos buen éxito a todos los que trabajan en la causa de la temperancia; pero los invitamos a que observen más profundamente la causa del mal que combaten, y a que sean ellos mismos consecuentes en la reforma.

Debe recordarse de continuo a la gente que el equilibrio de sus facultades mentales y morales depende en gran parte de las buenas condiciones de su organismo físico. Todos los narcóticos y estimulantes artificiales que debilitan y degradan la naturaleza física tienden también a deprimir la inteligencia y la moralidad. La intemperancia es la raíz de la depravación moral del mundo. Al satisfacer sus apetitos pervertidos, el hombre pierde la facultad de resistir a la tentación.

Los que trabajan en favor de la temperancia tienen que educar al pueblo en este sentido. Enséñenle que la salud, el carácter y aun la vida, corren peligro por el uso de estimulantes que excitan las energías exhaustas para que actúen en forma antinatural y espasmódica.

En cuanto al té, al café, al tabaco y a las bebidas alcohólicas, la única conducta exenta de peligro consiste en no tocarlos, ni probarlos, ni tener nada que ver con ellos. El efecto del té del café y de las bebidas semejantes es comparable al del alcohol y del tabaco, y en algunos casos el hábito de consumirlos es tan difícil de vencer como lo es para el borracho renunciar a las bebidas alcohólicas. Los que intenten romper con estos estimulantes los echarán de menos por algún tiempo y sufrirán por falta de ellos; pero si perseveran, llegarán a vencer su ardiente deseo, y dejarán de echarlos de menos. La naturaleza necesita algún tiempo para reponerse del abuso a que se la ha sometido; pero désele una oportunidad, y volverá a rehacerse y a desempeñar su tarea noblemente y con toda perfección.

El Comercio de las Bebidas Alcohólicas

AY DEL que edifica su casa y no en justicia, y sus salas y no en juicio!... Que dice: Edificaré para mí casa espaciosa, y airosas salas; y le abre ventanas, y la cubre de cedro, y la pinta de bermellón. ¿Reinarás porque te cercas de cedro?... Mas tus ojos y tu corazón no son sino a tu avaricia, y a derramar la sangre inocente, y a opresión, y a hacer agravio". (Jeremías 22:13-17.)

La actuación del vendedor de bebidas

Este pasaje describe la obra de los que fabrican y venden bebidas embriagantes. Su negocio viene a ser un robo. Por el dinero que perciben, no devuelven equivalente alguno. Cada moneda que añaden a sus ganancias ha dejado una maldición al que la gastó.

Con mano generosa Dios derrama sus bendiciones sobre los hombres. Si sus dones fueran empleados con prudencia, ¡cuán poca pobreza y miseria conocería el mundo! La iniquidad humana trueca las bendiciones divinas en otras tantas maldiciones. El lucro y la perversión del apetito convierten los cereales y las frutas dadas para nuestro alimento, en venenos que acarrean miseria y ruina.

Cada año se consumen millones y millones de litros de bebidas embriagantes. Millones y millones de pesos se gastan en comprar miseria, pobreza, enfermedad, degradación, pasiones, crimen y muerte. Por amor al lucro el tabernero expende a sus víctimas lo que corrompe y destruye la mente y el cuerpo. El es quien perpetúa en casa del beodo la pobreza y la desdicha.

Muerta su víctima, no concluyen por eso las exacciones del vendedor. Roba a la viuda, y reduce a los huérfanos a la mendicidad. No vacila en quitar a la familia desamparada las cosas más necesarias para la vida, para cobrar la cuenta de bebidas del marido y padre. El clamor de los niños que padecen, las lágrimas de la madre agonizante, le exasperan. ¿Qué le importa que estos pobres mueran de hambre, o que se hundan en la degradación y la ruina? El se enriquece con los míseros recursos de aquellos a quienes arrastra a la perdición.

Las casas de prostitución, los antros del vicio, los tribunales donde juzgan a los criminales, las cárceles, los asilos, los manicomios, los hospitales, todos están repletos debido, en gran parte, al resultado de la obra del tabernero. A semejanza de la mística Babilonia del Apocalipsis, el tabernero trafica con esclavos y almas humanas. Tras él está el poderoso destructor de almas, que emplea todas las artes de la tierra y del infierno para subyugar a los seres humanos. Arma sus trampas en la ciudad y en el campo, en los trenes, en los transatlánticos, en los centros de negocio, en los lugares de diversión, en los dispensarios, y aun en la iglesia, en la santa mesa de la comunión. Nada deja sin hacer para despertar y avivar el deseo de bebidas embriagantes. En casi cada esquina se ve la taberna con sus brillantes luces, su cordial y alegre acogida, que invitan al obrero, al rico ocioso, y al incauto joven.

En salones particulares y en puntos concurridos por la sociedad elegante, se sirve a las señoras bebidas de moda, con nombres agradables, pero que son realmente intoxicantes. Para los enfermos y los exhaustos, hay licores amargos, que reciben mucha publicidad y que consisten mayormente en alcohol.

Para despertar la sed de bebidas en los chiquillos, se introduce alcohol en los confites. Estos dulces se venden en las tiendas. Y mediante el regalo de estos bombones el tabernero halaga a los niños y los atrae a su negocio.

Día tras día, mes tras mes, año tras año, la perniciosa obra sigue adelante. Padres, maridos y hermanos, apoyo, esperanza y orgullo de la nación, entran constantemente en los antros del tabernero, para salir de ellos totalmente arruinados.

Pero lo más terrible es que el azote penetra hasta el corazón del hogar. Las mujeres mismas contraen más y más el hábito de la bebida. En muchas casas los niños, aún en su inocente y desamparada infancia, se encuentran en peligro diario por el descuido, el mal trato y la infamia de madres borrachas. Hijos e hijas se crían a la sombra de tan terrible mal. ¿Qué perspectiva les queda para el porvenir, salvo hundirse aún más que sus padres?

De los países denominados cristianos el azote pasa a comarcas paganas. A los pobres e ignorantes salvajes se les enseña a consumir bebidas alcohólicas. Aun entre los paganos, hay hombres inteligentes que reconocen el peligro mortal de la bebida, y protestan contra él; pero en vano intentaron proteger a sus países del estrago del alcohol. Las naciones civilizadas imponen a las naciones paganas el tabaco, el alcohol y el opio. Las pasiones desenfrenadas del salvaje, estimuladas por la bebida, le arrastran a una degradación anteriormente desconocida, y hacen casi imposible e inútil el mandar misioneros a aquellos países.

Responsabilidad de la iglesia

Mediante el trato con pueblos que debieran haberles dado el conocimiento de Dios, los paganos contraen vicios que van exterminando tribus y razas enteras. Y por esto en las regiones tenebrosas de la tierra se odia a los hombres de los países civilizados.

Los traficantes de bebidas constituyen una potencia mundial. Tienen de su parte la fuerza combinada del dinero, de los hábitos y de los apetitos. Su poder se deja sentir aun en la iglesia. Hay hombres que deben su fortuna directa o indirectamente al tráfico de las bebidas, son miembros de la iglesia, y reconocidos como tales. Muchos de ellos hacen donativos liberales para obras de beneficencia. Sus contribuciones ayudan a sostener las instituciones de la iglesia y a sus ministros. Se aquistan el respeto que se suele conceder a los ricos. Las iglesias que aceptan a semejantes hombres como miembros sostienen en realidad el tráfico de las bebidas alcohólicas. Con demasiada frecuencia el pastor no tiene valor para defender la verdad. No declara a su congregación lo que Dios dijo respecto a la obra del expendedor de bebidas. Decir la verdad con franqueza sería ofender a su congregación, comprometer su popularidad y perder su sueldo.

Pero superior al tribunal de la iglesia es el tribunal de Dios. Aquel que dijo al primer asesino: "La voz de la sangre de tu hermano clama a mí desde la tierra" (Génesis 4:10), no aceptará para su altar las ofrendas del traficante en bebidas. Su enojo se enciende contra los que intentan cubrir su culpa con el manto de la liberalidad. Su dinero está manchado de sangre. La maldición recae sobre él. "¿Para qué a mí, dice Jehová, la multitud de vuestros sacrificios?... ¿Quién demandó esto de vuestras manos, cuando vinieseis a presentaros delante de mí, para hollar mis atrios? No me traigáis más vano presente... Cuando extendiereis vuestras manos, yo esconderé de vosotros mis ojos: asimismo cuando multiplicareis la oración, yo no oiré: llenas están de sangre vuestras manos". (Isaías 1:11-15.)

El borracho es capaz de mejores cosas. Fue dotado de talentos con que honrar a Dios y beneficiar al mundo; pero sus semejantes armaron lazo para su alma, y medran a costa de la degradación de su víctima. Vivieron en el lujo, mientras que las pobres víctimas a quienes despojaron fueron sumidas en la pobreza y la miseria. Pero Dios llamará a cuenta a quien ayudó al borracho a precipitarse en la ruina. Aquel que gobierna en los cielos no ha perdido de vista la primera causa o el último efecto de la embriaguez. Aquel que cuida del gorrión y que viste la hierba del campo, no pasará por alto a los que fueron formados a su propia imagen y comprados con su propia sangre, ni será sordo a sus clamores. Dios nota toda esta perversidad que perpetúa el crimen y la miseria.

El mundo y la iglesia podrán dar su aprobación al hombre que amontona riquezas degradando al alma humana. Podrán sonreír a quien conduce a los hombres paso a paso por la senda de la vergüenza y la degradación. Pero Dios lo anota todo, y emite un juicio justo. El tabernero podrá ser considerado por el mundo como buen comerciante; pero el Señor dice: "¡Ay de él!" Será culpado de la desesperación, de la miseria, y de los padecimientos traídos al mundo por el tráfico del alcohol. Tendrá que dar cuenta de las necesidades y las desdichas de las madres y los hijos que hayan padecido por falta de alimento, de ropa y de abrigo, y hayan perdido toda esperanza y alegría. Tendrá que dar cuenta de las almas que haya enviado desapercibidas a la eternidad. Los que sostienen al tabernero en su obra comparten su culpa. A los tales Dios dice: "Llenas están de sangre vuestras manos".

Leyes sobre las patentes

Muchos abogan porque se cobren patentes a los traficantes de alcohol pensando que así se pondrá coto al mal de la bebida. Pero conceder patente a dicho tráfico equivale a ponerlo bajo la protección de las leyes. El gobierno sanciona entonces su existencia, y fomenta el mal que pretende restringir. Al amparo de las leyes de patentes, las cervecerías, las destilerías y los establecimientos productores de vinos se extienden por todo el país, y el tabernero hace su obra nefanda a nuestras mismas puertas.

En muchos casos se le prohíbe vender bebidas alcohólicas al que ya está ebrio o se conoce como borracho habitual; pero la obra de convertir en borrachos a los jóvenes sigue adelante. La existencia de este negocio depende de la sed de alcohol que se fomente en la juventud. Al joven se le va pervirtiendo poco a poco hasta que el hábito de la bebida queda arraigado, y se le despierta la sed que, cueste lo que cueste, ha de satisfacer. Menos daño se haría suministrando bebida al borracho habitual, cuya ruina, en la mayoría de los casos, es ya irremediable, que en permitir que la flor de nuestra juventud se pierda por medio de tan terrible hábito.

Al conceder patente al tráfico de alcohol, se expone a constante tentación a los que intentan reformarse. Se han fundado instituciones para ayudar a las víctimas de la intemperancia a dominar sus apetitos. Tarea noble es ésta; pero mientras la venta de bebidas siga sancionada por la ley, los beodos sacarán poco provecho de los asilos fundados para ellos. No pueden permanecer siempre allí. Deben volver a ocupar su lugar en la sociedad. La sed de bebidas alcohólicas, si bien refrenada, no quedó anulada, y cuando la tentación los asalta, como puede hacerlo a cada paso, aquéllos vuelven demasiado a menudo a caer en ella.

El dueño de un animal peligroso, que, a sabiendas, lo deja suelto, responde ante la ley por el mal que cause el animal. En las leyes dadas a Israel, el Señor dispuso que cuando una bestia peligrosa causara la muerte de un ser humano, el dueño de aquella debía expiar con su propia vida su descuido o su perversidad. De acuerdo con este mismo principio, el gobierno que concede patentes al vendedor de bebidas debiera responder de las consecuencias del tráfico. Y si es un crimen digno de muerte dejar suelto un animal peligroso, ¿cuánto mayor no será el crimen que consiste en sancionar la obra del vendedor de bebidas?

Concédense patentes en atención a la renta que producen para el tesoro público. Pero, ¿qué es esta renta comparada con los enormes gastos que ocasionan los criminales, los locos, el pauperismo, frutos todos del comercio del alcohol? Estando bajo la influencia de la bebida, un hombre comete un crimen, se le procesa, y quienes legalizaron el tráfico de las bebidas se ven obligados a encarar las consecuencias de su propia obra. Autorizaron la venta de bebidas que privan al hombre de la razón, y ahora tienen que mandar a este hombre a la cárcel o a la horca, dejando a menudo sin recursos a una viuda y sus hijos, quienes quedarán a cargo de la comunidad en que vivan.

Si se considera tan sólo el aspecto financiero del asunto, ¡cuán insensato es tolerar semejante negocio! Pero, ¿qué rentas pueden compensar la pérdida de la razón, el envilecimiento y la deformación de la imagen de Dios en el hombre, así como la ruina de los niños que, reducidos al pauperismo y a la degradación, perpetuarán en sus propios hijos las malas inclinaciones de sus padres beodos?

La prohibición

El hombre que contrajo el hábito de la bebida se encuentra en una situación desesperada. Su cerebro está enfermo y su voluntad debilitada. En lo que toca a su propia fuerza, sus apetitos son ingobernables. No se puede razonar con él ni persuadirle a que se niegue a sí mismo. El que ha sido arrastrado a los antros del vicio, por mucho que haya resuelto no beber más, se ve inducido a llevar de nuevo la copa a sus labios; y apenas pruebe la bebida, sus más firmes resoluciones quedarán vencidas, y aniquilado todo vestigio de voluntad. Al volver a probar la enloquecedora bebida, se le desvanece todo pensamiento relativo a los resultados. Se olvida de la esposa transida de dolor. Al padre pervertido ya no le importa que sus hijos sufran hambre y desnudez. Al legalizar el tráfico de las bebidas alcohólicas, la ley sanciona la ruina del alma, y se niega a contener el desarrollo de un comercio que llena al mundo de males.

¿Debe esto continuar así? ¿Seguirán las almas luchando por la victoria, teniendo ante ellas y abiertas de par en par las puertas de la tentación? ¿Continuará la plaga de la intemperancia siendo baldón del mundo civilizado? ¿Seguirá arrasando, año tras año, como fuego consumidor, millares de hogares felices? Cuando un buque zozobra a la vista de la ribera, los espectadores no permanecen indiferentes. Hay quienes arriesgan la vida para ir en auxilio de hombres y mujeres a punto de hundirse en el abismo. ¿Cuánto más esfuerzo no debe hacerse para salvarlos de la suerte del borracho?

El borracho y su familia no son los únicos que corren peligro por culpa del que expende bebidas, ni es tampoco el recargo de impuestos el mayor mal que acarrea su tráfico. Estamos todos entretejidos en la trama de la humanidad. El mal que sobreviene a cualquier parte de la gran confraternidad humana entraña peligros para todos.

Más de uno, que seducido por amor al lucro o a la comodidad no quiso preocuparse para que se restringiese el tráfico de bebidas, advirtió después demasiado tarde que este tráfico le afectaba. Vio a sus propios hijos embrutecidos y arruinados. La anarquía prevalece. La propiedad peligra. La vida no está segura. Multiplícanse las desgracias en tierra y mar. Las enfermedades que se engendran en las guaridas de la suciedad y la miseria penetran en las casas ricas y lujosas. Los vicios fomentados por los que viven en el desorden y el crimen infectan a los hijos de las clases de refinada cultura.

No existe persona cuyos intereses no peligren por causa del comercio de las bebidas alcohólicas. No hay nadie que por su propia seguridad no debiera resolverse a aniquilar este tráfico.

Sobre todas las organizaciones dedicadas a intereses únicamente terrenales, las cámaras legislativas y los tribunales debieran verse libres del azote de la intemperancia. Los gobernadores, senadores, diputados y jueces, es decir los hombres que promulgan las leyes de una nación y velan por su observancia, los que tienen en sus manos la vida, la reputación y los bienes de sus semejantes, deberían ser hombres de estricta temperancia. Sólo así podrán tener claridad de espíritu para discernir entre lo bueno y lo malo. Sólo así podrán tener principios firmes y sabiduría para administrar justicia y para ser clementes. Pero, ¿qué nos dice la historia? ¡Cuántos de estos hombres tienen la inteligencia anublada, y confuso el sentido de lo justo y de lo injusto, por efecto de las bebidas alcohólicas! ¡Cuántas leyes opresivas se han decretado, cuántos inocentes han sido condenados a muerte por la injusticia de legisladores, testigos, jurados, abogados y aun jueces amigos de la bebida! Muchos son los "valientes para beber vino", y los "hombres fuertes para mezclar bebida", "que a lo malo dicen bueno, y a lo bueno malo", "que dan por justo al impío por cohechos, y al justo quitan su justicia". De los tales dice Dios: "Como la lengua del fuego consume las aristas, y la llama devora la paja, así será su raíz como pudri-miento, y su flor se desvanecerá como polvo: porque desecharon la ley de Jehová de los ejércitos, y abominaron la palabra del Santo de Israel". (Isaías 5:20-24.)

La honra de Dios, la estabilidad de la nación, el bienestar de la sociedad, del hogar y del individuo, exigen cuanto esfuerzo sea posible para despertar al pueblo y hacerle ver los males de la intemperancia. Pronto percibiremos el resultado de este terrible azote mejor de lo que lo notamos ahora. ¿Quién se esforzará resueltamente por detener la obra de destrucción? Apenas si ha comenzado la lucha. Alístese un ejército que acabe con la venta de los licores ponzoñosos, que enloquecen a los hombres. Póngase de manifiesto el peligro del tráfico de bebidas, y créese una opinión pública que exija su prohibición. Otórguese a los que han perdido la razón por la bebida una oportunidad para escapar a la esclavitud. Exija la voz de la nación a sus legisladores que supriman tan infame tráfico. "Si dejares de librar los que son tornados para la muerte, y los que son llevados al degolladero; si dijeres: Ciertamente no lo supimos; ¿no lo entenderá el que pesa los corazones? El que mira por tu alma, él lo conocerá". (Proverbios 24:11, 12.) Y "¿qué dirás cuando te visitará?" (Jeremías 13:21.)

El Ministerio del Hogar

LA RESTAURACION y el levantamiento de la humanidad empiezan en el hogar. La obra de los padres es cimiento de toda otra obra. La sociedad se compone de familias, y será lo que la hagan las cabezas de familia. Del corazón "mana la vida" (Proverbios 4:23), y el hogar es el corazón de la sociedad, de la iglesia y de la nación. El bienestar de la sociedad, el buen éxito de la iglesia y la prosperidad de la nación dependen de la influencia del hogar.

La importancia y las oportunidades de la vida del hogar resaltan en la vida de Jesús. El que vino del cielo para ser nuestro ejemplo y maestro pasó treinta años formando parte de una familia en Nazaret. Poco dice la Biblia acerca de esos treinta años. Durante ellos no hubo milagros notables que llamaran la atención del pueblo. No hubo muchedumbres que siguieran con ansia los pasos del Señor o que prestaran oídos a sus palabras. Y no obstante, durante todos esos años el Señor desempeñaba su misión divina. Vivía como uno de nosotros, compartiendo la vida del hogar a cuya disciplina se sometía, cumpliendo los deberes domésticos y cargando con su parte de responsabilidad. Al amparo del humilde hogar, participando de las experiencias de nuestra suerte común, "Jesús crecía en sabiduría, y en edad, y en gracia para con Dios y los hombres". (Lucas 2:52.)

Durante todos esos años de retiro, la vida del Señor fluyó de simpatía y servicio. Su desprendimiento y su paciencia, su valor y su fidelidad, su resistencia a la tentación, su paz inagotable y su dulce gozo eran una inspiración continua. Traía consigo al hogar un ambiente puro y dulce, y su vida fue como levadura activa entre los elementos de la sociedad. Nadie decía que había hecho un milagro; y sin embargo emanaba de él virtud: el poder restaurador y vivificante del amor que fluía hacia los tentados, los enfermos y los desalentados. Desde tierna edad, servía directamente a los demás, de modo que cuando inició su ministerio público, muchos le oyeron gozosos.

Los primeros años de la vida del Salvador son más que un ejemplo para la juventud. Son una lección, y deberían alentar a todos los padres. Los deberes para con la familia y para con los vecinos constituyen el primer campo de acción de los que quieran empeñarse en la elevación moral de sus semejantes. No hay campo de acción más importante que el señalado a los fundadores y protectores del hogar. Ninguna obra encomendada a seres humanos entraña consecuencias tan trascendentales como la de los padres y madres.

Los jóvenes y niños de la actualidad determinan el porvenir de la sociedad, y lo que estos jóvenes y estos niños serán depende del hogar. A la falta de buena educación doméstica se puede achacar la mayor parte de las enfermedades, así como de la miseria y criminalidad que son la maldición de la humanidad. Si la vida doméstica fuera pura y verdadera, si los hijos que salen del hogar estuvieran debidamente preparados para hacer frente a las responsabilidades de la vida y a sus peligros, ¡qué cambio experimentaría el mundo!

Se realizan muchos esfuerzos y se dedica tiempo, dinero y trabajo casi sin límites a empresas e instituciones destinadas a rehabilitar las víctimas de los malos hábitos. Y aun así todos estos esfuerzos resultan insuficientes para hacer frente a la gran necesidad. ¡Cuán mínimos son los resultados! ¡Cuán pocos se regeneran permanentemente!

Son muchísimos los que aspiran a una vida mejor, pero carecen de valor y resolución para librarse del poder de los malos hábitos. Retroceden ante el caudal de esfuerzos, luchas y sacrificios exigidos, y su vida zozobra y se malogra. Así aun los más brillantes, los de más altas aspiraciones y más nobles facultades, los que están capacitados por la naturaleza y la educa-

ción para desempeñar puestos de confianza y de responsabilidad, se degradan y se pierden para esta vida y para la venidera.

Para los que se enmiendan, ¡cuán ruda es la lucha para recuperar la dignidad perdida! Y durante toda su vida, con la constitución quebrantada, la voluntad vacilante, la inteligencia embotada y el alma debilitada, muchos recogen el fruto del mal que sembraron. ¡Cuánto más se podría llevar a cabo si se arrostrara el mal desde un principio!

Esta obra depende en mucho de los padres. En los esfuerzos que se hacen para detener los avances de la intemperancia y de otros males que carcomen como cáncer el cuerpo social, si se diera más atención a la tarea de enseñar a los padres cómo formar los hábitos y el carácter de sus hijos, resultaría cien veces mayor el bien obtenido. El hábito, que es una fuerza tan terrible para el mal, puede ser convertido por los padres en una fuerza para el bien. Tienen que vigilar el río desde sus fuentes, y a ellos les incumbe darle buen curso.

A los padres les es posible echar para sus hijos los cimientos de una vida sana y feliz. Pueden darles en el hogar la fuerza moral necesaria para resistir a la tentación, así como valor y fuerza para resolver con éxito los problemas de la vida. Pueden inspirarles el propósito, y desarrollar en ellos la facultad de hacer de sus vidas una honra para Dios y una bendición para el mundo. Pueden enderezar los senderos para que caminen en días de sol como en días de sombra hacia las gloriosas alturas celestiales.

La misión del hogar se extiende más allá del círculo de sus miembros.

El hogar cristiano ha de ser una lección objetiva, que ponga de relieve la excelencia de los verdaderos principios de la vida. Semejante ejemplo será una fuerza para el bien en el mundo. Mucho más poderosa que cualquier sermón que se pueda predicar es la influencia de un hogar verdadero en el corazón y la vida de los hombres. Al salir de semejante hogar paterno los jóvenes enseñarán las lecciones que en él hayan aprendido. De este modo penetrarán en otros hogares principios más nobles de vida, y una influencia regeneradora obrará en la sociedad.

Hay muchos otros para quienes podemos hacer de nuestro hogar una bendición. Nuestras relaciones sociales no deberían ser dirigidas por los dictados de las costumbres del mundo, sino por el Espíritu de Cristo y por la enseñanza de su Palabra. En todas sus fiestas los israelitas admitían al pobre, al extranjero y al levita, el cual era a la vez asistente del sacerdote en el santuario y maestro de religión y misionero. A todos se les consideraba como huéspedes del pueblo, para compartir la hospitalidad en todas las festividades sociales y religiosas y ser atendidos con cariño en casos de enfermedad o penuria. A personas como esas debemos dar buena acogida en nuestras casas. ¡Cuánto podría hacer semejante acogida para alegrar y alentar al enfermero misionero o al maestro, a la madre cargada de cuidados y de duro trabajo, o a las personas débiles y ancianas que viven tan a menudo sin familia, luchando con la pobreza y el desaliento!

"Cuando haces comida o cena —dice Cristo—, no llames a tus amigos, ni a tus hermanos, ni a tus parientes, ni a vecinos ricos; porque también ellos no te vuelvan a convidar, y te sea hecha compensación. Mas cuando haces banquete, llama a los pobres, los mancos, los cojos, los ciegos; y serás bienaventurado; porque no te pueden retribuir; mas te será recompensado en la resurrección de los justos". (Lucas 14:12-14.)

Estos son huéspedes que no os costará mucho recibir. No necesitaréis ofrecerles trato costoso y de mucha preparación. Necesitaréis más bien evitar la ostentación. El calor de la bienvenida, un asiento al amor de la lumbre, y uno también a vuestra mesa, el privilegio de compartir la bendición del culto de familia, serían para muchos como vislumbres del cielo.

Nuestras simpatías deben rebosar más allá de nosotros mismos y del círculo de nuestra familia. Hay preciosas oportunidades para los que quieran hacer de su hogar una bendición para otros. La influencia social es una fuerza maravillosa. Si queremos, podemos valernos de ella para ayudar a los que nos rodean.

Nuestros hogares deberían ser refugios para los jóvenes que sufren tentación. Muchos hay que se encuentran en la encrucijada de los caminos. Toda influencia e impresión determinan la elección del rumbo de su destino en esta vida y en la venidera. El mal, con sus lugares de reunión, brillantes y seductores, los invita. A todos los que acuden se les da la bienvenida. En torno nuestro hay jóvenes sin familia, y otros cuyos hogares no tienen poder para protegerlos ni elevarlos, y se ven arrastrados al mal. Se encaminan hacia la ruina en la sombra misma de nuestras puertas.

Estos jóvenes necesitan que se les tienda la mano con simpatía. Las palabras bondadosas dichas con sencillez, las pequeñas atenciones para con ellos, barrerán las nubes de la tentación que se amontonan sobre sus almas. La verdadera expresión de la simpatía proveniente del cielo puede abrir la puerta del corazón que necesita la fragancia de palabras cristianas, y del delicado toque del espíritu del amor de Cristo. Si nos interesáramos por los jóvenes, invitándolos a nuestras casas y rodeándolos de influencias alentadoras y provechosas, serían muchos los que de buena gana dirigirían sus pasos por el camino ascendente.

Oportunidades de la vida

El tiempo de que disponemos es corto. Sólo una vez podemos pasar por este mundo; saquemos, pues, al hacerlo, el mejor provecho de nuestra vida.

La tarea a la cual se nos llama no requiere riquezas, posición social ni gran capacidad. Lo que sí requiere es un espíritu bondadoso y abnegado y firmeza de propósito. Una luz, por pequeña que sea, si arde siempre, puede servir para encender muchas otras. Nuestra esfera de influencia, nuestras capacidades, oportunidades y adquisiciones podrán parecer limitadas; y sin embargo tenemos posibilidades maravillosas si aprovechamos fielmente las oportunidades que nos brindan nuestros hogares. Si tan sólo queremos abrir nuestros corazones y nuestras casas a los divinos principios de la vida, llegaremos a ser canales por los que fluyan corrientes de fuerza vivificante. De nuestros hogares saldrán ríos de sanidad, que llevarán vida, belleza y feracidad donde hoy por hoy todo es aridez y desolación.

Los Fundadores del Hogar

EL QUE creó a Eva para que fuese compañera de Adán realizó su primer milagro en una boda. En la sala donde los amigos y parientes se regocijaban, Cristo principió su ministerio público. Con su presencia sancionó el matrimonio, reconociéndolo como institución que él mismo había fundado. Había dispuesto que hombres y mujeres se unieran en el santo lazo del matrimonio, para formar familias cuyos miembros, coronados de honor, fueran reconocidos como miembros de la familia celestial.

Cristo honró también las relaciones matrimoniales al hacerlas símbolo de su unión con los redimidos. El es el Esposo, y la esposa es la iglesia, de la cual, como escogida por él, dice: "Toda tú eres hermosa, amiga mía, y en ti no hay mancha". (Cantares 4:7.)

"Cristo amó a la iglesia, y se entregó a sí mismo por ella, para santificarla limpiándola en el lavacro del agua por la palabra, para... que fuese santa y sin mancha. Así también los maridos deben amar a sus mujeres". (Efesios 5:25-28.)

El vínculo de la familia es el más estrecho, el más tierno y sagrado de la tierra. Estaba destinado a ser una bendición para la humanidad. Y lo es siempre que el pacto matrimonial sea sellado con inteligencia, en el temor de Dios, y con la debida consideración de sus responsabilidades.

Los que piensan en casarse deben pesar el carácter y la influencia del hogar que van a fundar. Al llegar a ser padres se les confía un depósito sagrado. De ellos depende en gran medida el bienestar de sus hijos en este mundo, y la felicidad de ellos en el mundo futuro. En alto grado determinan la naturaleza física y moral de sus pequeñuelos. Y del carácter del hogar depende la condición de la sociedad. El peso de la influencia de cada familia se hará sentir en la tendencia ascendente o descendente de la sociedad.

La elección de esposo o de esposa debe ser tal que asegure del mejor modo posible el bienestar físico, intelectual y espiritual de padres e hijos, de manera que capacite a unos y otros para ser una bendición para sus semejantes y una honra para su Creador.

Antes de asumir las responsabilidades del matrimonio, los jóvenes y las jóvenes deben tener una experiencia práctica que los haga aptos para cumplir los deberes de la vida y llevar las cargas de ella. No se han de favorecer los matrimonios tempranos. Un compromiso tan importante como el matrimonio y de resultados tan trascendentales no debe contraerse con precipitación, sin la suficiente preparación y antes de que las facultades intelectuales y físicas estén bien desarrolladas.

Aunque los cónyuges carezcan de riquezas materiales, deben poseer el tesoro mucho más precioso de la salud. Y por lo general no debería haber gran disparidad de edad entre ellos. El desprecio de esta regla puede acarrear una grave alteración de salud para el más joven. También es frecuente en tales casos que los hijos sufran perjuicio en su vigor físico e intelectual. No pueden encontrar en un padre o en una madre ya de edad el cuidado y la compañía que sus tiernos años requieren, y la muerte puede arrebatarles a uno de los padres cuando más necesiten su amor y dirección.

Sólo en Cristo puede formarse una unión matimonial feliz. El amor humano debe fundar sus más estrechos lazos en el amor divino. Sólo donde reina Cristo puede haber cariño profundo, fiel y abnegado.

El amor es un precioso don que recibimos de Jesús. El afecto puro y santo no es un sentimiento, sino un principio. Los que son movidos por el amor verdadero no carecen de juicio ni son ciegos. Enseñados por el Espíritu Santo, aman supremamente a Dios y a su prójimo como a sí mismos.

Los que piensan en casarse deben pesar cada sentimiento y cada manifestación del carácter de la persona con quien se proponen unir su suerte. Cada paso dado hacia el matrimonio debe ser acompañado de modestia, sencillez y sinceridad, así como del serio propósito de agradar y honrar a Dios. El matrimonio afecta la vida ulterior en este mundo y en el venidero. El cristiano sincero no hará planes que Dios no pueda aprobar.

Si gozáis de la bendición de tener padres temerosos de Dios, consultadlos. Comunicadles vuestras esperanzas e intenciones, aprended las lecciones que la vida les enseñó y os ahorraréis no pocas penas. Sobre todo, haced de Cristo vuestro consejero. Estudiad su Palabra con oración.

Contando con semejante dirección, acepte la joven como compañero de la vida tan sólo a un hombre que posea rasgos de carácter puros y viriles, que sea diligente y rebose de aspiraciones, que sea honrado, ame a Dios y le tema. Busque el joven como compañera que esté siempre a su lado a quien sea capaz de asumir su parte de las responsabilidades de la vida, y cuya influencia le ennoblezca, le comunique mayor refinamiento y le haga feliz en su amor.

"De Jehová viene la mujer prudente". "El corazón de su marido está en ella confiado... Darále ella bien y no mal, todos los días de su vida". "Abrió su boca con sabiduría: y la ley de clemencia está en su lengua. Considera los caminos de su casa, y no come el pan de balde. Levantáronse sus hijos, y llamáronla bienaventurada; y su marido también la alabó" diciendo: "Muchas mujeres hicieron el bien; mas tú las sobrepujaste a todas". El que encuentra una esposa tal "halló el bien, y alcanzó la benevolencia de Jehová". (Proverbios 19:14, V.M.; 31:11, 12, 26-29; 18:22.)

Por mucho cuidado y prudencia con que se haya contraído el matrimonio, pocas son las parejas que hayan llegado a la perfecta unidad al realizarse la ceremonia del casamiento. La unión verdadera de ambos cónyuges es obra de los años subsiguientes.

Cuando la pareja recién casada afronta la vida con sus cargas de perplejidades y cuidados, desaparece el aspecto romántico con que la imaginación suele tan a menudo revestir el matrimonio. Marido y mujer aprenden entonces a conocerse como no podían hacerlo antes de unirse. Este es el período más crítico de su experiencia. La felicidad y utilidad de toda su vida ulterior dependen de que asuman en ese momento una actitud correcta. Muchas veces cada uno descubre en el otro flaquezas y defectos que no sospechaban; pero los corazones unidos por el amor notarán también cualidades desconocidas hasta entonces. Procuren todos descubrir las virtudes más bien que los defectos. Muchas veces, nuestra propia actitud y la atmósfera que nos rodea determinan lo que se nos revelará en otra persona. Son muchos los que consideran la manifestación del amor como una debilidad, y permanecen en tal retraimiento que repelen a los demás. Este espíritu paraliza las corrientes de simpatía. Al ser reprimidos, los impulsos de sociabilidad y generosidad se marchitan y el corazón se vuelve desolado y frío. Debemos guardarnos de este error. El amor no puede durar mucho si no se le da expresión. No permitáis que el corazón de quienes os acompañen se agoste por falta de bondad y simpatía de parte vuestra.

Aunque se susciten dificultades, congojas y desalientos, no abriguen jamás ni el marido ni la mujer el pensamiento de que su unión es un error o una decepción. Resuélvase cada uno de ellos a ser para el otro cuanto le sea posible. Sigan teniendo el uno para con el otro los miramientos que se tenían al principio. Aliéntense uno al otro en las luchas de la vida. Procure cada uno favorecer la felicidad del otro. Haya entre ellos amor mutuo y sopórtense uno al otro. Entonces el casamiento, en vez de ser la terminación del amor, será más bien su verdadero comienzo. El calor de la verdadera amistad, el amor que une un corazón al otro, es sabor anticipado de los goces del cielo.

Alrededor de cada familia se extiende un círculo sagrado que no debe romperse. Nadie tiene derecho a entrar en este círculo. No permitan el marido ni la mujer que un extraño comparta las confidencias que a ellos solos importan.

Ame cada uno de ellos al otro antes de exigir que el otro le ame. Cultive lo más noble que haya en sí y esté pronto a reconocer las buenas cualidades del otro. El saberse apreciado es un admirable estímulo y motivo de satisfacción. La simpatía y el respeto alientan el esfuerzo por alcanzar la excelencia, y el amor aumenta al estimular la persecución de fines cada vez más nobles.

Ni el marido ni la mujer deben fundir su individualidad en la de su cónyuge. Cada cual tiene su relación personal con Dios. A él tiene que preguntarle cada uno: "¿Qué es bueno? Qué es malo? ¿Cómo cumpliré mejor el propósito de la vida?" Fluya el caudal del cariño de cada uno hacia Aquel que dio su vida por ellos. Considérese a Cristo el primero, el último y el mejor en todo. En la medida en que vuestro amor a Cristo se profundice y fortalezca, se purificará y fortalecerá vuestro amor mutuo.

El espíritu que Cristo manifiesta para con nosotros es el espíritu que marido y mujer deben manifestar uno con otro. "Andad en amor, como también Cristo nos amó". "Así que, como la iglesia está sujeta a Cristo, así también las casadas lo estén a sus maridos en todo. Maridos, amad a vuestras mujeres, así como Cristo amó a la iglesia, y se entregó a sí mismo por ella". (Efesios 5:2, 24, 25.)

Ni el marido ni la mujer deben pensar en ejercer gobierno arbitrario uno sobre otro. No intentéis imponer vuestros deseos uno al otro. No podéis hacer esto y conservar el amor mutuo. Sed bondadosos, pacientes, indulgentes, considerados y corteses. Mediante la gracia de Dios podéis haceros felices el uno al otro, tal como lo prometisteis al casaros.

Felicidad en el servicio abnegado

Tened presente, sin embargo, que la felicidad no se encuentra en retraeros de los demás conformándoos con prodigaros todo el cariño de que sois capaces. Aprovechad toda oportunidad que se os presente para contribuir a labrar la felicidad de los que os rodean. Recordad que el gozo verdadero sólo se encuentra en servir desinteresadamente.

La indulgencia y la abnegación caracterizan las palabras y los actos de los que viven la vida nueva en Cristo. Al esforzaros por llevar la vida que Cristo llevó, al procurar dominar el yo y el egoísmo, así como al atender a las necesidades de los demás, ganaréis una victoria tras otra. Vuestra influencia será entonces una bendición para el mundo.

Hombres y mujeres pueden alcanzar el ideal que Dios les señala si aceptan la ayuda de Cristo. Lo que la humana sabiduría no puede lograr, la gracia de Dios lo hará en quienes se entregan e él con amor y confianza. Su providencia puede unir los corazones con lazos de origen celestial. El amor no será tan sólo un intercambio de palabras dulces y aduladoras. El telar del cielo teje con urdimbre y trama más finas, pero más firmes, que las de los telares de esta tierra. Su producto no es una tela endeble, sino un tejido capaz de resistir cualquier prueba, por dura que sea. El corazón quedará unido al corazón con los áureos lazos de un amor perdurable.

Elección y Arreglo del Hogar

EL EVANGELIO simplifica maravillosamente los problemas de la vida. Las instrucciones que da, bien aprovechadas, resolverían muchas perplejidades y nos guardarían de muchos yerros. Nos enseña a estimar las cosas en su verdadero valor, y a dedicar nuestro mayor esfuerzo a las cosas de mayor mérito, que son las que han de durar. Necesitan esta lección aquellos sobre quienes recae la responsabilidad de elegir morada. No deberían dejarse apartar del fin superior. Recuerden que el hogar terrenal ha de ser una preparación para el celestial, del cual es símbolo. La vida es una escuela práctica, de la que padres e hijos han de salir graduados para ingresar en la escuela superior de las mansiones de Dios. Sea éste el propósito que dirija la elección del punto en que se piensa fundar el hogar. No hay que dejarse llevar por el deseo de riquezas, ni por las exigencias de la moda, ni por las costumbres de la sociedad. Téngase antes presente lo que más favorezca la sencillez, la pureza, la salud y el verdadero mérito.

En el mundo entero, las ciudades se vuelven semilleros del vicio. Por doquiera se ve y se oye el mal. En todas partes se encuentran incentivos a la sensualidad y a la disipación. La marea de la corrupción y del crimen sube de continuo. Cada día se registran actos de violencia: robos, asesinatos, suicidios y crímenes indecibles.

La vida en las ciudades es falsa y artificial. La intensa pasión por el dinero, el torbellino y el afán de los placeres, la fiebre de la ostentación, el lujo y la prodigalidad son otras tantas fuerzas que impiden a la mayoría de la humanidad que cumpla el verdadero fin de la vida. Abren la puerta a una infinidad de males y ejercen sobre la juventud un poder casi irresistible.

Una de las tentaciones más sutiles y peligrosas que asaltan a los niños y a los jóvenes en las ciudades es el afán de placeres. Muchos son los días de fiesta; los juegos y las carreras de caballos arrastran a miles, y el torbellino de las excitaciones y del placer los distraen de los austeros deberes de la vida. El dinero que debiera ahorrarse para mejores fines se desperdicia en diversiones.

Debido a la actuación de compañías monopolizadoras y a los resultados de las confederaciones obreras y las huelgas, las condiciones de la vida en las ciudades se hacen cada vez más difíciles. Graves disturbios nos aguardan, y muchas familias se verán en la necesidad de abandonar la ciudad.

El ambiente físico de las ciudades es muchas veces un peligro para la salud. La exposición constante al contagio, el aire viciado, el agua impura, el alimento adulterado, las viviendas oscuras, malsanas, y atestadas de seres humanos, son algunos de los muchos males con que se tropieza a cada paso.

No era el propósito de Dios que los hombres vivieran hacinados en las ciudades, confinados promiscuamente en estrechos alojamientos. Al principio Dios puso a nuestros primeros padres entre las bellezas naturales en medio de las cuales quisiera que nos deleitásemos hoy. Cuanto mejor armonicemos con el plan original de Dios, más fácil nos será asegurar la salud del cuerpo, de la mente y del alma.

La vivienda costosa, el mobiliario primoroso, el boato, el lujo y la holgura no suministran las condiciones indispensables para una vida feliz y provechosa. Jesús vino a esta tierra para realizar la obra más importante que haya sido jamás efectuada entre los hombres. Vino como embajador de Dios para enseñarnos cómo vivir para obtener los mejores resultados de la vida. ¿Cuáles fueron las condiciones escogidas por el Padre infinito para su Hijo? Un hogar apartado en los collados de Galilea; una familia mantenida por el trabajo honrado y digno; una vida sencilla; la lucha diaria con las dificultades y penurias; la abnegación, la economía y el servicio paciente y alegre; las horas de estudio junto a su madre, con el rollo abierto de las Escrituras; la tranquilidad de la aurora o del crepúsculo en el verdeante valle; las santas actividades de la naturaleza; el estudio de la creación y la providencia, así como la comunión del alma con Dios: tales fueron las condiciones y las oportunidades que hubo en los primeros años de la vida de Jesús.

Tal fue el caso también para la gran mayoría de los hombres mejores y más nobles de todas las edades. Leed la historia de Abrahán, de Jacob y de José, de Moisés, de David y de Eliseo. Estudiad la vida de los hombres que en tiempos posteriores desempeñaron cargos de confianza y responsabilidad, de los hombres cuya influencia fue de las más eficaces para la regeneración del mundo.

¡Cuántos de estos hombres se criaron en humildes hogares del campo! Poco supieron de lujos. No malgastaron su juventud en diversiones. Muchos de ellos tuvieron que luchar con la pobreza y las dificultades. Muy jóvenes aún aprendieron a trabajar, y su vida activa al aire libre dio vigor y elasticidad a todas sus facultades. Obligados a depender de sus propios recursos, aprendieron a luchar con las dificultades y a vencer los obstáculos, con lo que adquirieron valor y perseverancia. Aprendieron a tener confianza en sí mismos y dominio propio. Apartados en gran medida de las malas compañías, se contentaban con placeres naturales y buenas compañías. Sus gustos eran sencillos, y templados sus hábitos. Se dejaban dirigir por principios, y crecían puros, fuertes y veraces. Al ser llamados a efectuar la obra principal de su vida, pusieron en juego vigor físico y mental, buen ánimo, capacidad para idear y ejecutar planes, firmeza para resistir al mal, y todo esto hizo de ellos verdaderas potencias para el bien en el mundo.

Mejor que cualquier herencia de riquezas que podáis dejar a vuestros hijos será la dádiva de un cuerpo vigoroso, una mente sana y un carácter noble. Quienes comprendan lo que constituye el verdadero éxito de la vida serán sabios a tiempo. Al establecer un hogar recordarán las mejores cosas de la vida.

En vez de vivir donde sólo pueden verse las obras de los hombres y donde lo que se ve y se oye sugiere a menudo malos pensamientos, donde el alboroto y la confusión producen cansancio e inquietud, id a vivir donde podáis contemplar las obras de Dios. Hallad la paz del espíritu en la belleza, quietud y solaz de la naturaleza. Descanse vuestra vista en los campos verdes, las arboledas y los collados. Mirad hacia arriba, al firmamento azul que el polvo y el humo de las ciudades no oscurecieron, y respirad el aire vigorizador del cielo. Id adonde, lejos de las distracciones y disipaciones de la vida de la ciudad, podáis dar vuestro compañerismo a vuestros hijos y enseñarles a conocer a Dios por medio de sus obras, y prepararlos para una vida de integridad y utilidad.

La sencillez en el mobiliario

Nuestros hábitos artificiales nos privan de muchas bendiciones y de muchos goces, y nos inhabilitan para llevar la vida más útil. Los muebles complicados y costosos son un despilfarro no sólo de dinero, sino de algo mil veces más precioso. Imponen una carga de cuidados, labores y perplejidades.

¿Cuáles son las condiciones de la vida en muchos hogares, aun donde los recursos son escasos y el trabajo doméstico recae principalmente en la madre? Los mejores cuartos están amueblados en forma que supera los recursos de los ocupantes, y resultan inadecuados para la comodidad y el solaz. Vense en ellos costosas alfombras, muebles primorosos y delicadamente tapizados, y hermosas cortinas. Mesas, repisas y todo espacio aprovechable, están atestados de adornos, y las paredes recargadas con cuadros, hasta ofrecer todo ello un espectáculo fatigoso. ¡Y cuánto trabajo cuesta conservarlo todo en buen orden y limpio de polvo! Ese trabajo y los hábitos artificiales que la moda impone a la familia atan a la dueña de casa a una tarea inacabable.

En muchos hogares la esposa y madre no tiene tiempo para leer a fin de mantenerse bien informada ni tiene tiempo para ser la compañera de su esposo ni para seguir de cerca el desarrollo intelectual de sus hijos. No hay tiempo ni lugar para que el querido Salvador sea su compañero íntimo. Poco a poco ella se convierte en una simple esclava de la casa, cuyas fuerzas, tiempo e interés son absorbidos por las cosas que perecen con el uso. Muy tarde despierta para hallarse casi extraña en su propia casa. Las oportunidades que una vez tuvo para influir en sus amados y elevarlos a una vida superior pasaron y no volverán jamás.

Hermoso medio ambiente

Resuelvan los fundadores del hogar que vivirán conforme a un plan más sabio. Sea su fin primordial hacer agradable el hogar. Asegúrense los medios para aligerar el trabajo, favorecer la salud y proveer comodidad. Hagan planes que les permitan agasajar a los huéspedes a quienes Cristo nos ordenó que diéramos acogida, y de los cuales dijo: "En cuanto lo hicisteis a uno de estos mis hermanos pequeñitos, a mí lo hicisteis". (Mateo 25:40.)

Amueblad vuestra casa sencillamente, con cosas que resistan al uso, que puedan limpiarse sin mucho trabajo y renovarse sin gran costo. Ejercitando vuestro gusto, podéis hacer atractivo un hogar sencillo si en él reinan el amor y el contentamiento.

A Dios le agrada lo bello. Revistió de hermosura la tierra y los cielos, y con gozo paternal se complace en ver a sus hijos deleitarse en las cosas que hizo. Quiere que rodeemos nuestro hogar con la belleza de las cosas naturales.

Casi todos los que viven en el campo, por muy pobres que sean, pueden tener alrededor de sus casas algo de césped, algunos árboles que den sombra, algunos arbustos lozanos y flores olorosas. Esto contribuirá a la felicidad del hogar mucho más que cualquier adorno artificial. Introducirá en la vida del hogar una influencia suavizadora y purificadora, que fortalecerá el amor a la naturaleza y atraerá a los miembros de la familia más cerca unos de otros y más cerca de Dios.

La Madre

Los hijos serán en gran medida lo que sean sus padres. Las condiciones físicas de éstos, sus disposiciones y apetitos, sus aptitudes intelectuales y morales, se reproducen, en mayor o menor grado, en sus hijos.

Cuanto más nobles sean los propósitos que animen a los padres, cuanto más elevadas sus dotes intelectuales y morales, cuanto más desarrolladas sus facultades físicas, mejor será el equipo que para la vida den a sus hijos. Cultivando en sí mismos las mejores prendas, los padres influyen en la formación de la sociedad de mañana y en el ennoblecimiento de las futuras generaciones.

Los padres y las madres deben comprender su responsabilidad. El mundo está lleno de trampas para los jóvenes. Muchísimos son atraídos por una vida de placeres egoístas y sensuales. No pueden discernir los peligros ocultos o el fin temible de la senda que a ellos les parece camino de la felicidad. Cediendo a sus apetitos y pasiones, malgastan sus energías, y millones quedan perdidos para este mundo y para el venidero. Los padres deberían recordar siempre que sus hijos tienen que arrostrar estas tentaciones. Deben preparar al niño desde antes de su nacimiento para predisponerlo a pelear con éxito las batallas contra el mal.

Esta responsabilidad recae principalmente sobre la madre, que con su sangre vital nutre al niño y forma su armazón física, le comunica también influencias intelectuales y espirituales que tienden a formar la inteligencia y el carácter. Jocabed, la madre hebrea de fe robusta y que no temía "el mandamiento del rey" (Hebreos 11:23), fue la mujer de la cual nació Moisés, el libertador de Israel. Ana, la mujer que oraba, abnegada y movida por la inspiración celestial, dio a luz a Samuel, el niño instruido por el Cielo, el juez incorruptible, el fundador de las escuelas sagradas de Israel. Elisabet, la parienta de María de Nazaret y animada del mismo espíritu que ésta, fue madre del precursor del Salvador.

Templanza y dominio propio

En las Escrituras se explica el cuidado con que la madre debe vigilar sus propios hábitos de vida. Cuando el Señor quiso suscitarse a Sansón por libertador de Israel, "el ángel de Jehová" apareció a la madre y le dio instrucciones especiales respecto a sus hábitos de vida y a cómo debía tratar a su hijo. "No bebas —le dijo— vino, ni sidra, ni comas cosa inmunda". (Jueces 13:13, 7.)

Muchos padres creen que el efecto de las influencias prenatales es cosa de poca monta; pero el Cielo no las considera así. El mensaje enviado por un ángel de Dios y reiterado en forma solemnísima merece que le prestemos la mayor atención.

Al hablar a la madre hebrea, Dios se dirige a todas las madres de todos los tiempos. "Ha de guardar —dijo el ángel— todo lo que le mandé". El bienestar del niño dependerá de los hábitos de la madre. Ella tiene, pues, que someter sus apetitos y sus pasiones al dominio de los buenos principios. Hay algo que ella debe rehuir, algo contra lo cual debe luchar si quiere cumplir el propósito que Dios tiene para con ella al darle un hijo. Si, antes del nacimiento de éste, la madre procura complacerse a sí misma, si es egoísta, impaciente e imperiosa, estos rasgos de carácter se reflejarán en el temperamento del niño. Así se explica que muchos hijos hayan recibido por herencia tendencias al mal que son casi irresistibles.

Pero si la madre se atiene invariablemente a principios rectos, si es templada y abnegada, bondadosa, apacible y altruista puede transmitir a su hijo estos mismos preciosos rasgos de carácter. Muy terminante fue la prohibición impuesta a la madre de Sansón respecto al vino. Cada gota de bebida alcohólica que la madre toma para halagar al paladar compromete la salud física, intelectual y moral de su hijo, y es un pecado positivo contra su Creador.

Muchos insisten en que debe satisfacerse todo antojo de la madre; sostienen que si desea un alimento cualquiera, por nocivo que sea, este deseo debe ser ampliamente satisfecho. Esto es falso y entraña peligro. Las necesidades físicas de la madre no deben descuidarse en manera alguna. Dos vidas dependen de ella, y sus deseos deben ser cariñosamente atendidos, y sus necesidades satisfechas con liberalidad. Pero en este período más que nunca debe evitar, en su alimentación y en cualquier otro asunto, todo lo que pudiera menoscabar la fuerza física o intelectual. Por mandato de Dios mismo, la madre está bajo la más solemne obligación de ejercer dominio propio.

El exceso de trabajo

Hay que velar con cariño por las fuerzas de la madre. En vez de permitir que las malgaste en tareas agotadoras, hay que reducir sus cuidados y cargas. Muchas veces el esposo y padre desconoce las leyes físicas que el bienestar de su familia exige que conozca. Absorto en la lucha por la vida, o empeñado en labrarse una fortuna y acosado por cuidados y apuros, permite que caigan sobre la esposa y madre cargas que agotan sus fuerzas en el período más crítico de su vida y le causan debilidad y enfermedad.

Más de un marido y padre podría sacar provechosa lección del solícito cuidado del fiel pastor. Jacob, al verse instado a emprender difícil y apurada caminata, contestó: "Los niños son tiernos, y... tengo ovejas y vacas paridas; y si las fatigan, en un día morirán todas las ovejas... Me iré poco a poco al paso de la hacienda que va delante de mí, y al paso de los niños". (Génesis 33:13,14.)

En el camino penoso de la vida sepa el marido y padre ir "poco a poco" al paso en que pueda seguirle su compañera de viaje. En medio del gentío que corre locamente tras el dinero y el poder, aprenda el esposo y padre a medir sus pasos, a confortar y a sostener al ser humano llamado a andar junto a él.

Alegría y buen humor

La madre debe cultivar un genio alegre, contento y feliz. Todo esfuerzo hecho en este sentido será recompensado con creces en el bienestar físico y el carácter moral de sus hijos. Un genio alegre fomentará la felicidad de su familia y mejorará en alto grado su propia salud.

Ayude el marido a su esposa con su simpatía y cariño constante. Si quiere que se conserve lozana y alegre, de modo que sea como un rayo de sol en la familia, ayúdele a llevar sus cargas. La bondad y la amable cortesía que le demuestre serán para ella un precioso aliento, y la felicidad que sepa comunicarle allegará gozo y paz a su propio corazón.

El esposo y padre malhumorado, egoísta y autoritario no sólo se hace infeliz, sino que aflige a todos los de la casa. Cosechará lo que sembró, viendo a su mujer desanimada y enfermiza, y a sus hijos contaminados con su propio genio displicente.

Si la madre se ve privada del cuidado y de las comodidades que merece, si se le permite que agote sus fuerzas con el recargo de trabajo o con las congojas y tristezas, sus hijos se verán a su vez privados de la fuerza vital, de la flexibilidad mental y del espíritu siempre alegre que hubieran debido heredar. Mucho mejor será alegrar animosamente la vida de la madre, evitarle la penuria, el trabajo cansador y los cuidados deprimentes, a fin de conseguir que los hijos hereden una buena constitución, que les permita pelear las batallas de la vida con sus propias fuerzas.

Grandes son el honor y la responsabilidad de padres y madres por estar como en vez de Dios ante sus hijos. Su carácter, su conducta y sus métodos de educación deben interpretar las palabras divinas a sus pequeñuelos. La influencia de los padres ganará o ahuyentará la confianza de los hijos en las promesas del Señor.

Privilegio de los padres: educar a sus hijos

Dichosos los padres cuya vida es un reflejo fiel de la vida divina, de modo que las promesas y los mandamientos de Dios despierten en los hijos gratitud y reverencia; dichosos los padres cuya ternura, justicia y longanimidad interpreten para el niño el amor, la justicia y la paciencia de Dios; dichosos los padres que al enseñar a sus hijos a amarlos, a confiar en ellos y a obedecerles, les enseñen a amar a su Padre celestial, a confiar en él y a obedecerle. Los padres que hacen a sus hijos semejante dádiva los enriquecen con un tesoro más precioso que los tesoros de todas las edades, un tesoro tan duradero como la eternidad.

En los hijos confiados a su cuidado, toda madre tiene un santo ministerio recibido de Dios. El le dice: "Toma a este hijo, a esta hija; edúcamelo; fórmale un carácter pulido, labrado para el edificio del templo, para que pueda resplandecer eternamente en las mansiones del Señor".

A la madre le parece muchas veces que su tarea es un servicio sin importancia, un trabajo que rara vez se aprecia. Las demás personas se dan escasa cuenta de sus muchos cuidados y responsabilidades. Pasa sus días ocupada en un sinnúmero de deberes que requieren esfuerzo, dominio propio, tacto, sabiduría y amor abnegado; y, sin embargo, no puede jactarse de lo que ha hecho como si fuese una hazaña. Sólo ha hecho marchar suavemente la rutina de la casa. A menudo, cansada y perpleja, ha procurado hablar bondadosamente con los niños, tenerlos ocupados y contentos, y guiar sus piececitos por el camino recto. Le parece que no ha hecho nada. Pero no es así. Los ángeles celestiales observan a la madre apesadumbrada, y anotan las cargas que lleva día tras día. Su nombre puede ser desconocido para el mundo, pero está escrito en el libro de vida del Cordero.

Oportunidades de las madres

Hay un Dios en lo alto, y la luz y gloria de su trono iluminan a la madre fiel que procura educar a sus hijos para que resistan a la influencia del mal. Ninguna otra obra puede igualarse en importancia con la suya. La madre no tiene, a semejanza del artista, alguna hermosa figura que pintar en un lienzo, ni como el escultor, que cincelarla en mármol. Tampoco tiene, como el escritor, algún pensamiento noble que expresar en poderosas palabras, ni que manifestar, como el músico, algún hermoso sentimiento en melodías. Su tarea es desarrollar con la ayuda de Dios la imagen divina en un alma humana.

La madre que aprecie esta obra considerará de valor inapreciable sus oportunidades. Por lo tanto, mediante su propio carácter y sus métodos de educación, se empeñará en presentar a sus hijos el más alto ideal. Con fervor, paciencia y valor, se esforzará por perfeccionar sus propias aptitudes para valerse de ellas con acierto en la educación de sus hijos. A cada paso se preguntará con fervor: "¿Qué ha dicho Dios?" Estudiará su Palabra con diligencia. Tendrá sus miradas fijas en Cristo, para que su experiencia diaria, en el humilde círculo de sus cuidados y deberes, sea reflejo fiel de la única Vida verdadera.

El Niño

EN LAS instrucciones del ángel a los padres hebreos iban incluidos no sólo los hábitos de la madre, sino la educación del niño. No bastaba que Sansón, el niño que iba a libertar a Israel, tuviera una buena herencia al nacer, sino que a su nacimiento debía seguir una esmerada educación. Desde la niñez había que enseñarle hábitos de estricta templanza.

Semejante instrucción fue dada también al tratarse de Juan el Bautista. Antes del nacimiento del niño el mensaje enviado del cielo al padre fue: "Y tendrás gozo y alegría, y muchos se gozarán de su nacimiento. Porque será grande delante de Dios, y no beberá vino ni sidra; y será lleno del Espíritu Santo". (Lucas 1:14, 15.)

El Salvador declaró que en la memoria que los cielos guardan de los hombres nobles, no había hombre mayor que Juan el Bautista. La obra que le fue encomendada requería no sólo energía física y resistencia, sino las más altas cualidades del espíritu y del alma. Tan importante era la buena educación física como preparación para esta tarea, que el ángel más encumbrado del cielo fue enviado con un mensaje de instrucción para los padres del niño.

Las prescripciones dadas respecto a los niños hebreos nos enseñan que nada de lo que afecte al bienestar físico del niño debe descuidarse. Nada carece de importancia. Toda influencia que afecte a la salud del cuerpo repercute en el espíritu y en el carácter.

No puede darse demasiada importancia a la primera educación de los niños. Las lecciones aprendidas, los hábitos adquiridos durante los años de la infancia y de la niñez, influyen en la formación del carácter y la dirección de la vida mucho más que todas las instrucciones y que toda la educación de los años subsiguientes.

Los padres deben considerar esto. Deben comprender los principios que constituyen la base del cuidado y de la educación de los hijos. Deben ser capaces de criarlos con buena salud física, mental y moral. Deben estudiar las leyes de la naturaleza. Deben familiarizarse con el organismo del cuerpo humano. Necesitan entender las funciones de los varios órganos y su mutua relación y dependencia. Deben estudiar la relación de las facultades mentales con las físicas y las condiciones requeridas para el funcionamiento sano de cada una de ellas. Asumir las responsabilidades de la paternidad sin una preparación tal es pecado.

Poca, muy poca consideración se da a las causas que determinan la mortalidad, la enfermedad y la degeneración, que existen hoy aun en los países más civilizados y favorecidos. La raza humana decae. Más de un tercio de ella muere en la infancia;* de los que alcan-

---

* La declaración concerniente a la mortalidad infantil era correcta cuando fue escrita en 1905. Sin embargo, la medicina y la puericultura modernas han reducido muchísimo la mortalidad de los niños.—LOS EDITORES.

zan la edad adulta, los más adolecen de alguna enfermedad, y pocos llegan al límite de la vida humana.

El cuidado de los infantes

La mayor parte de los males que acarrean miseria y ruina a la raza humana podrían evitarse, y el poder de luchar contra ellos descansa en sumo grado en los padres. No es una "misteriosa providencia" la que arrebata a los pequeñuelos. Dios no quiere su muerte. Los confía a los padres para que los eduquen a fin de que sean útiles en este mundo, y lleguen al cielo después. Si los padres y las madres hicieran lo posible para dar a sus hijos buena herencia, y luego, mediante una buena educación, se esforzaran por remediar cualquier mala condición en que hubieran nacido, ¡qué cambio tan favorable se vería en el mundo!

Cuanto más tranquila y sencilla la vida del niño, más favorable será para su desarrollo físico e intelectual. La madre debería procurar siempre conservarse tranquila, serena y dueña de sí misma. Muchos pequeñuelos son en extremo susceptibles a la excitación nerviosa, y los modales suaves y apacibles de la madre ejercerán una influencia calmante de incalculable beneficio para el niño.

Los infantes requieren calor, pero se incurre muchas veces en el grave error de tenerlos en cuartos caldeados y faltos de aire puro. La costumbre de taparles la carita mientras duermen es perjudicial, pues entorpece la libre respiración.

Debe evitarse a la criatura toda influencia que tienda a debilitar o envenenar su organismo. Debe ejer-cerse el más escrupuloso cuidado para que cuanto la rodee sea agradable y limpio. Es necesario proteger al pequeñuelo de los cambios repentinos y excesivos de la temperatura; pero hay que cuidar de que cuando duerma o esté despierto, de día o de noche, respire aire puro y vigorizante.

El vestido del niño

En la preparación del ajuar para el niño hay que buscar lo que más conviene, la comodidad y la salud, antes que la moda o el deseo de despertar la admiración. La madre no debe gastar tiempo en bordados y en labores de fantasía para embellecer la ropa de su pequeñuelo, ni imponerse así una carga de trabajo inútil, a costa de su salud y de la del niño. No debe cansarse encorvándose sobre labores de costura que comprometen su vista y sus nervios, cuando necesita mucho descanso y ejercicio agradable. Debe comprender la obligación de conservar sus fuerzas para hacer frente a lo que de ella exigirá su cargo.

Si el atavío del niño proporciona calor, abrigo y comodidad, quedará eliminada una de las principales causas de irritación y desasosiego. El pequeñuelo gozará mejor salud, y la madre no encontrará el cuidado de su hijo demasiado pesado para sus fuerzas y para el tiempo de que dispone.

Las ligaduras apretadas o la ropa por demás ajustada impiden la acción del corazón y de los pulmones, y deben evitarse. Ninguna parte del cuerpo debe sufrir presión alguna por causa de la ropa que comprima algún órgano o limite su libertad de movimiento. La ropa de todos los niños debe estar tan holgada, que les permita la más libre y completa respiración; y debe adaptarse de tal modo al cuerpo que los hombros lleven todo el peso de ella.

En algunos países prevalece aún la costumbre de dejar desnudos los hombros y las extremidades de los pequeñuelos. Esta costumbre no puede condenarse con demasiada severidad. Por estar las extremidades lejos del centro de la circulación, requieren mayor abrigo que las demás partes del cuerpo. Las arterias que conducen la sangre a las extremidades son gruesas y suministran suficiente cantidad de sangre para llevarles calor y nutrición. Pero cuando esos miembros quedan sin abrigo ni ropa suficiente, las arterias y las venas se contraen, las partes más sensibles del cuerpo se enfrían, y la circulación de la sangre se entorpece.

En los niños que crecen hay que favorecer todas las fuerzas de la naturaleza para facilitarles el perfeccionamiento de la estructura física. Si los miembros quedan insuficientemente abrigados, los niños, y principalmente las niñas, no pueden salir de casa sino cuando el aire es tibio, y por temor al frío se los tiene encerrados. Si los niños están bien abrigados, el ejercicio al aire libre, en verano o en invierno, les será provechoso.

Las madres que desean que sus hijos e hijas gocen del vigor de la salud, deben vestirlos convenientemente y alentarlos a que estén al aire libre siempre que el tiempo lo permita. Costará tal vez no poco esfuerzo romper las cadenas de la costumbre, y vestir y educar a los niños con respecto a la salud; pero el resultado compensará con creces el esfuerzo.

La alimentación del niño

El mejor alimento para el niño es el que suministra la naturaleza. No debe privársele de él sin necesidad. Es muy cruel que la madre, por causa de las conveniencias y los placeres sociales, procure libertarse del desempeño de su ministerio materno de amamantar a su pequeñuelo.

La madre que consiente que otra mujer nutra a su hijo debe considerar cuáles puedan ser los resultados. La nodriza comunica hasta cierto punto su propio temperamento y genio al niño a quien amamanta.

Difícil sería exagerar la importancia que tiene el hacer adquirir a los niños buenos hábitos dietéticos. Necesitan aprender que comen para vivir y no viven para comer. Esta educación debe empezar cuando la criatura está todavía en brazos de su madre. Hay que darle alimento tan solo a intervalos regulares, y con menos frecuencia conforme va creciendo. No hay que darle dulces ni comida de adultos, pues no la puede digerir. El cuidado y la regularidad en la alimentación de las criaturas no sólo fomentarán la salud, y así las harán sosegadas y de genio apacible, sino que echarán los cimientos de hábitos que los beneficiarán en los años subsiguientes.

Cuando los niños salen de la infancia todavía hay que educar con el mayor cuidado sus gustos y apetitos. Muchas veces se les permite comer lo que quieren y cuando quieren, sin tener en cuenta su salud. El trabajo y el dinero tantas veces malgastados en golosinas perjudiciales para la salud inducen al joven a pensar que el supremo objeto de la vida, y lo que reporta mayor felicidad, es poder satisfacer los apetitos. El resultado de tal educación es que el niño se vuelve glotón; después le sobrevienen las enfermedades, que son seguidas generalmente por la administración de drogas venenosas.

Los padres deben educar los apetitos de sus hijos, y no permitir que hagan uso de alimentos nocivos para la salud. Pero en el esfuerzo por regular la alimentación, debemos cuidar de no cometer el error de exigir a los niños que coman cosas desagradables, ni más de lo necesario. Los niños tienen derechos y preferencias que, cuando son razonables, deben respetarse.

Hay que observar cuidadosamente la regularidad en las comidas. Al niño no se le debe dar de comer entre comidas, ni pasteles, ni nueces, ni frutas, ni manjar de ninguna clase. La irregularidad en las comidas destruye el tono sano de los órganos de la digestión, en perjuicio de la salud y del buen humor. Y cuando los niños se sientan a la mesa, no toman con gusto el alimento sano; su apetito clama por manjares nocivos.

Las madres que satisfacen los deseos de sus hijos a costa de la salud y del genio alegre, siembran males que no dejarán de brotar y llevar fruto. El empeño por satisfacer los apetitos se intensifican en los niños a medida que crecen, y queda sacrificado el vigor mental y físico. Las madres que obran así cosechan con amargura lo que han sembrado. Ven a sus hijos criarse incapacitados en su mente y carácter para desempeñar noble y provechoso papel en la sociedad o en la familia. Las facultades espirituales, intelectuales y físicas se menoscaban por la influencia del alimento malsano. La conciencia se embota, y se debilita la disposición a recibir buenas impresiones.

Cómo cuidar a los niños enfermos

Mientras se les enseña a los niños a dominar su apetito y a comer teniendo en cuenta los intereses de la salud, hágaseles ver que sólo se privan de lo que les sería perjudicial; que renucian a ello por algo mejor. Hágase la mesa amena y atractiva, al surtirla con las cosas buenas que Dios ha dispensado con tanta generosidad. Sea la hora de comer una hora de contentamiento y alegría. Al gozar de los dones de Dios, correspondámosle con agradecida alabanza.

En muchos casos las enfermedades de los niños pueden achacarse a equivocaciones en el modo de cuidarlos. Las irregularidades en las comidas, la ropa insuficiente en las tardes frías, la falta de ejercicio activo para conservar la buena circulación de la sangre, la falta de aire abundante para purificarla, pueden ser causa del mal. Estudien los padres las causas de la enfermedad y remedien cuanto antes toda condición defectuosa.

Todos los padres pueden aprender mucho con respecto al cuidado y a las medidas preventivas y aun al tratamiento de la enfermedad. La madre en particular debe saber qué hacer en los casos comunes de enfermedad en su familia. Debe saber atender a su enfermito. Su amor y perspicacia deben capacitarla para prestar servicios que no podrían encomendarse a una mano extraña.

El estudio de la fisiología

Los padres deberían tratar temprano de interesar a sus hijos en el estudio de la fisiología y enseñarles sus principios elementales. Enséñenles el mejor modo de conservar sus facultades físicas, intelectuales y morales, y cómo usar sus dotes para que su vida beneficie a otros y honre a Dios. Este conocimiento es de valor inapreciable para los jóvenes. La enseñanza respecto a las cosas que conciernen a la vida y la salud es para ellos más importante que el conocimiento de muchas de las ciencias que se enseñan en las escuelas.

Los padres han de vivir más para sus hijos y menos para la sociedad. Estudiad los asuntos relacionados con la salud, y practicad vuestros conocimientos. Enseñad a vuestros hijos a razonar de la causa al efecto. Enséñadles que si quieren salud y felicidad, tienen que obedecer las leyes de la naturaleza. Aunque no veáis en vuestros hijos adelantos tan rápidos como desearíais, no os desalentéis; antes bien proseguid vuestro trabajo con paciencia y perseverancia.

Enseñad a vuestros niños desde la cuna a practicar la abnegación y el dominio propio. Enséñadles a gozar de las bellezas de la naturaleza y a ejercitar sistemáticamente en ocupaciones útiles todas sus facultades corporales e intelectuales. Educadlos de modo que lleguen a tener una constitución sana y buenos principios morales, una disposición alegre y un genio apacible. Inculcad en sus tiernas inteligencias la verdad de que Dios no nos ha creado para que viviéramos meramente para los placeres presentes, sino para nuestro bien final. Enseñadles que el ceder a la tentación es dar prueba de debilidad y perversidad, mientras que el resistir a ella denota nobleza y virilidad. Estas lecciones serán como semilla sembrada en suelo fértil, y darán fruto que llenará de alegría vuestro corazón.

Sobre todo, rodeen los padres a sus hijos de una atmósfera de alegría, cortesía y amor. En el hogar donde habita el amor y se expresa en miradas, palabras y actos, los ángeles se complacen en manifestar su presencia.

Padres, dejad entrar en vuestros corazones los rayos de sol del amor, de la jovialidad y del feliz contentamiento, y permitid que su dulce y preciosa influencia compenetre vuestro hogar. Manifestad un espíritu bondadoso y tolerante; fomentadlo también en vuestros hijos, cultivando todas las gracias que iluminarán vuestra vida familiar. La atmósfera así creada será para los hijos lo que son el aire y el sol para la vegetación y promoverán la salud y el vigor de la mente y del cuerpo.

Influencia del Hogar

EL HOGAR debe ser para los niños el sitio más agradable del mundo, y la presencia de la madre en él debe ser su mayor atractivo. Los niños son por naturaleza sensibles y amantes. Es fácil contentarlos o hacerlos infelices. Por medio de suave disciplina, palabras y actos cariñosos, las madres pueden conquistar el corazón de sus hijos.

A los niños les gusta la compañía, y raras veces quieren estar solos. Anhelan simpatía y ternura. Creen que lo que les gusta agradará también a la madre, y es natural que acudan a ella con sus menudas alegrías y tristezas. La madre no debe herir sus corazones sensibles tratando con indiferencia asuntos que, si bien son baladíes para ella, tienen gran importancia para ellos. La simpatía y aprobación de la madre les son preciosas. Una mirada de aprobación, una palabra de aliento o de encomio, serán en sus corazones como rayos de sol que muchas veces harán feliz el día entero.

En vez de despedir a sus hijos, para no verse molestada por el ruido que producen ni por sus menudas demandas, idee la madre entretenimientos o labores fáciles que mantengan ocupadas las activas manos e inteligencias.

Identificándose con los sentimientos de sus hijos y dirigiendo sus diversiones y ocupaciones, la madre se ganará su confianza, y le será más fácil corregir los malos hábitos que tengan, o contrarrestar sus manifestaciones de egoísmo y de ira. Una palabra de advertencia o de reprobación, dicha en momento oportuno, será de gran valor. Con amor paciente y vigilante puede encaminar en la debida dirección la inteligencia de sus hijos y cultivar en ellos hermosos y atractivos rasgos de carácter.

Las madres deben educar a sus hijos de modo que no se apoyen siempre en los demás ni piensen únicamente en sí mismos. No deben inducirlos a creer que todo debe girar en derredor suyo. Algunos padres dedican mucho tiempo y atención a jugar con sus hijos; pero los niños deben aprender a jugar solos, a ejercitar su ingenio y habilidad. De este modo sabrán contentarse con placeres sencillos. Debe enseñárseles a soportar valientemente sus pequeños desengaños y pruebas. En vez de hacerles reparar en el menor dolorcillo, distráigaseles la atención y enséñeseles a pasar por alto leves contratiempos y penas. Procúrese sugerirles medios de aprender a ser atentos para con los demás.

Requieren atención constante

Pero no hay que descuidar a los niños. Recargadas con muchos cuidados, las madres consideran a veces que no pueden dedicar tiempo alguno para enseñar con paciencia a sus pequeñuelos y demostrarles amor y simpatía. Recuerden empero que si los hijos no encuentran en sus padres ni en el hogar la satisfacción de su deseo de simpatía y de compañerismo, la buscarán en otra parte, donde tal vez peligren su espíritu y su carácter.

Por falta de tiempo y reflexión, más de una madre niega a sus hijos tal o cual placer inocente, mientras que sus dedos hábiles y sus ojos cansados se empeñan con diligencia en labores destinadas solamente al adorno, que a lo sumo sólo sirven para fomentar la vanidad y la prodigalidad en sus jóvenes corazones. Al acercarse los jóvenes a la edad adulta, estas lecciones dan por fruto el orgullo y la falta de dignidad moral. La madre se queja de las faltas de sus hijos, pero no se da cuenta de que cosecha lo que ella misma sembró.

Hay madres que no tratan a sus hijos de un modo uniforme. A veces les permiten hacer o tener cosas que les perjudican, y otras veces les niegan placeres inocentes que llenarían de contento los corazones infantiles.

En esto no siguen el ejemplo de Cristo, quien amaba a los niños, comprendía sus sentimientos y simpatizaba con ellos en sus placeres y sus pruebas.

Responsabilidad del padre

El esposo y padre es cabeza de la familia. Es justo que la esposa busque en él amor, simpatía y ayuda para la educación de los hijos, pues son de él tanto como de ella, y él tiene tanto interés como ella en el bienestar de ellos. Los hijos buscan sostén y dirección en el padre, quien necesita tener un concepto correcto de la vida y de las influencias y compañías que han de rodear a su familia. Ante todo, debería ser dirigido por el amor y temor de Dios y por la enseñanza de la Palabra divina, para poder encaminar los pasos de sus hijos por la buena senda.

El padre es el legislador de su familia, y, a semejanza de Abrahán, debe hacer de la ley de Dios la regla de su hogar. Dios dijo de Abrahán: "Yo lo he conocido, sé que mandará a sus hijos y a su casa". (Génesis 18:19.) En la casa del patriarca no habría descuido culpable en cuanto a reprimir el mal; no se verían favoritismos débiles, imprudentes e indulgentes, ni se sacrificarían las convicciones respecto al deber en atención a afectos equivocados. No sólo Abrahán daría buenas instrucciones, sino que conservaría la autoridad de las leyes justas y rectas. Dios ha dado reglas para nuestro gobierno. No se debe permitir que los niños se aparten de la senda segura trazada en la Palabra de Dios, para ir por los caminos peligrosos que existen por doquiera. Hay que refrenar sus malos deseos y reprimir sus malas inclinaciones bondadosamente, pero con firmeza, perseverancia y oración.

El padre debe hacer que rijan en su familia las virtudes más austeras: la energía, la integridad, la honradez, la paciencia, la diligencia y el sentido práctico. Y lo que exija de sus hijos debe practicarlo él mismo, dando ejemplo de dichas virtudes con su comportamiento varonil.

Pero, padres, no desalentéis a vuestros hijos. Combinad el cariño con la autoridad, la bondad y la simpatía con la firme represión. Dedicad a vuestros hijos algunas de vuestras horas de ocio; intimad con ellos; asociaos con ellos en sus trabajos y juegos, y ganad su confianza. Cultivad su amistad, especialmente la de vuestros hijos varones. De este modo ejerceréis sobre ellos una poderosa influencia para el bien.

El padre debe hacer cuanto está de su parte por la felicidad del hogar. Cualesquiera que sean los cuidados y las perplejidades que le ocasionen sus negocios, no debe permitir que arrojen sombra sobre su familia; debe volver siempre a casa con la sonrisa y buenas palabras en los labios.

En cierto sentido, el padre es el sacerdote de la familia, en cuyo altar ofrece sacrificio matutino y vespertino. Pero la esposa y los hijos deben unirse con él en la oración y en el canto de alabanza. Por la mañana, antes de irse a sus quehaceres cotidianos, reúna el padre a sus hijos en torno suyo, y, postrados ante Dios, encomiéndelos al cuidado del Padre celestial. Cuando hayan pasado los afanes del día, vuélvase a reunir la familia en oración de acción de gracias y en canto de alabanza, para reconocer el cuidado divino del cual fue objeto durante el día.

Padres y madres, por muy urgentes que sean vuestras ocupaciones, no dejéis nunca de reunir a vuestra familia en torno del altar de Dios. Pedid el amparo de los santos ángeles para vuestra casa. Recordad que vuestros amados están expuestos a tentaciones. La senda de jóvenes y viejos está sembrada de molestias cotidianas. Quienes quieran llevar una vida de paciencia, amor y gozo, han de orar. Sólo con la ayuda constante de Dios podemos vencernos a nosotros mismos.

En el hogar deben convivir la alegría, la cortesía y el amor; y donde residen estas virtudes habrá felicidad y paz. Podrán sobrevenir dificultades, pero éstas constituyen la suerte que le toca a toda la humanidad. Resplandezcan la paciencia, la gratitud y el amor en el corazón, por nublado que esté el día. En tales hogares moran los ángeles de Dios.

Cada uno de los esposos procure la felicidad de su cónyuge, sin descuidar jamás los leves actos de cortesía y bondad que alegran e iluminan la vida. Debe haber completa confianza entre los esposos. Ambos deben hacer frente a sus responsabilidades. Juntos deben trabajar por el mayor bien de sus hijos. Jamás deben, en presencia de éstos, criticar el uno los planes del otro ni poner en tela de juicio el criterio del otro. Procure cuidadosamente la esposa no dificultarle al marido la obra que hace por los hijos. Sostenga el marido, por su parte, las manos de su esposa, dándole prudente consejo y amoroso aliento.

No debe levantarse una valla de frialdad y retraimiento entre padres e hijos. Intimen los padres con sus hijos; procuren entender sus gustos y disposiciones; compartan sus sentimientos, y descubran lo que embarga sus corazones.

Padres, demostrad a vuestros hijos que los amáis, y que queréis hacer cuanto podáis para asegurar su dicha. Si obráis así, las restricciones que necesitéis imponerles tendrán mucho mayor peso en sus jóvenes inteligencias. Gobernad a vuestros hijos con ternura y compasión, teniendo siempre presente que "sus ángeles en los cielos ven siempre la faz de mi Padre que está en los cielos". (Mateo 18:10.) Si queréis que los ángeles desempeñen en favor de vuestros hijos el ministerio que Dios les ha encomendado, cooperad con ellos haciendo vuestra parte.

Criados bajo la prudente y amante dirección de un hogar verdadero, los hijos no abrigarán deseos de ir a buscar en otra parte placer y compañía. El mal no tendrá atractivo para ellos. El espíritu prevaleciente en el hogar amoldará su carácter; contraerán hábitos y adoptarán principios que serán para ellos amparo seguro contra la tentación cuando tengan que alejarse del hogar y ocupar su puesto en el mundo.

Tanto los hijos como los padres tienen importantes deberes que cumplir en el hogar. Se les ha de enseñar a los primeros que también forman parte de la sociedad del hogar. Se les da de comer, se les viste, se les ama y se les cuida; y ellos a su vez deben corresponder a todos estos favores compartiendo las responsabilidades domésticas y proporcionando toda la felicidad posible a su familia.

Los niños se sienten a veces tentados a irritarse bajo la restricción; pero en la vida adulta bendecirán a sus padres por el solícito cuidado y la estricta vigilancia con que los guardaron y guiaron en sus años de inexperiencia.

La Verdadera Educación Prepara para la Obra Misionera

L A VERDADERA educación es una preparación para ser misionero. Todo hijo e hija de Dios está llamado a ser misionero; se nos llama a servir a Dios y a nuestros semejantes, y el objeto de nuestra educación debe ser capacitarnos para este servicio.

La preparación para servir

Este objetivo deberían tenerlo siempre presente los padres y maestros cristianos. No sabemos en qué actividad han de servir nuestros hijos. Puede ser que su vida transcurra en el círculo del hogar; tal vez sigan alguna de las profesiones ordinarias de la vida o vayan a países paganos para enseñar el Evangelio; pero serán todos igualmente misioneros de Dios, ministros de misericordia para el mundo.

Dios ama a los niños y a los jóvenes, con sus lozanas dotes, con su energía y valor, sus delicadas susceptibilidades, y desea ponerlos en armonía con los agentes divinos. Tienen, por lo tanto que recibir una educación que los habilite para ponerse de parte de Cristo y servirle abnegadamente.

Cristo dijo acerca de todos sus hijos hasta el fin del tiempo, lo mismo que declaró con respecto a los primeros discípulos: "Como tú me enviaste al mundo, también los he enviado al mundo" (Juan 17:18), para ser representantes de Dios, para revelar su Espíritu, para poner de manifiesto su carácter, para hacer su obra.

Nuestros hijos están como en la encrucijada de los caminos. De todos lados las mundanas incitaciones al egoísmo y la concupiscencia los invitan a desviarse de la senda trazada para los rescatados del Señor. De la elección que hagan depende que sus vidas sean una bendición o una maldición. Rebosantes de energía, deseosos de probar sus aptitudes, necesitan dar salida a su vida exuberante. Serán activos para el bien o para el mal.

La Palabra de Dios no reprime la actividad, sino que la guía y encauza.

Dios no ordena al joven que tenga menos aspiraciones. No se han de reprimir los elementos del carácter que aseguran éxito verdadero y honores entre los hombres; a saber, el deseo irreprimible de alcanzar algún bien mayor, la voluntad indomable, la aplicación tenaz y la perseverancia incansable. Deben dedicarse, mediante la gracia de Dios, a conseguir fines tanto más elevados que los intereses mundanos egoístas como son más altos los cielos que la tierra.

A nosotros, como padres cristianos, nos toca dar a nuestros hijos la debida dirección. Deben ser guiados con cuidado, prudencia y ternura en la senda del ministerio cristiano. Un pacto sagrado con Dios nos impone la obligación de educar a nuestros hijos para servirle. Rodearlos de una influencia que los lleve a escoger una vida de servicio, y darles la educación necesaria para ello, tal es nuestro primer deber.

"De tal manera amó Dios al mundo, que ha dado a su Hijo unigénito", para que no pereciéramos, sino que tuviéramos "vida eterna". "Cristo nos amó, y se entregó a sí mismo por nosotros". Si amamos, daremos. "No... para ser servido, sino para servir", es la gran lección que hemos de aprender y enseñar. (Juan 3:16; Efesios 5:2; Mateo 20:28.)

Impresionad a los jóvenes con el pensamiento de que no se pertenecen a sí mismos, sino a Cristo. Fueron comprados por su sangre, y su amor los requiere. Viven porque él los guarda con su poder. Su tiempo, su fuerza, sus aptitudes son de Cristo; es menester desarrollarlas y perfeccio-

narlas a fin de emplearlas en beneficio de él.

Después de los seres angélicos, la familia humana, formada a imagen de Dios, es la más noble de las obras creadas por Dios, quien desea que los seres humanos lleguen a ser todo lo que él ha hecho posible que sean, y quiere que hagan el mejor uso de las facultades que él les ha concedido.

La vida es misteriosa y sagrada. Es la manifestación de Dios mismo, fuente de toda vida. Las oportunidades que ella depara son preciosas y deben ser fervorosamente aprovechadas. Una vez perdidas, no vuelven jamás.

Ante nosotros Dios pone la eternidad, con sus solemnes realidades, y nos revela temas inmortales e imperecederos. Nos presenta verdades preciosas y ennoblecedoras, para que podamos progresar por una senda segura en pos de un objetivo digno de que le dediquemos fervorosamente todas nuestras aptitudes.

Dios mira el interior de la diminuta semilla que él mismo formó, y ve en ella la hermosa flor, el arbusto o el altivo y copudo árbol. Así también ve las posibilidades de cada ser humano. Estamos en este mundo con algún fin. Dios nos ha comunicado su plan para nuestra vida, y desea que alcancemos el más alto nivel de desarrollo.

Un fundamento amplio

Desea que crezcamos continuamente en santidad, en felicidad y en utilidad. Todos tienen habilidades que deben aprender a considerar como sagradas dotes, a apreciarlas como dones del Señor y a emplearlas debidamente. Desea que la juventud desarrolle todas sus facultades, y que las ponga en ejercicio activo. Desea que los jóvenes gocen de todo lo útil y valioso en esta vida; que sean buenos y hagan el bien, acumulando un tesoro celestial para la vida futura.

Debería ser su anhelo sobresalir en todo lo noble, elevado y generoso. Para ello consideren a Cristo como el modelo según el cual deben formarse. La santa ambición que Cristo manifestó en su vida debe moverlos a ellos también, es a saber, la de dejar mejor el mundo por haber vivido en él. Esta es la obra a la cual han sido llamados.

La más alta de todas las ciencias es la de salvar almas. La mayor obra a la cual pueden aspirar los seres humanos es la de convertir en santos a los pecadores. Para realizar esa obra, hay que echar amplios cimientos, y al efecto se necesita una educación abarcante, que requiera de los padres y maestros pensamientos y esfuerzos superiores a los que requiere la mera instrucción científica. Se necesita algo más que cultura intelectual. La educación no es completa a menos que el cuerpo, la mente y el corazón se desarrollen armoniosamente. El carácter ha de recibir disciplina adecuada para su desarrollo perfecto. Todas las facultades físicas y mentales deben educarse y desarrollarse debidamente. Es deber nuestro cultivar y poner en ejercicio toda facultad que haga de nosotros obreros más eficaces de Dios.

La verdadera educación incluye el ser entero. Nos enseña el uso correcto de nuestro ser. Nos habilita para hacer el mejor uso del cerebro, de los huesos y de los músculos; del cuerpo, de la inteligencia y del corazón. Las facultades de la mente, por

ser las superiores, deben gobernar el reino del cuerpo. Los apetitos y las pasiones naturales deben someterse al dominio de la conciencia y de los afectos espirituales. Cristo está a la cabeza de la humanidad, y es su propósito guiarnos en su servicio, por las altas y santas sendas de la pureza. Por la maravillosa operación de su gracia, hemos de llegar a ser perfectos en él.

Jesús recibió su educación en el hogar. Su madre fue su primer maestro humano. De los labios de ella, y de los escritos de los profetas, aprendió las cosas del cielo. Vivió en un hogar de aldeanos y con fidelidad y buen ánimo llevó su parte de las cargas de la casa. El que había sido el comandante del cielo, consintió en ser un siervo voluntario, un hijo amante y obediente. Aprendió un oficio, y con sus propias manos trabajó en la carpintería con José. Vestido como trabajador común recorría las calles de la aldea, al ir a su humilde trabajo y al volver de él.

La gente de aquel tiempo estimaba las cosas por su apariencia. La religión había ganado en pompa cuanto perdiera en poder. Los educadores de entonces procuraban imponer respeto por medio del lujo y la ostentación. La conducta de Jesús presentaba señalado contraste con todo ello. Demostraba la inutilidad de las cosas que los hombres consideraban como las más importantes de la vida. Jesús no frecuentó las escuelas de aquel tiempo, que solían exagerar las cosas pequeñas y empequeñecer las grandes. Se educó en las fuentes designadas por el Cielo, en el trabajo útil, en el estudio de las Escrituras, en la naturaleza y en las experiencias de la vida, en los libros de texto de Dios, llenos de enseñanza para todo aquel que recurre a ellos con manos voluntarias, ojos abiertos y corazón dispuesto a entender.

"Y el niño crecía, y fortalecíase, y se henchía de sabiduría; y la gracia de Dios era sobre él". (Lucas 2:40.)

Así preparado, Cristo emprendió su misión, ejerciendo en los hombres, siempre que se relacionaba con ellos, una influencia, bendita, un poder transformador, tales como el mundo no había visto jamás.

La enseñanza del hogar

El hogar es la primera escuela del niño y allí deben echarse los cimientos de una vida de servicio, cuyos principios no deben enseñarse con meras teorías. Deben encauzar la educación de la vida entera.

Muy temprano debe enseñarse al niño a ser útil. Tan pronto como su fuerza y su poder de razonar hayan adquirido cierto desarrollo, debe dársele algo que hacer en casa. Hay que animarle a tratar de ayudar a su padre y a su madre; a tener abnegación y dominio propio; a anteponer la felicidad ajena y los intereses del prójimo a los suyos propios, a alentar y ayudar a sus hermanos y a sus compañeros de juegos y a ser bondadoso con los ancianos, los enfermos y los infortunados. Cuanto más compenetre el hogar el verdadero espíritu servicial, tanto más plenamente se desarrollará en la vida de los niños. Así aprenderán a encontrar gozo en servir y sacrificarse por el bien de los demás.

La obra de la escuela

La educación en el hogar debe ser completada por la obra de la escuela. Hay que tener siempre en cuenta el desarrollo de todo el ser, físico, intelectual y espiritual, así como la enseñanza del servicio y del sacrificio.

Más que ningún otro agente, el servir por amor a Cristo en las cosas pequeñas de la vida diaria tiene poder para formar el carácter y para dirigir la vida por el camino del servicio abnegado. Despertar este espíritu, fomentarlo y encauzarlo debidamente es la obra de padres y maestros. No podría encomendárseles obra más importante. El espíritu de servicio es el espíritu del cielo, y en cada esfuerzo que se haga para fomentarlo y alentarlo puede contarse con la cooperación de los ángeles.

Una educación tal debe basarse en la Palabra de Dios. Sólo en ella se exponen plenamente los principios de la educación. Debe hacerse de la Biblia el fundamento del estudio y de la enseñanza. El conocimiento esencial es el conocimiento de Dios y de Aquel a quien envió.

Todo niño y todo joven debe tener algún conocimiento de sí mismos. Deben conocer la habitación física que Dios les ha dado, y las leyes mediante las cuales pueden conservarla sana. Todos deben obtener una comprensión cabal de los ramos comunes de la educación. Todos deben adquirir una preparación industrial que haga de ellos hombres y mujeres prácticos, idóneos para los deberes de la vida diaria. A esto hay que añadir la enseñanza y la experiencia práctica en varios ramos del esfuerzo misionero.

Se aprende enseñando

Progresen los jóvenes tan rápidamente y tanto como puedan en la adquisición de conocimientos. Tenga su campo de estudios toda la amplitud que sus facultades puedan abarcar. Al aprender algo, comuníquenlo a otros. Así su inteligencia adquirirá disciplina y poder. El uso que hagan de sus conocimientos determinará el valor de su educación. Dedicar mucho tiempo al estudio, sin hacer esfuerzo alguno por comunicar a otros lo que se aprende, es a menudo un impedimento más bien que una ayuda para el verdadero desarrollo. En el hogar y en la escuela debe el estudiante esforzarse por aprender a estudiar y a comunicar el conocimiento adquirido. Cualquiera que sea su vocación, tendrá que aprender y enseñar durante toda su vida. Así podrá progresar continuamente, haciendo de Dios su confidente y aferrándose a Aquel que es infinito en sabiduría, que puede revelar los secretos ocultos durante siglos y resolver los problemas más difíciles para los que creen en él.

La palabra de Dios da mucha importancia a la influencia que las compañías ejercen hasta en los hombres y las mujeres. ¡Cuánto mayor será tal influencia en la mente y el carácter de los niños y los jóvenes! Las personas a quienes traten, los principios que adopten, los hábitos que contraigan, determinarán el grado de utilidad que alcancen en esta vida y cuáles serán sus intereses futuros y eternos.

Es una realidad terrible, que debiera estremecer el corazón de los padres, el que en tantas escuelas y colegios adonde se manda a la juventud para recibir cultura y disciplina intelectual, prevalezcan influencias que deforman el carácter, distraen el espíritu del objeto verdadero de la vida y pervierten la moralidad. Mediante el trato con personas sin religión, amigas de los placeres y depravadas, muchos jóvenes pierden su sencillez y pureza, su fe en Dios, y el espíritu de abnegación que padres y madres cristianos fomentaron y conservaron en ellos por medio de instrucciones cuidadosas y fervorosas oraciones.

Muchos de los que entran en la escuela con propósito de prepararse para desempeñar algún servicio abnegado, concluyen por absorberse en estudios profanos. Se despierta en ellos la ambición de descollar entre sus compañeros y de adquirir puestos y honores en el mundo. Pronto llegan a perder de vista el objetivo que los llevara a la escuela, y se entregan a la persecución de fines egoístas y mundanos. Y a menudo contraen hábitos que arruinan su vida para este mundo y para el venidero.

Por lo general, los hombres y las mujeres de ideales amplios, de propósitos generosos y nobles aspiraciones, son aquellos en quienes se desarrollaron estos rasgos característicos por las compañías con que se juntaron en sus primeros años. En todas sus relaciones con Israel, Dios insistió en lo importante que era velar por las compañías de sus hijos. Todas las disposiciones de la vida civil, religiosa y social tendían a preservar a los niños del trato con gente perniciosa y a familiarizarlos desde su más temprana edad con los preceptos y principios de la ley de Dios. La lección objetiva dada al nacer la nación fue de tal naturaleza que debía impresionar hondamente los corazones. Antes que el último y terrible castigo cayera sobre los egipcios con la muerte de los primogénitos, Dios ordenó a su pueblo que recogiera a sus niños en sus respectivas casas. El dintel de cada casa debía marcarse con sangre, y todos debían guarecerse al amparo seguro de aquella señal. Así también hoy los padres que aman y temen a Dios deben guardar a sus hijos "en vínculo de concierto", bajo la protección de las influencias sagradas hechas posibles por la sangre redentora de Cristo.

De sus discípulos, Cristo dijo: "Yo les he dado tu palabra; y... no son del mundo, como tampoco yo soy del mundo". (Juan 17:14.)

"No os conforméis a este siglo —nos manda Dios—; mas reformaos por la renovación de vuestro entendimiento". (Romanos 12:2.)

"No os juntéis en yugo con los infieles: porque ¿qué compañía tiene la justicia con la injusticia? ¿y qué comunión la luz con las tinieblas?... ¿Y qué concierto el templo de Dios con los ídolos? porque vosotros sois el templo del Dios viviente, como Dios dijo: Habitaré y andaré en ellos; y seré el Dios de ellos, y ellos serán mi pueblo. Por lo cual Salid de en medio de ellos, y apartaos... y no toquéis lo inmundo; y yo os recibiré, y seré a vosotros Padre, y vosotros me seréis a mí hijos e hijas, dice el Señor Todopoderoso". (2 Corintios 6:14-18.)

"Reunid el pueblo". Declaradle "las ordenanzas de Dios y sus leyes". (Joel 2:16; Exodo 18:16.)

"Y pondrán mi nombre sobre los hijos de Israel, y yo los bendeciré". (Números 6:27.)

"Y verán todos los pueblos de la tierra que el nombre de Jehová es llamado sobre ti". (Deuteronomio 28:10.)

"Y será el residuo de Jacob en medio de muchos pueblos, como el rocío de Jehová, como las lluvias sobre la hierba, los cuales no esperan varón, ni aguardan a hijos de hombres". (Miqueas 5:7.)

Nosotros estamos contados con Israel. Todas las instrucciones dadas a los antiguos israelitas respecto a la educación de sus hijos, todas las promesas de bendición por medio de la obediencia, son para nosotros.

Dios nos dice: "Bendecirte he,... y serás bendición". (Génesis 12:2.)

De los primeros discípulos y de todos los que creerían en él por la palabra de ellos, Cristo dijo: "Y yo, la gloria que me diste les he dado; para que sean una cosa, como también nosotros somos una cosa. Yo en ellos, y tú en mí, para que sean consumadamente una cosa; y que el mundo conozca que tú me enviaste, y que los has amado, como también a mí me has amado". (Juan 17:22, 23.)

¡Admirables, admirables palabras, casi fuera del alcance de la fe! El Creador de todos los mundos ama a los que se consagran a su servicio, así como ama a su Hijo. Aquí también y ahora mismo su favor y su gracia nos son otorgados en maravillosa medida. Nos ha dado la Luz y la Majestad de los cielos, y con él nos ha concedido todos los tesoros del cielo. Además de lo mucho que nos ha prometido para la vida futura, nos concede con regia larguez dones para la vida presente. Como súbditos de su gracia, desea que gocemos de todo cuanto ennoblece, expande y realza nuestro carácter. Aguarda él para inspirar a la juventud el poder de lo alto, a fin de que permanezca bajo la bandera ensangrentada de Cristo, trabajando como él trabajó, para guiar a las almas por senderos seguros y afirmar los pies de muchos sobre la Roca de los siglos.

Cuantos procuren trabajar en armonía con el plan divino de educación recibirán su gracia auxiliadora, su continua presencia, su poder que los guardará. A todos les dice:

"Mira que te mando que te esfuerces y seas valiente: no temas ni desmayes, porque Jehová tu Dios será contigo". "No te dejaré, ni te desampararé". (Josué 1:9, 5.)

"Porque como desciende de los cielos la lluvia, y la nieve, y no vuelve allá, sino que harta la tierra, y la hace germinar y producir, y da simiente al que siembra, y pan al que come, así será mi palabra que sale de mi boca: no volverá a mí vacía, antes hará lo que yo quiero, y será prosperada en aquello para que la envié. Porque con alegría saldréis, y con paz seréis vueltos; los montes y los collados levantarán canción delante de vosotros, y todos los árboles del campo darán palmadas de aplauso. En lugar de la zarza crecerá haya, y en lugar de la ortiga crecerá arrayán: y será a Jehová por nombre, por señal eterna que nunca será raída." (Isaías 55:10-13.)

En el mundo entero la sociedad está en desorden, y se necesita una transformación radical. La educación dada a la juventud moldeará toda la organización social.

"Y edificarán los desiertos antiguos, y levantarán los asolamientos primeros, y restaurarán las ciudades asoladas, los asolamientos de muchas generaciones". Y los hombres los llamarán "sacerdotes de Jehová... y tendrán perpetuo gozo. Porque yo Jehová soy amador del derecho,... por tanto, afirmaré en verdad su obra, y haré con ellos pacto perpetuo. Y la simiente de ellos será conocida entre las gentes, y sus renuevos en medio de los pueblos; todos los que los vieren, los conocerán, que son simiente bendita de Jehová... Porque como la tierra produce su renuevo, y como el huerto hace brotar su simiente, así el Señor Jehová hará brotar justicia y alabanza delante de todas las gentes". (Isaías 61:4-11.)

El Verdadero Conocimiento de Dios

de vida, la eficacia en el servicio, la adhesión a los principios verdaderos, todo esto depende del verdadero conocimiento de Dios. Este conocimiento es la preparación esencial para esta vida y para la venidera.

A SI como sucedió con nuestro Salvador, estamos en este mundo para servir a Dios. Estamos aquí para asemejarnos a Dios en carácter, y manifestarle al mundo por medio de una vida de servicio. Para ser colaboradores con Dios, a fin de asemejarnos a él y revelar su carácter, debemos conocerle tal como es, tal como él mismo se revela.

El conocimiento de Dios es el fundamento de toda verdadera educación y de todo servicio verdadero. Es la única salvaguardia contra la tentación. Es también lo único que puede hacernos semejantes a Dios en carácter. Tal es el conocimiento que necesitan cuantos trabajan por el levantamiento de sus semejantes. La transformación del carácter, la pureza

Es la base de nuestra salvación

"El conocimiento del Santísimo es la inteligencia". (Proverbios 9:10, V.M.)

Mediante el conocimiento de él nos son dadas "todas las cosas que pertenecen a la vida y a la piedad". (2 Pedro 1:3.)

"Esta empero es la vida eterna —dijo Jesús—: que te conozcan el solo Dios verdadero, y a Jesucristo, al cual has enviado". (Juan 17:3.)

"Así dijo Jehová: No se alabe el sabio en su sabiduría, ni en su valentía se alabe el valiente, ni el rico se alabe en sus riquezas. Mas alábese en esto el que se hubiere de alabar: en entenderme y conocerme, que yo soy Jehová, que hago misericordia, juicio, y justicia en la tierra: porque estas cosas quiero, dice Jehová". (Jeremías 9:23, 24.)

Necesitamos estudiar las revelaciones que de sí mismo nos dio Dios.

"Amístate ahora con él, y tendrás paz; y por ello te vendrá bien. Toma ahora la ley de su boca, y pon sus palabras en tu corazón... Y el Todopoderoso será tu defensa... Porque entonces te deleitarás en el Omnipotente, y alzarás a Dios tu rostro. Orarás a él, y él te oirá; y tú pagarás tus votos. Determinarás asimismo una cosa, y serte ha firme; y sobre tus caminos resplandecerá luz. Cuando fueren abatidos, dirás tú: Ensalzamiento habrá: y Dios salvará al humilde de ojos". (Job 22:21-29.)

"Porque las cosas invisibles de él, su eterna potencia y divinidad, se echan de ver desde la creación del mundo, siendo entendidas por las cosas que son hechas". (Romanos 1:20)

Las cosas de la naturaleza que ahora contemplamos nos dan apenas un débil concepto de la gloria del Edén. El pecado afeó la belleza de la tierra, y por doquiera pueden verse los estragos del mal. No obstante, queda aún mucha hermosura. La naturaleza atestigua que un Ser infinito en poder, grande en bondad, misericordia y amor, creó la tierra y la llenó de vida y de alegría. Aunque ajadas, todas las cosas manifiestan la obra de la mano del gran Artista y Maestro. Por doquiera que nos volvamos, podemos oír la voz de Dios, y ver pruebas evidentes de su bondad.

Desde el solemne retumbar del trueno y el bramido incesante del viejo océano, hasta los alegres cantos que hacen de las selvas un concierto de melodías, las miríadas de voces de la naturaleza entonan las alabanzas de Dios. Contemplamos su gloria en la tierra, en el mar y en el firmamento, con sus maravillosos tintes y colores, que varían en grandioso contraste o se armonizan unos con otros. Los perennes collados nos hablan de su poder. Los árboles que hacen ondear sus verdes banderas bajo los rayos del sol, y las flores en su delicada belleza, nos señalan al Creador. El vivo verdor que alfombra la tierra nos habla del solícito cuidado de Dios por sus más humildes criaturas. Las cavernas del mar y las profundidades de la tierra revelan sus tesoros. El que puso las perlas en el océano y la amatista y el crisólito entre las rocas, ama lo bello. El sol que sale en el horizonte es representante de Aquel que es vida y luz de todo lo que hizo. Todo el brillo y la belleza que adornan la tierra e iluminan los cielos, hablan de Dios.

"Su gloria cubrió los cielos". "La tierra está llena de tus beneficios". "El un día emite palabra al otro día, y la una noche a la otra noche declara sabiduría. No hay dicho, ni palabras, ni es oída su voz. Por toda la tierra salió su hilo, y al cabo del mundo sus palabras". (Habacuc 3:3; Salmos 104:24; 19:2-4.)

Todas las cosas hablan de su tierno cuidado paternal y de su deseo de hacer felices a sus hijos.

El gran poder que obra en toda la naturaleza y sostiene todas las cosas no es, como muchos hombres de ciencia lo representan, un mero principio que todo lo penetra, una energía siempre activa. Dios es Espíritu; y sin embargo es un ser personal pues así se ha revelado.

"Mas Jehová Dios es la verdad: él es Dios vivo y Rey eterno:... Los dioses que no hicieron los cielos ni la tierra, perezcan de la tierra y de debajo de estos cielos". "No es como ellos la suerte de Jacob: porque él es el Hacedor de todo". "El que hizo la tierra con su potencia, el que puso en orden el mundo con su saber, y extendió los cielos con su prudencia". (Jeremías 10:10, 11, 16, 12.)

La naturaleza no es Dios

La obra de la mano de Dios en la naturaleza no es Dios mismo en la naturaleza. Las cosas de la naturaleza son expresión del carácter y poder de Dios; pero no debemos considerar que la naturaleza sea Dios. La destreza artística de los seres humanos produce obras muy hermosas por cierto, que deleitan nuestros ojos y nos revelan algo del pensamiento de su autor; pero las cosas hechas no son el que las hizo. No es la obra, sino el artífice, el que es considerado digno de honor. Así también, aunque la naturaleza es expresión del pensamiento de Dios, no debemos ensalzar a la naturaleza, sino al Dios de la naturaleza.

"Adoremos y postrémonos; arrodillémonos delante de Jehová". "Porque en su mano están las profundidades de la tierra, y las alturas de los montes son suyas. Suya también la mar, pues él la hizo; y sus manos formaron la seca". (Salmo 95:6, 4, 5.)

"Miren al que hace el Arcturo y el Orión, y las tinieblas vuelve en mañana, y hace oscurecer el día en noche". "El que forma los montes, y cría el viento, y denuncia al hombre su pensamiento,... él edificó en el cielo sus gradas, y ha establecido su expansión sobre la tierra: él llama las aguas de la mar, y sobre la haz de la tierra las derrama: Jehová es su nombre". (Amós 5:8; 4:13; 9:6.)

La creación de la tierra

La ciencia no puede explicar la creación. ¿Qué ciencia puede explicar el misterio de la vida?

"Por la fe entendemos haber sido compuestos los siglos por la palabra de Dios, siendo hecho lo que se ve, de lo que no se veía". (Hebreos 11:3.)

"Yo: que formo la luz y crío las tinieblas,... yo Jehová que hago todo esto,... yo hice la tierra, y crié sobre ella al hombre. Yo, mis manos, extendieron los cielos, y a todo su ejército mandé". "En llamándolos yo, parecieron juntamente". (Isaías 45:6-12; 48:13.)

En la creación de la tierra, nada debió Dios a la materia preexistente. "El dijo, y fue hecho; él mandó, y existió". (Salmo 33:9.) Todas las cosas, materiales o espirituales, surgieron ante el Señor Jehová cuando él habló, y fueron creadas para su propio designio. Los cielos y todo su ejército, la tierra y todo lo que hay en ella, surgieron a la existencia por el aliento de su boca.

En la creación del hombre resulta manifiesta la intervención de un Dios personal. Cuando Dios hubo hecho al hombre a su imagen, el cuerpo humano quedó perfecto en su forma y organización, pero estaba aún sin vida. Después, el Dios personal y existente de por sí infundió en aquella forma el soplo de vida, y el hombre vino a ser criatura viva e inteligente. Todas las partes del organismo humano fueron puestas en acción. El corazón, las arterias, las venas, la lengua, las manos, los pies, los sentidos, las facultades del espíritu, todo ello empezó a funcionar, y todo quedó sometido a una ley. El hombre fue hecho alma viviente. Por medio de Cristo el Verbo, el Dios personal creó al hombre, y lo dotó de inteligencia y facultades.

Nuestra sustancia no le era oculta cuando fuimos hechos en secreto; sus ojos vieron nuestra sustancia por imperfecta que fuera, y en su libro todos nuestros miembros estaban anotados, aun cuando ninguno de ellos existiera todavía.

Sobre todos los órdenes inferiores de los seres, Dios dispuso que el hombre, corona de su creación, expresara el pensamiento divino y revelara la gloria de Dios. Pero no por ello tiene el hombre que enaltecerse como Dios.

"Cantad alegres a Dios... Servid a Jehová con alegría; venid ante su acatamiento con regocijo. Reconoced que Jehová él es Dios: él nos hizo, y no nosotros a nosotros mismos; pueblo suyo somos, y ovejas de su prado. Entrad por sus puertas con reconocimiento, por sus atrios con alabanza: alabadle, bendecid su nombre". "Ensalzad a Jehová nuestro Dios, y encorvaos al monte de su santidad; porque Jehová nuestro Dios es santo". (Salmos 100:1-4; 99:9.)

Continuamente Dios sostiene y emplea como ministros suyos las cosas que hizo. Obra por medio de las leyes de la naturaleza, que le sirven de instrumento, pero no actúan automáticamente. La naturaleza atestigua la presencia inteligente y la intervención activa de un Ser que obra en todo según su voluntad.

"Para siempre, oh Jehová, permanece tu palabra en los cielos. Por generación y generación es tu verdad: tú afirmaste la tierra, y persevera. Por tu ordenación perseveran hasta hoy las cosas creadas; porque todas ellas te sirven". "Todo lo que quiso Jehová, ha hecho en los cielos y en la tierra, en las mares y en todos los abismos". "El mandó y fueron criadas. Y las hizo ser para siempre por los siglos; púsoles ley que no será quebrantada". (Salmos 119:89-91; 135:6; 148:5, 6.)

No es por medio de una fuerza inherente como año tras año la tierra suministra sus dones y sigue su marcha alrededor del sol. La mano del Infinito obra perpetuamente para guiar el planeta. El poder de Dios, en constante ejercicio, hace que la tierra conserve su posición en su rotación. Es Dios quien dispone que el sol salga y se levante en los cielos. Es Dios quien abre las ventanas de los cielos y da la lluvia.

"El da la nieve como lana, derrama la escarcha como ceniza". "A su voz se da muchedumbre de aguas en el cielo, y hace subir las nubes de lo postrero de la tierra; hace los relámpagos con la lluvia, y saca el viento de sus depósitos". (Salmo 147:16; Jeremías 10:13.)

Por el poder de Dios medra la vegetación, despunta la hoja, se abre la flor, cuaja y se desarrolla la fruta.

El mecanismo del cuerpo humano no puede ser comprendido por completo; presenta misterios que confunden a los más inteligentes. No es por efecto de un mecanismo que, una vez puesto en movimiento, prosigue su acción, como late el pulso y una respiración sigue a la otra. En Dios vivimos, nos movemos y somos. El corazón que palpita, el pulso que late, cada nervio y músculo del organismo vivo se mantienen en orden y actividad por el poder de un Dios siempre presente.

La Biblia nos muestra a Dios en su alto y santo puesto, no en estado de inacción, no en el silencio y la soledad, sino rodeado de millares de millares y millones de millones de seres santos, siempre a la espera de sus órdenes. Por medio de estos mensajeros permanece Dios en comunicación activa con todas las partes de su dominio. Por medio de su Espíritu está presente en todas partes. Mediante su Espíritu y sus ángeles atiende y cuida a los hijos de los hombres.

Por encima de las confusiones de la tierra Dios está en su trono; todas las cosas están abiertas a su divina mirada; y desde su grande y serena eternidad ordena lo que su providencia considera mejor.

"El hombre no es señor de su camino, ni del hombre que camina es ordenar sus pasos". "Fíate de Jehová de todo tu corazón,... reconócelo en todos tus caminos, y él enderezará tus veredas". "El ojo de Jehová sobre los que le temen, sobre los que esperan en su misericordia; para librar sus almas de la muerte, y para darles vida en el hambre". "¡Cuán ilustre, oh Dios, es tu misericordia! Por eso los hijos de los hombres se amparan bajo la sombra de tus alas". "Bienaventurado aquel en cuya ayuda es el Dios de Jacob, cuya esperanza es en Jehová su Dios". "De tu misericordia, oh Jehová, está llena la tierra". Tú amas "justicia y juicio". Tú eres "esperanza de todos los términos de la tierra, y de los más remotos confines de la mar. Tú, el que afirma los montes con su potencia, ceñido de valentía: el que amansa el estruendo de los mares,... y el alboroto de las gentes... Tú haces alegrar las salidas de la mañana y de la tarde,... Tú coronas el año de tus bienes; Y tus nubes destilan grosura". "Sostiene Jehová a todos los que caen, y levanta a todos los oprimidos. Los ojos de todos esperan en ti, y tú les das su comida en su tiempo. Abres tu mano, y colmas de bendición a todo viviente". (Jeremías 10:23; Proverbios 3:5, 6; Salmos 33:18, 19; 36:7; 146:5; 119:64; 33:5; 65:5-8, 11; 145:14-16.)

La personalidad de Dios revelada en Cristo

Como ser personal, Dios se ha revelado en su Hijo. Esplendor de la gloria del Padre "y la misma imagen de su sustancia", Jesús, como Salvador personal, vino al mundo. Como Salvador personal, ascendió también al cielo. Como Salvador personal, intercede en las cortes celestiales. Ante el trono de Dios intercede en nuestro favor "Uno semejante al Hijo del Hombre". (Hebreos 1:3; Apocalipsis 1:13.)

Cristo, la luz del mundo, veló el deslumbrante resplandor de su divinidad y vino a vivir como hombre entre los hombres para que ellos pudieran, sin ser consumidos, conocer a su Creador. Desde que el pecado separó al hombre de su Hacedor, nadie vio jamás a Dios, sino manifestado en Cristo.

"Yo y el Padre una cosa somos", declaró Cristo. "Nadie conoció al Hijo, sino el Padre; ni al Padre conoció alguno, sino el Hijo, y aquel a quien el Hijo lo quisiere revelar". (Juan 10:30; Mateo 11:27.)

Cristo vino para enseñar a los seres humanos lo que Dios quiere que sepan. Arriba en los cielos, abajo en la tierra, en las anchas aguas del océano, vemos la obra de la mano de Dios. Todas las cosas creadas atestiguan su poder, sabiduría y amor. No obstante, ni las estrellas ni el océano ni las cataratas nos enseñarán a conocer la personalidad de Dios tal como fue revelada en Cristo.

Dios vio que se necesitaba una revelación más clara que la naturaleza para retratar a lo vivo su personalidad y carácter. Mandó a su Hijo al mundo para que manifestara, en la medida en que la humana visión pudiera mirarlos, la naturaleza y los atributos del Dios invisible.

Revelado a los discípulos

Estudiemos las palabras que Cristo pronunció en el cenáculo, la víspera de su crucifixión. Estaba ya a punto de consumar su sacrificio, y procuraba consolar a sus discípulos, que iban a sufrir tan terrible tentación y tan dura prueba.

"No se turbe vuestro corazón —dijo—: Creéis en Dios, creed también en mí. En la casa de en mi Padre muchas moradas hay: de otra manera os lo hubiera dicho: voy, pues, a preparar lugar para vosotros...

"Dícele Tomás: Señor, no sabemos a dónde vas: ¿cómo, pues, podemos saber el camino? Jesús le dice: Yo soy el camino, y la verdad, y la vida: nadie viene al Padre, sino por mí. Si me conocieseis, también a mi Padre conocierais: y desde ahora le conocéis, y le habéis visto.

"Dícele Felipe, Señor, muéstranos el Padre, y nos basta. Jesús le dice: ¿Tanto tiempo ha que estoy con vosotros, y no me has conocido, Felipe? El que me ha visto, ha visto al Padre; ¿cómo, pues, dices tú: Muéstranos al Padre? ¿No crees que yo soy en el Padre, y el Padre en mí? Las palabras que yo os hablo, no las hablo de mí mismo: mas el Padre que está en mí, él hace las obras". (Juan 14:1-10.)

Los discípulos no entendían aún lo que Cristo les decía respecto de su relación con Dios. Gran parte de su enseñanza quedaba aún oscura para ellos. Cristo quería que tuvieran un conocimiento de Dios más claro y preciso.

"Estas cosas os he hablado en proverbios —dijo—: la hora viene cuando ya no os hablaré por proverbios, pero claramente os anunciaré del Padre". (Juan 16:25.)

Cuando, en el día de Pentecostés, el Espíritu Santo descendió sobre los discípulos, comprendieron más cabalmente las verdades que Cristo les había dicho en parábolas. Gran parte de la enseñanza que para ellos había sido un misterio les fue declarada. Pero ni aun entonces recibieron los discípulos el cumplimiento cabal de la promesa hecha por Cristo. Recibieron todo lo que podían entender del conocimiento de Dios, pero el cumplimiento total de la promesa, a saber, que Cristo les mostraría al Padre en su plenitud, estaba aún por venir. Y así es también hoy. Nuestro conocimiento de Dios es parcial e imperfecto. Cuando haya terminado el conflicto, y el Hombre Cristo Jesús reconozca ante el Padre a sus fieles obreros, quienes en un mundo de pecado habrán dado el verdadero testimonio del Salvador, entonces comprenderán a las claras lo que ahora es para ellos un misterio.

El carácter de Dios revelado en Cristo

Cristo llevó consigo a las cortes celestiales su humanidad glorificada. A los que le reciben les da potestad de ser hechos hijos de Dios, para que al fin Dios los reciba como suyos, a fin de que vivan con él por toda la eternidad. Si durante esta vida permanecen leales a Dios, al fin "verán su cara; y su nombre estará en sus frentes". (Apocalipsis 22:4.) ¿Y en qué consiste la felicidad del cielo sino en ver a Dios? ¿Qué gozo mayor puede haber para el pecador salvado por la gracia de Cristo que el de contemplar la faz de Dios y conocerle como a Padre?

Las Escrituras indican con claridad la relación entre Dios y Cristo, y manifiestan con no menos claridad la personalidad y la individualidad de cada uno de ellos.

"Dios, habiendo hablado muchas veces y en muchas maneras en otro tiempo a los padres por los profetas,

en estos postreros días nos ha hablado por el Hijo... El cual siendo el resplandor de su gloria, y la misma imagen de su sustancia, y sustentando todas las cosas con la palabra de su potencia, habiendo hecho la purgación de nuestros pecados por sí mismo, se sentó a la diestra de la majestad en las alturas, hecho tanto más excelente que los ángeles, cuanto alcanzó por herencia más excelente nombre que ellos. Porque ¿a cuál de los ángeles dijo Dios jamás: Mi hijo eres tú, hoy yo te he engendrado, y otra vez: Yo seré a él Padre, y él me será a mí hijo?" (Hebreos 1:1-5.)

La personalidad del Padre y del Hijo, como también la unidad que existe entre ambos, aparecen en el capítulo decimoséptimo de Juan en la oración de Cristo por sus discípulos:

"Mas no ruego solamente por éstos, sino también por los que han de creer en mí por la palabra de ellos. Para que todos sean una cosa; como tú, oh Padre, en mí, y yo en ti, que también ellos sean en nosotros una cosa: para que el mundo crea que tú me enviaste". (Vers. 20, 21.)

La unidad que existe entre Cristo y sus discípulos no destruye la personalidad de uno ni de otros. Son uno en propósito, en espíritu, en carácter, pero no en persona. Así es como Dios y Cristo son uno.

Habiéndose humanado, Cristo vino al mundo para ser uno con la humanidad, y al mismo tiempo revelar a nuestro Padre celestial a los hombres pecadores. Aquel que había estado en la presencia del Padre desde el principio, Aquel que era la imagen expresa del Dios invisible, era el único capaz de revelar a la humanidad el carácter de la Deidad. En todo fue hecho Cristo semejante a sus hermanos. Fue hecho carne, como lo somos nosotros. Sintió el hambre, la sed y el cansancio. Fue reconfortado y sostenido por el alimento y el sueño. Compartió la suerte de los hombres; y no obstante fue el Hijo de Dios sin mancha. Fue extranjero y advenedizo en la tierra; estuvo en el mundo, mas no fue del mundo; tentado y probado como lo son hoy hombres y mujeres, llevó no obstante una vida libre de pecado. Tierno, compasivo, lleno de simpatía, considerado para con los demás, Cristo representó el carácter de Dios y se consagró siempre al servicio de Dios y del hombre.

"Me ungió Jehová —dijo—; hame enviado a predicar buenas nuevas a los abatidos, a vendar a los quebrantados de corazón, a publicar libertad a los cautivos". "Y a los ciegos vista". "A promulgar año de la buena voluntad de Jehová,... a consolar a todos los enlutados". (Isaías 61:1; Lucas 4:18; Isaías 61:2.)

"Amad a vuestros enemigos —nos dice—, bendecid a los que os maldicen, haced bien a los que os aborrecen, y orad por los que os ultrajan y os persiguen; para que seáis hijos de vuestro Padre que está en los cielos". "Porque él es benigno para con los ingratos y malos". "Hace que su sol salga sobre malos y buenos, y llueve sobre justos e injustos". "Sed pues misericordiosos, como también vuestro Padre es misericordioso". (Mateo 5:44; Lucas 6:35; Mateo 5:45; Lucas 6:36.)

"Por las entrañas de misericordia de nuestro Dios, con que nos visitó de lo alto el Oriente, para dar luz a los que habitan en tinieblas y en sombra de muerte; para encaminar nuestros pies por camino de paz". (Lucas 1:78, 79.)

La gloria de la cruz

La revelación del amor de Dios al hombre tiene su centro en la cruz. No hay lengua capaz de expresar todo su significado, ni pluma que pueda describirla, ni inteligencia humana apta para comprenderla. Al contemplar la cruz del Calvario, sólo podemos decir: "Porque de tal manera amó Dios al mundo, que ha dado a su Hijo unigénito, para que todo aquel que en él cree, no se pierda, mas tenga vida eterna". (Juan 3:16.)

Cristo crucificado por nuestros pecados, Cristo resucitado de los muertos, Cristo que ascendió al cielo, tal es la ciencia de la salvación que debemos aprender y enseñar.

Fue Cristo

"El cual, siendo en forma de Dios, no tuvo por usurpación ser igual a Dios; sin embargo, se anonadó a sí mismo, tomando forma de siervo, hecho semejante a los hombres; y hallado en la condición como hombre, se humilló a sí mismo, hecho obediente hasta la muerte, y muerte de cruz".

"Cristo es el que murió; más aún, el que también resucitó, quien además está a la diestra de Dios". "Por lo cual puede también salvar eternamente a los que por él se allegan a Dios, viviendo siempre para interceder por ellos".

"Porque no tenemos un Pontífice que no se pueda compadecer de nuestras flaquezas; mas tentado en todo según nuestra semejanza, pero sin pecado". (Filipenses 2:6-8; Romanos 8:34; Hebreos 7:25; 4:15.)

Aquí hay sabiduría infinita, amor infinito, justicia infinita, misericordia infinita, "profundidad de las riquezas de la sabiduría y de la ciencia de Dios". (Romanos 11:33.)

Es por medio del don de Cristo como recibimos toda bendición. Mediante este don se derrama sobre nosotros día tras día, sin interrupción, el raudal de la bondad de Jehová. Todas las flores, con sus delicados tintes y fragancia, nos son dadas para nuestro deleite por medio de este único don. El sol y la luna fueron hechos por él. No hay una sola estrella que embellezca el cielo que él no hiciera. Cada gota de lluvia que cae, cada rayo de luz derramado sobre nuestro ingrato mundo atestiguan el amor de Dios en Cristo. Todo lo recibimos por medio del único don inefable, el unigénito Hijo de Dios. Fue clavado en la cruz para que todas estas bondades fluyeran sobre toda la creación de Dios.

"Mirad cuál amor nos ha dado el Padre, que seamos llamados hijos de Dios". "Ni nunca oyeron, ni oídos percibieron, ni ojo ha visto Dios fuera de ti, que hiciese por el que en él espera". (1 Juan 3:1; Isaías 64:4.)

El conocimiento transformador

El conocimiento de Dios tal como fue revelado en Cristo es el que deben tener todos los salvados. Es el conocimiento que transforma el carácter. Una vez recibido, este conocimiento renovará el alma a la imagen de Dios. Comunicará a todo el ser un poder espiritual divino.

"Nosotros todos, mirando a cara descubierta como en un espejo la gloria del Señor, somos transformados de gloria en gloria en la misma semejanza". (2 Corintios 3:18.)

De su propia vida dijo el Salvador: "He guardado los mandamientos de mi Padre". "No me ha dejado solo el Padre; porque yo, lo que a él agrada, hago siempre". (Juan 15:10; 8:29.) Lo que Cristo fue en la naturaleza humana, quiere Dios que sean sus discípulos. Con su fuerza hemos de vivir la vida de nobleza y pureza que el Salvador vivió.

"Por esta causa —dice el apóstol Pablo— doblo mis rodillas al Padre de nuestro Señor Jesucristo, del cual es nombrada toda la parentela en los cielos y en la tierra, que os dé, conforme a las riquezas de su gloria, el ser corroborados con potencia en el hombre interior por su Espíritu. Que habite Cristo por la fe en vuestros corazones; para que, arraigados y fundados en amor, podáis bien comprender con todos los santos cuál sea la anchura y la longura y la profundidad y la altura, y conocer el amor de Cristo, que excede a todo conocimiento, para que seáis llenos de toda la plenitud de Dios". (Efesios 3:14-19.)

"No cesamos de orar por vosotros, y de pedir que seáis llenos del conocimiento de su voluntad, en toda sabiduría y espiritual inteligencia; para que andéis como es digno del Señor, agradándole en todo, fructificando en toda buena obra, y creciendo en el conocimiento de Dios: corroborados de toda fortaleza, conforme a la

Peligro que Entraña el Conocimiento Especulativo

UNO de los mayores males que acompañan la búsqueda de conocimientos y las investigaciones de la ciencia, es la disposición a exaltar la razón humana más allá de su verdadero valor y su esfera apropiada. Muchos intentan juzgar al Creador y sus obras con el escaso conocimiento que tienen de la ciencia. Se esfuerzan por determinar la naturaleza, los atributos y prerrogativas de Dios, y se entregan a teorías especulativas respecto del Infinito. Los que se empeñan en este modo de estudiar pisan terreno prohibido. Su investigación no les dará resultados provechosos, y si persisten en ella lo harán con peligro de sus almas.

Nuestros primeros padres fueron inducidos al pecado por haber codiciado una ciencia que Dios les había vedado. Al procurarla perdieron todo lo que era digno de ser poseído. Si Adán y Eva no hubieran tocado el árbol prohibido, Dios les hubiera comunicado un conocimiento sobre el cual no hubiera recaído la maldición del pecado, sino que les hubiera allegado gozo eterno. Todo lo que obtuvieron al prestar oídos al tentador fue un conocimiento del pecado y sus resultados. Por su desobediencia, la humanidad se apartó de Dios, y la tierra quedó separada del cielo.

La lección es para nosotros. El campo al cual Satanás condujo a nuestros primeros padres es el mismo al cual atrae a los hombres hoy. Está inundando el mundo de fábulas agradables. Valiéndose de todos los recursos de que dispone, procura inducir a los hombres a entrar en especulaciones respecto de Dios. Así trata de evitar que consigan el conocimiento de Dios que constituye la salvación.

Teorías panteístas

Hoy día se están introduciendo en los establecimientos de educación y en las iglesias por doquiera doctrinas espiritualistas que minan la fe en Dios y en su Palabra. La teoría de que Dios es una esencia que compenetra toda la naturaleza es aceptada por muchos de los que profesan creer en las Escrituras; pero, por muy ataviada que vaya esta teoría, es un engaño muy peligroso. Da una falsa idea de Dios y agravia su grandeza y majestad. Lo seguro es que no tiende tan sólo a extraviar, sino a corromper a los hombres. Las tinieblas son su elemento y la sensualidad su ambiente. Su aceptación aparta de Dios. Y para la naturaleza humana caída esto equivale a la ruina.

La condición en que el pecado nos ha colocado es antinatural, y el poder que nos restaure debe ser sobrenatural, o no tiene valor alguno. No hay poder que pueda quebrantar el yugo del mal y libertar de él los corazones de los hombres, sino el poder de Dios en Jesucristo. Sólo mediante la sangre del Crucificado hay purificación del pecado. Sólo la gracia de Cristo puede habilitarnos para resistir y dominar las inclinaciones de nuestra naturaleza caída. Las teorías espiritualistas respecto de Dios anulan la gracia divina. Si Dios es una esencia que compenetra toda la naturaleza, entonces mora en todos los hombres; y para llegar a la santidad, el hombre no tiene más que desarrollar el poder que está en él mismo.

Estas teorías, llevadas hasta su conclusión lógica, desbaratan la economía cristiana. Desechan la necesidad de la expiación, y hacen del hombre su propio salvador. Estas teorías acerca de Dios dejan sin efecto la Palabra divina, y quienes las aceptan corren grave peligro de ser inducidos finalmente a considerar la Biblia como una ficción. Aunque consideren la virtud superior al vicio, como quiera que desalojan a Dios de su verdadero puesto de soberanía, cifran su confianza en el poder humano, que, sin Dios, no tiene valor alguno. Dejada a sí misma, la voluntad humana no tiene verdadero poder para resistir y vencer el mal. Las defensas del alma quedan destruidas. El hombre carece de valla protectora contra el pecado. Desechadas las restricciones de la Palabra de Dios y de su Espíritu, ya no sabemos en qué abismos podemos hundirnos.

"Toda palabra de Dios es limpia; es escudo a los que en él esperan. No añadas a sus palabras, porque no te reprenda, y seas hallado mentiroso". "Prenderán al impío sus propias iniquidades, y detenido será con las cuerdas de su pecado". (Proverbios 30:5, 6; 5:22.)

Escudriñar los misterios divinos

"Las cosas secretas pertenecen a Jehová nuestro Dios: mas las reveladas son para nosotros y para nuestros hijos por siempre". (Deuteronomio 29:29.) La revelación que de sí mismo dejó Dios en su Palabra es para nuestro estudio, y podemos procurar entenderla. Pero más allá de ella no debemos penetrar. El hombre más inteligente podrá devanarse los sesos en conjeturas respecto a la naturaleza de Dios, pero semejante esfuerzo será estéril. No nos incumbe resolver este problema. No hay mente humana capaz de comprender a Dios. Nadie debe permitirse entrar en especulaciones respecto a la naturaleza de Dios. Aquí el silencio es elocuencia. El Omnisciente trasciende toda discusión.

Ni aun los ángeles pudieron participar en los consejos habidos entre el Padre y el Hijo al trazarse el plan de la salvación. Y los seres humanos no deben inmiscuirse en los secretos del Altísimo. Somos respecto de Dios tan ignorantes como niños; pero, como niños también, podemos amarle y obedecerle. En vez de entregarnos a cavilaciones respecto de la naturaleza y las prerrogativas de Dios, prestemos atención a las palabras que él mismo pronunció:

"¿Alcanzarás tú el rastro de Dios? ¿Llegarás tú a la perfección del Todopoderoso? Es más alto que los cielos: ¿qué harás? Es más profundo que el infierno: ¿cómo lo conocerás? Su dimensión es más larga que la tierra, y más ancha que la mar". "¿Dónde se hallará la sabiduría? ¿Y dónde está el lugar de la prudencia? No conoce su valor el hombre, ni se halla en la tierra de los vivientes. El abismo dice: No está en mí: y la mar dijo: Ni conmigo. No se dará por oro, ni su precio será a peso de plata. No puede ser apreciada con oro de Ophir, ni con ónique precioso, ni con zafiro. El oro no se le igualará, ni el diamante; ni se trocará por vaso de oro fino. De coral ni de perlas no se hará mención: la sabiduría es mejor que piedras preciosas. No se igualará con ella esmeralda de Etiopía; no se podrá apreciar con oro fino. ¿De dónde pues vendrá la sabiduría? ¿Y dónde está el lugar de la inteligencia?... El infierno y la muerte dijeron: Su fama hemos oído con nuestros oídos. Dios entiende el camino de ella, y él conoce su lugar. Porque él mira hasta los fines de la tierra, y ve debajo de todo el cielo... Cuando él hizo ley a la lluvia, y camino al relámpago de los truenos; entonces la veía él, y la manifestaba; preparóla y descubrióla también. Y dijo al hombre: He aquí que el temor del Señor es la sabiduría, y el apartarse del mal la inteligencia". (Job 11:7-9; 28:12-28.)

No se encuentra la sabiduría escudriñando los secretos de la tierra ni consumiéndose en vanos esfuerzos por penetrar los misterios de la persona de Dios. Se encuentra más bien recibiendo humildemente la revelación que él se dignó darnos, y conformando la vida a su voluntad.

Los hombres de más alta inteligencia no pueden entender los misterios de Jehová revelados en la naturaleza. La inspiración divina hace muchas preguntas a las cuales los sabios más profundos no pueden responder. Estas preguntas no fueron hechas para que las contestáramos, sino para que llamaran nuestra atención a los profundos misterios de Dios y nos enseñaran que nuestra sabiduría es limitada; que en la esfera en que nos movemos en la vida cotidiana hay muchas cosas que superan a la inteligencia de los seres finitos.

Los escépticos se niegan a creer en Dios porque no pueden abarcar el infinito poder por medio del cual se revela. Pero hay que reconocer a Dios tanto por lo que él no nos revela acerca de sí mismo como por lo que está al alcance de nuestra limitada comprensión. En la revelación divina y en la naturaleza, Dios ha escondido misterios que nos imponen la fe. Y así debe ser. Bien podemos estar siempre escudriñando, investigando y aprendiendo, y seguir encontrándonos, sin embargo, frente a lo infinito.

"¿Quién midió las aguas con su puño, y aderezó los cielos con su palmo, y con tres dedos allegó el polvo de la tierra, y pesó los montes con balanza, y con peso los collados? ¿Quién enseñó al Espíritu de Jehová, o le aconsejó enseñándole?... He aquí que las naciones son reputadas como la gota de un acetre, y como el orín del peso: he aquí que hace desaparecer las islas como polvo. Ni el Líbano bastaría para el fuego, ni todos sus animales para el sacrificio. Como nada son todas las gentes delante de él; y en su comparación serán estimadas en menos que nada, y que lo que no es. ¿A qué pues haréis semejante a Dios, o qué imagen le compondréis?... ¿No sabéis? ¿no habéis oído? ¿nunca os lo han dicho desde el principio? ¿no habéis sido enseñados desde que la tierra se fundó? El está asentado sobre el globo de la tierra, cuyos moradores son como langostas: él extiende los cielos como una cortina, tiéndelos como una tienda para morar:... ¿A qué pues me haréis semejante?... dice el Santo.

"Levantad en alto vuestros ojos, y mirad quién crió estas cosas: él saca por cuenta su ejército: a todas llama por sus nombres; ninguna faltará: tal es la grandeza de su fuerza, y su poder y virtud. ¿Por qué dices, oh Jacob, y hablas tú, Israel: Mi camino es escondido de Jehová, y de mi Dios pasó mi juicio? ¿No has sabido, no has oído que el Dios del siglo es Jehová, el cual crió los términos de la tierra? No se trabaja, ni se fatiga con cansancio, y su entendimiento no hay quien lo alcance". (Isaías 40:12-28.)

De las representaciones dadas por el Espíritu Santo a sus profetas, aprendamos lo que es la grandeza de nuestro Dios. El profeta Isaías escribe:

"En el año que murió el rey Uzzías vi yo al Señor sentado sobre un trono alto y sublime, y sus faldas henchían el templo. Y encima de él estaban serafines: cada uno tenía seis alas; con dos cubrían sus rostros, y con dos cubrían sus pies, y con dos volaban. Y el uno al otro daba voces, diciendo: Santo, santo, santo, Jehová de los ejércitos: toda la tierra está llena de su gloria. Y los quiciales de las puertas se estremecieron con la voz del que clamaba, y la casa se hinchió de humo.

"Entonces dije: ¡Ay de mí! que soy muerto; que siendo hombre inmundo de labios, y habitando en medio de pueblo que tiene labios inmundos, han visto mis ojos al Rey, Jehová de los ejércitos.

"Y voló hacia mí uno de los serafines, teniendo en su mano un carbón encendido, tomado del altar con unas tenazas: y tocando con él sobre mi boca, dijo: He aquí que esto tocó tus labios, y es quitada tu culpa, y limpio tu pecado". (Isaías 6:1-7.)

"No hay semejante a ti, oh Jehová; grande tú, y grande tu nombre en fortaleza. ¿Quién no te temerá, oh Rey de las gentes?" "Oh Jehová, tú me has examinado y conocido. Tú has conocido mi sentarme y mi levantarme, has entendido desde lejos mis pensamientos. Mi senda y mi acostarme has rodeado, y estás impuesto en todos mis caminos. Pues aún no está la palabra en mi lengua, y he aquí, oh Jehová, tú la sabes toda. Detrás y delante me guarneciste, y sobre mí pusiste tu mano. Más maravillosa es la ciencia que mi capacidad; alta es, no puedo comprenderla". (Jeremías 10:6, 7; Salmo 139:1-6.)

"Grande es el Señor nuestro, y de mucha potencia; y de su entendimiento no hay número". (Salmo 147:5.)

"Los caminos del hombre están ante los ojos de Jehová, y él considera todas sus veredas". (Proverbios 5:21.)

"El revela lo profundo y lo escondido: conoce lo que está en tinieblas, y la luz mora con él". (Daniel 2:22.)

"Conocidas son a Dios desde el siglo todas sus obras". Hechos 15:18.)

"¿Quién entendió la mente del Señor? ¿o quién fué su consejero? ¿o quien le dio a él primero, para que le sea pagado? Porque de él, y por él, y en él, son todas las cosas. A él sea gloria por siglos". (Romanos 11:34-36.)

"Al Rey de siglos, inmortal, invisible" (1 Timoteo 1:17), "quien sólo tiene inmortalidad, que habita en luz inaccesible; a quien ninguno de los hombres ha visto ni puede ver: al cual sea la honra y el imperio sempiterno". (1 Timoteo 6:16.)

"De cierto su alteza os había de espantar, y su pavor había de caer sobre vosotros". "¿No está Dios en la altura de los cielos? Mira lo encumbrado de las estrellas, cuán elevadas están". "¿Tienen sus ejércitos número? ¿Y sobre quién no está su luz?" "El hace grandes cosas, que nosotros no entendemos. Porque a la nieve dice: Desciende a la tierra; también a la llovizna, y a los aguaceros de su fortaleza. Así hace retirarse a todo hombre, para que los hombres todos reconozcan su obra... Asimismo por sus designios se revuelven las nubes en derredor, para hacer sobre la haz del mundo, en la tierra, lo que él les mandara. Unas veces por azote, otras por causa de su tierra, otras por misericordia las hará parecer... Escucha esto;... repósate, y considera las maravillas de Dios. ¿Supiste tú cuando Dios las ponía en concierto, y hacía levantar la luz de su nube? ¿Has tú conocido las diferencias de las nubes, las maravillas del Perfecto en sabiduría?... ¿Extendiste tú con él los cielos, firmes como un espejo

sólido? Muéstranos qué le hemos de decir; porque nosotros no podemos componer las ideas a causa de las tinieblas... He aquí aún: no se puede mirar la luz esplendente en los cielos, luego que pasa el viento y los limpia, viniendo de la parte del norte la dorada claridad. En Dios hay una majestad terrible. El es Todopoderoso, al cual no alcanzamos, grande potencia; y en juicio y en multitud de justicia no afligirá. Temerlo han por tanto los hombres". "¿Quién como Jehová nuestro Dios, que ha enaltecido su habitación, que se humilla a mirar en el cielo y en la tierra?"

"Jehová marcha entre la tempestad y turbión, y las nubes son el polvo de sus pies". "Grande es Jehová y digno de suprema alabanza: y su grandeza es inescrutable. Generación a generación narrará tus obras, y anunciarán tus valentías. La hermosura de la gloria de tu magnificencia, y tus hechos maravillosos, hablaré, Y la terribilidad de tus valentías dirán los hombres; y yo recontaré tu grandeza.

"Reproducirán la memoria de la muchedumbre de tu bondad, y cantarán tu justicia... Alábente, oh Jehová, todas tus obras; y tus santos te bendigan. La gloria de tu reino digan, y hablen de tu fortaleza; para notificar a los hijos de los hombres sus valentías, y la gloria de la magnificencia de su reino. Tu reino es reino de todos los siglos, y tu señorío en toda generación y generación... La alabanza de Jehová hablará mi boca; y bendiga toda carne su santo nombre por siglo y para siempre". (Job 13:11; 22:12; 25:3; 37:5-24; Salmo 113:5, 6; Nahúm 1:3; Salmo 145:3-21.)

Al aprender más y más acerca de lo que es Dios y lo que nosotros somos delante de él, temeremos y temblaremos en su presencia. Reciban los hombres de hoy advertencia de la suerte de aquellos que en lo antiguo pretendieron tratar sin miramientos lo que Dios había declarado sagrado. Cuando los israelitas se atrevieron a abrir el arca que les fuera devuelta del país de los filisteos, su irreverencia fue castigada de un modo notable.

Considérese también el juicio que cayó sobre Uzza. Al ser llevada el arca a Jerusalén durante el reinado de David, Uzza alargó la mano para sostenerla. Su presunción de tocar al símbolo de la presencia de Dios fue castigada con una muerte instantánea.

En el incidente de la zarza ardiente, cuando Moisés, no reconociendo la presencia de Dios, se volvía para contemplar tan maravilloso espectáculo, le fue ordenado:

"No te llegues acá: quita tus zapatos de tus pies, porque el lugar en que tú estás, tierra santa es... Entonces Moisés cubrió su rostro, porque tuvo miedo de mirar a Dios". (Exodo 3:5, 6.)

"Y salió Jacob de Beerseba, y fue a Harán; y encontró con un lugar, y durmió allí, porque ya el sol se había puesto; y tomó de las piedras de aquel paraje y puso a su cabecera, y acostóse en aquel lugar.

"Y soñó, y he aquí una escala que estaba apoyada en tierra, y su cabeza tocaba en el cielo: y he aquí ángeles de Dios que subían y descendían por ella. Y he aquí, Jehová estaba en lo alto de ella, el cual dijo:

"Yo soy Jehová, el Dios de Abraham tu padre, y el Dios de Isaac: la tierra en que estás acostado te la daré a ti y a tu simiente... Y he aquí, yo soy contigo, y te guardaré por donde quiera que fueres, y te volveré a esta tierra; porque no te dejaré hasta tanto que haya hecho lo que te he dicho.

"Y despertó Jacob de su sueño, y dijo: Ciertamente Jehová está en este lugar, y yo no lo sabía. Y tuvo miedo, y dijo: ¡Cuán terrible es este lugar! No es otra cosa que casa de Dios, y puerta del cielo". (Génesis 28:10-17.)

En el santuario del tabernáculo construido en el desierto y en el del templo, que eran símbolos terrenales de la morada de Dios, había un lugar sagrado para su presencia. El velo adornado de querubines a su entrada sólo debía ser alzado por una mano. Alzar aquel velo, y entrar sin invitación en el sagrado misterio del lugar santísimo, acarreaba la muerte, pues sobre el propiciatorio descansaba la gloria del Santo de los santos, a la que nadie podía mirar y sobrevivir. En el único día del año señalado para el desempeño de su ministerio en el lugar santísimo, el sumo sacerdote penetraba en él temblando ante la presencia de Dios, mientras que nubes de incienso velaban la gloria ante sus ojos. En todos los atrios del templo se acallaba todo rumor. Ningún sacerdote actuaba en los altares. Los adoradores, inclinados en silencioso temor, dirigían sus peticiones en demanda de misericordia divina.

"Y estas cosas les acontecieron en figura; y son escritas para nuestra admonición, en quienes los fines de los siglos han parado". (1 Corintios 10:11.)

"Jehová está en su santo templo: calle delante de él toda la tierra". "Jehová reinó, temblarán los pueblos: él está sentado sobre los querubines, conmoveráse la tierra. Jehová en Sión es grande, y ensalzado sobre todos los pueblos. Alaben tu nombre grande y tremendo: él es santo".

"La silla de Jehová está en el cielo: sus ojos ven, sus párpados examinan a los hijos de los hombres".

"Desde la morada de su asiento miró sobre todos los moradores de la tierra. El formó el corazón de todos ellos; él considera todas sus obras".

"Tema a Jehová toda la tierra: teman de él todos los habitadores del mundo". (Habacuc 2:20; Salmos 99:1-3; 11:4; 102:19; 33:14, 15, 8.)

El hombre no puede encontrar a Dios mediante la investigación. Nadie intente con mano presuntuosa alzar el velo que oculta su gloria. "¡Cuán incomprensibles son sus juicios, e inescrutables sus caminos!" (Romanos 11:33.) Prueba de su misericordia es el hecho de que su poder quede oculto, pues alzar el velo que esconde la divina presencia acarrea la muerte. Ninguna inteligencia mortal puede penetrar el secreto en que el Todopoderoso reside y obra. No podemos comprender de él sino lo que él mismo cree conveniente revelarnos. La razón debe reconocer una autoridad superior a ella misma. El corazón y la inteligencia deben inclinarse ante el gran YO SOY.

Lo Falso y lo Verdadero en la Educación

LA INTELIGENCIA maestra en la confederación del mal obra siempre para ocultar las palabras de Dios y hacer resaltar las opiniones de los hombres. Se propone que no oigamos la voz de Dios, que nos dice: "Este es el camino, andad por él". (Isaías 30:21) Valiéndose de perversos sistemas de educación hace cuanto puede por oscurecer la luz del cielo.

La especulación filosófica y la investigación científica que no reconocen a Dios están haciendo millares de escépticos. En las escuelas de hoy las conclusiones a las cuales llegaron hombres instruidos como resultado de sus investigaciones científicas se enseñan con empeño y se explican detenidamente, de modo que se implante bien clara la impresión de que si esos eruditos tienen razón, la Biblia no puede tenerla. El escepticismo atrae a la inteligencia humana. La juventud ve en él una independencia que cautiva la imaginación, y es víctima del engaño. Satanás triunfa. Nutre toda semilla de duda que sembró en los corazones jóvenes. La hace crecer y llevar fruto, y pronto se recoge una abundante cosecha de incredulidad.

Precisamente porque el corazón humano se inclina al mal resulta peligroso arrojar semillas de escepticismo en la inteligencia de los jóvenes. Todo lo que debilita la fe en Dios arrebata al alma el poder de resistir a la tentación. La despoja de su única salvaguardia contra el pecado. Necesitamos escuelas en que se enseñe a la juventud que la grandeza consiste en honrar a Dios manifestando su carácter en la vida diaria. Necesitamos aprender de Dios, por medio de su Palabra y sus obras, para que nuestra vida realice los designios divinos.

Los autores incrédulos

Muchos creen que para educarse es esencial que se estudien los escritos de autores incrédulos, porque dichas obras encierran muchas brillantes joyas del pensamiento. Pero, ¿quién fue el que creó estas joyas? Fue Dios, y sólo Dios. El es la fuente de toda luz. ¿Por qué habríamos de internarnos entonces en el fárrago de errores contenidos en las obras de los incrédulos en busca de unas cuantas verdades intelectuales, cuando toda la verdad está a nuestra disposición?

¿Cómo es que hombres en pugna con el gobierno de Dios llegan a poseer la sabiduría de que a veces hacen gala? Satanás mismo fue educado en las aulas celestiales, y conoce el bien y el mal. Mezcla lo precioso con lo vil, y esto le da poder para engañar. Pero porque Satanás se haya revestido de esplendor celestial,

¿le habremos de recibir como ángel de luz? El tentador tiene sus agentes, educados según sus métodos, inspirados por su espíritu e idóneos para su obra. ¿Cooperaremos nosotros con ellos? ¿Recibiremos las obras de sus agentes como esenciales para adquirir educación?

Si el tiempo y esfuerzo consagrados a sacar alguna que otra idea brillante de las enseñanzas de los incrédulos se dedicaran a estudiar las preciosas enseñanzas de la Palabra de Dios, millares que hoy se encuentran en tinieblas y en sombra de muerte se regocijarían en la gloria de la Luz de la vida.

Conocimientos históricos y teológicos

Como preparación para la obra cristiana muchos creen necesario adquirir extenso conocimiento de escritos históricos y teológicos. Se figuran que este conocimiento les ayudará a enseñar el Evangelio. Pero el estudio laborioso de las opiniones de los hombres tiende a debilitar su ministerio, más bien que a fortalecerlo. Cuando veo bibliotecas atestadas de enormes obras de erudición histórca y teológica, me pregunto: ¿Para qué gastar dinero en lo que no es pan? El capítulo 6 de Juan nos dice más de lo que podemos encontrar en semejantes obras. Dice Cristo: "Yo soy el pan de vida: el que a mí viene, nunca tendrá hambre; y el que en mí cree, no tendrá sed jamás". "Yo soy el pan vivo que he descendido del cielo: si alguno comiere de este pan, vivirá para siempre". "El que cree en mí, tiene vida eterna". "Las palabras que yo os he hablado son espíritu, y son vida". (Juan 6:35, 51, 47, 63.)

Hay un estudio histórico que no debe condenarse. La historia sagrada fue uno de los estudios que cursaban los alumnos de las escuelas de los profetas. En la crónica de su trato con las naciones se seguían las huellas de Jehová. Así también debemos considerar hoy la relación de Dios con las naciones de la tierra. Debemos ver en la historia el cumplimiento de la profecía, estudiar las obras de la Providencia en los grandes movimientos de reforma y comprender la marcha de los acontecimientos que movilizan a las naciones para el conflicto final de la gran controversia.

Semejante estudio suministrará ideas amplias y abarcantes de la vida. Nos ayudará a comprender algo de lo que se relaciona con ella y depende de ella. Nos enseñará cuán maravillosamente unidos estamos en la gran fraternidad de la sociedad y de las naciones, y hasta qué punto la opresión y la degradación de un solo miembro perjudica a todos.

Pero la historia, tal como suele estudiarse, se relaciona con las hazañas de los hombres, sus victorias guerreras y su éxito en alcanzar poder y grandeza. Pero se olvida la intervención de Dios en los asuntos de los hombres. Pocos estudian la realización del designio divino en el levantamiento y la decadencia de las naciones.

Hasta cierto punto, la teología también tal como se la estudia y enseña, no es más que especulación humana que "oscurece el consejo con palabras sin sabiduría". (Job 38:2.) Muchas veces el motivo para acumular tantos libros al respecto no es el deseo de obtener de ellos alimento para el espíritu y el alma, sino más bien la ambición de familiarizarse con filósofos y teólogos, el deseo de presentar el cristianismo al pueblo en formas y proposiciones cultas.

No todos los libros escritos pueden contribuir al propósito de una vida santa. "Aprended de mí —decía el gran Maestro—. Llevad mi yugo sobre vosotros; aprended mi mansedumbre y mi humildad". Vuestro orgullo intelectual no os ayudará a relacionaros con las almas que están pereciendo por falta del pan de vida. Al estudiar estos libros, permitís que reemplacen las lecciones prácticas que deberíais aprender de Cristo. Con los resultados de este estudio no se alimenta al pueblo. Muy pocas de las investigaciones que tanto fatigan la inteligencia proporcionan algo que le ayude a uno a trabajar con éxito en bien de las almas.

El Salvador vino "para dar buenas nuevas a los pobres". (Lucas 4:18.) En su enseñanza, hacía uso de los términos más sencillos y de los símbolos más claros. Y "los que eran del común del pueblo le oían de buena gana". (Marcos 12:37.) Los que hoy procuran hacer su obra para este tiempo necesitan una comprensión más profunda de las lecciones que él dio.

Las palabras del Dios vivo son lo más sublime de toda educación. Los que sirven al pueblo necesitan comer del pan de vida, que les dará fuerza espiritual y aptitud para servir a todas las clases de personas.

Los clásicos

En los colegios y universidades, millares de jóvenes dedican buena parte de los mejores años de su vida al estudio del griego y del latín. Y mientras que están empeñados en estos estudios, la mente y el carácter se amoldan a los malos sentimientos de la literatura pagana, cuya lectura se considera generalmente como parte esencial del estudio de dichos idiomas.

Los que se han familiarizado con los clásicos declaran que "las tragedias griegas están llenas de incestos, muertes y sacrificios humanos hechos a dioses sensuales y vengativos". Mucho mejor sería para el mundo que se prescindiera de la educación conseguida de semejantes fuentes. "¿Andará el hombre sobre las brasas, sin que sus pies se abrasen?" (Proverbios 6:28.) "¿Quién hará limpio de inmundo? Nadie". (Job 14:4.) ¿Podemos esperar entonces que la juventud desarrolle un carácter cristiano mientras que su educación se amolda a la enseñanza de los que desafiaron los principios de la ley de Dios?

Al prescindir de toda restricción y sumirse en diversiones temerarias, en disipaciones y vicios, los alumnos no hacen otra cosa que imitar lo que esos estudios les presentan. Hay carreras en que es necesario el conocimiento del griego y del latín. Algunos han de estudiar estos idiomas. Pero el conocimiento de ellos que resulta indispensable para los fines prácticos puede adquirirse sin estudiar una literatura corrompida y corruptora.

Muchos no necesitan conocer el griego ni el latín. El estudio de las lenguas muertas debería posponerse al de temas que enseñen el empleo correcto de todas las facultades del cuerpo y de la mente. Es locura que los estudiantes dediquen su tiempo al estudio de lenguas muertas, o a adquirir conocimiento de libros de cualquier ramo, en menoscabo de su preparación para las obligaciones prácticas de la vida.

¿Qué llevan consigo los estudiantes al salir de la escuela? ¿Adónde van? ¿Qué van a hacer? ¿Tienen el caudal de conocimientos necesario para enseñar a otros? ¿Han sido educados para ser buenos padres y madres de familia? ¿Pueden ponerse a la cabeza de una familia como maestros entendidos? La única educación digna de este nombre es la que induce a los jóvenes y a las jóvenes a ser como Cristo, la que los habilita para cargar con las responsabilidades de la vida y ser jefes de familia. Esta educación no se adquiere en el estudio de los clásicos paganos.

Muchas de las publicaciones populares del día están plagadas de episodios sensacionales y educan a la juventud en la perversidad, y la llevan por la senda de la perdición. Niños de tierna edad son viejos ya en el conocimiento del crimen. Los incitan al mal las narraciones que leen. Realizan en la imaginación las hazañas descritas en su lectura, hasta que llega a despertarse en ellos el ardiente deseo de delinquir y evitar el castigo.

Para la inteligencia activa de niños y jóvenes, las escenas escritas en fantásticas revelaciones del porvenir son realidades. Al predecirse revoluciones y describirse toda clase de procedimientos encaminados a acabar con las vallas de la ley y del dominio de sí mismo, muchos concluyen por adoptar el espíritu de estas representaciones. Son inducidos a cometer crímenes aun peores, si ello es posible, que los narrados tan vívidamente por los escritores. Con tales influencias la sociedad está en vías de desmoralizarse. Las semillas de la licencia son sembradas a manos llenas. Nadie debe sorprenderse de que de ello resulte tan abundante cosecha de crímenes.

Apenas en menor grado que las obras ya mencionadas, son una maldición para el lector las novelas y los cuentos frívolos y excitantes. Puede ser que el autor quiera enseñar en su obra alguna lección moral, y saturarla de sentimientos religiosos, pero muchas veces éstos sólo sirven para velar las locuras e indignidades del fondo.

El mundo está inundado de libros llenos de errores seductores. La juventud recibe como verdad lo que la Biblia denuncia como falsedad, y le gusta con pasión el engaño que arruina al alma.

Ciertas obras de imaginación fueron escritas con el objeto de enseñar la verdad o denunciar algún grave mal. Varias de estas obras han hecho algún bien. Sin embargo, han ocasionado un daño indecible. Contienen declaraciones y descripciones de estilo refinado que excitan la imaginación y despiertan toda una serie de pensamientos llenos de peligro, especialmente para la juventud. Las escenas en ellas descritas se reproducen una y muchas veces en el pensamiento del lector. Semejantes lecturas inutilizan la mente y la incapacitan para el ejercicio espiritual. Destruyen el interés por la Biblia. Las cosas del cielo ocupan entonces poco lugar en el pensamiento. Al detenerse éste en las escenas de impureza descritas, despiértase la pasión y el pecado es el resultado.

Aun las novelas que no contengan sugestiones impuras, o que estén destinadas a enseñar excelentes principios, son perjudiciales. Fomentan el hábito de la lectura rápida y superficial, sólo por el interés de la intriga. Tienden así a destruir la facultad de pensar con ilación y vigor; incapacitan al alma para examinar los grandes problemas del deber y del destino.

Al fomentar el amor a la mera diversión, la lectura de las obras de imaginación produce hastío de los deberes prácticos de la vida. Con su poder excitante y embriagador, son no pocas veces una causa de enfermedad mental y física. Más de un hogar miserable y descuidado, más de un inválido para toda la vida, más de un demente, llegaron a ser lo que son a causa de la lectura de novelas.

Los mitos y cuentos de hadas

Se insiste muchas veces en que para quitar a la juventud el gusto por la literatura pasional o indigna, debe proporcionársele una clase mejor de literatura de imaginación. Pero esto es como intentar curar a un borracho dándole, en vez de aguardiente, bebidas fermentadas más suaves, como vino, cerveza o sidra. El uso de estas bebidas fomentaría continuamente la sed de estimulantes más activos. La única seguridad para el borracho, y la única salvaguardia para el hombre templado, es la abstinencia total. Para el aficionado a las novelas rige la misma regla. La abstinencia total es su única seguridad.

En la educación de los niños y jóvenes, ocupan un sitio importante los cuentos de hadas, los mitos y las historias ficticias. En las escuelas se usan libros de tal carácter, y se los encuentra en muchos hogares. ¿Cómo pueden permitir los padres cristianos que sus hijos se nutran de libros tan llenos de mentiras? Cuando los niños preguntan el significado de cuentos tan contrarios a la enseñanza de sus padres, se les responde que dichos cuentos no son verdad; pero esta respuesta no elimina los malos resultados de tal lectura. Las ideas presentadas en estos libros extravían a los niños, les comunican opiniones erróneas acerca de la vida y fomentan en ellos el deseo de lo falso e ilusorio.

El uso tan general de semejantes libros en nuestros días es uno de los ardides de Satanás, quien procura desviar de la gran obra de la formación del carácter, la mente de viejos y jóvenes. Quiere que nuestros niños y jóvenes sean arrastrados por los engaños destructores de almas con que sigue llenando el mundo. Por esto procura apartar de la Palabra de Dios el espíritu de unos y otros e impedirles que conozcan las verdades que podrían servirles de salvaguardia.

Jamás deberían ponerse en las manos de niños y jóvenes libros que alteren la verdad. No permitamos que en el curso de su educación, nuestros hijos reciban ideas que resulten ser semilla de pecado. Si las personas de edad madura no leyeran tales libros, estarían ellas mismas en situación más segura, y con su buen ejemplo e influencia facilitarían la tarea de guardar de la tentación a la juventud.

Tenemos en abundancia lo real y divino. Los que tienen sed de conocimiento no necesitan acudir a fuentes corrompidas. Dice el Señor:

"Inclina tu oído, y oye las palabras de los sabios, y pon tu corazón a mi sabiduría,... para que tu confianza sea en Jehová, te las he hecho saber hoy a ti también". "¿No te he escrito tres veces en consejos y ciencia, para hacerte saber la certidumbre de las razones verdaderas, para que puedas responder razones de verdad a los que a ti enviaren?" "El estableció testimonio en Jacob, y puso ley en Israel; la cual mandó a nuestros padres que la notificasen a sus hijos". "Contando a la generación venidera las alabanzas de Jehová, y su fortaleza, y sus maravillas que hizo". "Para que lo sepa la generación venidera, y los hijos que nacerán; y los que se levantarán, lo cuenten a sus hijos; a fin de que pongan en Dios su confianza". "La bendición de Jehová es la que enriquece, y no añade tristeza con ella". (Proverbios 22:17-21; Salmo 78:5, 4, 6, 7; Proverbios 10:22.)

Así también presentó Cristo los principios de la verdad en el Evangelio. En su enseñanza podemos beber de las fuentes que manan del trono de Dios. Cristo hubiera podido comunicar a los hombres conocimientos que hubieran sobrepujado cualquier revelación anterior y dejado en segundo plano todo otro descubrimiento. Hubiera podido desentrañar misterio tras misterio, y concentrar alrededor de estas maravillosas revelaciones el pensamiento activo y serio de las generaciones sucesivas hasta el fin de los tiempos. Pero ni por un momento quiso dejar de enseñar la ciencia de la salvación. Apreció su tiempo, sus facultades y su vida y los empleó tan sólo como medios para realizar la salvación de los hombres. Vino a buscar y salvar lo perdido, y no quiso desviarse de su propósito ni permitió que cosa alguna le apartase de él.

Cristo comunicó únicamente el conocimiento que podía ser utilizado. Su instrucción se limitaba a lo que requería la condición de la gente en la vida práctica. No satisfacía la curiosidad que la inducía a dirigirle preguntas indiscretas. Aprovechaba más bien esas ocasiones para dirigir llamamientos solemnes, fervientes y vitales. A los que tenían ardientes deseos de coger frutos del árbol de la ciencia, les ofrecía el del árbol de la vida. Todos los caminos les estaban cerrados menos el que conduce a Dios. Toda fuente estaba sellada, menos la de la vida eterna.

Nuestro Salvador no alentaba a nadie a asistir a las escuelas rabínicas de su tiempo, para evitar que sus espíritus fuesen corrompidos por el estribillo: "Dicen", o "Se ha dicho". Entonces, ¿por qué aceptaríamos como suprema sabiduría las palabras inciertas de los hombres, cuando disponemos de una sabiduría mayor e infalible?

Lo que he visto de las cosas eternas y de la debilidad humana ha impresionado hondamente mi mente y ha influido en el trabajo de mi vida. No veo nada en que el hombre merezca alabanza ni gloria. No veo motivo de confianza ni de alabanza en las opiniones de los sabios de este mundo ni en las de los llamados grandes. ¿Cómo pueden los que carecen de iluminación divina formarse una idea exacta de los planes y caminos de Dios? O niegan a Dios e ignoran su existencia, o circunscriben su poder con sus mezquinos conceptos.

Prefiramos que nos enseñe Aquel que creó los cielos y la tierra, que ordenó las estrellas en el firmamento y señaló al sol y a la luna su obra respectiva.

Está bien que la juventud considere que debe alcanzar el más alto desarrollo de sus facultades intelectuales. No queremos poner límites a la educación que Dios ha hecho ilimitada. Pero de nada nos sirve lo que logramos si no lo empleamos para honra de Dios y beneficio de la humanidad.

No conviene atestar la mente con estudios que requieren intensa aplicación, pero no se utilizan en la práctica. Una educación tal resultará una pérdida para el estudiante, pues dichos estudios disminuyen el interés y la afición del joven por los que le prepararían para una vida provechosa y le harían capaz de llevar sus responsabilidades. Una educación práctica vale mucho más que cualquier acumulación de teorías. Ni siquiera basta adquirir conocimientos. Hemos de saber cómo aprovecharlos debidamente.

El tiempo, los recursos y el estudio que tantos invierten para adquirir una educación relativamente inútil, deberían dedicarse a obtener una preparación que los hiciera hombres y mujeres prácticos, capaces de llevar las responsabilidades de la vida. Semejante educación es en extremo valiosa.

Necesitamos conocimientos que robustezcan la mente y el alma, y nos hagan mejores hombres y mujeres. La educación del corazón es mucho más importante que lo aprendido de los libros. Es bueno, hasta esencial, poseer cierto conocimiento del mundo en que vivimos; pero si no tenemos en cuenta la eternidad, experimentaremos un fracaso del cual jamás nos repondremos.

El estudiante puede dedicar todas sus facultades a adquirir conocimientos; pero si no conoce a Dios ni obedece las leyes que gobiernan su propio ser, se destruirá. Los malos hábitos le hacen perder la facultad de apreciarse y gobernarse a sí mismo. No puede razonar correctamente acerca de asuntos del mayor interés para él. Es temerario y falto de criterio en el modo de tratar su mente y su cuerpo. Por haber desatendido el cultivo de los buenos principios, se arruina para este mundo y para el venidero.

Si la juventud se diera cuenta de su propia debilidad, encontraría su fuerza en Dios. Si permitiera que Dios le diese enseñanza, se haría sabia en la sabiduría divina, y su vida redundaría en bendiciones para el mundo. Pero si dedica su inteligencia al mero estudio mundano y especulativo, y así se separa de Dios, perderá cuanto enriquece la vida.

Importancia del Verdadero Conocimiento

NECESITAMOS comprender más claramente de lo que solemos las contingencias del gran conflicto en que estamos empeñados. Necesitamos comprender más ampliamente el valor de las verdades de la Palabra de Dios, y el peligro de consentir que el gran engañador aparte de ella nuestra mente.

El valor infinito del sacrificio requerido para nuestra redención pone de manifiesto que el pecado es un tremendo mal, que ha descompuesto todo el organismo humano, pervertido la mente y corrompido la imaginación. El pecado ha degradado las facultades del alma. Las tentaciones del exterior hallan eco en el corazón, y los pies se dirigen imperceptiblemente hacia el mal.

Así como el sacrificio en beneficio nuestro fue completo, también debe ser completa nuestra restauración de la corrupción del pecado. La ley de Dios no disculpará ningún acto de perversidad; ninguna injusticia escapará a su condenación. El sistema moral del Evangelio no reconoce otro ideal que el de la perfección del carácter divino. La vida de Cristo fue el perfecto cumplimiento de todo precepto de la ley. El dijo: "He guardado los mandamientos de mi Padre". Su vida es para nosotros un ejemplo de obediencia y servicio. Sólo Dios puede renovar el corazón. "Porque Dios es el que en vosotros obra así el querer como el hacer, por su buena voluntad". Pero nosotros tenemos que ocuparnos en nuestra salvación. (Juan 15:10; Filipenses 2:13, 12.)

La obra que requiere nuestro pensamiento

Los agravios no pueden repararse, ni tampoco pueden realizarse reformas en la conducta mediante unos cuantos esfuerzos débiles e intermitentes. La formación del carácter es tarea, no de un día ni de un año, sino de toda la vida. La batalla para vencerse a sí mismo, para lograr la santidad y el cielo, es una lucha de toda la vida. Sin continuo esfuerzo y constante actividad, no puede haber adelanto en la vida divina, ni puede obtenerse la corona de victoria.

La prueba más evidente de la caída del hombre de un estado superior es el hecho de que tanto cuesta volver a él. El camino de regreso se puede recorrer sólo mediante rudo batallar, hora tras hora, y adelantando paso a paso. En un momento, por una acción precipitada o por descuido, podemos ponernos bajo el poder del mal; pero se necesita más de un momento para romper los grillos y alcanzar una vida más santa. Bien puede formarse el propósito y empezar a realizarlo; pero su cumplimiento cabal requiere trabajo, tiempo, perseverancia, paciencia y sacrificio.

No debemos obrar impulsivamente. No podemos descuidarnos un solo momento. Asaltados por tentaciones sin cuento, debemos resistir con firmeza o ser vencidos. Si llegamos al fin de la vida sin haber concluido nuestra obra, la pérdida será eterna.

La vida del apóstol Pablo fue un constante conflicto consigo mismo. Dijo: "Cada día muero". (1 Corintios 15:31.) Su voluntad y sus deseos estaban en conflicto diario con su deber y con la voluntad de Dios. En vez de seguir su inclinación, hizo la voluntad de Dios, por mucho que tuviera que crucificar su naturaleza.

Al terminar su vida de conflicto, al mirar hacia atrás y ver los combates y triunfos de ella, pudo decir: "He peleado la buena batalla, he acabado la carrera, he guardado la fe. Por lo demás, me está guardada la corona de justicia, la cual me dará el Señor, juez justo, en aquel día". (2 Timoteo 4:7, 8.)

La vida cristiana es una batalla y una marcha. En esta guerra no hay descanso; el esfuerzo ha de ser continuo y perseverante. Sólo mediante un esfuerzo incansable podemos asegurarnos la victoria contra las tentaciones de Satanás. Debemos procurar la integridad cristiana con energía irresistible, y conservarla con propósito firme y resuelto.

Nadie llegará a las alturas sin esfuerzo perseverante en su propio beneficio. Todos deben empeñarse por sí mismos en esta guerra; nadie puede pelear por nosotros. Somos individualmente responsables del desenlace del combate; aunque Noé, Job y Daniel estuviesen en la tierra, no podrían salvar por su justicia a un hijo ni a una hija.

La ciencia que se ha de poseer

Hay una ciencia del cristianismo que debe ser conocida a fondo, y que es tanto más profunda, amplia y alta que cualquier ciencia humana cuanto son más altos los cielos que la tierra. La mente debe ser disciplinada, educada y formada, pues hemos de servir a Dios de un modo que no congenia con nuestras inclinaciones naturales. Hemos de vencer las tendencias al mal, que hemos heredado y cultivado. Muchas veces hay que prescindir por completo de la educación y la preparación de toda una vida para aprender en la escuela de Cristo. Nuestro corazón debe recibir educación para llegar a ser firme en Dios. Debemos contraer hábitos de pensar que nos capaciten para resistir a la tentación. Debemos aprender a mirar hacia arriba. Debemos comprender, en todo cuanto ellos atañen a nuestra vida diaria, los principios de la Palabra de Dios, que son tan elevados como el cielo y tan abarcantes como la eternidad. Cada acto, cada palabra y cada pensamiento deben concordar con esos principios. Todos deben ser puestos en armonía con Cristo y en sujeción a él.

Las preciosas gracias del Espíritu Santo no se desarrollan en un momento. El valor, la mansedumbre, la fe, la confianza inquebrantable en el poder de Dios para salvar, se adquieren por la experiencia de años. Los hijos de Dios han de sellar su destino mediante una vida de santo esfuerzo y de firme adhesión a lo justo.

No hay tiempo que perder

No tenemos tiempo que perder. No sabemos cuándo ha de terminar nuestro tiempo de prueba. A lo sumo, no podemos contar sino con una vida harto breve, y no sabemos cuándo la saeta de la muerte nos atravesará el corazón. Tampoco sabemos cuándo tendremos que desprendernos del mundo y de todos sus intereses. La eternidad se extiende ante nosotros. El velo está a punto de descorrerse. Unos pocos años más, y para cada uno de los que ahora se cuentan entre los vivos se dará el mandato:

"El que es injusto, sea injusto todavía;... y el que es justo, sea todavía justificado: y el santo sea santificado todavía". (Apocalipsis 22:11.)

¿Estamos preparados? ¿Conocemos a Dios, el Gobernador de los cielos, el Legislador, y a Jesucristo a quien envió al mundo como representante suyo? Cuando la obra de nuestra vida haya terminado ¿podremos decir, como dijo Cristo, nuestro ejemplo:

"Yo te he glorificado en la tierra: he acabado la obra que me diste que hiciese,... he manifestado tu nombre"? (Juan 17:4-6.)

Los ángeles de Dios procuran desprendernos de nosotros mismos y de las cosas de la tierra. No permitamos que trabajen en vano.

Las mentes entregadas a pensamientos licenciosos necesitan cambiar. "Por lo cual, teniendo los lomos de vuestro entendimiento ceñidos, con templanza, esperad perfectamente en la gracia que os es presentada cuando Jesucristo os es manifestado: como hijos obedientes, no conformándoos con los deseos que antes teníais estando en vuestra ignorancia; sino como aquel que os ha llamado es santo, sed también vosotros santos en toda conversación: porque escrito está: Sed santos, porque yo soy santo". (1 Pedro 1:13-16.)

Los pensamientos deben concentrarse en Dios. Debemos dedicar nuestro esfuerzo más enérgico a dominar las malas tendencias del corazón natural. Nuestros esfuerzos, nuestra abnegación y perseverancia deben corresponder al valor infinito del objeto que perseguimos. Sólo venciendo como Cristo venció podremos ganar la corona de vida.

La necesidad de abnegación

El gran peligro del hombre consiste en engañarse a sí mismo, en creerse suficiente de por sí y en apartarse de Dios, la fuente de su fuerza. Nuestras tendencias naturales, si no las enmienda el Espíritu Santo de Dios, encierran la semilla de la muerte moral. A no ser que nos unamos vitalmente con Dios, no podremos resistir los impíos efectos de la concupiscencia, del amor egoísta y de la tentación a pecar.

Para recibir ayuda de Cristo, debemos comprender nuestra necesidad. Debemos tener verdadero conocimiento de nosotros mismos. Sólo quien se reconoce pecador puede ser salvado por Cristo. Sólo cuando vemos nuestro desamparo absoluto y no confiamos ya en nosotros mismos, podemos asirnos del poder divino.

No es tan sólo al principio de la vida cristiana cuando debe hacerse esta renuncia a sí mismo. Hay que renovarla a cada paso que damos hacia el cielo. Todas nuestras buenas obras dependen de un poder externo a nosotros; por tanto, se necesita una continua aspiración del corazón a Dios, una constante y fervorosa confesión del pecado y una humillación del alma ante Dios. Nos rodean peligros, y no nos hallamos seguros sino cuando sentimos nuestra flaqueza y nos aferramos con fe a nuestro poderoso Libertador.

Debemos apartarnos de un sinnúmero de temas que llaman nuestra atención. Hay asuntos que consumen tiempo y despiertan deseos de saber, pero que acaban en la nada. Los más altos intereses requieren la estricta atención y energía que suelen dedicarse tantas veces a cosas relativamente insignificantes.

Cristo, fuente del conocimiento verdadero

De por sí, el aceptar nuevas teorías no infunde nueva vida al alma. Aun el conocimiento de hechos y teorías importantes en sí mismos resulta de escaso valor si no lo practicamos. Necesitamos sentir la responsabilidad de dar a nuestra alma el alimento que nutra y estimule la vida espiritual.

Esté "atento tu oído a la sabiduría; si inclinares tu corazón a la prudencia, si como a la plata la buscares, y la escudriñares como a tesoros; entonces entenderás el temor de Jehová, y hallarás el conocimiento de Dios... Entonces entenderás justicia, juicio, y equidad, y todo buen camino. Cuando la sabiduría entrare en tu corazón, y la ciencia fuere dulce a tu alma, el consejo te guardará, te preservará la inteligencia". La sabiduría, "es árbol de vida a los que de ella asen: y bienaventurados son los que la mantienen". (Proverbios 2:2-11; 3:18.)

La pregunta que debemos estudiar es: "¿Qué es la verdad; la verdad que hemos de estimar, amar, honrar y obedecer?" Los partidarios ardientes de la ciencia han quedado derrotados y descorazonados en sus esfuerzos por descubrir a Dios. Lo que necesitan investigar hoy día es: "Cuál es la verdad que nos capacitará para salvar nuestra alma?"

"¿Qué os parece del Cristo?", es la pregunta de importancia suprema. ¿Recibís al Cristo como Salvador personal? A todos los que le reciben les da facultad de ser hechos hijos de Dios.

Cristo reveló a Dios a sus discípulos de un modo que realizó en sus corazones una obra especial, tal como desea hacerla en nuestros corazones. Son muchos los que, espaciándose en teorías, han perdido de vista el poder vivo del ejemplo del Salvador. Han perdido de vista a Cristo como el que obra humilde y abnegadamente. Necesitan contemplar a Jesús. Día tras día necesitamos una nueva revelación de su presencia. Necesitamos seguir más de cerca su ejemplo de desprendimiento y sacrificio abnegado.

Necesitamos la experiencia que tenía San Pablo cuando escribió: "Con Cristo estoy juntamente crucificado, y vivo, no ya yo, mas vive Cristo en mí: y lo que ahora vivo en la carne, lo vivo en la fe del Hijo de Dios, el cual me amó, y se entregó a sí mismo por mí". (Gálatas 2:20.)

El conocimiento de Dios y de Jesucristo, expresado en el carácter, es una exaltación por encima de cualquier otra cosa que se estime en el cielo o en la tierra. Es la educación suprema. Es la llave que abre los pórticos de la ciudad celestial. Es designio de Dios que posean este conocimiento todos los que se revisten del Señor Jesucristo.

El Conocimiento Comunicado por la Palabra de Dios

L A BIBLIA entera es una revelación de la gloria de Dios en Cristo. Aceptada, creída y obedecida, constituye el gran instrumento para la transformación del carácter. Es el gran estímulo, la fuerza que constriñe, que vivifica las facultades físicas, mentales y espirituales y encauza debidamente la vida.

La razón por la cual jóvenes y aun los de edad madura, se ven tan fácilmente inducidos a la tentación y al pecado es porque no estudian la Palabra de Dios ni la meditan como debieran. La falta de fuerza de voluntad firme y resuelta, que se manifiesta en su vida y carácter resulta del descuido de la sagrada instrucción que da la

Palabra de Dios. No hacen esfuerzos verdaderos por dirigir la mente hacia lo que le inspiraría pensamientos puros y santos y la apartaría de lo impuro y falso. Son muy pocos los que escogen la mejor parte, los que se sientan a los pies de Jesús, como lo hizo María, para aprender del divino Maestro. Pocos son los que atesoran las palabras de Cristo en su corazón, y que las ponen en práctica en la vida.

Al ser recibidas, las verdades de la Biblia enaltecerán la mente y el alma. Si se apreciara debidamente la Palabra de Dios, jóvenes y ancianos poseerían una rectitud interior y una fuerza de principios que los capacitarían para resistir la tentación.

Enseñen y escriban los hombres las cosas preciosas de las Sagradas Escrituras. Dediquen el pensamiento, la aptitud y el ejercicio de un cerebro perspicaz al estudio de los pensamientos de Dios. Estudien, no la filosofía de las conjeturas humanas, sino la filosofía de Aquel que es la verdad. Ninguna otra literatura puede compararse con ésta en valor.

La mente terrenal no encuentra deleite en contemplar la Palabra de Dios; mas para la mente renovada por el Espíritu Santo la belleza divina y la luz celestial irradian de las páginas sagradas. Lo que para la mente terrenal era desierto desolado, es para la mente espiritual tierra de corrientes de agua viva.

El conocimiento de Dios tal como está revelado en su Palabra es el conocimiento que debemos impartir a nuestros niños. Desde el momento en que despunta en ellos la razón, deben familiarizarse con el nombre y la vida de Jesús. Sus primeras leccio-

nes deben enseñarles que Dios es su Padre. Su primera educación debe ser la de una obediencia amante. Léaseles y repítaseles con reverencia y ternura la Palabra de Dios, en trozos apropiados a su comprensión y capaces de despertar su interés. Y sobre todo, hágaseles conocer el amor de Dios manifestado en Cristo, y la lección que de él se desprende:

"Si Dios así nos ha amado, debemos también nosotros amarnos unos a otros". (1 Juan 4:11.)

Aprenda la juventud a hacer de la Palabra de Dios el alimento de su mente y alma. Hágase de la cruz de Cristo la ciencia de toda educación, el centro de toda enseñanza y estudio. Entre en la experiencia diaria de la vida práctica. Así el Salvador vendrá a ser para el joven, su compañero y amigo de cada día. Todo pensamiento será llevado cautivo a la obediencia de Cristo. Con el apóstol Pablo podrá decir entonces el joven:

"Lejos esté de mí gloriarme, sino en la cruz de nuestro Señor Jesucristo, por el cual el mundo me es crucificado a mí, y yo al mundo". (Gálatas 6:14.)

Así por medio de la fe el joven llega a conocer a Dios mediante el conocimiento experimental. Probó por sí mismo la realidad de la Palabra de Dios, la verdad de sus promesas. Gustó, y vio que el Señor es bueno.

El amado Juan poseía el conocimiento adquirido por medio de su propia experiencia. Pudo decir:

"Lo que era desde el principio, lo que hemos oído, lo que hemos visto con nuestros ojos, lo que hemos mirado, y palparon nuestras manos tocante al Verbo de vida (porque la Vida fue manifestada, y vimos, y testificamos, y os anunciamos aquella vida eterna, la cual estaba con el Padre, y nos ha aparecido); lo que hemos visto y oído, eso os anunciamos, para que también vosotros tengáis comunión con nosotros: y nuestra comunión verdaderamente es con el Padre, y con su Hijo Jesucristo". (1 Juan 1:1-3.)

Así cada uno puede, por su propia experiencia, afirmar "que Dios es verdadero". (Juan 3:33.) Puede dar testimonio de lo que él mismo ha visto, oído y sentido del poder de Cristo. Puede atestiguar:

"Necesitaba ayuda, y la encontré en Jesús. Toda falta fue suplida, el hambre de mi alma quedó satisfecha; la Biblia es para mí la revelación de Cristo. Creo en Jesús porque él es para mí el Salvador divino. Creo en la Biblia porque he encontrado que es la voz de Dios que habla a mi alma".

El que ha adquirido el conocimiento de Dios y de su Palabra mediante la experiencia personal está preparado para emprender el estudio de las ciencias naturales. De Cristo está escrito: "En él estaba la vida, y la vida era la luz de los hombres". (Juan 1:4.) Antes de caer en pecado, Adán y Eva en el Edén estaban envueltos en clara y hermosa luz, la luz de Dios, que iluminaba todo aquello a lo cual se acercaban. Nada oscurecía su percepción del carácter o de las obras de Dios. Pero cuando cedieron al tentador, la luz se apartó de ellos. Al perder las prendas de santidad, perdieron la luz que hasta entonces había iluminado la naturaleza, y ya no podían leer en ésta con provecho. Ya no podían discernir el carácter de Dios en sus obras. Así también hoy el hombre por sí mismo es incapaz de

leer debidamente las enseñanzas de la naturaleza. Si no lo guía la sabiduría divina, el hombre exalta la naturaleza y sus leyes y las sobrepone al Dios de la naturaleza. Por esto las meras ideas humanas respecto de la ciencia están tan a menudo en contradicción con la enseñanza de la Palabra de Dios. Mas para los que reciben la luz de la vida de Cristo, la naturaleza vuelve a iluminarse. En la luz que brilla desde la cruz podemos interpretar acertadamente la enseñanza de la naturaleza.

Quien conoce a Dios y su Palabra mediante la experiencia personal tiene fe arraigada en la divinidad de las Sagradas Escrituras. Ha comprobado que la Palabra de Dios es verdad, y sabe que la verdad no puede contradecirse nunca. No aquilata la Biblia por las ideas que los hombres tienen de la ciencia, sino que somete más bien estas ideas a la prueba de la autoridad infalible. Sabe que en la ciencia verdadera no puede haber nada contrario a la enseñanza de la Palabra; puesto que ambas proceden del mismo Autor, la verdadera comprensión de ambas demostrará que hay armonía entre ellas. Todo lo que en la llamada enseñanza científica contradiga al testimonio de la Palabra de Dios no es más que suposición humana.

A quien así estudie, la investigación científica le abrirá dilatados campos de pensamiento y de información. Al contemplar las cosas de la naturaleza obtendrá una nueva percepción de la verdad. El libro de la naturaleza y la Palabra escrita se iluminan recíprocamente. Ambos hacen que el estudiante conozca mejor a Dios al instruirle acerca del carácter de él y acerca de las leyes por medio de las cuales obra.

La experiencia del salmista es la que todos pueden adquirir al recibir la Palabra de Dios por medio de la naturaleza y de la revelación. Dice:

"Por cuanto me has alegrado, oh Jehová, con tus obras; en las obras de tus manos me gozo".

"Jehová, hasta los cielos es tu misericordia; tu verdad hasta las nubes. Tu justicia como los montes de Dios, tus juicios abismo grande... ¡Cuán ilustre, oh Dios, es tu misericordia!... Los hijos de los hombres se amparan bajo la sombra de tus alas... Y tú los abrevarás del torrente de tus delicias. Porque contigo está el manantial de la vida: en tu luz veremos la luz".

"Bienaventurados los perfectos de camino; los que andan en la ley de Jehová. Bienaventurados los que guardan sus testimonios, y con todo el corazón le buscan".

"¿Con qué limpiará el joven su camino? Con guardar tu palabra". "Escogí el camino de la verdad; he puesto tus juicios delante de mí".

"En mi corazón he guardado tus dichos, para no pecar contra ti". "Y andaré en anchura, porque busqué tus mandamientos". "Abre mis ojos, y miraré las maravillas de tu ley". "Tus testimonios son mis deleites, y mis consejeros". "Mejor me es la ley de tu boca, que millares de oro y plata". "¡Cuánto amo yo tu ley! todo el día es ella mi meditación". "Maravillosos son tus testimonios: por tanto los ha guardado mi alma". "Cánticos me fueron tus estatutos en la mansión de mis peregrinaciones". "Sumamente acendrada es tu palabra; y la ama tu siervo". "El principio de tus palabras

alumbra; y eterno es todo juicio de tu justicia". "Viva mi alma y alábete; y tus juicios me ayuden". "Mucha paz tienen los que aman tu ley; y no hay para ellos tropiezo. Tu salud he esperado, oh Jehová; y tus mandamientos he puesto por obra. Mi alma ha guardado tus testimonios, y helos amado en gran manera".

"El principio de tus palabras alumbra; hace entender a los simples". "Me has hecho más sabio que mis enemigos con tus mandamientos; porque me son eternos. Más que todos mis enseñadores he entendido: porque tus testimonios son mi meditación. Más que los viejos he entendido, porque he guardado tus mandamientos". "De tus mandamientos he adquirido inteligencia: por tanto he aborrecido todo camino de mentira". "Por heredad he tomado tus testimonios para siempre; porque son el gozo de mi corazón". (Salmos 92:4; 36:5-9; 119:1, 2, 9, 30, 11, 45, 18, 24, 72, 97, 129, 54, 140, 160, 175, 165-167, 130, 98-100, 104, 111.)

Revelaciones más claras de Dios

Es nuestro privilegio elevarnos más y más en busca de revelaciones más claras del carácter de Dios. Cuando Moisés oró diciendo: "Ruégote que me muestres tu gloria", el Señor no le desatendió, sino que le concedió lo que le pedía. Dios declaró a su siervo: "Yo haré pasar todo mi bien delante de tu rostro, y proclamaré el nombre de Jehová delante de ti". (Exodo 33:18, 19.)

El pecado entenebrece nuestras mentes y ofusca nuestras percepciones. Cuando el pecado es eliminado de nuestro corazón, la luz del conocimiento de la gloria de Dios en la faz de Jesucristo, que ilumina su Palabra y es reflejada por la naturaleza, declarará en forma más y más cabal que Dios es "misericordioso, y piadoso; tardo para la ira, y grande en benignidad y verdad". (Exodo 34:6.)

En su luz veremos luz, hasta que la mente, el corazón y el alma estén transformados a la imagen de su santidad.

Para quienes así se afirman en las divinas seguridades de la Palabra de Dios, hay maravillosas posibilidades. Ante ellos se extienden vastos campos de verdad, vastos recursos de poder. Cosas gloriosas serán reveladas. Se les manifestarán privilegios y deberes que no sospechaban en la Biblia. Cuantos anden por el sendero de la humilde obediencia, cumpliendo el propósito de Dios, sabrán más y más de los oráculos divinos.

Tome el estudiante la Biblia por su guía, permanezca firme en los principios, y entonces podrá aspirar a alcanzar cualquier altura. Todas las filosofías de la naturaleza humana han venido a parar en confusión y vergüenza, siempre que no han reconocido a Dios como el todo en todo. Pero la preciosa fe inspirada por Dios comunica fuerza y nobleza de carácter. Al espaciarse en su bondad, su misericordia y su amor, la percepción de la verdad será cada vez más clara; el deseo de la pureza de corazón y de la claridad de pensamiento será también más elevado y santo. Al morar el alma en la atmósfera pura del pensamiento santo, se transforma por su comunión con Dios mediante el estudio de su Palabra. La verdad es tan amplia, de tanto alcance, tan profunda y tan ancha, que el hombre se anonada. El corazón se enternece y se rinde a la humildad, la bondad y el amor.

Las facultades naturales también se amplían como resultado de la santa obediencia. Por el estudio de la Palabra de vida los que a él se dedican verán sus mentes dilatarse, elevarse y ennoblecerse. Si, a semejanza de Daniel, son oidores y hacedores de la Palabra de Dios, adelantarán como él adelantó en todos los ramos del saber. Siendo de limpio entendimiento, llegarán a ser hombres de vigorosa inteligencia. Todas las facultades intelectuales se avivarán. Podrán educarse y disciplinarse de tal manera, que cuantos entren en la esfera de su influencia verán lo que puede ser y hacer el hombre cuando se relaciona con el Dios de sabiduría y poder.

La educación de la vida eterna

Nuestro trabajo en esta vida es una preparación para la vida eterna. La educación empezada aquí no se completará en esta vida, sino que ha de continuar por toda la eternidad, progresando siempre, nunca completa. La sabiduría y el amor de Dios en el plan de la redención se nos revelarán más y más cabalmente. El Salvador, al llevar a sus hijos a las fuentes de aguas vivas, les concederá ricos caudales de conocimiento. Y día tras día las maravillosas obras de Dios, las pruebas de su poder en la creación y el sostenimiento del universo, se manifestarán a la mente en nueva belleza. A la luz que resplandece del trono, desaparecerán los misterios, y el alma se llenará de admiración ante la sencillez de las cosas que nunca antes comprendiera.

Ahora vemos por espejo, oscuramente; mas entonces veremos cara a cara; ahora conocemos en parte; mas entonces conoceremos como somos conocidos.

Ayuda en la Vida Cotidiana

HAY en la vida tranquila y consecuente de un cristiano puro y verdadero una elocuencia mucho más poderosa que la de las palabras. Lo que un hombre es tiene más influencia que lo que dice.

Los emisarios enviados a Jesús volvieron diciendo que nadie había hablado antes como él. Pero esto se debía a que jamás hombre alguno había vivido como él. De haber sido su vida diferente de lo que fue, no hubiera hablado como habló. Sus palabras llevaban consigo un poder que convencía porque procedían de un corazón puro y santo, lleno de amor y simpatía, de benevolencia y de verdad.

Nuestro carácter y experiencia determinan nuestra influencia en los demás. Para convencer a otros del poder de la gracia de Cristo, tenemos que conocer ese poder en nuestro corazón y nuestra vida. El Evangelio que presentamos para la salvación de las almas debe ser el Evangelio que salva nuestra propia alma. Sólo mediante una fe viva en Cristo como Salvador personal nos resulta posible hacer sentir nuestra influencia en un mundo escéptico. Si queremos sacar pecadores de la corriente impetuosa, nuestros pies deben estar afirmados en la Roca: Cristo Jesús.

El símbolo del cristianismo no es una señal exterior, ni tampoco una cruz o una corona que se llevan puestas, sino que es aquello que revela la unión del hombre con Dios. Por el poder de la gracia divina manifestada en la transformación del carácter, el mundo ha de convencerse de que

Dios envió a su Hijo para que fuese su Redentor. Ninguna otra influencia que pueda rodear al alma humana ejerce tanto poder sobre ella como la de una vida abnegada. El argumento más poderoso en favor del Evangelio es un cristiano amante y amable.

La disciplina de las pruebas

Llevar una vida tal, ejercer semejante influencia, cuesta a cada paso esfuerzo, sacrificio de sí mismo y disciplina. Muchos, por no comprender esto, se desalientan fácilmente en la vida cristiana. Muchos que consagran sinceramente su vida al servicio de Dios, se chasquean y sorprenden al verse como nunca antes frente a obstáculos, y asediados por pruebas y perplejidades. Piden en oración un carácter semejante al de Cristo y aptitudes para la obra del Señor, y luego se hallan en circunstancias que parecen exponer todo el mal de su naturaleza. Se revelan entonces defectos cuya existencia no sospechaban. Como el antiguo Israel, se preguntan: "Si Dios es el que nos guía, ¿por qué nos sobrevienen todas estas cosas?"

Les acontecen porque Dios los conduce. Las pruebas y los obstáculos son los métodos de disciplina que el Señor escoge, y las condiciones que señala para el éxito. El que lee en los corazones de los hombres conoce sus caracteres mejor que ellos mismos. El ve que algunos tienen facultades y aptitudes que, bien dirigidas, pueden ser aprovechadas en el adelanto de la obra de Dios. Su providencia los coloca en diferentes situaciones y variadas circunstancias para que descubran en su carácter los defectos que permanecían ocultos a su conocimiento. Les da oportunidad para enmendar estos defectos y prepararse para servirle. Muchas veces permite que el fuego de la aflicción los alcance para purificarlos.

El hecho de que somos llamados a soportar pruebas demuestra que el Señor Jesús ve en nosotros algo precioso que quiere desarrollar. Si no viera en nosotros nada con que glorificar su nombre, no perdería tiempo en refinarnos. No echa piedras inútiles en su hornillo. Lo que él refina es mineral precioso. El herrero coloca el hierro y el acero en el fuego para saber de qué clase son. El Señor permite que sus escogidos pasen por el horno de la aflicción para probar su carácter y saber si pueden ser amoldados para su obra.

El alfarero toma arcilla, y la modela según su voluntad. La amasa y la trabaja. La despedaza y la vuelve a amasar. La humedece, y luego la seca. La deja después descansar por algún tiempo sin tocarla. Cuando ya está bien maleable, reanuda su trabajo para hacer de ella una vasija. Le da forma, la compone y la alisa en el torno. La pone a secar al sol y la

cuece en el horno. Así llega a ser una vasija útil. Así también el gran Artífice desea amoldarnos y formarnos. Y así como la arcilla está en manos del alfarero, nosotros también estamos en las manos divinas. No debemos intentar hacer la obra del alfarero. Sólo nos corresponde someternos a que el divino Artífice nos forme.

"Carísimos, no os maravilléis cuando sois examinados por fuego, lo cual se hace para vuestra prueba, como si alguna cosa peregrina os aconteciese; antes bien gozaos en que sois participantes de las aflicciones de Cristo; para que también en la revelación de su gloria os gocéis en triunfo". (1 Pedro 4:12, 13.)

En la plena luz del día, y al oír la música de otras voces, el pájaro enjaulado no cantará lo que su amo procure enseñarle. Aprende un poquito de esto, un trino de aquello, pero nunca una melodía entera y definida. Cubre el amo la jaula, y la pone donde el pájaro no oiga más que el canto que ha de aprender. En la oscuridad lo ensaya y vuelve a ensayar hasta que lo sabe, y prorrumpe en perfecta melodía. Después el pájaro es sacado de la oscuridad, y en lo sucesivo cantará aquel mismo canto en plena luz. Así trata Dios a sus hijos. Tiene un canto que enseñarnos, y cuando lo hayamos aprendido entre las sombras de la aflicción, podremos cantarlo perpetuamente.

Muchos están descontentos de su vocación. Tal vez no congenien con lo que los rodea. Puede ser que algún trabajo vulgar consuma su tiempo mientras se creen capaces de más altas responsabilidades; muchas veces les parece que sus esfuerzos no son apreciados o que son estériles e incierto su porvenir.

Recordemos que aun cuando el trabajo que nos toque hacer no sea tal vez el de nuestra elección, debemos aceptarlo como escogido por Dios para nosotros. Gústenos o no, hemos de cumplir el deber que más a mano tenemos. "Todo lo que te viniere a la mano para hacer, hazlo según tus fuerzas; porque en el sepulcro, adonde tú vas, no hay obra, ni industria, ni ciencia ni sabiduría". (Eclesiastés 9:10.)

Si el Señor desea que llevemos un mensaje a Nínive, no le agradará que vayamos a Jope o a Capernaúm. Razones tiene para enviarnos al punto hacia donde han sido encaminados nuestros pies. Allí mismo puede estar alguien que necesite la ayuda que podemos darle. El que mandó a Felipe al eunuco etíope; que envió a Pedro al centurión romano; y la pequeña israelita en auxilio de Naamán, el capitán sirio, también envía hoy, como representantes suyos, a hombres, mujeres y jóvenes, para que vayan a los que necesitan ayuda y dirección divinas.

Los planes de Dios son los mejores

Nuestros planes no son siempre los de Dios. Puede suceder que él vea que lo mejor para nosotros y para su causa consiste en desechar nuestras mejores intenciones, como en el caso de David. Pero podemos estar seguros de que bendecirá y empleará en el adelanto de su causa a quienes se dediquen sinceramente, con todo lo que tienen, a la gloria de Dios. Si él ve que es mejor no acceder a los deseos de sus siervos, compensará su negativa concediéndoles señales de su amor y encomendándoles otro servicio.

En su amante cuidado e interés por nosotros, muchas veces Aquel que nos comprende mejor de lo que nos comprendemos a nosotros mismos, se niega a permitirnos que procuremos con egoísmo la satisfacción de nuestra ambición. No permite que pasemos por alto los deberes sencillos pero sagrados que tenemos más a mano. Muchas veces estos deberes entrañan la verdadera preparación indispensable para una obra superior. Muchas veces nuestros planes fracasan para que los de Dios respecto a nosotros tengan éxito.

Nunca se nos exige que hagamos un verdadero sacrificio por Dios. Nos pide él que le cedamos muchas cosas; pero al hacerlo no nos despojamos más que de lo que nos impide avanzar hacia el cielo. Aun cuando nos invita a renunciar a cosas que en sí mismas son buenas, podemos estar seguros de que Dios nos prepara algún bien superior.

En la vida futura, se aclararán los misterios que aquí nos han preocupado y chasqueado. Veremos que las oraciones que nos parecían desatendidas y las esperanzas defraudadas figuraron entre nuestras mayores bendiciones.

Debemos considerar todo deber, por muy humilde que sea, como sagrado por ser parte del servicio de Dios. Nuestra oración cotidiana debería ser: "Señor, ayúdame a hacer lo mejor que pueda. Enséñame a hacer mejor mi trabajo. Dame energía y alegría. Ayúdame a compartir en mi servicio el amante ministerio del Salvador".

Una lección sacada de la vida de Moisés

Considerad lo que ocurrió a Moisés. La educación que había recibido en Egipto como nieto del rey y presunto heredero del trono, fue muy completa. Nada fue descuidado de lo que se pensaba que podía hacerle sabio, según entendían los egipcios la sabiduría. Recibió un adiestramiento civil y militar de orden superior. Se sintió completamente preparado para la obra de libertar a Israel de la esclavitud. Pero Dios no lo vio así. Su providencia señaló a Moisés un período de cuarenta años de preparación en el desierto como pastor de ovejas.

La educación que Moisés recibiera en Egipto le ayudó en muchos aspectos; pero la preparación más provechosa para su misión fue la que recibió mientras apacentaba el ganado. Moisés era de carácter impetuoso. En Egipto, en su calidad de afortunado caudillo militar y favorito del rey y de la nación, se había acostumbrado a recibir alabanza y adulación. Se había granjeado la simpatía del pueblo. Esperaba llevar a cabo con sus propias fuerzas la obra de libertar a Israel. Muy diferentes fueron las lecciones que hubo de aprender como representante de Dios. Al conducir sus ganados por los montes desiertos y por los verdes pastos de los valles, aprendió a tener fe, mansedumbre, paciencia, humildad y a olvidarse de sí mismo. Aprendió a cuidar a seres débiles y enfermos, a salir en busca de los descarriados, a ser paciente con los revoltosos, a proteger los corderos y a nutrir los miembros del rebaño ya viejos y enclenques.

En esta labor Moisés se fue acercando al supremo Pastor. Llegó a unirse estrechamente con el Santo de Israel. Ya no se proponía hacer una gran obra. Procuraba hacer fielmente y como para Dios la tarea que le estaba encomendada. Reconocía la presencia de Dios en todo cuanto le rodeaba. La naturaleza entera le hablaba del Invisible. Conocía a Dios como Dios personal, y al meditar en su carácter se compenetraba cada vez más del sentido de su presencia. Hallaba refugio en los brazos del Eterno.

Habiendo experimentado todo esto, Moisés oyó la invitación del Cielo a cambiar el cayado del pastor por la vara de mando; a dejar su rebaño de ovejas para encargarse de la dirección de Israel. El mandato divino le encontró desconfiado de sí mismo, torpe de palabra y tímido. Le abrumaba el sentimiento de su incapacidad para ser portavoz de Dios. Pero, poniendo toda su confianza en el Señor, aceptó la obra. La grandeza de su misión puso en ejercicio las mejores facultades de su espíritu. Dios bendijo su pronta obediencia, y Moisés llegó a ser elocuente y dueño de sí mismo, se llenó de esperanza y fue capacitado para la mayor obra que fuera encomendada jamás a hombre alguno.

De él fue escrito: "Y nunca más se levantó profeta en Israel como Moisés, a quien haya conocido Jehová cara a cara". (Deuteronomio 34:10.)

Quienes piensan que su trabajo no es apreciado y ansían un puesto de mayor responsabilidad, deben considerar que "ni de oriente, ni de occidente, ni del desierto viene el ensalzamiento. Mas Dios es el juez: a éste abate, y a aquél ensalza". (Salmo 75:6, 7.) Todo hombre tiene su lugar en el eterno plan del Cielo. El que lo ocupemos depende de nuestra fidelidad en colaborar con Dios. Necesitamos desconfiar de la compasión propia. Jamás os permitáis sentir que no se os aprecia debidamente ni se tienen en cuenta vuestros esfuerzos, o que vuestro trabajo es demasiado difícil. Toda murmuración sea acallada por el recuerdo de lo que Cristo sufrió por nosotros. Recibimos mejor trato que el que recibió nuestro Señor. "¿Y tú buscas para ti grandezas? No busques". (Jeremías 45:5.) El Señor no tiene lugar en su obra para los que sienten mayor deseo de ganar la corona que de llevar la cruz. Necesita hombres que piensen más en cumplir su deber que en recibir la recompensa; hombres más solícitos por los principios que por su propio progreso.

Los que son humildes y desempeñan su trabajo como para Dios, no aparentan quizás tanto como los presuntuosos y bulliciosos; pero su obra es más valiosa. Muchas veces los jactanciosos llaman la atención sobre sí mismos, y se interponen entre el pueblo y Dios, pero su obra fracasa. "Sabiduría ante todo: adquiere sabiduría: y ante toda tu posesión adquiere inteligencia. Engrandécela, y ella te engrandecerá: ella te honrará, cuando tú la hubieres abrazado". (Proverbios 4:7, 8.)

Por no haberse resuelto a reformarse, muchos se obstinan en una conducta errónea. Pero no debe ser así. Pueden cultivar sus facultades para prestar el mejor servicio, y

entonces siempre se les pedirá su cooperación. Se les apreciará en un todo por lo que valgan.

Si hay quienes tengan aptitud para un puesto superior, el Señor se lo hará sentir, y no sólo a ellos, sino a los que los hayan probado y, conociendo su mérito, puedan alentarlos comprensivamente a seguir adelante. Los que cumplen día tras día la obra que les fue encomendada, serán los que oirán en el momento señalado por Dios su invitación: "Sube más arriba".

Mientras los pastores velaban sobre sus rebaños en los collados de Belén, ángeles del cielo los visitaron. También hoy, mientras el humilde obrero de Dios desempeña su labor, ángeles de Dios están a su lado, escuchando sus palabras, observando cómo trabaja, para ver si se le pueden encomendar mayores responsabilidades.

No estima Dios a los hombres por su fortuna, su educación o su posición social. Los aprecia por la pureza de sus móviles y la belleza de su carácter. Se fija en qué medida poseen el Espíritu Santo, y en el grado de semejanza de su vida con la divina. Ser grande en el reino de Dios es ser como un niño en humildad, en fe sencilla y en pureza de amor.

"Sabéis —dijo Cristo— que los príncipes de los Gentiles se enseñorean sobre ellos, y los que son grandes ejercen sobre ellos potestad. Mas entre vosotros no será así; sino el que quisiere entre vosotros hacerse grande, será vuestro servidor." (Mateo 20:25, 26.)

Planes para el futuro

De todos los dones que el Cielo pueda conceder a los hombres, la comunión con Cristo en sus padecimientos es el mayor cometido y el más alto honor. Ni Enoc, el que fue trasladado al cielo, ni Elías, el que ascendió en un carro de fuego, fueron mayores o más honrados que Juan el Bautista, que murió en la soledad de un calabozo. "A vosotros es concedido por Cristo, no sólo que creáis en él, sino también que padezcáis por él. (Filipenses 1:29.)

Muchos son incapaces de idear planes definidos para lo porvenir. Su vida es inestable. No pueden entrever el desenlace de los asuntos, y esto los llena a menudo de ansiedad e inquietud. Recordemos que la vida de los hijos de Dios en este mundo es vida de peregrino. No tenemos sabiduría para planear nuestra vida. No nos incumbe amoldar lo futuro en nuestra existencia. "Por la fe Abraham, siendo llamado, obedeció para salir al lugar que había de recibir por heredad; y salió sin saber dónde iba". (Hebreos 11:8.)

Cristo, en su vida terrenal, no se trazó planes personales. Aceptó los planes de Dios para él, y día tras día el Padre se los revelaba. Así deberíamos nosotros también depender de Dios, para que nuestras vidas fueran sencillamente el desenvolvimiento de su voluntad. A medida que le encomendemos nuestros caminos, él dirigirá nuestros pasos.

La paga

Son muchos los que, al idear planes para un brillante porvenir, fracasan completamente. Dejad que Dios haga planes para vosotros. Como niños, confiad en la dirección de Aquel que "guarda los pies de sus santos". (1 Samuel 2:9.) Dios no guía jamás a sus hijos de otro modo que el que ellos mismos escogerían, si pudieran ver el fin desde el principio y discernir la gloria del designio que cumplen como colaboradores con Dios.

Cuando Cristo llamó a sus discípulos para que le siguieran, no les ofreció lisonjeras perspectivas para esta vida. No les prometió ganancias ni honores mundanos, ni tampoco demandaron ellos paga alguna por sus servicios. A Mateo, sentado en la receptoría de impuestos, le dijo: "Sígueme. Y dejadas todas las cosas, levantándose, le siguió". (Lucas 5: 27, 28.) Mateo, antes de prestar servicio alguno, no pensó en exigir paga igual a la que cobrara en su profesión. Sin vacilar ni hacer una sola pregunta, siguió a Jesús. Le bastaba saber que estaría con el Salvador, oiría sus palabras y estaría unido con él en su obra.

Otro tanto había sucedido con los discípulos llamados anteriormente. Cuando Jesús invitó a Pedro y a sus compañeros a que le siguieran, en el acto dejaron todos ellos sus barcos y sus redes. Algunos de estos discípulos tenían deudos a quienes mantener; pero cuando oyeron la invitación del Salvador, sin vacilación ni reparo acerca de la vida material propia y de sus familias, obedecieron al llamamiento. Cuando, en una ocasión ulterior, Jesús les preguntó: "Cuando os envié sin bolsa, y sin alforja, y sin zapatos, ¿os faltó algo?", contestaron: "Nada". (Lucas 22:35.)

El Salvador nos llama hoy a su obra, como llamó a Mateo, a Juan y a Pedro. Si su amor mueve nuestro corazón, el asunto de la compensación no será el que predomine en nuestro ánimo. Nos gozaremos en ser colaboradores con Cristo, y sin temor nos confiaremos a su cuidado. Si hacemos de Dios nuestra fuerza, tendremos claras percepciones de nuestro deber y aspiraciones altruistas; el móvil de nuestra vida será un propósito noble que nos elevará por encima de toda preocupación sórdida.

Dios proveerá

Muchos de los que profesan seguir a Cristo se sienten angustiados, porque temen confiarse a Dios. No se han entregado por completo a él, y retroceden ante las consecuencias que semejante entrega podría implicar. Pero a menos que se entreguen así a Dios no podrán hallar paz.

Muchos son aquellos cuyo corazón gime bajo el peso de los cuidados porque procuran alcanzar la norma del mundo. Escogieron servir a éste, aceptaron sus perplejidades y adoptaron sus costumbres. Así se corrompió su carácter, y la vida se les tornó en cansancio. La congoja constante consume sus fuerzas vitales. Nuestro Señor desea que depongan este yugo de servidumbre. Los invita a aceptar su yugo y les dice: "Mi yugo es fácil, y ligera mi carga". (Mateo 11:30.) La congoja es ciega y no puede discernir lo porvenir; pero Jesús ve el fin desde el principio. En toda dificultad ha dispuesto un medio de proporcionar alivio. "No quitará el bien a los que en integridad andan". (Salmo 84:11.)

Para proveernos lo necesario, nuestro Padre celestial tiene mil maneras de las cuales nada sabemos. Los que aceptan el principio sencillo de hacer del servicio de Dios el asunto supremo, verán desvanecerse sus perplejidades y extenderse ante sus pies un camino despejado.

El fiel cumplimiento de los deberes de hoy es la mejor preparación para las pruebas de mañana. No amontonemos las eventualidades y los cuidados de mañana para añadirlos a la carga de hoy. "Basta al día su afán". (Mateo 6:34.)

El desaliento es pecaminoso

Tengamos confianza y seamos valientes. El desaliento en el servicio de Dios es pecaminoso e irrazonable. Dios conoce todas nuestras necesidades. A la omnipotencia del Rey de reyes, el Dios que guarda el pacto con nosotros añade la dulzura y el solícito cuidado del tierno pastor. Su poder es absoluto, y es garantía del seguro cumplimiento de sus promesas para todos los que en él confían. Tiene medios de apartar toda dificultad, para que sean confortados los que le sirven y respetan los medios que él emplea. Su amor supera todo otro amor, como el cielo excede en altura a la tierra. Vela por sus hijos con un amor inconmensurable y eterno.

En los días aciagos, cuando todo parece conjurarse contra nosotros, tengamos fe en Dios, quien lleva adelante sus designios y hace bien todas las cosas en favor de su pueblo. La fuerza de los que le aman y le sirven será renovada día tras día.

Dios puede y quiere conceder a sus siervos toda la ayuda que necesiten.

Les dará la sabiduría que requieren sus varias necesidades.

El experimentado apóstol Pablo dijo: "Y me ha dicho: Bástate mi gracia; porque mi potencia en la flaqueza se perfecciona. Por tanto, de buena gana me gloriaré más bien en mis flaquezas, porque habite en mí la potencia de Cristo. Por lo cual me gozo en las flaquezas, en afrentas, en necesidades, en persecuciones, en angustias por Cristo; porque cuando soy flaco, entonces soy poderoso". (2 Corintios 12:9, 10.)

En el Trato con los Demás

TODA asociación en la vida requiere el ejercicio del dominio propio, la tolerancia y la simpatía. Diferimos tanto en disposición, hábitos y educación, que nuestra manera de ver las cosas varía mucho. Juzgamos de modos distintos. Nuestra comprensión de la verdad, nuestras ideas acerca del comportamiento en la vida, no son idénticas en todo respecto. No hay dos personas cuyas experiencias sean iguales en todo detalle. Las pruebas de uno no son las de otro. Los deberes que a uno le parecen fáciles, son para otro en extremo difíciles y le dejan perplejo.

Tan frágil, tan ignorante, tan propensa a equivocarse es la naturaleza humana, que cada cual debe ser prudente al valorar a su prójimo. Poco sabemos de la influencia de nuestros actos en la experiencia de los demás. Lo que hacemos o decimos puede parecernos de poca monta, cuando, si pudiéramos abrir los ojos, veríamos que de ello dependen importantísimos resultados para el bien o el mal.

Miramiento por quienes llevan cargas

Muchos son los que han llevado tan pocas cargas, y cuyo corazón ha experimentado tan poca angustia verdadera, y ha sentido tan poca congoja por el prójimo, que no pueden comprender lo que es llevar cargas. No son más capaces de apreciar las de quien las lleva que lo es el niño de comprender el cuidado y el duro trabajo de su recargado padre. El niño extraña los temores y las perplejidades de su padre. Le parecen inútiles. Pero cuando su experiencia aumente con los años y le toque llevar su propia carga, entonces echará una mirada retrospectiva sobre la vida de su padre, y comprenderá lo que anteriormente le parecía tan incomprensible. La amarga experiencia le dará conocimiento.

No se comprende la pesada labor de muchos ni se aprecian debidamente sus trabajos hasta después de su muerte. Cuando otros asumen las cargas que el extinto dejó, y tropiezan con las dificultades que él arrostró, entonces comprenden hasta qué punto fueron probados su valor y su fe. Muchas veces, ya no ven entonces las faltas que tanto se apresuraban a censurar. La experiencia les enseña a tener simpatía. Dios permite que los hombres ocupen puestos de responsabilidad. Cuando se equivocan, tiene poder para corregirlos o para deponerlos. Cuidémonos de no juzgar, porque es obra que pertenece a Dios.

La conducta de David para con Saúl encierra una lección. Por mandato de Dios Saúl fue ungido rey de Israel. Por causa de su desobediencia, el Señor declaró que el reino le sería quitado; y no obstante, ¡cuán cariñosa, cortés y prudente fue la conducta de David para con él! Al procurar quitarle la vida a David, Saúl se trasladó al desierto, y, sin saberlo, penetró en la misma cueva en que David y sus guerreros estaban escondidos. "Entonces los de David le dijeron: He aquí el día de que te ha dicho Jehová:... Entrego tu enemigo en tus

manos, y harás con él como te pareciere... Y dijo a los suyos: Jehová me guarde de hacer tal cosa contra mi señor, el ungido de Jehová, que yo extienda mi mano contra él; porque es el ungido de Jehová". (1 Samuel 24:5, 7.) El Salvador nos dice: "No juzguéis, para que no seáis juzgados. Porque con el juicio con que juzgáis, seréis juzgados; y con la medida con que medís, os volverán a medir". (Mateo 7: 1, 2.) Acordaos de que pronto el curso de vuestra vida será revisado ante Dios. Recordad también que él dijo: "Eres inexcusable, oh hombre, cualquiera que juzgas,... porque lo mismo haces, tú que juzgas". (Romanos 2:1.)

No nos conviene dejarnos llevar del enojo con motivo de algún agravio real o supuesto que se nos haya hecho. El enemigo a quien más hemos de temer es el yo. Ninguna forma de vicio es tan funesta para el carácter como la pasión humana no refrenada por el Espíritu Santo. Ninguna victoria que podamos ganar es tan preciosa como la victoria sobre nosotros mismos.

Paciencia en las pruebas

No debemos permitir que nuestros sentimientos sean quisquillosos. Hemos de vivir, no para proteger nuestros sentimientos o nuestra reputación, sino para salvar almas. Conforme nos interesemos en la salvación de las almas, dejaremos de notar las leves diferencias que suelen surgir en nuestro trato con los demás. Piensen o hagan ellos lo que quieran con respecto a nosotros, nada debe turbar nuestra unión con Cristo, nuestra comunión con el Espíritu

Santo. "¿Qué gloria es, si pecando vosotros sois abofeteados, y lo sufrís? Mas si haciendo bien sois afligidos, y lo sufrís, esto ciertamente es agradable delante de Dios". (1 Pedro 2:20.)

No os desquitéis. En cuanto os sea posible, quitad toda causa de falsa aprensión. Evitad la apariencia del mal. Haced cuanto podáis, sin sacrificar los principios cristianos, para conciliaros con los demás. "Si trajeres tu presente al altar, y allí te acordares de que tu hermano tiene algo contra ti, deja allí tu presente delante del altar, y vete, vuelve primero en amistad con tu hermano, y entonces ven y ofrece tu presente". (Mateo 5:23, 24.)

Si os dicen palabras violentas, no repliquéis jamás con el mismo espíritu. Recordad que "la blanda respuesta quita la ira". (Proverbios 15:1.) Y hay un poder maravilloso en el silencio. A veces las palabras que se le dicen al que está enfadado no sirven sino para exasperarlo. Pero pronto se desvanece el enojo contestado con el silencio, con espíritu cariñoso y paciente.

Bajo la granizada de palabras punzantes de acre censura, mantened vuestro espíritu firme en la Palabra de Dios. Atesoren vuestro espíritu y vuestro corazón las promesas de Dios. Si se os trata mal o si se os censura sin motivo, en vez de replicar con enojo, repetíos las preciosas promesas:

"No seas vencido de lo malo; mas vence con el bien el mal". (Romanos 12:21.)

"Encomienda a Jehová tu camino, y espera en él; y él hará. Y exhibirá tu justicia como la luz, y tus derechos como el mediodía". (Salmo 37:5, 6.)

"Nada hay encubierto, que no haya de ser descubierto; ni oculto, que no haya de ser sabido". (Lucas 12:2.)

"Hombres hiciste subir sobre nuestra cabeza; entramos en fuego y en aguas, y sacástenos a hartura". (Salmo 66:12.)

Propendemos a buscar simpatía y aliento en nuestro prójimo, en vez de mirar a Jesús. En su misericordia y fidelidad, Dios permite muchas veces que aquellos en quienes ponemos nuestra confianza nos chasqueen, para que aprendamos cuán vano es confiar en el hombre y hacer de la carne nuestro brazo. Confiemos completa, humilde y abnegadamente en Dios. El conoce las tristezas que sentimos en las profundidades de nuestro ser y que no podemos expresar. Cuando todo parezca oscuro e inexplicable, recordemos las palabras de Cristo: "Lo que yo hago, tú no entiendes ahora; mas lo entenderás después". (Juan 13:7.)

Estudiad la historia de José y de Daniel. El Señor no impidió las intrigas de los hombres que procuraban hacerles daño; pero hizo redundar todos aquellos ardides en beneficio de sus siervos que en medio de la prueba y del conflicto conservaron su fe y lealtad.

Mientras permanezcamos en el mundo, tendremos que arrostrar influencias adversas. Habrá provocaciones que probarán nuestro temple, y si las arrostramos con buen espíritu desarrollaremos las virtudes cristianas. Si Cristo vive en nosotros, seremos sufridos, bondadosos y prudentes, alegres en medio de los enojos e irritaciones. Día tras día y año tras año iremos venciéndonos, hasta llegar al noble heroísmo. Esta es la tarea que se nos ha señalado; pero no se puede llevar a cabo sin la ayuda de Jesús, sin ánimo resuelto, sin propósito firme, sin continua vigilancia y oración. Cada cual tiene su propia lucha. Ni siquiera Dios puede ennoblecer nuestro carácter ni hacer útiles nuestras vidas a menos que lleguemos a ser sus colaboradores. Los que huyen del combate pierden la fuerza y el gozo de la victoria.

No necesitamos llevar cuenta de las pruebas, dificultades, pesares y tristezas, porque están consignados en los libros, y no los olvidará el Cielo. Mientras rememoramos las cosas desagradables, se escapan de la memoria muchas que son agradables, tales como la bondad misericordiosa con que Dios nos rodea a cada momento, y el amor que admira a los ángeles, el que le impulsó a dar a su Hijo para que muriese por nosotros. Si al trabajar para Cristo creéis haber experimentado mayores pruebas y cuidados que las que afligieron a otros, recordad que gozaréis de una paz desconocida de quienes rehuyeron esas cargas. Hay consuelo y gozo en el servicio de Cristo. Demostrad al mundo que la vida de Cristo no es fracaso.

Si no os sentís de buen ánimo y alegres, no habléis de ello. No arrojéis sombra sobre la vida de los demás. Una religión fría y desolada no atrae nunca almas a Cristo. Las aparta de él para empujarlas a las redes que Satanás tendió ante los pies de los descarriados. En vez de pensar en vuestros desalientos, pensad en el poder a que podéis aspirar en el nombre de Cristo. Aférrese vuestra imaginación a las cosas invisibles. Dirigid vuestros pensamientos hacia las manifestaciones evidentes del gran amor de Dios por vosotros. La fe puede sobrellevar la prueba, resistir a la tentación y mantenerse firme ante los desengaños. Jesús vive y es nuestro abogado. Todo lo que su mediación nos asegura es nuestro.

¿No creéis que Cristo aprecia a los que viven enteramente para él? ¿No pensáis que visita a los que, como el amado Juan en el destierro, se encuentran por su causa en situaciones difíciles? Dios no consentirá en que sea dejado solo uno de sus fieles obreros, para que luche con gran desventaja y sea vencido. El guarda como preciosa joya a todo aquel cuya vida está escondida con Cristo en él. De cada uno de ellos dice: "Ponerte he como anillo de sellar: porque yo te escogí". (Haggeo 2:23.)

Hablad por tanto de las promesas; hablad de la buena voluntad de Jesús para bendecir. No nos olvida ni un solo instante. Cuando, a pesar de circunstancias desagradables, sigamos confiados en su amor y unidos íntimamente con él, el sentimiento de su presencia nos inspirará un gozo profundo y tranquilo. Acerca de sí mismo Cristo dijo: "Nada hago de mí mismo; mas como el Padre me enseñó, esto hablo. Porque el que me envió, conmigo está; no me ha dejado solo el Padre; porque yo, lo que a él agrada, hago siempre". (Juan 8:28, 29.)

La presencia del Padre rodeaba a Cristo, y nada le sucedía que Dios en su infinito amor no permitiera para bendición del mundo. Esto era fuente de consuelo para Cristo, y lo es también para nosotros. El que está lleno del espíritu de Cristo vive en Cristo.

Lo que le suceda viene del Salvador, que le rodea con su presencia. Nada podrá tocarle sin permiso del Señor. Todos nuestros padecimientos y tristezas, todas nuestras tentaciones y pruebas, todas nuestras pesadumbres y congojas, todas nuestras privaciones y persecuciones, todo, en una palabra, contribuye a nuestro bien. Todos los acontecimientos y circunstancias obran con Dios para nuestro bien.

Si comprendemos la longanimidad de Dios para con nosotros, nunca juzgaremos ni acusaremos a nadie. Cuando Cristo vivía en la tierra, ¡cuán sorprendidos hubieran quedado quienes con él vivían, si, después de haberle conocido, le hubieran oído decir una palabra de acusación, de censura o de inpaciencia! No olvidemos nunca que los que le aman deben imitar su carácter.

"Amándoos los unos a los otros con caridad fraternal; previniéndoos con honra los unos a los otros". "No volviendo mal por mal, ni maldición por maldición, sino antes por el contrario, bendiciendo; sabiendo que vosotros sois llamados para que poseáis bendición en herencia". (Romanos 12:10; 1 Pedro 3:9.)

El Señor Jesús nos pide que reconozcamos los derechos de cada ser humano. Hemos de considerar los derechos sociales de los hombres y sus derechos como cristianos. A todos debemos tratar con amenidad y delicadeza, como hijos e hijas de Dios.

El cristianismo hará de todo hombre un cumplido caballero. Cristo fue cortés aun con sus perseguidores; y sus discípulos verdaderos manifestarán el mismo espíritu. Mirad a Pablo cuando compareció ante los magistrados. Su discurso ante Agripa es dechado de verdadera cortesía y de persuasiva elocuencia. El Evangelio no fomenta la cortesía formalista, tan corriente en el mundo, sino la cortesía que brota de la verdadera bondad del corazón.

El cultivo más esmerado del decoro externo no basta para acabar con el enojo, el juicio implacable y la palabra inconveniente. El verdadero refinamiento no traslucirá mientras se siga considerando al yo como objeto supremo. El amor debe residir en el corazón. Un cristiano cabal funda sus motivos de acción en el amor profundo que tiene por el Maestro. De las raíces de su amor a Cristo brota un interés abnegado por sus hermanos. El amor comunica al que lo posee gracia, decoro y gentileza en el modo de portarse. Ilumina el rostro y modula la voz; refina y eleva al ser entero.

La vida no consiste principalmente en grandes sacrificios ni en maravillosas hazañas, sino en cosas menudas, que parecen insignificantes y sin embargo suelen ser causa de mucho bien o mucho mal en nuestras vidas. Por nuestro fracaso en soportar las pruebas que nos sobrevengan en las cosas menudas, es como se contraen hábitos que deforman el carácter, y cuando sobrevienen las grandes pruebas nos encuentran desapercibidos. Sólo obrando de acuerdo con los buenos principios en las pruebas de la vida diaria, podremos adquirir poder para permanecer firmes y fieles en situaciones más peligrosas y difíciles.

Nunca estamos solos. Sea que le escojamos o no, tenemos siempre a Uno por compañero. Recordemos que doquiera estemos, hagamos lo que hagamos, Dios está siempre presente. Nada de lo que se diga, se haga o se piense puede escapar a su atención. Para cada palabra o acción tenemos un testigo, el Santo Dios, que aborrece el pecado. Recordémoslo siempre antes de hablar o de realizar un acto cualquiera. Como cristianos, somos miembros de la familia real, hijos del Rey celestial. No digás una palabra ni hagáis cosa alguna que afrente "el buen nombre que fue invocado sobre vosotros". (Santiago 2:7.)

Estudiad atentamente el carácter divino-humano, y preguntaos siempre: "¿Qué haría Jesús si estuviera en mi lugar?" Tal debiera ser la norma de vuestro deber. No frecuentéis innecesariamente la sociedad de quienes debilitarían por sus artificios vuestro propósito de hacer el bien, o mancharían vuestra conciencia. No hagáis entre extraños, en la calle o en casa, lo que tenga la menor apariencia de mal. Haced algo cada día para mejorar, embellecer y ennoblecer la vida que Cristo compró con su sangre.

Obrad siempre movidos por buenos principios y nunca por impulso. Moderad la impetuosidad natural de vuestro ser con mansedumbre y dulzura. No déis lugar a la liviandad ni a la frivolidad. No broten chistes vulgares de vuestros labios, ni siquiera deis rienda suelta a vuestros pensamientos. Deben ser contenidos y sometidos a la obediencia de Cristo. Consagradlos siempre a cosas santas. De este modo, mediante la gracia de Cristo, serán puros y sinceros.

Debemos sentir siempre el poder ennoblecedor de los pensamientos puros. La única seguridad para el alma consiste en pensar bien, pues acerca del hombre se nos dice: "Cual es su pensamiento en su alma, tal es él". (Proverbios 23:7.) El poder del dominio propio se acrecienta con el ejercicio. Lo que al principio parece difícil, se vuelve fácil con la práctica, hasta que los buenos pensamientos y acciones llegan a ser habituales. Si queremos, podemos apartarnos de todo lo vulgar y degradante y elevarnos hasta un alto nivel, donde gozaremos del respeto de los hombres y del amor de Dios.

Hablemos bien de los demás

Practicad el hábito de hablar bien de los demás. Pensad en las buenas cualidades de aquellos a quienes tratáis, y fijaos lo menos posible en sus faltas y errores. Cuando sintáis la tentación de lamentar lo que alguien haya dicho o hecho, alabad algo de su vida y carácter. Cultivad el agradecimiento. Alabad a Dios por su amor admirable de haber dado a Cristo para que muriera por nosotros. Nada sacamos con pensar en nuestros agravios. Dios nos invita a meditar en su misericordia y amor incomparables, para que seamos movidos a alabarle.

Los que trabajan fervorosamente no tienen tiempo para fijarse en las faltas ajenas. No podemos vivir de las cáscaras de las faltas o errores de los demás. Hablar mal es una maldición doble, que recae más pesadamente sobre el que habla que sobre el que oye. El que esparce las semillas de la disensión y la discordia cosecha en su propia alma los frutos mortíferos. El mero hecho de buscar algo malo en otros desarrolla el mal en los que lo buscan. Al espaciarnos en los defectos de los demás nos transformamos a la imagen de ellos. Por el contrario, mirando a Jesús, hablando de su amor y de la perfección de su carácter, nos transformamos a su imagen. Mediante la contemplación del elevado ideal que él puso ante nosotros, nos elevaremos a una atmósfera pura y santa, hasta la presencia de Dios. Cuando permanecemos en ella brota de nosotros una luz que irradia sobre cuantos se relacionan con nosotros.

En vez de criticar y condenar a los demás, decid: "Tengo que consumar mi propia salvación. Si coopero con el que quiere salvar mi alma, debo vigilarme a mí mismo con diligencia. Debo eliminar de mi vida todo mal. Debo vencer todo defecto. Debo ser una nueva criatura en Cristo. Entonces, en vez de debilitar a los que luchan contra el mal, podré fortalecerlos con palabras de aliento". Somos por demás indiferentes unos con otros. Demasiadas veces olvidamos que nuestros compañeros de trabajo necesitan fuerza y estímulo. No dejemos de reiterarles el interés y la simpatía que por ellos sentimos. Ayudémosles con nuestras oraciones y dejémosles saber que así obramos.

No todos los que dicen trabajar por Cristo son discípulos verdaderos. Entre los que llevan su nombre y se llaman sus obreros, hay quienes no le representan por su carácter. No se rigen por los principios de su Maestro. A menudo ocasionan perplejidad y desaliento a sus compañeros de trabajo, jóvenes aún en experiencia cristiana; pero no hay por qué dejarse extraviar. Cristo nos dio un ejemplo perfecto. Nos manda que le sigamos.

Hasta la consumación de los siglos habrá cizaña entre el trigo. Cuando los siervos del padre de familia, en su celo por la honra de él, le pidieron permiso para arrancar la cizaña, él les dijo: "No; porque cogiendo la cizaña, no arranquéis también con ella el trigo. Dejad crecer juntamente lo uno y lo otro hasta la siega". (Mateo 13:29, 30.)

En su misericordia y longanimidad, Dios tiene paciencia con el impío, y aun con el de falso corazón. Entre los apóstoles escogidos por el Cristo, estaba Judas el traidor. ¿Deberá ser causa de sorpresa o de desaliento el que haya hoy hipócritas entre los obreros de Cristo? Si Aquel que lee en los corazones pudo soportar al que, como él sabía, iba a entregarle, ¡con cuánta paciencia deberemos nosotros también soportar a los que yerran!

Seamos como Jesús

Y no todos, ni aun entre los que parecen ser los que más yerran, son como Judas. El impetuoso Pedro, tan violento y seguro de sí mismo, aparentaba a menudo ser inferior a Judas. El Salvador le reprendió más veces que al traidor. Pero ¡qué vida de servicio y sacrificio fue la suya! ¡Cómo atestigua el poder de la gracia de Dios! Hasta donde podamos, debemos ser para los demás lo que fue Jesús para sus discípulos mientras andaba y discurría con ellos en la tierra.

Consideraos misioneros, ante todo entre vuestros compañeros de trabajo. Cuesta a menudo mucho tiempo y trabajo ganar un alma para Cristo. Y cuando un alma deja el pecado para aceptar la justicia, hay gozo entre los ángeles. ¿Pensáis que a los diligentes espíritus que velan por estas almas les agrada la indiferencia con que las tratan quienes aseveran ser cristianos? Si Jesús nos tratara como nosotros nos tratamos muchas veces unos a otros, ¿quién de nosotros podría salvarse? Recordad que no podéis leer en los corazones. No conocéis los motivos que inspiran los actos que os parecen malos. Son muchos los que no recibieron buena educación; sus caracteres están deformados; son toscos y duros y parecen del todo tortuosos. Pero la gracia de Cristo puede transformarlos. No los deséchéis ni los arrastréis al desaliento ni a la desesperación, diciéndoles: "Me habéis engañado y ya no procuraré ayudaros". Unas cuantas palabras, dichas con la viveza inspirada por la provocación, y que consideramos merecidas, pueden romper los lazos de influencia que debieran unir su corazón con el nuestro.

La vida consecuente, la sufrida prudencia, el ánimo impasible bajo la provocación, son siempre los argumentos más decisivos y los más solemnes llamamientos. Si habéis tenido oportunidades y ventajas que otros no tuvieron, tenedlo bien en cuenta, y sed siempre maestros sabios, esmerados y benévolos.

Para que el sello deje en la cera una impresión clara y destacada, no lo aplicáis precipitadamente y con violencia, sino que con mucho cuidado lo ponéis sobre la cera blanda, y pausadamente y con firmeza lo oprimís hasta que la cera se endurece. Así también tratad con las almas humanas. El secreto del éxito que tiene la

influencia cristiana consiste en que ella es ejercida de continuo, y ello depende de la firmeza con que manifestéis el carácter de Cristo. Ayudad a los que han errado, hablándoles de lo que habéis experimentado. Mostradles cómo, cuando cometisteis vosotros también faltas graves, la paciencia, la bondad y la ayuda de vuestros compañeros de trabajo os infundieron aliento y esperanza.

Hasta el día del juicio no conoceréis la influencia de un trato bondadoso y respetuoso para con el débil, el falto de corazón y el indigno. Cuando tropezamos con la ingratitud y la traición de los cometidos sagrados, nos sentimos impulsados a manifestar desprecio e indignación. Esto es lo que espera el culpable, y se prepara para ello. Pero la prudencia bondadosa le sorprende, y suele despertar sus mejores impulsos y el deseo de llevar una vida más noble.

"Hermanos, si alguno fuere tomado en alguna falta, vosotros que sois espirituales, restaurad al tal con el espíritu de mansedumbre; considerándote a ti mismo, porque tú no seas también tentado. Sobrellevad los unos las cargas de los otros; y cumplid así la ley de Cristo". (Gálatas 6:1, 2.)

Todos los que profesan ser hijos de Dios deben recordar que, como misioneros, tendrán que tratar con toda clase de personas: refinadas y toscas, humildes y soberbias, religiosas y escépticas, educadas e ignorantes, ricas y pobres. No es posible tratar a todas estas mentalidades del mismo modo; y no obstante, todas necesitan bondad y simpatía. Mediante el trato mutuo, nuestro intelecto debe recibir pulimento y refinamiento. Dependemos unos de otros, unidos como estamos por los vínculos de la fraternidad humana.

"Habiéndonos formado el cielo para que dependiéramos unos de otros, el amo, el siervo o el amigo, uno a otro le piden ayuda, hasta que la flaqueza de uno venga a ser la fuerza de todos".

Por medio de las relaciones sociales el cristianismo se revela al mundo. Todo hombre y mujer que ha recibido la divina iluminación debe arrojar luz sobre el tenebroso sendero de aquellos que no conocen el mejor camino. La influencia social, santificada por el Espíritu de Cristo, debe servir para llevar almas al Salvador. Cristo no debe permanecer oculto en el corazón como tesoro codiciado, sagrado y dulce, para que de él solo goce su dueño. Cristo debe ser en nosotros una fuente de agua que brote para vida eterna y refrigere a todos los que se relacionen con nosotros.

Desarrollo y Servicio

L A VIDA cristiana es más de lo que muchos se la representan. No consiste toda ella en dulzura, paciencia, mansedumbre y benevolencia. Estas virtudes son esenciales; pero también se necesita valor, fuerza, energía y perseverancia. La senda que Cristo señala es estrecha y requiere abnegación. Para internarse en ella e ir al encuentro de dificultades y desalientos, se requieren hombres y no seres débiles.

La fuerza de carácter

Se necesitan hombres firmes que no esperen a que el camino se les allane y quede despejado de todo obstáculo, hombres que inspiren nuevo celo a los débiles esfuerzos de los desalentados obreros, hombres cuyos corazones irradien el calor del amor cristiano, y cuyas manos tengan fuerza para desempeñar la obra del Maestro.

Algunos de los que se ocupan en el servicio misionero son débiles, sin nervios ni espíritu, y se desalientan por cualquier cosa. Carecen de impulso y de los rasgos positivos de carácter que dan fuerza para hacer algo; les falta el espíritu y la energía que encienden el entusiasmo. Los que anhelen éxito deben ser animosos y optimistas. Deben cultivar no sólo las virtudes pasivas, sino también las activas. Han de dar la blanda respuesta que aplaca la ira, pero también han de tener valor heroico para resistir al mal. Con la caridad que todo lo soporta, necesitan la fuerza de carácter que hará de su influencia un poder positivo.

Algunos no tienen firmeza de carácter. Sus planes y propósitos carecen de forma definida y de consistencia. De poco sirven en el mundo. Esta flaqueza, indecisión e ineficacia deben vencerse. Hay en el verdadero carácter cristiano algo indómito que no pueden sojuzgar las circunstancias adversas. Debemos tener enjundia moral, una rectitud inaccesible al temor, al soborno y a la adulación.

Dios desea que aprovechemos toda oportunidad de prepararnos para su obra. Espera que dediquemos todas nuestras energías a realizar dicha obra, y que mantengamos nuestros corazones susceptibles a su carácter tan sagrado y a sus temibles responsabilidades.

Muchos que son aptos para hacer una obra excelente logran muy poco porque a poco aspiran. Miles de cristianos pasan la vida como si no tuvieran un gran fin que perseguir, ni un alto ideal que alcanzar. Una causa de ello es lo poco en que se estiman. Cristo dio un precio infinito por nosotros, y quiere que estimemos nuestro propio valor en conformidad con dicho precio.

No os deis por satisfechos con alcanzar un bajo nivel. No somos lo que podríamos ser, ni lo que Dios quiere que seamos. Dios no nos ha dado las facultades racionales para que permanezcan ociosas, ni para que las pervirtamos en la persecución de fines terrenales y mezquinos, sino para que sean desarrolladas hasta lo sumo, refinadas, ennoblecidas y empleadas en hacer progresar los intereses de su reino.

Nadie debe consentir en ser mera máquina, accionada por la inteligencia de otro hombre. Dios nos ha dado capacidad para pensar y obrar, y actuando con cuidado, buscando en Dios nuestra sabiduría, llegaremos a estar en condición de llevar nuestras cargas. Obrad con la personalidad que Dios os ha dado. No seáis la sombra de otra persona. Contad con que el Señor obrará en vosotros, con vosotros y por medio de vosotros.

No penséis nunca que ya habéis aprendido bastante, y que podéis cejar en vuestros esfuerzos. La mente cultivada es la medida del hombre. Vuestra educación debe proseguir durante toda la vida; cada día debéis aprender algo y poner en práctica el conocimiento adquirido.

Recordad que en cualquier puesto en que sirváis, reveláis qué móvil os inspira y desarrolláis vuestro carácter. Cuanto hagáis, hacedlo con exactitud y diligencia; dominad la inclinación a buscar tareas fáciles.

El mismo espíritu y los mismos principios en que uno se inspira en el trabajo diario compenetrarán toda la vida. Los que buscan una tarea fija y un salario determinado, y desean dar pruebas de aptitud sin tomarse la molestia de adaptarse o de prepararse, no son los hombres a quienes Dios llama para trabajar en su causa. Los que procuran dar lo menos posible de sus facultades físicas, mentales y morales, no son los obreros a quienes Dios puede bendecir abundantemente. Su ejemplo es contagioso.

Los mueve el interés personal. Los que necesitan que se les vigile, y sólo trabajan cuando se les señala una tarea bien definida, no serán declarados buenos y fieles obreros. Se necesitan hombres de energía, integridad y diligencia; que estén dispuestos a hacer cuanto deba hacerse.

Muchos se inutilizan porque, temiendo fracasar, huyen de las responsabilidades. Dejan así de adquirir la educación que es fruto de la experiencia, y que no les pueden dar la lectura y el estudio ni todas las demás ventajas adquiridas de otros modos.

El hombre puede moldear las circunstancias, pero nunca debe permitir que ellas le amolden a él. Debemos valernos de las circunstancias como de instrumentos para obrar. Debemos dominarlas, y no consentir en que nos dominen.

Los hombres fuertes son los que han sufrido oposición y contradicción. Por el hecho de que ponen en juego sus energías, los obstáculos con que tropiezan les resultan bendiciones positivas. Llegan a valerse por sí mismos. Los conflictos y las perplejidades invitan a confiar en Dios, y determinan la firmeza que desarrolla el poder.

Cristo no prestó un servicio limitado. No midió su obra por horas. Dedicó su tiempo, su corazón, su alma y su fuerza a trabajar en beneficio de la humanidad. Pasó días de rudo trabajo y noches enteras pidiendo a Dios gracia y fuerza para realizar una obra mayor. Con clamores y lágrimas rogó al Cielo que fortaleciese su naturaleza humana para hacer frente al astuto adversario en todas sus obras de decepción, y que le sostuviese para el cumplimiento de su misión de enaltecer a la humanidad. A sus obreros les dice: "Ejemplo os he dado, para que como yo os he hecho, vosotros también hagáis". (Juan 13:15.)

"El amor de Cristo —dijo Pablo— nos constriñe". (2 Corintios 5:4.) Tal era el principio que inspiraba la conducta de Pablo; era su móvil. Si alguna vez su ardor menguaba por un momento en la senda del deber, una mirada a la cruz le hacía ceñirse nuevamente los lomos del entendimiento y avanzar en el camino del desprendimiento. En sus trabajos por sus hermanos fiaba mucho en la manifestación de amor infinito en el sacrificio de Cristo, con su poder que domina y constriñe.

Cuán fervoroso y conmovedor llamamiento expresa cuando dice: "Ya sabéis la gracia de nuestro Señor Jesucristo, que por amor de vosotros se hizo pobre, siendo rico; para que vosotros con su pobreza fueseis enriquecidos". (2 Corintios 8:9.) Ya sabéis desde cuán alto se rebajó, ya conocéis la profundidad de la humillación a la cual descendió. Sus pies se internaron en el camino del sacrificio, y no se desviaron hasta que hubo entregado su vida. No medió descanso para él entre el trono del cielo y la cruz. Su amor por el hombre le indujo a soportar cualquier indignidad y cualquier ultraje.

Pablo nos amonesta a no mirar "cada uno a lo suyo propio, sino cada cual también a lo de los otros". (Filipenses 2:4.) Nos exhorta a que tengamos el "sentir que hubo también en Cristo Jesús: el cual, siendo en forma de Dios, no tuvo por usurpación ser igual a Dios: sin embargo, se anonadó a sí mismo, tomando forma de

siervo, hecho semejante a los hombres; y hallado en la condición como hombre, se humilló a sí mismo, hecho obediente hasta la muerte, y muerte de cruz". (Filipenses 2:5-8.)

Pablo tenía vivísimos deseos de que se viese y comprendiese la humillación de Cristo. Estaba convencido de que, con tal que se lograse que los hombres considerasen el asombroso sacrificio realizado por la Majestad del cielo, el egoísmo sería desterrado de sus corazones. El apóstol se detiene en un detalle tras otro, para que de algún modo alcancemos a darnos cuenta de la admirable condescendencia del Salvador para con los pecadores. Dirige primero el pensamiento a la contemplación del puesto que Cristo ocupaba en el cielo, en el seno de su Padre. Después lo presenta abdicando de su gloria, sometiéndose voluntariamente a las humillantes condiciones de la vida humana, asumiendo las responsabilidades de un siervo, y haciéndose obediente hasta la muerte más ignominiosa, repulsiva y dolorosa: la muerte en la cruz. ¿Podemos contemplar tan admirable manifestación del amor de Dios sin agradecimiento ni amor, y sin un sentimiento profundo de que ya no somos nuestros? A un Maestro como Cristo no debe servírsele impulsado por móviles forzados y egoístas.

"Sabiendo —dice el apóstol— que habéis sido rescatados,... no con cosas corruptibles, como oro o plata". (1 Pedro 1:18.) ¡Oh! si con dinero hubiera podido comprarse la salvación del hombre, cuán fácil hubiera sido realizarla por Aquel que dice: "Mía es la plata, y mío el oro". (Haggeo 2:8.) Pero el pecador no podía ser redimido sino por la preciosa sangre del Hijo de Dios. Los que, dejando de apreciar tan admirable sacrificio, se retraen del servicio de Cristo, perecerán en su egoísmo. En la vida de Cristo, todo quedó subordinado a su obra, la gran obra de redención que vino a cumplir. Y este mismo celo, esta misma abnegación, este mismo sacrificio, esta misma sumisión a las exigencias de la Palabra de Dios, han de manifestarse en sus discípulos.

Sinceridad de propósito

Todo aquel que acepte a Cristo como a su Salvador personal anhelará tener el privilegio de servir a Dios. Al considerar lo que el Cielo ha hecho por él, su corazón se sentirá conmovido de un amor sin límites y de agradecida adoración. Ansiará manifestar su gratitud dedicando sus capacidades al servicio de Dios.

Anhelará demostrar su amor por Cristo y por los hombres a quienes Cristo compró. Deseará pasar por pruebas, penalidades y sacrificios.

El verdadero obrero de Dios trabajará lo mejor que pueda, porque así podrá glorificar a su Maestro. Obrará bien para satisfacer las exigencias de Dios. Se esforzará por perfeccionar todas sus facultades. Cumplirá todos sus deberes como para con Dios. Su único deseo será que Cristo reciba homenaje y servicio perfecto.

Hay un cuadro que representa un buey parado entre un arado y un altar, con la inscripción: "Dispuesto para uno u otro": para trabajar duramente en el surco o para servir de ofrenda en el altar del sacrificio. Tal es la actitud de todo verdadero hijo de Dios: ha de estar dispuesto a ir donde el deber lo llame, a negarse a sí mismo y a sacrificarse por la causa del Redentor.

Una Experiencia de Indole Superior

NECESITAMOS de continuo una nueva revelación de Cristo, una experiencia diaria que armonice con sus enseñanzas. Altos y santos resultados están a nuestro alcance. El propósito de Dios es que progresemos siempre en conocimiento y virtud. Su ley es eco de su propia voz, que dirige a todos la invitación: "Sube más arriba. Sé santo, cada vez más santo". Cada día podemos adelantar en la perfección del carácter cristiano.

Los que trabajan en el servicio del Maestro necesitan una experiencia mucho más elevada, más profunda y más amplia que la que muchos han deseado tener. Muchos que son ya miembros de la gran familia de Dios poco saben de lo que significa contemplar su gloria, y ser transformados de gloria en gloria. Muchos tienen una percepción crepuscular de la excelencia de Cristo, y sus corazones se estremecen de gozo. Anhelan sentir más hondamente y en mayor grado el amor del Salvador. Cultiven ellos todo deseo del alma por conocer a Dios. El Espíritu Santo obra en quienes se someten a su influencia, amolda y forma a quienes quieran ser así formados. Dedicaos a la cultura de pensamientos espirituales y a la santa comunión. Sólo habéis visto los primeros rayos de la aurora de su gloria. Conforme sigáis conociendo a Dios, veréis que "la senda de los justos es como la luz de la aurora, que va en aumento hasta que el día es perfecto". (Proverbios 4:18.)

"Estas cosas os he hablado —dijo Cristo—, para que mi gozo esté en vosotros, y vuestro gozo sea cumplido". (Juan 15:11.)

Cristo tenía siempre presente el resultado de su misión. Su vida terrenal, tan recargada de penas y sacrificios, era alegrada por el pensamiento de que su trabajo no sería inútil. Dando su vida por la vida de los hombres, iba a restaurar en la humanidad la imagen de Dios. Iba a levantarnos del polvo, a reformar nuestro carácter conforme al suyo, y embellecerlo con su gloria.

Cristo vio "del trabajo de su alma" y fue "saciado". Vislumbró lo dilatado de la eternidad, y vio de antemano la felicidad de aquellos que por medio de su humillación recibirían perdón y vida eterna. Fue herido por sus transgresiones y quebrantado por sus iniquidades. El castigo que les daría paz fue sobre él, y con sus heridas fueron sanados. El oyó el júbilo de los rescatados, que entonaban el canto de Moisés y del Cordero. Aunque había de recibir primero el bautismo de sangre, aunque los pecados del mundo iban a pesar sobre su alma inocente y la sombra de indecible dolor se cernía sobre él, por el gozo que le fue propuesto, escogió sufrir la cruz y menospreció la vergüenza.

Es para todos los creyentes

De este gozo han de participar todos sus discípulos. Por grande y gloriosa que sea en lo porvenir, toda nuestra recompensa no está reservada para el día de nuestra liberación final. En esta misma vida hemos de entrar por fe en el gozo del Salvador. Cual Moisés, hemos de sostenernos como si viéramos al Invisible.

La iglesia es ahora militante. Actualmente arrostramos un mundo en tinieblas, casi enteramente entregado a la idolatría. Pero se acerca el día cuando habrá terminado la batalla y la victoria habrá sido ganada. La voluntad de Dios ha de cumplirse en la tierra como en el cielo. Las naciones de los salvados no conocerán otra ley que la del cielo. Todos constituirán una familia dichosa, unida, vestida con las prendas de alabanza y de acción de gracias: con el manto de la justicia de Cristo. Toda la naturaleza, en su incomparable belleza, ofrecerá a Dios tributo de alabanza y adoración. El mundo quedará bañado en luz celestial. La luz de la luna será como la del sol, y la luz del sol siete veces más intensa que ahora. Los años transcurrirán alegremente. Y sobre todo las estrellas de la mañana cantarán juntas, y los hijos de Dios clamarán de gozo, mientras que Dios y Cristo declararán a una voz que "ya no habrá más pecado, ya no habrá más muerte".

Un motivo de aliento

Estas visiones de la gloria futura, descritas por la mano de Dios, deberían ser de gran valor para sus hijos.

Deteneos en el umbral de la eternidad y oíd la misericordiosa bienvenida dada a los que en esta vida cooperaron con Cristo y consideraron como un privilegio y un honor sufrir por su causa. Con los ángeles, echan sus coronas a los pies del Redentor, exclamando: "El Cordero que fue inmolado es digno de tomar el poder y riquezas y sabiduría, y fortaleza y honra y gloria y alabanza... Al que está sentado en el trono, y al Cordero, sea la bendición, y la honra, y la gloria, y el poder, para siempre jamás". (Apocalipsis 5:12, 13.)

Allí los redimidos saludan a quienes los encaminaron hacia el Salvador. Se unen en alabanzas a Aquel que murió para que los humanos gozaran una vida tan duradera como la de Dios. Acabó el conflicto. Concluyeron las tribulaciones y las luchas; los cantos de victoria llenan todo el cielo, al rodear los rescatados el trono de Dios. Todos entonan el alegre coro: "Digno, digno es el Cordero que fue inmolado", y que nos rescató para Dios.

"Miré, y he aquí una gran compañía, la cual ninguno podía contar, de todas gentes y linajes y pueblos y lenguas, que estaban delante del trono y en la presencia del Cordero, vestidos de ropas blancas, y palmas en sus manos; y clamaban en alta voz, diciendo: Salvación a nuestro Dios que está sentado sobre el trono, y al Cordero". (Apocalipsis 7:9, 10.)

"Estos son los que han venido de grande tribulación, y han lavado sus ropas, y las han blanqueado en la sangre del Cordero. Por esto están delante del trono de Dios, y le sirven día y noche en su templo: y el que está sentado en el trono tenderá su pabellón sobre ellos. No tendrán más hambre, ni sed, y el sol no caerá más sobre ellos, ni otro ningún calor. Porque el Cordero que está en medio del trono los pastoreará, y los guiará a fuentes vivas de aguas: y Dios limpiará toda lágrima de los ojos de ellos". (Vers.14-17.) "Y la muerte no será más; y no habrá más llanto, ni clamor, ni dolor: porque las primeras cosas son pasadas". (Apocalipsis 21:4.)

En el monte con Dios

Necesitamos tener siempre presente esta visión de las cosas invisibles. Así comprenderemos el verdadero valor de las cosas eternas y de las transitorias, y esto nos dará más poder para influir en los demás a fin de que vivan una vida más elevada.

"Sube a mí al monte", nos dice Dios. Antes de que pudiera Moisés ser instrumento de Dios para libertar a Israel, se le señalaron cuarenta años de comunión con Dios en las soledades de las montañas. Antes de llevar el mensaje de Dios a Faraón, habló con el ángel en la zarza ardiente. Antes de recibir la ley de Dios como representante de su pueblo, fue llamado al monte, y contempló su gloria. Antes de ejecutar la justicia sobre los idólatras, fue escondido en la cueva de la roca, y le dijo el Señor: "Proclamaré el nombre de Jehová delante de ti". "Misericordioso, y piadoso; tardo para la ira, y grande en benignidad y verdad;... y que de ningún modo justificará al malvado". (Exodo 33:19; 34:6, 7.) Antes de deponer, con la vida, su responsabilidad respecto de Israel,

Dios le llamó a la cumbre del Pisga y desplegó ante él la gloria de la tierra prometida.

Antes de emprender su misión, los discípulos fueron llamados al monte, con Jesús. Antes del poder y la gloria de Pentecostés, vino la noche de comunión con el Salvador, la reunión en un monte de Galilea, la escena de despedida en el monte de los Olivos, con la promesa de los ángeles, y los días de oración y de comunión en el aposento alto.

Jesús, cuando se preparaba para una gran prueba o para algún trabajo importante, se retiraba a la soledad de los montes, y pasaba la noche orando a su Padre. Una noche de oración precedió a la ordenación de los apóstoles, al Sermón del Monte, a la transfiguración, y a la agonía del pretorio y de la cruz, así como la gloria de la resurrección.

El privilegio de la oración

Nosotros también debemos destinar momentos especiales para meditar, orar y recibir refrigerio espiritual. No reconocemos debidamente el valor del poder y la eficacia de la oración. La oración y la fe harán lo que ningún poder en la tierra podrá hacer. Raramente nos encontramos dos veces en la misma situación. Hemos de pasar continuamente por nuevos escenarios y nuevas pruebas, en que la experiencia pasada no puede ser una guía suficiente. Debemos tener la luz continua que procede de Dios.

Cristo manda continuamente mensajes a los que escuchan su voz. En la noche de la agonía de Getsemaní, los discípulos que dormían no oyeron la voz de Jesús. Tenían una percepción confusa de la presencia de los ángeles, pero no participaron de la fuerza y la gloria de la escena. A causa de su somnolencia y estupor, no recibieron las evidencias que hubieran fortalecido sus almas para los terribles acontecimientos que se avecinaban. Así también hoy día los hombres que más necesitan la instrucción divina no la reciben, porque no se ponen en comunión con el Cielo.

Las tentaciones a que estamos expuestos cada día hacen de la oración una necesidad. Todo camino está sembrado de peligros. Los que procuran rescatar a otros del vicio y de la ruina están especialmente expuestos a la tentación. En continuo contacto con el mal, necesitan apoyarse fuertemente en Dios, si no quieren corromperse. Cortos y terminantes son los pasos que conducen a los hombres desde las alturas de la santidad al abismo de la degradación. En un solo momento pueden tomarse resoluciones que determinen para siempre el destino personal. Al no obtener la victoria una vez, el alma queda desamparada. Un hábito vicioso que dejemos de reprimir se convertirá en cadenas de acero que sujetarán a todo el ser.

Muchos se ven abandonados en la tentación porque no han tenido la vista siempre fija en el Señor. Al permitir que nuestra comunión con Dios se interrumpa, perdemos nuestra defensa. Ni aun todos vuestros buenos propósitos e intenciones os capacitarán para resistir al mal. Tenéis que ser hombres y mujeres de oración. Vuestras peticiones no deben ser lánguidas, ocasionales, ni caprichosas, sino ardientes, perseverantes y constantes. No siempre es necesario arrodillarse para orar. Cultivad la costumbre de conversar con el Salvador cuando estéis solos, cuando andéis o estéis ocupados en vuestro trabajo cotidiano. Elévese el corazón de continuo en silenciosa petición de ayuda, de luz, de fuerza, de conocimiento. Sea cada respiración una oración.

Seremos guardados del mal

Como obreros de Dios, debemos llegar a los hombres doquiera estén, rodeados de tinieblas, sumidos en el vicio y manchados por la corrupción. Pero mientras afirmemos nuestro pensamiento en Aquel que es nuestro sol y nuestro escudo, el mal que nos rodea no manchará nuestras vestiduras. Mientras trabajemos para salvar las almas prontas a perecer, no seremos avergonzados si ponemos nuestra confianza en Dios. Cristo en el corazón, Cristo en la vida: tal es nuestra seguridad. La atmósfera de su presencia llenará el alma de aborrecimiento a todo lo malo. Nuestro espíritu puede identificarse de tal modo con el suyo, que en pensamiento y propósito seremos uno con él.

Por la fe y la oración Jacob, siendo de suyo débil y pecador, llegó a ser príncipe con Dios. Así podréis llegar a ser hombres y mujeres de fines elevados y santos, de vida noble, hombres y mujeres que por ninguna consideración se apartarán de la verdad, del bien y de la justicia. A todos nos acosan preocupaciones apremiantes, cargas y obligaciones; pero cuanto más difícil la situación y más pesadas las cargas, tanto más necesitamos a Jesús.

Error grave es descuidar el culto público de Dios. Los privilegios del servicio divino no son cosa de poca monta. Muchas veces los que asisten a los enfermos no pueden aprovechar estos privilegios, pero deben cuidar de no ausentarse de la casa de Dios sin necesidad.

Al atender a los enfermos, más que en cualquier ocupación secular, el éxito depende del espíritu de consagración y de sacrificio con que se hace la obra. Los que asumen responsabilidades necesitan colocarse donde puedan recibir honda impresión del Espíritu de Dios. Debéis tener tanto más vivos deseos que otros de la ayuda del Espíritu Santo y del conocimiento de Dios por cuanto vuestro puesto de confianza es de más responsabilidad que el de ellos.

Nada es más necesario en nuestro trabajo que los resultados prácticos de la comunión con Dios. Debemos mostrar con nuestra vida diaria que tenemos paz y descanso en el Salvador. Su paz en el corazón se reflejará en el rostro. Dará a la voz un poder persuasivo. La comunión con Dios ennoblecerá el carácter y la vida. Los hombres verán que hemos estado con Jesús como lo notaron en los primeros discípulos. Esto comunicará al obrero un poder que ninguna otra cosa puede dar. No debe permitir que cosa alguna le prive de este poder.

Hemos de vivir una vida doble: una vida de pensamiento y de acción, de silenciosa oración y fervoroso trabajo. La fuerza recibida por medio de la comunión con Dios, unida con el esfuerzo diligente por educar la mente para que llegue a ser reflexiva y cuidadosa, nos prepara para desempeñar las obligaciones cotidianas y conserve al espíritu en paz en cualesquiera circunstancias por penosas que resulten.

El divino Consejero

Cuando están afligidos, muchos piensan que deben dirigirse a algún amigo terrenal, para contarle sus perplejidades y pedirle ayuda. En circunstancias difíciles, la incredulidad llena sus corazones y el camino les parece oscuro. Sin embargo, está siempre a su lado el poderoso Consejero de todos los siglos, invitándoles a depositar en él su confianza. Jesús, el gran Ayudador les dice: "Venid a mí, que yo os haré descansar". ¿Nos apartaremos de él para seguir en pos de falibles seres humanos que dependen de Dios tanto como nosotros mismos?

Tal vez echáis de ver las deficiencias de vuestro carácter y la escasez de vuestra capacidad frente a la magnitud de la obra. Pero aunque tuvierais la mayor inteligencia dada al hombre, no bastaría para vuestro trabajo. "Sin mí nada podéis hacer" (Juan 15:5), dice nuestro Señor y Salvador. El resultado de todo lo que hacemos está en manos de Dios. Suceda lo que suceda, aferraos a él, con firme y perseverante confianza.

En vuestros negocios, en las amistades que cultivéis durante vuestros ratos de ocio, y en los vínculos que duren toda la vida, iniciad todas vuestras relaciones tras seria y humilde oración. Así probaréis que honráis a Dios, y Dios os honrará. Orad cuando os sintáis desfallecer. Cuando estéis desalentados, permaneced mudos ante los hombres; no echéis sombra sobre la senda de los demás; mas decídselo todo a Jesús. Alzad vuestras manos en demanda de auxilio. En vuestra flaqueza, asíos de la fuerza infinita. Pedid humildad, sabiduría, valor, y aumento de fe, para que veáis la luz de Dios y os regocijéis en su amor.

Consagración y confianza

Cuando nos mostramos humildes y contritos, nos encontramos en situación en que Dios puede y quiere manifestarse a nosotros. Le agrada que evoquemos las bendiciones y los favores ya recibidos como motivos para que nos conceda aun mayores bendiciones. Colmará las esperanzas de quienes en él confían por completo. El Señor Jesús sabe muy bien lo que necesitan sus hijos y cuánto poder divino asimilaremos para bendición de la humanidad, y nos concede todo lo que estemos dispuestos a emplear para beneficiar a los demás y ennoblecer nuestra propia alma.

Debemos tener menos confianza en lo que por nosotros mismos podemos hacer, y más en lo que el Señor puede hacer para nosotros y por medio nuestro. La obra en que estáis empeñados no es vuestra; es de Dios. Someted vuestra voluntad y vuestro camino a Dios. No hagáis una sola reserva, ni transijáis con vosotros mismos. Aprended a conocer lo que es ser libre en Cristo.

El oír sermones sábado tras sábado, el leer la Biblia de tapa a tapa, o el explicarla versículo por versículo, no nos beneficiará a nosotros ni a los que nos oigan, a no ser que llevemos las verdades de la Biblia al terreno de nuestra experiencia personal. La inteligencia, la voluntad y los afectos deben someterse al gobierno de la Palabra de Dios. Entonces, mediante la obra del Espíritu Santo, los preceptos de la Palabra vendrán a ser los de la vida.

Cuando pidáis a Dios que os ayude, honrad a vuestro Salvador creyendo que recibís su bendición. Todo poder y toda sabiduría están a nuestra disposición. No tenemos más que pedir.

Andad siempre en la luz de Dios. Meditad día y noche en su carácter. Entonces veréis su belleza y os alegraréis en su bondad. Vuestro corazón brillará con un destello de su amor. Seréis levantados como si os llevaran brazos eternos. Con el poder y la luz que Dios os comunica, podéis comprender, abarcar y realizar más que lo que jamás os pareció posible.

"Estad en mí"

Cristo nos ordena: "Estad en mí, y yo en vosotros. Como el pámpano no puede llevar fruto de sí mismo, si no estuviere en la vid; así ni vosotros si no estuviereis en mí... El que está en mí, y yo en él, éste lleva mucho fruto; porque sin mí nada podéis hacer... Si estuviereis en mí, y mis palabras estuvieren en vosotros, pedid todo lo que quisiereis, y os será hecho. En esto es glorificado mi Padre, en que llevéis mucho fruto, y seáis así mis discípulos.

"Como el Padre me amó, también yo os he amado: estad en mi amor...

"No me elegisteis vosotros a mí, mas yo os elegí a vosotros; y os he puesto para que vayáis y llevéis fruto, y vuestro fruto permanezca: para que todo lo que pidiereis del Padre en mi nombre, él os lo dé". (Juan 15:4-16.)

"He aquí yo estoy a la puerta y llamo: si alguno oyere mi voz y abriere la puerta, entraré a él, y cenaré con él, y él conmigo". (Apocalipsis 3:20.)

"Al que venciere, daré a comer del maná escondido, y le daré una piedrecita blanca, y en la piedrecita un nombre nuevo escrito, el cual ninguno conoce sino aquel que la recibe". (Apocalipsis 2:17.)

"Al que hubiere vencido,... le daré la estrella de la mañana", "y escribiré sobre él el nombre de mi Dios, y el nombre de la ciudad de mi Dios... y mi nombre nuevo". (Vers. 26-28; 3:12.)

"Una cosa hago"

Aquel cuya confianza está en Dios podrá decir como dijo Pablo: "Todo lo puedo en Cristo que me fortalece". (Filipenses 4:13.) Cualesquiera que sean los errores y fracasos del pasado, podemos, con la ayuda de Dios, sobreponernos a ellos. Con el apóstol podemos decir:

"Una cosa hago: olvidando ciertamente lo que queda atrás, y extendiéndome a lo que está delante, prosigo al blanco, al premio de la soberana vocación de Dios en Cristo Jesús". (Filipenses 3: 13, 14.)